Wege aus der Kommunalverschuldung

Europäische Hochschulschriften
Publications Universitaires Européennes
European University Studies

Reihe II
Rechtswissenschaft

Série II Series II
Droit
Law

Bd./Vol. 5303

PETER LANG
Frankfurt am Main · Berlin · Bern · Bruxelles · New York · Oxford · Wien

Dennis Wölte

Wege aus der Kommunalverschuldung

Eine Untersuchung zur Erzielung von Fühlbarkeit im Gemeindefinanzsystem

PETER LANG
Internationaler Verlag der Wissenschaften

Bibliografische Information der Deutschen Nationalbibliothek
Die Deutsche Nationalbibliothek verzeichnet diese Publikation in der Deutschen Nationalbibliografie; detaillierte bibliografische Daten sind im Internet über http://dnb.d-nb.de abrufbar.

Zugl.: Münster (Westfalen), Univ., Diss., 2011

Gedruckt auf alterungsbeständigem,
säurefreiem Papier.

D 6
ISSN 0531-7312
ISBN 978-3-631-63640-4

www.peterlang.de

Meiner Frau Dana

Vorwort

Die vorliegende Arbeit wurde im Sommersemester 2011 von der Rechtswissenschaftlichen Fakultät der Westfälischen Wilhelms-Universität Münster als Dissertation angenommen. Rechtsprechung und Literatur fanden bis Dezember 2011 Berücksichtigung.

Besonderer Dank gilt meinem Doktorvater Prof. Dr. Dirk Ehlers, der mich seit sieben Jahren an seinem Institut beschäftigt und diese Promotion engagiert begleitete.

Danken möchte ich auch Prof. Dr. Dieter Birk für die umgehende Erstellung des Zweitgutachtens.

Den Bezug zur kommunalen Praxis erhielt ich durch Gespräche mit Kämmerern aus meiner Heimat. Bedanken möchte ich mich insbesondere bei Wilhelm Peters, Kämmerer der Stadt Hörstel seit fünfzehn Jahren.

Erfreut haben mich zudem die anregenden Gespräche mit meinen Kolleginnen und Kollegen vom Institut für öffentliches Wirtschaftsrecht der WWU Münster. Namentlich erwähnen möchte ich Dr. Ulrich Jan Schröder, Alexander Karrenstein und David Stadermann.

Diese Arbeit wäre nie entstanden, wenn nicht meine Eltern den Werdegang ihrer Söhne jederzeit aufopferungsvoll unter Zurückstellung der eigenen Bedürfnisse unterstützt hätten. Ihnen bin ich unendlich dankbar für die unbeschwerte Kindheit und den weiterhin starken Rückhalt. Meinem Bruder danke ich, mir in jedem Lebensabschnitt zur Seite zu stehen. Liebevolle Unterstützung erfahre ich seit dreizehn Jahren von meiner Frau Dana, die die lange Studien- und Promotionsphase zusammen mit mir durchstand. Ihr widme ich diese Arbeit. Auf unsere gemeinsame Zukunft freue ich mich sehr. Herzlich danke ich auch meinen Schwiegereltern für die zahlreichen Hilfen im täglichen Leben.

Münster, im Dezember 2011 — Dennis Wölte

Inhaltsübersicht

Inhaltsverzeichnis

Einleitung

Das Thema Staatsverschuldung ist in Deutschland, der Europäischen Union und dem Rest der Welt nicht erst seit dem Einschlag der Finanz- und Wirtschaftskrise im Jahre 2007 alltäglich in der Diskussion. Mit mehr als 2.000.000.000.000 (Billionen) Euro sind die öffentlichen Haushalte der Bundesrepublik derzeit verschuldet.[1] Diese Summe müssen die jüngeren sowie nachfolgenden Generationen allein aufbringen, obwohl höchstens ein Achtel der Schulden auf Krisenzeiten zurückzuführen ist.[2] Folgerichtig wurde die nachhaltige Konsolidierung der Staatsfinanzen von der Großen Koalition des 16. Deutschen Bundestages sowie der Nachfolgeregierung aus CDU, CSU und FDP in den Fokus gestellt,[3] auch um die Kriterien des Maastrichter Stabilitätspaktes einzuhalten,[4] die der Förderung von Stabilität und Wachstum in Europa dienen. Als ein erster Schritt dazu ist die Einführung der sog. Schuldenbremse für Bund und Länder in Art. 109 III GG im Zuge der Föderalismusreform II[5] zu verstehen, dessen Inkrafttreten Art. 143d GG regelt.

Von der Verschuldung betroffen ist ebenfalls eine Vielzahl von Kommunen, die im Haushaltssicherungskonzept stecken und deren Hände sprichwörtlich gebunden sind. Letzteres kann aufgrund der in Art. 28 II GG verfassungsrechtlich verankerten kommunalen Selbstverwaltungsgarantie allenfalls die Ausnahme sein. Denn ihre Grundlage ist eine aufgabenangemessene Finanzausstattung sowie die Befähigung, durch eigene Anstrengungen unterm Strich schwarze Zahlen zu schreiben. Dass eines Tages eine Bürgerin die Gemeinde mit vier Kilo schweren Goldbarren im Wert von über 120.000 Euro beglückt,[6] eine prominente Persönlichkeit seiner Heimatstadt die gesamten Werbe- sowie zehn Prozent seiner Fernseheinnahmen für gemeinnützige Zwecke überlässt,[7] oder ein Bür-

1 Den aktuellen Stand der Verschuldung zeigt die sog. Schuldenuhr des Bundes der Steuerzahler, abrufbar unter *http://www.steuerzahler.de*. Grafisch dargestellt ist der deutsche Schuldenberg von 1950-2010 zudem in der FAZ vom 22.02.2011, S. 10.

2 So der Ökonom *Börsch-Supan* in der FAZ vom 07.5.2010, S. 14.

3 Koalitionsvertrag von CDU, CSU und SPD vom 11.11.2005, S. 76 ff. bzw. von CDU, CSU und FPD vom 26.10.2009, S. 9, 19.

4 Zu den Referenzwerten vgl. Art. 126 II 3 AEUV i.V.m. Art. 1 Protokoll über das Verfahren bei einem übermäßigen Defizit (ABl. Nr. C 191 S. 84). Die EU-Kommission hat die Bundesrepublik aufgefordert, diese ab 2013 nicht zu überschreiten, SEC(2009)1545/F.

5 57. Gesetz zur Änderung des GG vom 29.7.2009 (BGBl. I S. 2248).

6 So geschehen in der Stadt Fürth, FAZ vom 22.1.2010, S. 14.

7 Der Moderator Jauch ist ein Glücksfall für Potsdam, FAZ vom 27.2.2010, S. 16.

germeister zur Förderung des Nachwuchses ein „Babygeld" aus eigener Tasche zahlt,[8] werden dagegen wohl einzigartige Geschichten kommunaler Verbundenheit bleiben.

Ziel dieser Arbeit ist es, für die Zukunft mögliche Wege aus der Kommunalverschuldung aufzuzeigen und rechtlich zu bewerten. Das besondere Augenmerk gilt dabei dem Aspekt, wie es gelingen kann, die Gemeindebürger fühlbar an der Finanzierung der kommunalen Daseinsvorsorge zu beteiligen und diesbezüglich zu sensibilisieren. Dazu ist zu untersuchen, wie die Gemeindefinanzierung für uns Bürger vor Ort spürbar ausgestaltet werden kann und somit unser Interesse weckt. Dagegen fehlt es an der „Tuchfühlung"[9], wenn kommunale Leistungen aus einem großen Abgabentopf finanziert werden, ohne dass der Bürger in der Lage ist, einen Bezug zwischen den gezahlten Abgaben und den dafür empfangenen Diensten der Kommune wahrnehmen zu können.

Der Befund zur fiskalischen Situation der Kommunen leitet die Untersuchung ein (1. Teil). Danach folgt die Darstellung der bisherigen kommunalen Einnahmequellen (2. Teil) sowie der Reformmodelle, die Gegenstand der Kommissionen zur Reform der Gemeindefinanzen der Jahre 2002 und 2010 waren respektive heute noch sind (3. Teil). Sodann werden die Möglichkeiten zur Erzielung von Fühlbarkeit im kommunalen Finanzsystem ausführlich beleuchtet (4. Teil). Im Anschluss ist auf einige wichtige Entwicklungen auf der Ausgabenseite einzugehen (5. Teil) und die Behandlung der Altlasten kurz zu thematisieren (6. Teil), bevor eine Zusammenfassung der Ergebnisse sowie ein Ausblick die Arbeit abrunden.

Sofern landesrechtliche Vorschriften von Bedeutung sind, werden die nordrhein-westfälischen Regelungen verstärkt in den Blickpunkt genommen. Klarstellend sei noch angemerkt, dass die Begriffe Kommune und Gemeinde im Folgenden synonym Verwendung finden und die Arbeit die Gemeindeverbandsebene (Kreise, Landschaftsverbände) nicht erfasst.

---

8 FAZ vom 8.3.2010, S. 11.

9 *Haller* Finanzarchiv, N.F. Bd.21, 1961, 248 [248].

1. Teil: Befund zur Kommunalverschuldung

Die Untersuchung beginnt mit der Analyse des Ist-Zustandes der kommunalen Haushalte, der Ursachen für die kommunalen Haushaltsdefizite sowie der Herausforderungen der Gemeinden in Gegenwart und Zukunft.

§ 1 Ist-Zustand der kommunalen Haushalte

Ein wesentlicher Indikator für die Finanzsituation der kommunalen Haushalte sind die Kredite zur Liquiditätssicherung im Sinne von § 89 II GO NRW (früher sog. Kassenkredite), mit anderen Worten die Aufnahme von Schulden zur Erfüllung laufender Verbindlichkeiten. Deren Höhe verdeutlicht die finanzwirtschaftliche Schieflage in der jeweiligen Kommune, da sie eigentlich nur kurzfristig Engpässe in der Liquidität überbrücken und im Laufe des Haushaltsjahres kompensiert werden sollen.[10]

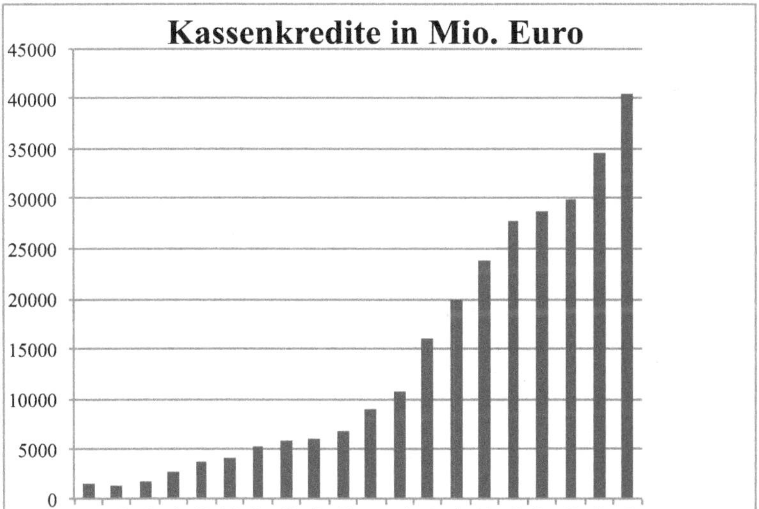

10 *Boettcher/Junkernheinrich* in: Bertelsmann Stiftung, Kommunaler Finanz- und Schuldenreport NRW 2010, S. 81 f.

Aus der vorstehenden Abbildung[11] ist ersichtlich, dass das Volumen der Kassenkredite in den Jahren 2000-2006 explosionsartig von 6 auf über 27 Milliarden Euro anstieg. Nach Angaben der Vizepräsidentin des Deutschen Städtetages *Roth* erreichten sie im ersten Quartal 2009 nach der tiefsten Wirtschaftskrise der Bundesrepublik einen traurigen Rekord von 31,6 Milliarden Euro, der den Wert von vor zehn Jahren um mehr als das Fünffache übertraf.[12] Zum 31. Dezember 2010 ist der Kassenkreditbestand sogar auf 40,5 Milliarden Euro gewachsen.[13] Allein diese Entwicklung verdeutlicht, dass Kredite zur Liquiditätssicherung nicht mehr nur zur kurzfristigen Behebung von Zahlungsengpässen, sondern von finanziell gebeutelten kreisfreien Städten und kreisangehörigen Gemeinden aufgrund struktureller Unterfinanzierung dauerhaft in Anspruch genommen werden müssen.[14] Damit werden Kassenkredite entgegen ihrer Zweckrichtung zur Haushaltskonsolidierung missbraucht.[15] Dies ist bedenklich, da den Krediten kein geldwerter Vorteil gegenübersteht und die Gemeinde sich darüber hinaus künftig dem Risiko der Zinsänderung ausliefert. Ihnen lässt sich die Aussage entnehmen, dass diese vordergründig dort benötigt werden, wo eine geringe wirtschaftliche Leistungsfähigkeit der ortsansässigen Bürger und Unternehmen auf eine überdurchschnittliche Belastung im sozialen Bereich und hohe demografische Verluste in der Bevölkerungsdichte trifft.[16]

Neben dem lange anhaltenden Anstieg der Kassenkredite ist zumindest besorgniserregend, dass die auf den kommunalen Sektor spezialisierte WL Bank mit Sitz in Münster – das größte Tochterunternehmen der WGZ BANK, der genossenschaftlichen Zentralbank der Volksbanken und Raiffeisenbanken im Rheinland und in Westfalen – im Oktober 2011 ankündigte, als erste Bank in der Bundesrepublik keine Kredite mehr an Kommunen ohne genehmigtes Haushaltssicherungskonzept zu vergeben. Auch wenn die Landesregierung NRW hierin kein Anzeichen für eine Kreditklemme erblickt, ist davon auszugehen, dass diesem Beispiel andere Kreditinstitute folgen. Zudem kann die Umsetzung des Abkommens „Basel III" der G-20-Staaten die Finanzierung über Kassenkredite in der Zukunft erschweren, die eine Aufstockung des harten Kernkapitals deutscher Banken im Volumen von bis zu 50 Milliarden Euro bis zum Jahr 2018 erwarten lässt.[17] Schließlich ist im Rahmen der Kreditvergabe für notleidende

11 Eigene Darstellung aufgrund der Zahlen des BMF.

12 FAZ vom 14.9.2009, S. 11.

13 *Anton/Diemert* Gemeindefinanzbericht 2011, S. 12.

14 *Stadt Mülheim an der Ruhr* Wege aus der Schuldenfalle, S. 24; *Boettcher/Junkernheinrich* in: Bertelsmann Stiftung, Kommunaler Finanz- und Schuldenreport NRW 2010, S. 19, 97.

15 *Diemert* Das Haushaltssicherungskonzept, S. 18.

16 *Boettcher/Junkernheinrich* in: Bertelsmann Stiftung, Kommunaler Finanz- und Schuldenreport NRW 2010, S. 15, 30 f., 108 ff.

17 *Frischmuth* in: Anton/Diemert, Gemeindefinanzbericht 2011, S. 44 f.

Kommunen demnächst auch eine Beteiligung von Ratingagenturen nicht abwegig.

Die Gesamtbetrachtung der Kassenkredite sagt allerdings noch nichts zu der konkreten finanzielle Situation in der einzelnen Gemeinde aus, da diesbezüglich interkommunal außerordentlich große Unterschiede bestehen. So benötigten 217 der 396 Kommunen in Nordrhein-Westfalen mit Ablauf des fiskalisch entspannten Jahres 2007 keine Kredite zur Liquiditätssicherung. Dagegen mussten trotz des Konjunkturaufschwungs erstaunlicherweise 53 Gemeinden geringe, 88 mäßige, 27 hohe und 11 sehr hohe Kredite aufnehmen.[18] Dort sind die Haushaltsdefizite struktureller Natur. Den stetigen Verzehr von Eigenkapital beschleunigte vielerorts die in Deutschland im Jahre 2008 spürbaren Auswirkungen der Finanz- und Wirtschaftskrise, in deren Folge nur 10 % der 427 kommunalen Körperschaften in Nordrhein-Westfalen einen echten Haushaltsausgleich ohne den Rückgriff auf Rücklagen bewerkstelligen konnten.[19] Zum 31. Dezember 2009 waren über die Hälfte der nordrhein-westfälischen Gemeinden – genauer 201 Kommunen – auf Kredite zur Liquiditätssicherung angewiesen.[20] 245 Kommunen mussten 2010 den Haushaltsausgleich über die Inanspruchnahme von Rückstellungen bewerkstelligen, um der Haushaltssicherung und dem damit einhergehenden Verlust an kommunaler Selbstbestimmung zu entgehen.[21] Lediglich acht Kommunen – d.h. nur insgesamt 2 % – konnten in dem Jahr einen „echten" Haushaltsausgleich vorweisen.[22]

Während die Kommunalverschuldung für die seit kurzem schuldenfreie Stadt Düsseldorf, einem Standort mit breitem Branchenmix, eher ein Fremdwort darstellt, ist in 34 nordrhein-westfälischen Gemeinden – darunter beispielsweise Oberhausen, Hagen, Remscheid, Wuppertal, Duisburg und Hamm – die bilanzielle Überschuldung bereits eingetreten oder steht kurz bevor.[23] Diesen steht also kein Eigenkapital zur Verwirklichung der kommunalen Aufgaben zur Verfügung. Ohne Hilfen des Landes sind sie zu einer kommunalen Daseinsvorsorge dauerhaft nicht mehr fähig. Ihre finanzielle Situation ist schon jetzt existenzbedrohend und dramatisch.[24]

---

18 *Boettcher/Junkernheinrich* in: Bertelsmann Stiftung, Kommunaler Finanz- und Schuldenreport NRW 2010, S. 100.

19 *Anton/Diemert* Gemeindefinanzbericht 2010, S. 60.

20 *Junkernheinrich/Lenk u.a.* Haushaltsausgleich und Schuldenabbau, S. 23.

21 *Junkernheinrich/Lenk u.a.* Haushaltsausgleich und Schuldenabbau, S. 23 f.

22 *Junkernheinrich/Lenk u.a.* a.a.O.

23 Pressemitteilung des Ministeriums für Inneres und Kommunales NRW vom 19.8.2011.

24 Diesem Thema widmete sich auch die dreizehnteilige Serie „Geldnot im Rathaus" in der FAZ, beginnend mit der Ausgabe vom 21.7.2010, S. 11, 13.

§ 2 Ursachen der kommunalen Haushaltsdefizite

Die in den Kommunen bundesweit vermehrt festzustellenden Haushaltsdefizite sind nicht auf eine Ursache, sondern vielmehr auf ein Ursachenbündel zurückzuführen.

So sind in den Jahren 2001-2005 die kommunalen Steuerquellen eingebrochen, was kumulativ durch eine Einkommensteuerreform sowie eine schwache konjunkturelle Entwicklung bedingt war.[25] Jenes Schicksal ereilte die Kommunen kürzlich erneut, als im Zuge der Finanz- und Wirtschaftskrise die Gewerbesteuereinnahmen 2009 unvorhersehbar um mehr als ein Fünftel zurückgingen.

Gleichzeitig sind die Ausgaben für Sozialtransfers in der vergangenen Dekade bundesweit kontinuierlich von 26 auf über 40 Milliarden Euro gestiegen und haben Ende des Jahres 2010 ein Volumen von fast 42 Milliarden Euro erreicht.[26] Die den Kommunen anfallenden Kosten für Kinderbetreuung, Jugendhilfe, Sozialhilfe, Unterkunft sowie Grundsicherung im Alter betragen damit mittlerweile nahezu ein Viertel der kommunalen Gesamtausgaben,[27] die darüber hinaus regional stark variieren.[28] Beispielsweise fallen die Ausgaben für Transferleistungen in Ballungszentren wie den Ruhrgebietsstädten Dortmund, Gelsenkirchen und Essen sowie der Stadt Köln im Vergleich zu den ländlichen Kreisen Gütersloh, Rhein-Sieg, Coesfeld, Höxter und Soest deutlich höher ins Gewicht.[29] Die Ankündigung des Bundes, die Sozialausgaben für die Grundsicherung im Alter und bei Erwerbsunfähigkeit mit Beginn des Jahres 2012 und vollumfänglich ab dem Jahre 2014 zu übernehmen, war in diesem Zusammenhang längst fällig.[30]

Neben diesen zwei herausragenden Gründen des unerwarteten Einbruchs von Einnahmen sowie des Anstiegs der Ausgaben im sozialen Bereich, die von den Faktoren der demografische Entwicklung, der anhaltend hohen Arbeitslosigkeit sowie der Zunahme hilfebedürftiger Personen abhängen,[31] wird die Verantwortung für die teils sehr angespannte Finanzsituation vieler Kommunen bei Bund und Ländern gesucht. Dies geschieht nicht immer zu Unrecht, wie das Urteil des *VerfGH NRW* vom 12. Oktober 2010 zeigt, wonach die kommunalen Verfassungsbeschwerden zweier Kreise und siebzehn kreisfreier Städte gegen die finanziellen

---

25 *Boettcher/Junkernheinrich* in: Bertelsmann Stiftung, Kommunaler Finanz- und Schuldenreport NRW 2010, S. 15.

26 Ifo-Gutachten 2008, S. 25 f.; *Rehm/Tholen* Kommunalverschuldung, S. 22; *Ernst & Young* Studie aus Juli 2010, S. 9, 11; *Anton/Diemert* Gemeindefinanzbericht 2011, S. 16.

27 FAZ vom 26.9.2009, S. 12.

28 *Anton/Diemert* Gemeindefinanzbericht 2010, S. 12.

29 *Boettcher/Junkernheinrich* in: Bertelsmann Stiftung, Kommunaler Finanz- und Schuldenreport NRW 2010, S. 55 f.

30 *Anton/Diemert* Gemeindefinanzbericht 2011, S. 36.

31 ifo-Gutachten 2008, S. 26.

Folgen des Kinderförderungsgesetzes Erfolg hatten.[32] Ferner sind Kürzungen der Zuweisungsmittel im Rahmen des kommunalen Finanzausgleichs anzuführen,[33] die sich abgesehen von den Grundbestimmungen in Art. 106 VII 1 GG ausschließlich nach den Regelungen des Landesgesetzgebers und der Leistungsfähigkeit des jeweiligen Landes richten.[34] Hinzu kommt, dass Bund und Länder gesetzgeberische Entscheidung wie das Wachstumsbeschleunigungsgesetz über die Köpfe der Gemeinden hinweg treffen und sie mit einer Mehrbelastung von in diesem Fall 1,57 Milliarden Euro alleine lassen,[35] ohne das Konnexitätsprinzip zu wahren.

Auf der anderen Seite ist allerdings auch ein Eigenverschulden der kommunalen Verantwortungsträger nicht von der Hand zu weisen. Sie waren in der Vergangenheit gezwungen, die in Zeiten des Wahlkampfes abgegebenen Wahlversprechen einzulösen, um in Zukunft die Chancen auf eine Wiederwahl beizubehalten.[36] Des Weiteren sind Infrastrukturen geschaffen worden, ohne die Folgekosten hinreichend zu berücksichtigen.[37] Schließlich zeigt ein Vergleich der Entwicklung von Finanzierungssaldo einerseits und den Kassenkrediten andererseits,[38] dass die Konjunktur ersteren wesentlich prägt, dagegen der progressive Anstieg von Kassenkrediten nicht allein auf konjunkturelle Schwankungen zurückzuführen ist.

§ 3 Herausforderungen für die Kommunen

Gegenwärtig sind die finanzwirtschaftlichen Probleme der Kommunen insbesondere induziert durch Schwankungen der Steuereinnahmen sowie die kontinuierlich steigenden Sozialausgaben, was darüber hinaus den schon seit Jahren bestehenden Investitionsstau vergrößert hat. Zukünftig tritt noch stärker als bisher die sinkende demografische Entwicklung der Bevölkerung als besondere Herausforderung des 21. Jahrhunderts hinzu.

Zurzeit leben in Nordrhein-Westfalen etwa 18 Millionen Menschen. Für das Jahr 2025 wird mit einer Zahl von rund 17,5 Millionen, für 2050 von voraussicht-

32 DVBl. 2010, 1561.

33 *Schwarting* Kommunale Steuern, Rn. 95.

34 Dazu näher im 2. Teil § 1 B) I.

35 Siehe FAZ vom 19.12.2009, S. 11. Für die schwäbische Stadt Nürtingen mit 40.000 Einwohnern bedeutet dies Kosten um 400.000 Euro, FAZ vom 20.1.2010, S. 3.

36 *Bajohr* Können Städte ihre Haushalte aus eigener Kraft konsolidieren?, S. 221 f.

37 *Bajohr* Können Städte ihre Haushalte aus eigener Kraft konsolidieren?, S. 222.

38 Dargestellt bei *Anton/Diemert* Gemeindefinanzbericht 2011, S. 12.

lich nur noch 15,9 Millionen Landeseinwohnern gerechnet.[39] In Mecklenburg-Vorpommern, Sachsen, Sachsen-Anhalt und Thüringen sinkt die Bevölkerung im ersten Viertel dieses Jahrhunderts sogar um mehr als 10 %.[40] Demgegenüber verbuchen weite Teile Baden-Württembergs, westdeutsche Ballungszentren wie das Rhein-Main-Gebiet und Großstädte wie Hamburg oder München wahrscheinlich Zuwächse. Für die ohnehin schon hoch verschuldete Stadt Hagen, die 1975 noch 230.000 Einwohner zählte und derzeit 196.000 Gemeindemitglieder hat, ist für das Jahr 2025 von nur noch 168.000 Bürgern auszugehen. Sie bildet diesbezüglich zusammen mit Gelsenkirchen das Schlusslicht in Nordrhein-Westfalen.[41]

§ 4 Zwischenergebnis

Die Finanz- und Wirtschaftskrise der vergangenen Jahre hat nicht vor den kommunalen Einnahmequellen Halt gemacht und die meisten Gemeinden bei einer unveränderten Ausgabenbelastung gerade im sozialen Bereich zum Verbrauch von Eigenkapital gezwungen. In Nordrhein-Westfalen stehen 34 Gemeinden kurz vor dem Kollaps. Dies hat die Minderheitsregierung im nordrhein-westfälischen Landtag dazu veranlasst, den sog. Stärkungspakt Stadtfinanzen zu beschließen.[42] Ihr ist im Gutachten von *Junkernheinrich* und *Lenk* ausdrücklich empfohlen worden, zum vollständigen Abbau der Bestände an kommunalen Liquiditätskrediten beizutragen.[43] Auch die „schwarz-gelbe" Koalition der 17. Legislaturperiode ist um die kommunale Finanzsituation besorgt. In Anlehnung an die von der „rot-grünen" Bundesregierung des 14. Deutschen Bundestages erfolglos initiierten Kommission zur Reform der Gemeindefinanzen hat sie im Jahr 2010 ebenfalls eine Kommission zur Neuordnung der Gemeindefinanzierung eingesetzt, um Lösungen für die finanzwirtschaftlichen Probleme auf kommunaler Ebene zu finden.[44]

Empirisch ist in den letzten zehn Jahren zu konstatieren, dass die Kommunen sowohl mit Ausfällen in den Steuereinnahmen als auch steigenden Ausgaben für

---

39 *Ministerium für Generationen* Gesellschaftspolitik im demokratischen Wandel, S. 4. Zu den Zahlen von 1990 bis 2005 siehe *http://www.demografie.nrw.de/publikationen/04-Broschuere_Demografie_Daten_Fakten.pdf*, S. 7. Zum Problem des Einwohnerrückgangs auch ifo-Gutachten 2008, S. 156 ff.

40 FAZ vom 05.8.2010, S. 10.

41 Angaben des Hagener Kämmereileiters *Quitter*, abrufbar unter *http://www.kaemmerer-nrw.de/Material/FVK_Niederschrift_Arbeitstagung_Bergheim_25_06_2009.pdf*, S. 1.

42 Ausführlicher dazu im 6. Teil.

43 *Junkernheinrich/Lenk u.a.* Haushaltsausgleich und Schuldenabbau, S. 139 ff.

44 Hierzu detailliert im 3. Teil.

Sozialtransfers zu kämpfen hatten und ohne strukturelle Veränderungen auch in Zukunft zu kämpfen haben werden. Zudem lassen sich – entgegen den zuvor genannten Bemühungen – Beispiele anführen,[45] in denen Bund und Länder die kommunale Ebene über Gebühr in Anspruch nahmen. Doch ist dies nur eine Seite der Medaille.

Aus einer Untersuchung zum Verschuldungsniveau in nordrhein-westfälischen Gemeinden am 31. Dezember 2005 geht hervor, dass die Kommunalverschuldung zwar mit der Ortsgröße tendenziell zunimmt, sich aber innerhalb der Ortsgrößenklasse heterogen wie ein Flickenteppich über das ganze Bundesland verteilt und sich daher keine raumstrukturellen Verschuldungstypen bilden lassen.[46] Folglich entstehen kommunale Haushaltsdefizite nicht allein durch strukturbedingte Nachteile. Mit *Ehlers* ist vielmehr davon auszugehen, dass hier „vieles hausgemacht" ist, zumal sich relativ betrachtet 159 von 396 Kommunen in Nordrhein-Westfalen zwischen den Jahren 2000-2005 entschulden konnten, obwohl die finanzielle Lage in diesem Zeitraum für die kommunalen Körperschaften sehr angespannt war.[47] Zudem gab es selbst im Rekordjahr 2007, in dem der kommunale Finanzierungssaldo einen Überschuss von 8,2 Milliarden Euro aufwies, in 62 nordrhein-westfälischen Gemeinden ein Haushaltsdefizit.[48] Aktuell zeigt sich, dass Kommunen, die in guten Zeiten Rücklagen gebildet haben, gestärkt aus der Finanz- und Wirtschaftskrise gehen.

Festzuhalten ist daher, dass die in nicht wenigen Kommunen vorzufindenden Haushaltsdefizite nicht nur auf gesamtwirtschaftliche Veränderungen, sondern sowohl auf Fremd- als auch auf Eigenverschulden beruhen. Im Ergebnis haben alle Gemeinden die vorstehend skizzierten Herausforderungen unvorhersehbarer Einnahmenausfälle, steigender Sozialausgaben sowie die demografische Entwicklung der Bevölkerung zu bewältigen. Welche strukturellen Veränderungen im System der Gemeindefinanzen notwendig sind, um dies aus eigener Kraft erreichen zu können, ist im weiteren Verlauf der Arbeit zu klären.

---

45 Nachweis in FN 35.

46 *Junkernheinrich/Micosatt* in: Bertelsmann Stiftung, Kommunaler Schuldenreport NRW 2007, S. 38, 56 f.

47 *Ehlers* in: Henneke, Kommunen in den Föderalismusreformen I und II, S. 164, bezugnehmend auf die Studie von *Junkernheinrich/Micosatt* in: Bertelsmann Stiftung, Kommunaler Schuldenreport NRW 2007, S. 52 f.

48 *Boettcher/Junkernheinrich* in: Bertelsmann Stiftung, Kommunaler Finanz- und Schuldenreport NRW 2010, S. 13, 40.

2. Teil: Einnahmequellen der Kommunen

Das kommunale Finanzsystem hat primär dafür Sorge zu tragen, dass die Gemeindeeinwohner vor Ort mit öffentlichen Gütern dauerhaft versorgt werden können und dies durch eine dafür notwendige Finanzierung sichergestellt wird.[49] Dazu sind die Legislativorgane von Bund und Länder nach herrschender Auffassung im Schrifttum gem. Art. 28 II 3 GG bzw. Art. 79 S. 3 LVerf NRW verfassungsrechtlich verpflichtet, den Gemeinden als Ausdruck der sog. kommunalen Finanzhoheit eine angemessene Finanzausstattung, zumindest jedoch eine finanzielle Mindestausstattung zu garantieren.[50] Folglich haben sie den Kommunen Finanzmittel von hinreichendem Gewicht zur Verfügung zu stellen, wenngleich sich aus dem kommunalen Selbstverwaltungsrecht kein Anspruch auf eine konkrete Ausgestaltung des Einnahmesystems ergibt.[51] Zu berücksichtigen ist allerdings, dass die Gemeinden ohne eine Autonomie auf der Einnahmenseite nicht über die Aufgaben- respektive Ausgabenseite autonom bestimmen können.[52]

Die gemeindlichen Einnahmequellen lassen sich dahingehend abgrenzen, ob den Gemeinden ein unmittelbarer Einfluss auf die Bemessung der Einnahmequelle zusteht. Sollte dies der Fall sein, so kann von originären, im Gegensatz zu derivativen Einnahmequellen gesprochen werden.

§ 1 Derivative Einnahmequellen

Bei den abgeleiteten Einnahmequellen können die Kommunen nicht eigenverantwortlich in Erscheinung treten, sondern sind vielmehr dem Willen der übrigen

49 *Fuest/Thöne* Gemeindefinanzreform, S. 7.

50 Statt aller *Stern* Staatsrecht, Bd. I, S. 422; *Dreier* in: Dreier, GG, Art. 28 Rn. 156; *Schmidt-Aßmann* Die Garantie der kommunalen Selbstverwaltung, S. 823; *Henneke* Die Kommunen in der Finanzverfassung des Bundes und der Länder, S. 236 f.; *Pieroth* in: Jarass/Pieroth, GG, Art. 28 Rn. 14; *Schwarz* Finanzverfassung und kommunale Selbstbestimmung, S. 34; *Tettinger/ders.* in: v. Mangoldt/Klein/Starck, GG, Art. 28 Rn. 243 ff. In diese Richtung wohl auch *Gebhardt* Das kommunale Selbstverwaltungsrecht, S. 44. Vom *BVerfG* ist diese Frage bisher offen gelassen worden. Dagegen bejahen die meisten Staatsgerichtshöfe bzw. Verfassungsgerichte der Länder einen kommunalen Finanzausstattungsanspruch, *Nierhaus* in: Sachs, GG, Art. 28 Rn. 84 m.N. in FN 338.

51 *Hoppe* DVBl. 1992, 117 [119]; *Schwarz* ZKF 2001, 266 [268].

52 *Zimmermann* Kommunalfinanzen, S. 112.

Gebietskörperschaften unterworfen. Eine derartige Abhängigkeit besteht bei der kommunalen Beteiligung an den Gemeinschaftsteuern von Bund und Ländern. Ferner sind die Kommunen auf Zuwendungen des jeweiligen Landes und gegebenenfalls auf Finanzhilfen des Bundes angewiesen.

A) Gemeinsame Zuwendungen des Bundes und der Länder

Von den Gemeinschaftsteuern i.S.d. Art. 106 III 1 GG erhalten die Kommunen einen Anteil an der Einkommen- sowie an der Umsatzsteuer, so dass es sich dort im Ergebnis um gemeinsame Zuwendungen von Bund und Ländern handelt.

I. Gemeindeanteil an der Einkommensteuer

Seit der Finanzreform von 1969 spricht Art. 106 V 1 GG den Gemeinden zwingend einen Anteil am Aufkommen der Einkommensteuer zu, der ihnen von den Ländern auf der Grundlage der Einkommensteuerleistungen ihrer Einwohner weiterzuleiten ist. Die Verteilung der Finanzmittel ist somit nicht explizit vom Verfassungsgeber geregelt worden, hat sich allerdings an der „wirklichen örtlichen Einkommensteuerkraft der jeweiligen Gemeinde als gerechtigkeitsbezogene[r] Leitidee zu orientieren“[53]. Das schließt Praktikabilitätsüberlegungen der Legislative zwar nicht aus.[54] Doch fällt eine Verteilung, die allein anhand der Einwohnerzahl oder bedarfsorientierter Verteilungsschlüssel vorgenommen wird, nicht mehr unter den verfassungsrechtlich vorgegebenen Gestaltungsspielraum des Gesetzgebers.[55] Wie sich aus dem Zusammenspiel von Art. 106 III 1 und 2 GG ergibt, wird der den Gemeinden zustehende Gesamtanteil dem Aufkommen der Einkommensteuer vor der hälftigen Aufteilung an Bund und Länder entzogen, die demnach zu gleichen Teilen von der Entnahme betroffen sind.

Der Bund verfügt über eine ausschließliche Gesetzgebungskompetenz und regelt gem. Art. 106 V 2 GG das Nähere zum Gemeindeanteil an der Einkommensteuer, wenngleich es hierzu der Zustimmung der Länder bedarf. Erstmalig ist eine Beteiligung der Gemeinden an der Einkommensteuer durch das Gesetz zur Neuordnung der Gemeindefinanzen von 1969 (Gemeindefinanzreformgesetz - GFRG)[56] eingeführt worden. Im Gegenzug dazu können Bund und Länder auf-

53 *Hidien* in: Dolzer/Vogel/Graßhof, BK GG, Art. 106 Rn. 1039.

54 *Heun* in: Dreier, GG, Art. 106 Rn. 32; *Maunz* in: Maunz/Dürig, GG, Art. 106 Rn. 85.

55 *Hidien* ZKF 1999, 270 [271]; *ders.* in: Dolzer/Vogel/Graßhof, BK GG, Art. 106 Rn. 1040; *Schwarz* in: Henneke/Pünder/Waldhoff, Recht der Kommunalfinanzen, § 12 Rn. 8.

56 Gesetz vom 8.9.1969 (BGBl. I S. 1578) i.d.F. der Bekanntmachung vom 10.3.2009 (BGBl. I S. 502).

grund der durch das Finanzreformgesetz[57] neu geschaffenen Sätze 4 und 5 des Art. 106 VI GG am Aufkommen der Gewerbesteuer beteiligt werden. Von dieser Möglichkeit wird seit dem 1. Januar 1970 gem. § 6 GFRG durch die Gewerbesteuerumlage Gebrauch gemacht.[58] Der Tausch dieser Umlage gegen einen Anteil an der Einkommensteuer war das Kernelement der angesprochenen großen Gemeindefinanzreform, wodurch sich das System der kommunalen Einnahmequellen strukturell verbesserte und festigte.[59]

1. Drei Schritte der Aufkommensermittlung

Die Ermittlung des Aufkommens, das die jeweilige Gemeinde aufgrund der Einkommensteuerbeteiligung erhält, erfolgt dreischrittig:[60]

Zunächst wird auf Bundesebene im Rahmen der Einkommensteuerveranlagung der zu entrichtende Steuerbetrag jedes einzelnen Steuerpflichtigen ermittelt.

Dann ist zweitens das Aufkommen eines jeden Bundeslandes hinsichtlich dieser Verbundsteuer zu bestimmen, von dem die Gemeinden gem. § 1 S. 1 GFRG 15 Prozent des Aufkommens an Lohnsteuer und veranlagter Einkommensteuer sowie 12 Prozent des Aufkommens aus der Kapitalertragsteuer[61] erhalten.

Schließlich erfolgt drittens die Verteilung der gebildeten Gesamtmasse anhand von Schlüsselzahlen, die alle drei Jahre ermittelt werden und sich gem. § 3 I 3 GFRG aus dem Anteil der Gemeinde an der Summe der durch die Bundesstatistiken über die veranlagte Einkommensteuer und über die Lohnsteuer ermittelten Einkommensteuerbeträge ergeben. Diesbezüglich gibt es jährliche Höchstbeträge von 30.000 Euro für Einzelveranlagte respektive 60.000 Euro für Ehegatten.[62] Diese sog. Sockelbeträge sollen verhindern, dass es interkommunal zu unerwünscht hohen Disparitäten in der Steuerkraft kommt und Gemeinden die Präferenzen höherer Einkommensschichten bevorzugen respektive sich zu sehr auf die Ansiedlung wohlbetuchter Bürger fokussieren.[63]

57 21. Gesetz zur Änderung des GG vom 12.5.1969 (BGBl. I S. 359).

58 *Wohltmann* in: Henneke/Pünder/Waldhoff, Recht der Kommunalfinanzen, § 9 Rn. 3.

59 *Pagenkopf* Finanzausgleich im Bundesstaat, S. 263, 271.

60 Siehe dazu die Übersicht bei *Zimmermann* Kommunalfinanzen, S. 165.

61 Nach § 43 I S. 1 Nr. 6, 7, 8 bis 12 sowie S. 2 des EStG.

62 Letzeres ergibt sich aus § 2 II des Gesetzes über Steuerstatistiken vom 11.10.1995 (BGBl. I S. 1250, 1409). Nach *Hansmeyer/Zimmermann* AfK 32 (1993), 221 [231] wird die Einkommensteuerstruktur eines Bundeslandes wegen des langen Veranlagungszeitraums der ESt sowie dem schleppenden Rücklauf der Lohnsteuerkarten sogar mit einem Zeitverzug von bis zu sieben Jahren abgebildet.

63 Diese Begrenzung ablehnend *Hidien* in: Dolzer/Vogel/Graßhof, BK GG, Art. 106 Rn. 1054; *Weiß* ZKF 2001, 52 [54 ff.] sowie *Zimmermann* Kommunalfinanzen, S. 164, 167.

2. Ziele des Gemeindeanteils

Mit dem kommunalen Einkommensteueranteil werden in erster Linie zwei Ziele verfolgt:

Einerseits soll die Beteiligung der Kommunen am Aufkommen der Einkommensteuer als Gegenpol zur stark konjunkturabhängigen Gewerbesteuer in finanzieller Hinsicht Stabilität vermitteln und für eine Verstetigung der Kommunalfinanzen sorgen.[64]

Andererseits soll auch das Band zwischen den steuerpflichtigen Bürgern und deren Gemeinde gefestigt werden, indem sie über den Einkommensteueranteil die kommunale Daseinsvorsorge finanziell unterstützen.[65]

Gemessen am Gesamtaufkommen der Gemeinden im Jahr 2009 betrug der Gemeindeanteil an der Einkommensteuer etwa 37 % und hat sich somit nach der Gewerbesteuer zum zweiten elementaren Bestandteil der kommunalen Einnahmequellen entwickelt.[66] Nicht ohne Grund wird insofern von einer „zentrale[n] Stütze des gemeindlichen primären Finanzausgleichssystems“[67] gesprochen, die insbesondere für kleinere Gemeinden wichtig ist.[68] Der derzeitige Gemeindeanteil an der Einkommensteuer entspricht somit dem Normzweck des Art. 106 V 1 GG, der den Gemeinden eine „eigenständige Säule der gemeindlichen Finanzausstattung“[69] garantiert. Diese Säule darf allerdings nicht zu einer Verschiebung des von der Verfassung vorgegebenen Finanzgefüges führen und nicht so groß ausfallen, dass die Länder ihrer Hauptverantwortung für die Gemeindefinanzen, der sie insbesondere anhand des kommunalen Finanzausgleich Rechnung tragen, seitens des Bundes durch einen überproportional festgesetzten Einkommensteueranteil beraubt werden.[70] Zudem liefe Art. 106 VII GG leer, wenn die Kommunen auf die darin vorgesehenen finanziellen Beteiligungen an den Länderanteilen der Gemeinschaftsteuern sowie an dem Aufkommen aus Landessteuern a priori nicht angewiesen wären.[71]

---

64 *Heun* in: Dreier, GG, Art. 106 Rn. 31.

65 *Schwarz* in: Henneke/Pünder/Waldhoff, Recht der Kommunalfinanzen, § 12 Rn. 2; *Heintzen* in: v. Münch/Kunig, GG, Art. 106 Rn. 46.

66 *Güroff* in: Glanegger/Güroff GewStG, § 1 Rn. 45 unter Bezugnahme auf den Finanzbericht 2009 des BMF.

67 *Hidien* in: Dolzer/Vogel/Graßhof, BK GG, Art. 106 Rn. 1019.

68 *Schwarting* Kommunale Steuern, Rn. 221.

69 BVerfGE 71, 25 [38].

70 *Maunz* in: Maunz/Dürig, GG, Art. 106 Rn. 84; *Schwarz* in: v. Mangoldt/Klein/Starck, GG, Art. 106 Rn. 115.

71 *Weiß* ZKF 2001, 26, 29.

3. *Kritik*

Neben der positiven Entwicklung des Anteils an der Einkommensteuer als stabile Größe im kommunalen Finanzwesen sind dennoch zwei gravierende Kritikpunkte zu nennen:

Erstens ist für die Gemeindeeinwohner zurzeit mangels Transparenz nicht sichtbar, dass sie bereits mittelbar über den Gemeindeanteil an der Einkommensteuer einen gewichtigen Beitrag zur Finanzierung der kommunalen Daseinsvorsorge der eigenen Gemeinde leisten.[72] Damit fehlt ihnen jegliche Fühlbarkeit hinsichtlich der Teilhabe an der örtlichen Haushaltslage. Diesbezüglich gilt es Lösungswege zu finden, die dieser misslichen Situation abhelfen und das Gespür der Bürger für die finanzielle Lage der kommunalen Haushalte intensivieren.

Die Gemeinden haben zweitens keinerlei Einfluss auf diese Einnahmequelle. Sowohl die Veranlagung der Einkommensteuer als Ausgangspunkt der Berechnungen als auch die Festsetzung der Höhe des Gemeindeanteils werden durch Bundesgesetze determiniert, die allein der Länderkontrolle im Bundesrat unterliegen, Art. 105 II, III bzw. 106 V 2 GG.

Fraglich ist in diesem Zusammenhang, warum der Bundesgesetzgeber bisher nicht von der Möglichkeit Gebrauch gemacht hat, den Gemeinden im Sinne von Art. 106 V 3 GG ein Hebesatz- respektive Zuschlagsrecht an der staatlichen Einkommensteuer zuzugestehen.[73] Möglicherweise könnten dadurch die Bürger fühlbarer an den Kommunalfinanzen beteiligt und die kommunalen Präferenzen besser umgesetzt werden. Dem widmet sich ausführlich der 4. Teil.

II. Gemeindeanteil an der Umsatzsteuer

Die Gemeinden erhalten nicht nur einen Anteil an dem Aufkommen der Einkommensteuer, sondern seit dem 1. Januar 1998 gem. Art. 106 Va 1 GG[74] ebenso einen Anteil am Aufkommen der Umsatzsteuer, der von den Ländern nach Satz 2 auf der Grundlage eines orts- und wirtschaftsbezogenen Schlüssels an ihre Gemeinden weiterzuleiten ist. Folglich wird nicht etwa die individuelle Leistungsfähigkeit der Gemeindeeinwohner erfasst, sondern es soll vordergründig die lokale Wirtschaftskraft abgebildet werden, die der Gesetzgeber umfassend, zeitnah, realitätsgetreu, verlässlich und zuverlässig in der Gesetzesfassung zu berücksichtigen hat.[75] Derzeit hat die Verteilung des gemeindlichen Umsatzsteuer-

72 Vgl. *Jachmann* StuW 2006, 115 [116].

73 Vgl. *Siekmann* in: Sachs, GG, Art. 106 Rn. 46; *Pieroth* in: Jarass/Pieroth, GG, Art. 106 Rn. 13.

74 Eingeführt durch das 44. Gesetz zur Änderung des GG vom 20.10.1997 (BGBl. I S. 2470).

75 *Hidien* in: Dolzer/Vogel/Graßhof, BK GG, Art. 106 Rn. 1063; *Schwarz* in: Henneke/Pünder/Waldhoff, Recht der Kommunalfinanzen, § 12 Rn. 16. Der Deutsche Städtetag setzt sich dafür

anteils einfachgesetzlich sowohl im Finanzausgleichgesetz (FAG)[76] sowie in dem bereits erwähnten Gemeindefinanzreformgesetz (GFRG)[77] ihre Konkretisierung gefunden.

Dazu ist auf der ersten Stufe mit Hilfe des FAG der auf die Gemeinden insgesamt anfallende Anteil am Aufkommen der Umsatzsteuer zu bestimmen. Vorab erhält der Bund gem. § 1 I 1, 2 FAG vom Aufkommen der Umsatzsteuer einen gewissen Vomhundertsatz als Ausgleichleistung zum Beispiel für die Belastungen aufgrund der Senkung des Beitragssatzes zur Arbeitslosenversicherung. Nach § 1 I 3 FAG erhalten dann die Gemeinden vom verbleibenden Aufkommen der Umsatzsteuer 2,2 %.

Der so ermittelte Gesamtanteil an der Umsatzsteuer wird auf der zweiten Stufe nach den Verteilungsschlüsseln der §§ 5a bis 5e GFRG an die Gemeinden verteilt. Das Überweisungsverfahren regeln nach § 5f II GFRG – ebenso wie beim Einkommensteueranteil, § 5 GFRG – die Landesregierungen durch Rechtsverordnung. Damit kommt in beiden Fällen den Ländern bei der Weiterleitung lediglich die Funktion eines „Geldboten" zu. Es liegt hier also eine eigenständige (Mit-) Ertragshoheit der Gemeinden vor.[78]

Vielfach lassen sich zwischen dem Gemeindeanteil an der Einkommensteuer und dem Anteil an der Umsatzsteuer Parallelen aufzeigen. So sind in beiden Normen die Gemeinden, nicht aber die Gemeindeverbände empfangsberechtigt. Weiterhin steht auch der Umsatzsteueranteil gem. Art. 106 Va 3 GG in der ausschließlichen, zustimmungsbedürftigen Gesetzgebungskompetenz des Bundes. Ferner dient auch er als Ausgleich für Mindereinnahmen, in diesem Falle aus der Abschaffung der Gewerbekapital- sowie der Senkung der Gewerbeertragsteuer, und ist ebenfalls Ausdruck von schlichten Umverteilungsmaßnahmen.[79] Schließlich ist diese Einnahmequelle vom Verfassungsgeber ebenfalls nicht der Höhe, sondern nur dem Grunde nach verfassungsrechtlich in Art. 106 Va 1 GG verankert worden.

Neben den Gemeinsamkeiten sind allerdings auch Unterschiede festzustellen. Im Gegensatz zum Einkommensteueranteil wird das Aufkommen an der Umsatzsteuer zwischen Bund und Ländern nicht – wie in Art. 106 III 2 GG vorgesehen – zur Hälfte geteilt, sondern kann gem. Art. 106 III S. 3-6 GG variabel anhand eines zustimmungsbedürftigen Bundesgesetzes vergeben werden. Die

---

ein, dass der Gemeindeanteil an der USt am hypothetischen Aufkommen einer fortgeführten Gewerbekapitalsteuer zu orientieren ist, *Anton/Diemert* Gemeindefinanzbericht 2008, S. 28.

76 Gesetz vom 20.12.2001 (BGBl. I S. 3955, 3956).

77 Siehe FN 56.

78 *Hidien* in: Dolzer/Vogel/Graßhof, BK GG, Art. 106 Rn. 1058, 1067; *Heintzen* in: v. Münch/Kunig, GG, Art. 106 Rn. 46, 48; *Heun* in: Dreier, GG, Art. 106 Rn. 35; *Siekmann* in: Sachs, GG, Art. 106 Rn. 32, 40; *Schwarz* in: v. Mangoldt/Klein/Starck, GG, Art. 106 Rn. 122 sowie *ders.* in: Henneke/Pünder/Waldhoff, Recht der Kommunalfinanzen, § 12 Rn. 13.

79 Vgl. BT-Drs. 13/900, S. 1, 3.

Verhältnisse am Gesamtsteueraufkommen können folglich durch einfaches Gesetz geregelt werden, ohne dass hierfür eine Änderung des Grundgesetzes erforderlich ist. Damit spielt die Umsatzsteuer eine wesentliche Rolle im vertikalen Finanzausgleich, so dass ihre vollständige Abschaffung schon von Verfassungs wegen unmöglich ist.[80] Letzteres dürfte in Bezug auf die Einkommensteuer ebenfalls nur eine hypothetische Frage sein.

Im Aufkommen unterscheiden sich die Gemeindeanteile an den Gemeinschaftsteuern erheblich voneinander. So steht bezogen auf das Jahr 2009 einem kommunalen Umsatzsteueranteil von 3,533 Milliarden Euro ein Betrag von 25,732 Milliarden Euro an Einkommensteuerbeteiligung gegenüber, mithin weniger als ein Siebtel.[81] In Nordrhein-Westfalen machte dieser im Finanzausgleichsjahr 2007 im Verhältnis zu den gesamten finanzausgleichsrelevanten Einnahmen ebenso nur 2,8 %, jene 27,8 % aus.[82] Dies zeigt, dass die Bedeutung des Umsatzsteueranteils für die kommunale Finanzausstattung weit geringer ist als der Einkommensteueranteil. Hinzu kommt, dass für den Umsatzsteueranteil von vornherein kein Hebesatzrecht im Sinne von Art. 106 V 3 GG vorgesehen ist.

Kritikwürdig ist bei beiden kommunalen Verbundsteueranteilen, dass die Gemeinden maßgeblich vom Bundesgesetzgeber abhängig sind, der ähnlich wie beim Einkommensteueranteil die Höhe des gemeindlichen Anteils an der Umsatzsteuer im FAG und die Verteilung dieses Anteils im GFRG in eigener Regie regelt. Den Kommunen sind lediglich auf ihr Ersuchen hin gem. § 5d S.1 GFRG die für die Festsetzung der Verteilungsschlüssel nach § 5c GFRG erforderlichen statistischen Ergebnisse vom Statistischen Bundesamt und den statistischen Ämtern der Länder zu übermitteln. Somit haben sie im Austausch für die Gewerbekapitalsteuer, an der sie noch ein Hebesatzrecht besaßen, mit dem Umsatzsteueranteil nur das Recht auf Prüfung der Festsetzung der Verteilungsschlüssel bekommen. Dies hat mithin zu einem Autonomieverlust der Gemeinden geführt, der auch im Rahmen des Einkommensteueranteils zu konstatieren ist.[83] Demzufolge sind die Kommunen in beiden Fällen angehalten, einzig dem Wohlwollen der anderen Gebietskörperschaften sowie auf die Kontrolle des Bundesgesetzgebers durch den Bundesrat zu vertrauen.[84]

---

80 Wie hier *Häde* Finanzausgleich, S. 162; *Korioth* Finanzausgleich, S. 428 f.; *Schwarz* in: v. Mangoldt/Klein/Starck, GG, Art. 106 Rn. 64; *ders.* in: Henneke/Pünder/Waldhoff, Recht der Kommunalfinanzen, § 12 Rn. 14; *Siekmann* in: Sachs, GG, Art. 105 Rn. 58 f. und Art. 106 Rn. 14 ff.

81 Angaben des BMF, abrufbar unter *http://www.bundesfinanzministerium.de/nn_4158/DE/BMF__Startseite/Service/Downloads/Abt__I/19621__Gebietsk_C3_B6rperschaften__2007__2009,templateId=raw,property=publicationFile.pdf.*

82 ifo-Gutachten 2008, S. 55.

83 *Weiß* ZKF 2001, 54, 57.

84 *Hidien* in: Dolzer/Vogel/Graßhof, BK GG, Art. 106 Rn. 1066.

B) Zuwendungen der Länder

Zu den derivativen Einnahmequellen zählen weiterhin die Zuwendungen der Länder, die teils aufgrund unmittelbarer Verpflichtung, teils auf freiwilliger Basis den Gemeinden zukommen.

I. Kommunaler Finanzausgleich

Verfassungsrechtliche Anknüpfungspunkte für die Pflicht der Länder, den Gemeinden im Rahmen des kommunalen Finanzausgleichs ausreichenende Finanzmittel zur Erfüllung der kommunalen Aufgaben zur Verfügung zu stellen, finden sich in Art. 28 II 3 sowie in Art. 106 VII GG. Daneben existieren in den Landesverfassungen aller Flächenländer – abgesehen von Bayern – Regelungen, die diese Pflicht festschreiben.[85] Einfachgesetzlich konkretisiert wird der kommunale Finanzausgleich im Gemeindefinanzierungsgesetz Nordrhein-Westfalen (GFG NRW)[86] sowie in den Finanzausgleichgesetzen der übrigen Flächenstaaten.

1. Funktionen des kommunalen Finanzausgleichs

Mit dem kommunalen Finanzausgleich werden insbesondere zwei Zielrichtungen verfolgt. Zum einen soll er in seiner fiskalischen Funktion die Finanzausstattung der Kommunen insgesamt ergänzen und aufstocken, um sie finanziell bezogen auf die wahrzunehmenden Aufgaben zu einem eigenverantwortlichen und sachgerechten Handeln zu ermächtigen.[87]

Zum anderen bestehen interkommunal gravierende Unterschiede in der Finanzausstattung, die seitens der Länder auszugleichen sind, damit sich die Schere zwischen „reichen" und „armen" Gemeinden nicht zu weit öffnet. Allerdings bedeutet Eigenverantwortung i.S.d. Art. 28 II 1 GG auch, dass die Kommunen für die eigens zu verantwortenden, finanzpolitischen Fehlentscheidungen selber ein-

---

85 Vgl. Art. 73 III LVerf BW, Art. 99 S. 2,3 LVerf Bbg, Art. 137 V 1 LVerf Hess, Art. 73 II LVerf MV, Art. 58 HS. 2 LVerf Nds, Art. 79 S. 2 LVerf NRW, Art. 49 V S. 2,3 LVerf RP, Art. 119 II LVerf Saarl, Art. 88 I, II LVerf Sachs, Art. 88 I, II LVerf LSA, Art. 49 I LVerf SH sowie Art. 93 I, III LVerf Thür. In Bayern wird der kommunale Finanzausgleich durch die Rspr. des BayVerfGH abgesichert, vgl. DÖV 1997, 639 [640]; BayVBl. 1998, 207 [208]; 2003, 658 [660], und im FAG Bay normiert.

86 Dieses wird jährlich neu verabschiedet. Die derzeitig geltende Fassung ist das Gesetz zur Regelung der Zuweisungen des Landes Nordrhein-Westfalen an die Gemeinden und Gemeindeverbände im Haushaltsjahr 2011 vom 18.5.2011 (GV. NRW 2011, 259).

87 *Henneke* in: Henneke/Pünder/Waldhoff, Recht der Kommunalfinanzen, § 25 Rn. 5; ifo-Gutachten 2008, S. 54, 56. Kritisch diesbzgl. *Zimmermann* Kommunalfinanzen, S. 213.

stehen müssen.[88] Demnach darf der kommunale Finanzausgleich in seiner redistributiven Funktion nicht einfach die angesprochenen Unterschiede nivellieren, sondern lediglich strukturbedingte Disparitäten abmildern und die kommunalen Haushalte vor drastischen Finanzeinbußen schützen.[89]

Infolgedessen stehen die Länder vor dem schwierigen Balanceakt, einerseits das Existenzminimum der einzelnen Gemeinden sichern zu müssen, aber andererseits nicht für jedes gemeindliche Versagen in der Haushaltspolitik aufkommen zu dürfen.[90] Daher gilt es, alle Gemeinden im Rahmen des kommunalen Finanzausgleichs gleich, gerecht und angemessen einzubeziehen, um die Wohlfahrt aller Gemeindebürger zu steigern. Angezeigt ist somit eine Solidarität zu den Kommunen, die auf die Vermeidung von Abhängigkeit zielt und dadurch selbstständiges Handeln ermöglicht.

2. Elemente des kommunalen Finanzausgleichs

Dieser Balanceakt erfolgt zweistufig aufgrund eines „vertikalen Finanzausgleich[s] mit horizontalem Effekt“[91]. Dazu bestimmt das Land als übergeordnete Gebietskörperschaft zunächst einen absoluten Betrag aus den eigenen Einnahmen (sog. Finanzausgleichs- oder auch Verbundmasse)[92], der dann an die Kommunen mit Hilfe von Zuweisungsschlüsseln verteilt wird.

Formel:

Finanzausgleich = Finanzausgleichsmasse **x** Zuweisungsschlüssel

a) Die Finanzausgleichsmasse

Die Finanzausgleichsmasse als vertikale Komponente setzt sich zusammen aus der Verbundgrundlage und dem Verbundsatz.

Formel:

Finanzausgleichsmasse = Verbundgrundlage **x** Verbundsatz

88 *P. Kirchhof* DVBl. 1980, 711 [714]; *Henneke* in: Henneke/Pünder/Waldhoff, Recht der Kommunalfinanzen, § 25 Rn. 6; *ders.* Die Kommunen in der Finanzverfassung des Bundes und der Länder, S. 304 f.

89 *Henneke* in: Henneke/Pünder/Waldhoff, Recht der Kommunalfinanzen, § 25 Rn. 6. Vgl. auch *P. Kirchhof* DVBl. 1980, 711 [713 f.]; *Birk/Inhester* DVBl. 1993, 1281 [1284]; ifo-Gutachten 2008, S. 56 ff.

90 *P. Kirchhof* spricht von einem „Zielkonflikt“, DVBl. 1980, 711 [711].

91 *Zimmermann* Kommunalfinanzen, S. 227.

92 In NRW betrug die originäre Finanzausgleichsmasse 2011 etwa 7,922 Mrd. Euro, Anlage 1 zu § 2 IV GFG 2011 NRW.

aa) Allgemeines

Zur Verbundgrundlage ist gem. Art. 106 VII 1 GG der Länderanteil an den Gemeinschaftssteuern zwingend heranzuziehen,[93] während darüber hinaus fakultativ weitere Landessteuern einbezogen werden können.[94]

So fügen beispielsweise Niedersachsen, Rheinland-Pfalz und Schleswig-Holstein den ihnen gem. Art. 106b GG verbleibenden Kompensationsbetrag für die Übertragung der Ertragshoheit der Kraftfahrzeugsteuer auf den Bund der Verbundgrundlage hinzu.[95] Dies galt in Nordrhein-Westfalen bis zum 31. Dezember 2006 ebenso für die den Ländern nach Art. 106 II Nr. 4 GG ertragshoheitlich zugewiesene Grunderwerbsteuer, deren Aufkommen zu vier Siebteln in der Finanzausgleichsmasse Berücksichtigung fand.[96] Doch führte die dramatische Haushaltssituation zunächst dazu, dass sich der nordrhein-westfälische Gesetzgeber gezwungen sah, diese ab 2007 ganz aus der Verbundgrundlage zu streichen.[97] Bezogen auf das Jahr 2007 hat sich die Finanzausgleichmasse damit schätzungsweise um 162 Millionen Euro verringert,[98] obwohl es den kommunalen Haushalten finanziell nicht besser ging. Dennoch mussten die Gemeinden dadurch für die Sanierung des Landeshaushalts einen Konsolidierungsbeitrag leisten. Nunmehr beteiligt das Land Nordrhein-Westfalen auf Initiative der „rot-grünen" Minderheitsregierung die kommunalen Körperschaften gem. § 2 I 2 GFG 2011 NRW wieder an vier Siebteln der Einnahmen aus der Grunderwerbsteuer. Hingewiesen sei an dieser Stelle noch darauf, dass seit dem GFG 2006 NRW der Finanzausgleichsmasse ein Betrag zur vorläufigen pauschalen Abgeltung von Ausgleichsansprüchen aus der Beteiligung der Gemeinden und Gemeindeverbände an den finanziellen Belastungen des Landes aus der Deutschen Einheit vorweg entzogen wird.[99]

Wichtig ist in diesem Zusammenhang, dass ein übergemeindlicher Finanzausgleich nach Art. 79 S. 2 LVerf NRW – wie auch in Niedersachsen gem. § 58 LVerf Nds – nur im Rahmen der finanziellen Leistungsfähigkeit des Landes zu gewährleisten ist.[100] Allerdings müssen die Landesgesetzgeber den

93 Dem sog. obligatorischen Steuerverbund gehören damit gem. Art. 106 III 1 GG die Einkommen-, Körperschaft- und Umsatzsteuer an.

94 Vgl. Art. 106 VII 2 GG. Zum sog. fakultativen Steuerverbund auch *Henneke* in: Henneke/Pünder/Waldhoff, Recht der Kommunalfinanzen, § 25 nach Rn. 58 (Abb. 1).

95 § 1 I 1 Nr. 1 lit. f) FAG Nds, § 5 I Nr. 3 FAG RP sowie § 5 I Nr. 3 FAG SH.

96 § 4 I 2 GFG 2006 NRW.

97 Anders als z.B. nach § 2 II FAG Hess, § 1 I 1 Nr. 2 FAG Nds, § 5 I Nr. 7 FAG RP sowie § 5 I Nr. 2 FAG SH.

98 Schnellbrief-Nr. 99/2006 des Städte- und Gemeindebundes NRW.

99 ifo-Gutachten 2008, S. 171. Vgl. § 2 I 3 GFG 2011 NRW.

100 Die Frage, ob der Vorbehalt der finanziellen Leistungsfähigkeit des Landes auch für den unantastbaren Kernbereich der kommunalen Selbstverwaltungsgarantie des GG gilt, ist äußerst

Kommunen eine an den kommunalen Aufgaben orientierte finanzielle Mindestausstattung gewähren, um nicht den unantastbaren Kernbereich der kommunalen Selbstverwaltungsgarantie zu verletzen.[101]

Auf die Summe der Verbundgrundlage wird dann ein Vomhundertsatz (sog. Verbundsatz bzw. -quote) angewendet, um die endgültige Finanzausgleichsmasse zu bestimmen. Die Verbundsätze liegen im Ländervergleich zwischen 12,2 und 23 %.[102] Die Angemessenheit der von dem jeweiligen Land bereitgestellten Verbundmasse hängt jedoch nicht allein von der Höhe des Verbundsatzes ab. Zum einen setzt sich die Verbundgrundlage nicht in jedem Land gleich zusammen, so dass ihr unterschiedliche Landessteuern in unterschiedlichem Ausmaß angehören. Zum anderen muss diesbezüglich Berücksichtigung finden, welche Landesmittel außerhalb des kommunalen Finanzausgleichs freiwillig erbracht werden und wie sich die Ausgaben der Kommunen zu den Ausgaben der Landesebene verhalten.[103]

bb) Länderspezifische Besonderheiten

Zur Verstetigung der Finanzausgleichsmasse existiert in Rheinland-Pfalz gem. § 5a FAG RP ein Stabilisierungsfonds, der die Kommunen durch den Aufbau einer Finanzreserve vor rückläufigen Landeseinnahmen schützt und ihnen im Ergebnis eine finanzielle Mindestausstattung garantiert. Diesem Beispiel ist bisher nur Sachsen mit einem bis 2015 eingerichteten Vorsorgefond gefolgt.[104] Für Nordrhein-Westfalen ist ein solcher Fond mit Verweis auf die Verstetigung der Landeseinnahmen durch Elemente wie den Umsatzsteuervorwegausgleich, den Länderfinanzausgleich und die Bundesergänzungszuweisungen vom ifo-Institut für nicht erforderlich eingestuft worden.[105] Dies dürfte angesichts der die Bundesrepublik Deutschland in den Jahren 2008 und 2009 prägenden Wirtschafts-

---

umstritten. Dagegen statt vieler *Henneke* DÖV 1998, 330 [331, 334 f.]; *ders.* DÖV 2008, 857 [860]; *Schoch* in: Ehlers/Krebs, Grundfragen des Verwaltungsrechts und des Kommunalrechts, S. 93 [122 ff.] sowie *Schwarz* ZKF 2001, 266 [271], da die Leistungsfähigkeit des Landes maßgeblich von dessen Ausgabenverhalten abhängt. Ebenso ThürVerfGH NVwZ-RR 2005, 665 [668]. A.A. VerfGH NRW, DVBl. 1998, 1280 [1283]; DÖV 1999, 300 [301], DVBl. 2011, 1155 [1155 f.]; BayVerfGH, BayVBl. 2008, 172 [175] sowie NdsStGH, NdsVBl. 2008, 152 [155].

101 Nachweise in FN 50. Näher dazu im 2. Teil § 2 A II. 2. b) bb).

102 Art. 1 I 1 FAG Bay bzw. §§ 1 I Nr. 1 FAG BW, 2 II FAG Hess, § 2 I 1 GFG 2011 NRW. Ausgenommen aus der Betrachtung sind die Bundesländer, die mit dem Gleichmäßigkeitsgrundsatz (dazu siehe nächste Seite) ein anderes System verwenden, bei dem sich der tatsächliche Verbundsatz als eine endogene Größe erweist, vgl. ifo-Gutachten 2008, FN 21.

103 Vgl. dazu ifo-Gutachten 2008, S. 35 sowie *Zimmermann* Kommunalfinanzen, S. 238 f.

104 § 23 FAG Sachs.

105 ifo-Gutachten 2008, S. 43 f., 189 f., 197.

und Finanzkrise, die alle Akteure der Wirtschaft vollkommen überrascht hat, zu überdenken sein.

Vereinzelt wird hinsichtlich der Finanzausgleichsmasse ein sog. Gleichmäßigkeitsgrundsatz angewandt, nach dem sich die Einnahmen von Land und Kommune gleichmäßig entwickeln sollen und gegebenenfalls einander anzupassen sind.[106] Allerdings stellt dieses Postulat „kein Allheilmittel" dar, weil er weder die Ausgabenpolitik der jeweiligen Gebietskörperschaft noch die wahrzunehmenden Aufgaben berücksichtigt.[107] Demgegenüber ist es positiv zu bewerten, dass einige Finanzausgleichsgesetze der Länder zur Beratung und Überprüfung des Anpassungsbedarfs die Einsetzung von Gremien vorsehen, die meist aus Vertretern des Finanz- und Innenministeriums sowie der kommunalen Spitzenverbände bestehen und der Gewährleistung des prozeduralen Schutzes der kommunalen Selbstverwaltung vor Entscheidungen über den kommunalen Finanzausgleich dienen.[108]

Vereinzelt wird der vertikale Aspekt des kommunalen Finanzausgleichs durchbrochen, indem zur Aufstockung der Finanzausgleichsmasse eine Finanzausgleichsumlage (bzw. -abgabe) von sog. abundanten Gemeinden erhoben wird, deren Finanzkraft den Finanzbedarf übersteigt.[109] Damit wird zwar das redistributive Ziel, die interkommunalen Finanzkraftunterschiede auszugleichen, unmittelbar umgesetzt. Problematisch an einer solchen Abgabe ist jedoch, dass diese im Ergebnis nur zu reinen Umverteilungseffekten und damit zu keiner positiven Anreizwirkung auf die Finanzpolitik der nicht abundanten Gemeinden führt, was deren Eigenverantwortung letztlich schwächt.[110]

b) Die Zuweisungsschlüssel

Nach der Festsetzung der Finanzausgleichsmasse erfolgt auf der zweiten Stufe die Verteilung des absoluten Betrages anhand von Zuweisungsschlüsseln. Sowohl bezogen auf die Verbundmasse als auch hinsichtlich der Verteilungsschlüssel wird dem Landesgesetzgeber von der Rechtsprechung der Verfassungsgerichte

106 Siehe z.B. § 7 II FAG MV sowie § 2 I 2 FAG Sachs.

107 *Anton/Diemert* Gemeindefinanzbericht 2008, S. 32. Vom ifo-Institut für NRW nicht empfohlen, ifo-Gutachten 2008, S. 38 ff.

108 So in § 34 FAG BW sowie § 34 FAG Sachs. Die Frage nach der Erforderlichkeit eines solchen Gremiums wurde vom ifo-Institut bezogen auf NRW ausdrücklich offen gelassen, ifo-Gutachten 2008, S. 2, 47 f.

109 Vgl. § 1a FAG BW, § 23 FAG LSA, § 16 FAG Nds, § 23 FAG RP, § 29 FAG SH. Dies zielt in die Richtung eines sog. brotherhood approach, *Zimmermann* Kommunalfinanzen, S. 227.

110 Das ifo-Institut rät daher von einer Finanzausgleichsumlage ab, ifo-Gutachten 2008, S. 3, 49, 197.

ein großzügig bemessener Gestaltungsspielraum eingeräumt.[111] Neben den allgemeinen Schlüsselzuweisungen enthalten die Finanzausgleichsgesetze der Länder daher auch Bedarfs- und Zweckzuweisungen, die im Folgenden zuerst behandelt werden.

aa) Bedarfszuweisungen

In allen Flächenländern sieht der Gesetzgeber Bedarfszuweisungen vor, die den betroffenen Gemeinden zur Überwindung außergewöhnlicher oder unvorhersehbarer finanzieller Belastungssituationen, die im Rahmen des Schlüsselzuweisungssystems keine oder nur unzureichende Berücksichtigung finden, abhelfen.[112] So werden beispielsweise einigen nordrhein-westfälischen Kommunen auf der Grundlage von § 19 GFG 2011 NRW mit der Kurortehilfe, der Abwassergebührenhilfe, der Standortehilfe für Gaststreitkräfte, den Hilfen zur Milderung des finanziellen Aufwandes aus der landschaftlichen Kulturpflege sowie den Zuweisungen zur Überwindung außergewöhnlicher Belastungs- und besonderer Bedarfssituationen Sonderbedarfszuweisungen gewährt.

bb) Zweckzuweisungen

Ebenfalls unabhängig von der Finanzkraft können den Gemeinden Zweckzuweisungen zugesprochen werden. Hier gibt der Landesgesetzgeber durch gesetzliche Normierung vor, zu welchen Zwecken die Finanzmittel verwendet werden müssen. Diese Mittel sind vordergründig darauf angelegt, die Kommunen zu Investitionen auf der örtlichen Ebene zu veranlassen.[113] Während mit den Zweckzuweisungen in Hessen, Mecklenburg-Vorpommern, und Schleswig-Holstein einzelne Projekte wie der öffentliche Personennahverkehr, Straßen, Brücken, Theater, Bibliotheken, Museen und Musikschulen gefördert werden, sind diese in Nordrhein-Westfalen lediglich auf drei breiter angelegte Pauschalen begrenzt. Mit der Schul-/Bildungspauschale sowie der Sportpauschale existieren zwei Sonderpauschalen, die für spezifische Förderungen im Schul- und Sportbereich verwendet werden müssen, §§ 17, 18 GFG 2011 NRW. Daneben besteht gem.

---

111 BVerfGE 23, 353 [369]; 83, 363 [393]; VerfGH NRW, DVBl. 1998, 1280 [1282]; DÖV 1999, 300 [301]; NWVBl. 2003, 261 [263]; BayVerfGH, BayVBl. 1998, 207 [208]. Kritisch dazu *Henneke* in: Henneke/Pünder/Waldhoff, Recht der Kommunalfinanzen, § 25 Rn. 17; *ders.* DÖV 1994, 1 [1, 5].

112 Art. 11 FAG Bay, § 16 FAG Bbg, § 13 FAG BW, § 21 FAG Hess, § 17 FAG LSA, § 20 FAG MV, § 13 FAG Nds, § 19 GFG 2011 NRW, § 17 FAG RP, § 16 FAG Saarl, § 17 FAG Sachs, § 17 FAG SH sowie § 27 FAG Thür.

113 Aufgrund der lenkenden Funktion verwendet die Finanzwissenschaft hier den Begriff der „Meritorisierung“ von Gemeindeaufgaben, die aus ökonomischer Sicht ein bedenkliches Motiv darstellt, *Zimmermann* Kommunalfinanzen, S. 214 f., 218.

§ 16 II GFG 2011 NRW eine allgemeine Investitionspauschale, die den Kommunen zur Förderung investiver Maßnahmen frei zur Verfügung steht. Damit ist die früher verfolgte projektbezogene Förderung aufgegeben worden, so dass die Pauschalen nur noch in einem weiteren Sinne Zweckzuweisungen darstellen. Auf diese Weise wurde der Eigenverantwortung der nordrhein-westfälischen Kommunen in Bezug auf ihre Investitionstätigkeiten eine größere Bedeutung verliehen.

cc) Allgemeine Schlüsselzuweisungen

Das horizontale Kernelement des kommunalen Finanzausgleichs bilden die allgemeinen Schlüsselzuweisungen.[114] An den Gesamteinnahmen der Gemeinden in Nordrhein-Westfalen nimmt ihr Anteil durchschnittlich betrachtet nach dem Aufkommen aus der Gewerbesteuer und dem Gemeindeanteil an der Einkommensteuer den dritten Platz ein.[115]

Das System der allgemeinen Schlüsselzuweisungen geht – abgesehen von Rheinland-Pfalz, Mecklenburg-Vorpommern und Schleswig-Holstein – zurück auf ein Gutachten des preußischen Finanzministers *Popitz* aus dem Jahre 1932 mit dem Titel „Der künftige Finanzausgleich zwischen Reich, Ländern und Gemeinden“.[116] Dazu ist die Differenz aus den beiden Zahlengrößen des Finanzbedarfs sowie der Finanzkraft als Ansatzpunkt für einen Verteilungsschlüssel zu ermitteln,[117] die anschließend mit einem Ausgleichssatz multipliziert wird. Abundante Gemeinden erhalten keine Schlüsselzuweisungen, da die Steuerkraft den Finanzbedarf in diesen Fällen ausnahmsweise übersteigt.[118]

Formel:

(Finanzbedarf - Finanzkraft) **x** Ausgleichssatz = Schlüsselzuweisungen

---

114 Die Schlüsselmasse betrug für nordrhein-westfälische Gemeinden im Steuerverbund 2011 5,275 Mrd. Euro, § 6 GFG 2011 NRW. Damit sind zuvor 2,647 Mrd. Euro aus der Finanzausgleichsmasse geflossen (vgl. FN 92), wovon 0,787 Mrd. Euro an Kreise und 0,66 Mrd. Euro an Landschaftsverbände gingen.

115 ifo-Gutachten 2008, S. 55.

116 *Henneke* in: Henneke/Pünder/Waldhoff, Recht der Kommunalfinanzen, § 25 Rn. 20.

117 *Popitz* Gutachten 1932, S. 204.

118 In NRW waren dies 47 der 396 Gemeinden im Finanzausgleichsjahr 2007, ifo-Gutachten 2008, S. 55.

(1) Finanzbedarf

Der Finanzbedarf wird durch die Ausgangsmesszahl dargestellt. Aus finanzwissenschaftlicher Betrachtung erfolgt eine effiziente Verteilung der Verbundmasse nur dann, wenn die Erhöhung der Finanzausstattung in sämtlichen Gemeinden zu gleich großen, zusätzlichen Nutzen und damit insgesamt gesehen zu einer Wohlfahrtssteigerung der Bürger aller Gemeinden führt.[119] Zudem darf nicht die Gemeinde belohnt werden, die mit ihren finanziellen Ressourcen verschwenderisch umgeht. Daher richtet sich der Finanzbedarf nicht nach den realen Ausgaben der einzelnen Kommune, die ohnehin nur mit einem immensen Verwaltungsaufwand festzustellen sind. Vielmehr ist ein fiktiver Bedarf unter Anwendung von objektiven Kriterien in der Ausgangsmesszahl zu eruieren, der die mit der Erfüllung der selbstverantwortlichen Aufgaben kohärenten kommunalen Finanzbelastungen ausgewogen und angemessen abbildet.[120]

Derartige Indikatoren finden sich in dem Haupt- sowie in den Nebenansätzen,[121] die zusammen in den Gesamtansatz fließen. Dieser wird dann mit einem Grundbetrag multipliziert, um die Ausgangsmesszahl zu erhalten. Der Grundbetrag ist abhängig von der Höhe der Finanzausgleichsmasse und als endogene Größe so zu bemessen, dass die Verbundmasse letztlich aufgebraucht wird.[122]

Formeln:

Ausgangsmesszahl = Gesamtansatz **x** Grundbetrag

Gesamtansatz = Hauptansatz + ggf. Nebenansätze

Der Hauptansatz wird anhand der Einwohnerzahl ermittelt, die in den meisten anderen Flächenländern veredelt,[123] d.h. gestaffelt nach der Einwohnerzahl an-

119 ifo-Gutachten 2008, S. 58, 92.

120 So schon *Popitz* Gutachten 1932, S. 206 ff., 262 ff. Ebenso VerfGH NRW, DVBl. 1998, 1280 [1280]; *P. Kirchhof* DVBl. 1980, 711 [714 ff.]. *Henneke* in: Henneke/Pünder/Waldhoff, Recht der Kommunalfinanzen, § 25 Rn. 23, hält den Finanzbedarf für notwendig, der sich für die kommunale Selbstverwaltung bei wirtschaftlicher Aufgabenerfüllung als erforderlich erweise.

121 Sofern das Land überhaupt Nebenansätze vorsieht. Zu den Haupt- und Nebenansätzen die Übersicht bei *Henneke* in: Henneke/Pünder/Waldhoff, Recht der Kommunalfinanzen, § 25 nach Rn. 58 (Abb. 2).

122 Dazu ifo-Gutachten 2008, S. 71 ff. Einzig in Baden-Württemberg ist nicht der Grundbetrag, sondern der Ausgleichssatz die endogene Größe, ebd., S. 90.

123 Dies ist nicht der Fall in Rheinland-Pfalz (§ 29 I FAG RP) und Schleswig-Holstein (§ 37 II 1 FAG SH). In Mecklenburg-Vorpommern findet ab 2012 eine Nivellierung statt, so dass dann die Einwohner von Gemeinden mit einer Einwohnerzahl von weniger als 500 nur zu 95 % berücksichtigt werden, § 12 VII 3 FAG MV.

gesetzt wird.[124] So sieht zum Beispiel die Hauptansatzstaffel in Nordrhein-Westfalen vor, dass die Stadt Hörstel (unter 25.000 Einwohner) 100 %, die Stadt Köln als größte Kommune (über 635.500 Einwohner) dagegen 154 % als Hauptansatz erhalten. Dem liegt der Gedanke zugrunde, dass die Einwohnerzahl die Kosten der öffentlichen Leistungserbringung wesentlich beeinflusst.[125] Die Hauptansatzstaffel wird in regelmäßigen Abständen den aktuellen Gegebenheiten angepasst. In Ländern wie Brandenburg, Mecklenburg-Vorpommern, Thüringen und Schleswig-Holstein wird neben der Einwohnerzahl noch ein sog. Zentrale-Orte-Ansatz herangezogen, der überörtliche Versorgungsfunktionen abbilden soll. Einzig Rheinland-Pfalz wendet auf Gemeindeebene zusätzlich einen Flächenansatz an.[126]

In Nordrhein-Westfalen bestehen in § 8 IV-VI GFG 2011 NRW mit dem Schüler-, Soziallasten- und Zentralitätsansatz drei Nebenansätze, die sowohl aus politischer als auch aus finanzwissenschaftlicher Sicht in den Verteilungsschlüssel einzubeziehen sind.[127] Derartige Ergänzungsansätze sind in allen Finanzausgleichsgesetzen der Länder als Korrektur des Hauptansatzes erforderlich, um bestimmte, besonders gewichtige Mehrbelastungen in der Verteilung der Verbundmasse zu berücksichtigen.[128]

(2) Finanzkraft

Als Gegenstück zur Ausgangsmesszahl äußert sich die Finanzkraft einer Gemeinde in der Steuerkraftmesszahl. Dabei sollen – ähnlich wie bei der Ermittlung des Finanzbedarfs – nicht die tatsächlichen Einnahmen, sondern die Einnahmepotentiale der Gemeinde zutreffend erfasst werden.[129]

Einzig der Gemeindeanteil an Einkommen- und Umsatzsteuer wird mit dem tatsächlichen Aufkommen bewertet,[130] da die Gemeinden bei der Festsetzung dieser Anteile weder dem Grunde noch der Höhe nach mitwirken können.[131]

---

124 Vgl. § 8 III 2 i.V.m. Anlage 2 zu § 8 III GFG 2011 NRW. Dieser Ansatz beruht ebenfalls auf dem Gutachten von *Popitz*, S. 266.

125 *Popitz* Gutachten 1932, S. 279 ff.; ifo-Gutachten 2008, S. 68 f. Dies trifft tendenziell auch heute noch zu, *Junkernheinrich/Micosatt* in: Bertelsmann Stiftung, Kommunaler Schuldenreport NRW 2007, S. 57. Grundsätzlich zustimmend *P. Kirchhof* DVBl. 1980, 711 [714]; *Zimmermann* Kommunalfinanzen, S. 230.

126 Zum Ganzen ifo-Gutachten 2008, S. 83 f., 87, 91, 198. Für NRW wird vom ifo-Institut weder ein Zentraler-Orte-Ansatz noch ein Flächenansatz empfohlen, ebd., S. 91, 118.

127 ifo-Gutachten 2008, S. 76.

128 *P. Kirchhof* DVBl. 1980, 711 [716].

129 *Henneke* DÖV 1994, 1 [8]; *ders.* in: Henneke/Pünder/Waldhoff, Recht der Kommunalfinanzen, § 25 Rn. 35; ifo-Gutachten 2008, S. 125.

130 Dies ist in NRW zu 100% (§ 9 II Nr. 5 GFG 2011 NRW), hingegen in Nds zu 90% (§ 11 I Nr. 3 und 4 FAG Nds), im Saarl zu 85 % (§ 11 II Nr. 3 und 4 FAG Saarl) sowie in BW für den Umsatzsteueranteil zu 80% (§ 6 I Nr. 6 FAG BW) der Fall.

131 Wie bereits im 2.Teil § 1 A) und B) festgestellt.

Demgegenüber werden Grund- und Gewerbesteuer (vermindert um die Gewerbesteuerumlage) mit einem fiktiven Hebesatz versehen.[132] Nach Auffassung des *Verfassungsgerichtshofs NRW* dient „die Anknüpfung an fiktive Hebesätze [...] der verfassungsrechtlich gebotenen interkommunalen Gleichbehandlung, weil sie den übergemeindlichen Finanzausgleich von der Willensentscheidung der einzelnen Gemeinde zur Höhe der Hebesätze in ihrem Gebiet unabhängig macht"[133]. Auch aus Sicht der Finanzwissenschaftler ist diese Anknüpfung geboten, weil sonst die Kommunen dazu verleitet würden, die Hebesatzanspannung möglichst gering zu halten, um den eigenen Standort vorteilhafter zu gestalten und gleichzeitig die Mindereinnahmen im Rahmen des kommunalen Finanzausgleichs ausgeglichen zu bekommen. In der Folge würden sie sich darauf konzentrieren, die kommunale Finanzpolitik auf die Erzielung von Schlüsselzuweisungen zu fokussieren, und damit die Einnahmen aus eigenen Finanzquellen vernachlässigen.[134] Das führt zu einer ungerechtfertigten Verringerung der Verbundmasse für die übrigen Kommunen. Um dies zu vermeiden, ist die Anknüpfung an fiktive Hebesätze, die sich an den durchschnittlichen Hebesätzen aller Gemeinden im Bundesgebiet zu orientieren haben, zwingend erforderlich.[135] Von einer Differenzierung der fiktiven Hebesätze, wie sie zum Beispiel in Niedersachsen nach der Einwohnerzahl vorgenommen wird,[136] ist dagegen abzuraten, da sie kleinere Gemeinden im Wettbewerb um Unternehmen unnötig benachteiligt.[137]

Möglicherweise ist zu überlegen, die Elemente der Steuerkraftmesszahl zu erweitern und die Finanzkraft der einzelnen Kommune noch genauer abzubilden. Zu Recht werden allerdings Gebühren und Beiträge nicht in die Finanzkraft einbezogen. Denn Gebühren werden nach dem Äquivalenzprinzip als Gegenleistung für einen konkreten Verwaltungsaufwand erhoben, ohne dass sich daraus für die Gemeinden ein Ertrag ergibt. Ebenso unterliegen Beiträge dem Kostendeckungsprinzip, so dass dadurch die Finanzkraft der Gemeinde grundsätzlich nicht erweitert wird.[138] Gebührencharakter haben auch sog. Konzessionsabgaben, die den Gemeinden als Entgelte für das Recht auf Benutzung der Leitungen zur Strom-, Gas- und Wasserversorgung von den vertraglich privilegierten Unternehmen zufließen, da diese unmittelbare Bereitstellungskosten erfordern,[139] und sind daher ebenfalls nicht zu berücksichtigen. Für eine Ergänzung der Steuer-

132 Vgl. § 9 II Nr. 1-3 GFG 2011 NRW.

133 VerfGH NRW DVBl. 1993, 1205 [1207]. Vgl. auch VfG Bbg. NVwZ-RR 2000, 129 [133].

134 ifo-Gutachten 2008, S. 127 ff.

135 Vgl. ifo-Gutachten 2008, S. 139, 153 ff., 198 f.

136 § 11 II FAG Nds.

137 Kritisch dazu ebenso ifo-Gutachten 2008, S. 129 ff., 140.

138 *P. Kirchhof* DVBl. 1980, 711 [716 f]; *Schwarz* ZKF 2001, 266 [271]. Ausführlicher zu Gebühren und Beiträgen im 2. Teil § 2 B).

139 ifo-Gutachten 2008, S. 127.

kraftmesszahl kommen demnach lediglich die örtlichen Aufwands- und Verbrauchssteuern in Betracht. Allerdings sind diese Steuerquellen bedeutend weniger ergiebig.[140] Zudem würde auf diese Weise das Selbstverwaltungsrecht der Kommunen aus Art. 28 II GG beschränkt, wenn die von ihnen autonom erzielten Finanzmittel beim kommunalen Finanzausgleich negativ angerechnet würden.[141] Insgesamt ist damit die Steuerkraftmesszahl zur Ermittlung der Finanzkraft sowohl aus finanzwissenschaftlicher als auch verfassungsrechtlicher Beurteilung nicht um weitere Komponenten zu ergänzen.[142]

(3) Ausgleichssatz

Die Differenz aus Finanzbedarf und Finanzkraft wird drittens mit dem Ausgleichssatz multipliziert, um letztlich den Betrag zu erhalten, der als allgemeine Schlüsselzuweisungen der jeweiligen Gemeinde zusteht.[143] Hierbei divergieren die von den Ländern bestimmten Ausgleichssätze zwischen 55 % in Bayern und 90 % in NRW.[144] Es ist folgerichtig, dass die Ausgleichssätze nicht 100 % betragen, und erfüllt die redistributive Funktion des kommunalen Finanzausgleichs, lediglich strukturbedingten Disparitäten abzumildern und zu einer Annäherung im kommunalen Finanzetat zu führen.[145] Um den Kommunen Anreize zu schaffen, die eigene Finanzausstattung selbst zu verbessern, kann es ratsam sein, den Ausgleichssatz deutlich unter 100 % zu veranschlagen.[146]

c) Die Beurteilung der Zuweisungsschlüssel

Für eine Beurteilung der vorstehend aufgezeigten Zuweisungsschlüssel ist zunächst zu konstatieren, dass es gem. Art. 106 VII GG allein Sache des Landesgesetzgebers ist, diese Parameter festzulegen.[147] Zudem hat die verfassungsgerichtliche Rechtsprechung der Legislative hier einen weiten Gestaltungsspielraum eingeräumt.[148] Dennoch sind die von der Verfassung des Bundes sowie der Länder vorgegebenen Grenzen einzuhalten und insbesondere die den Kommunen

---

140 Ihr Anteil am durchschnittlichen Gesamteinkommen machte 2005 weniger als 1 % aus, ifo-Gutachten 2008, S. 126.

141 *Henneke* in: Henneke/Pünder/Waldhoff, Recht der Kommunalfinanzen, § 25 Rn. 36.

142 So auch *Henneke* DÖV 1994, 1 [8].

143 Zum besseren Verständnis siehe die Abbildung auf S. 40.

144 Art. 2 II 2 FAG Bay bzw. § 7 I GFG 2011 NRW. Der Ausgleichssatz in Brandenburg, Niedersachsen und Sachsen beträgt zum Beispiel 75%, in Sachsen-Anhalt 70%

145 *P. Kirchhof* DVBl. 1980, 711 [719].

146 *Zimmermann* Kommunalfinanzen, S. 244, 246.

147 *Hidien* in: Dolzer/Vogel/Graßhof, BK GG, Art. 106 Rn. 1130; *Heun* in: Dreier, GG, Art. 106 Rn. 41 a.E; *Schwarz* in: v. Mangoldt/Klein/Starck, GG, Art. 106 Rn. 144.

148 Vgl. die Nachweise in FN 111.

dort verbürgte Selbstverwaltungsgarantie zu achten.[149] Auch ist das interkommunale Gleichbehandlungsverbot nicht zu verletzen, welches dem Bundes- sowie dem Landesgesetzgeber verbietet, Gemeinden oder Gemeindeverbände aufgrund sachlich nicht vertretbarer Differenzierungen zu benachteiligen oder zu bevorzugen.[150] Allerdings verlangt dieses Postulat vom Gesetzgeber nur für ein annähernd gleiches Versorgungsniveau in den Gemeinden zu sorgen, um nicht die Eigenverantwortlichkeit der Selbstverwaltungsorgane auszuhöhlen und nicht gegen den der kommunalen Selbstverwaltung innewohnenden Grundsatz gemeindlicher Pluralität und Individualität zu verstoßen.[151]

Der Landesgesetzgeber sollte die Mittel der Bedarfs- sowie Zweckzuweisungen zurückhaltend einsetzen. Zwar steckt hinter den Bedarfszuweisungen die verständliche Intention, in Härtefällen für Gerechtigkeit zu sorgen. Zu berücksichtigen ist jedoch, dass hierdurch ein Teil der Finanzausgleichsmasse außerhalb der allgemeinen Schlüsselzuweisungen und ohne hinreichende Transparenz an einzelne Gemeinden abfließt. Damit wird folglich nicht der Wohlstand der Kommunen insgesamt angehoben, sondern systemwidrig nur in Einzelfällen für Gerechtigkeit gesorgt. Zudem erfüllen nicht alle in § 19 II GFG 2011 NRW aufgeführten Bereiche begrifflich die Voraussetzung einer außergewöhnlichen Belastung respektive einer besonderer Bedarfssituation, wie es in der amtlichen Überschrift heißt.

So führt die Stationierung von Gaststreitkräften (Nr. 3) für die betroffenen Kommunen nicht nur zu Nach-, sondern auch zu Vorteilen wie dem Zuwachs an Kaufkraft. Ebenso profitieren Kurorte (Nr. 1) aufgrund des Tourismus von den Einnahmen aus der Gewerbesteuer sowie den Kurbeiträgen. Schließlich ist nicht einleuchtend, warum nach § 19 II Nr. 2 i.V.m. Anlage 5 GFG 2011 NRW nur 27 Gemeinden eine finanzielle Hilfe bei der Abwasserentsorgung gewährt wird, obwohl diesbezüglich nach § 18a II 1 Wasserhaushaltsgesetz i.V.m. § 53 I 1 Landeswassergesetz NRW sämtliche Gemeinden in der Verantwortung stehen.

Einzig sinnvoll erweisen sich die in § 19 II Nr. 5 GFG 2011 NRW vorgesehenen Zuweisungen an Gemeinden und Gemeindeverbände zur Überwindung außergewöhnlicher oder unvorhersehbarer finanzieller Belastungssituationen sowie zur Abmilderung von Härten, die sich aus der Durchführung des Finanzausgleichs ergeben.

Zweckgebundene Zuweisungen werden ebenfalls außerhalb der allgemeinen Schlüsselzuweisungen und zugleich ohne Transparenz den Kommunen in Aus-

149 Dazu näher im 2. Teil § 2 A) II. 2. b) bb). Ausführlich zu den einschlägigen Vorschriften der LVerf NRW *Henneke* Verfassungsrechtliche Vorgaben für die Finanzausstattung der Kommunen, in: Oebbecke/Ehlers/Schink/Pünder, Kommunalfinanzen, S. 27 ff.

150 Näher dazu im 2. Teil § 2 A) II. 2. b) cc).

151 VerfGH NRW, DVBl. 1998, 1280 [1282]; DÖV 1999, 300 [300].

sicht gestellt. Die Verteilung von Zweckzuweisungen ist vor dem Hintergrund verständlich, dass die Investitionsbereitschaft der Kommunen nicht zu Lasten von Sparmaßnahmen für die Sanierung der kommunalen Haushalte vernachlässigt werden soll. Dem steuern die Länder durch das Mittel der Zweckzuweisung effektiv entgegen. Allerdings kollidiert dies offensichtlich mit der Selbstverwaltungsgarantie der Gemeinden aus Art. 28 II GG und mindert die Qualität der Selbstverwaltung. Die Beeinträchtigung wird darüber hinaus noch durch den Aspekt verschärft, dass die Kommunen regelmäßig finanziell durch eine Selbstbeteiligung am Investitionsvorhaben partizipieren müssen und die Folgekosten alleine zu tragen haben.[152] Die Mitfinanzierung bevorzugt im Ergebnis die finanzstarken Gemeinden und steht mithin der distributiven Funktion des kommunalen Finanzausgleichs entgegen.[153] Grundsätzlich werden die kommunalen Körperschaften zwar nicht gezwungen, Zweckzuweisungen in Anspruch zu nehmen. De facto sind sie dennoch auf dieses Angebot angewiesen, da die Investitionskosten in der Regel nicht alleine aufzubringen sind.[154] Auch wenn zweckgebundene Zuweisungen vom *Verfassungsgerichtshof NRW* in ständiger Rechtsprechung als verfassungskonformer Bestandteil des kommunalen Finanzausgleichs angesehen werden und somit generell mit dem Recht auf kommunale Selbstverwaltung vereinbar sind,[155] muss der Landesgesetzgeber gegenwärtig mit derartigen Zuweisungen umso zurückhaltender sein, je mehr die Finanzausstattung der Gemeinden sich der Grenze der verfassungswidrigen Unangemessenheit nähert.[156] Verletzt ist die kommunale Finanzhoheit aus Art. 28 II GG respektive Art. 78 I, Art. 79 S. 2 LVerf NRW jedenfalls dann, wenn einer sinnvollen Betätigung der Selbstverwaltung die finanzielle Grundlage entzogen und dadurch das Selbstverwaltungsrecht ausgehöhlt wird.[157] Die Zweckzuweisungen entsprechen dem nur, sofern die Gemeinden von ihnen in einem überschaubaren Rahmen abhängig sind und sie daneben über ausreichend Finanzmittel verfügen, um Angelegenheiten der Selbstverwaltung frei und in eigener Verantwortung zu erfüllen. Gerade deshalb ist der in Nordrhein-Westfalen eingeschlagene Weg von den drei Pauschalen für Bildung, Sport und allgemeinen Investitionen anstelle von spezifischen Förderungsprojekten begrüßenswert. Langfristig sollten zweckgebundene Zuweisungen in die allgemeinen Schlüsselzuweisungen überführt werden, um so das eigenverantwortliche Handeln der Kommune weiter zu stärken.[158]

---

152 *Henneke* in: Henneke/Pünder/Waldhoff, Recht der Kommunalfinanzen, § 25 Rn. 19.
153 Vgl. *Zimmermann* Kommunalfinanzen, S. 221.
154 *Henneke* DÖV 1994, 1 [12].
155 VerfGH NRW, OVGE 38, 301, 308; 38, 312, 318; 43, 252, 265 f.; DVBl. 1998, 1280 [1287].
156 VerfGH NRW, DVBl. 1998, 1280 [1287 f.].
157 VerfGH NRW, DVBl. 1998, 1280 [1281]; NWVBl. 2003, 261 [263].
158 Wie hier ifo-Gutachten 2008, S. 11, 180 ff., 200.

Nach dem zuvor Gesagten sollte sich der Landesgesetzgeber de lege ferenda im Rahmen des kommunalen Finanzausgleichs primär auf die allgemeinen Schlüsselzuweisungen fokussieren.[159] Nur sie sind in der Lage, den schwierigen Balanceakt zwischen angemessener Finanzausstattung der Kommune einerseits sowie der Eigenverantwortung für finanzpolitische Fehlentscheidungen zu bewältigen. Dabei sind im Laufe der Jahre erste Fortschritte zu erkennen, indem sowohl der Finanzbedarf als auch die Finanzkraft einer Gemeinde nicht tatsächlich, sondern potentiell abgebildet wird. Doch ist in Zukunft sowohl bei der Hauptansatzstaffel als auch bei den fiktiven Hebesätzen auf mögliche Veränderung im gesellschaftlichen sowie wirtschaftlichen Bereich zeitnah zu reagieren. Bei Ersterer wird neben der Diskussion um die Einwohnerveredelung insbesondere der demografische Wandel der Bevölkerung zu berücksichtigen sein.[160] Insgesamt muss interkommunal ein gerechter Wettbewerb um Einwohner und Unternehmen durch die Landesgesetzgebung ermöglicht werden. Dazu ist die Anknüpfung an fiktive Realsteuerhebesätze finanzwissenschaftlich und verfassungsrechtlich geboten, damit sich die Gemeinden nicht gezwungen sehen, ihre Finanzpolitik entgegen dem Selbstverwaltungsrecht aus Art. 28 II GG auf die Erzielung von Schlüsselzuweisungen zu konzentrieren.[161] Wie *Popitz* schon im Jahre 1932 feststellte, darf das Gemeindesteuersystem aufgrund des kommunalen Finanzausgleichs nicht jede Bedeutung verlieren.[162]

II. Sonstige Landesbeihilfen

Außerhalb des kommunalen Finanzausgleichs werden den Gemeinden von den Ländern im Sinne von Art. 106 VI 2 GG sonstige Beihilfen gewährt, zu denen der Landesgesetzgeber nicht von Verfassungs wegen verpflichtet ist. So sah sich beispielsweise das Land Hessen aufgrund der Wirtschafts- und Finanzkrise gezwungen, mit dem Sonderinvestitionsprogrammgesetz ein eigenes Konjunkturpaket zu erlassen, das die Schulträger und Hochschulen zur Stabilisierung der konjunkturellen Entwicklung und zur Beseitigung eines erheblichen Investitions- und Instandhaltungsstaus in den hessischen Schulen und Hochschulen mit einem Volumen von 1,7 Milliarden Euro unterstützt.[163]

159 Ebenso *Zimmermann* Kommunalfinanzen, S. 215 f., 224, 235, der ungebundene Zuweisung befürwortet, da nur sie die Prinzipien des Finanzföderalismus und dem politischen Wunsch nach fiskalischer Dezentralisierung ernstnehmen würden.

160 In Bayern und Niedersachsen existiert bereits ein sog. Demografiefaktor in Art. 3 II FAG Bay bzw. § 17 S. 2 FAG Nds.

161 Siehe die Nachweise in FN 133 f.

162 *Popitz* Gutachten 1932, S. 205.

163 Gesetz zur Umsetzung des Hessischen Sonderinvestitionsprogramms vom 9.3.2009 (GVBl. I S. 92). Diesem Beispiel ist Baden-Württemberg mit einem eigenen Landesinfrastrukturprogramm gefolgt. In NRW sah man davon ab.

Zurzeit versuchen viele Landesgesetzgeber ihrer Einstandspflicht durch Entschuldungs- und Konsolidierungshilfen gerecht zu werden und denjenigen Kommunen zu helfen, die die bestehenden Verbindlichkeiten dauerhaft nicht mehr alleine bedienen können.[164] In Nordrhein-Westfalen zielt die „rot-grüne" Minderheitsregierung mit dem sog. Stärkungspakt Stadtfinanzen[165] darauf ab, den kommunalen Haushalt zusammen mit der sog. Empfängergemeinde auszugleichen und deren Abhängigkeit von Liquiditätskrediten zu beseitigen.

Demgegenüber war in der Vergangenheit jedoch auch zu beobachten, dass die Länder die Gewährung von Landesbeihilfen in der kommunalrechtlichen Praxis auch zur „Anschubfinanzierung" nutzen, um eigene Projekte – wie die Einführung der offenen Ganztagsgrundschule in NRW – auf den Weg zu bringen. Dazu werden anfangs die Investitionen für die Errichtung sowie die laufenden Kosten durch Investitions- und Betriebskostenzuschüsse finanziert, bevor sich das Land nach Gelingen der Anreizwirkung allmählich aus der fiskalischen Verantwortung zurückzieht.

C) Zuwendungen des Bundes

Der Bund hat einzelnen Ländern oder Gemeinden respektive Gemeindeverbänden gem. Art. 106 VIII 1 GG direkt den erforderlichen Ausgleich zu gewähren, wenn er in den Körperschaften besondere Einrichtungen veranlasst, die unmittelbar Mehrausgaben oder Mindereinnahmen verursachen, und diesen nicht zugemutet werden kann, die Sonderbelastung zu tragen. Der Sonderbelastungsausgleich ist mithin auf einzelne, sich in einer atypischen Konstellation befindende Kommunen beschränkt. Dies ist zum Beispiel bei der Finanzierung sog. Optionskommunen im Sinne von § 6a SGB II der Fall,[166] die nach dem Grundsatzurteil des *BVerfG* zur grundgesetzwidrigen Mischverwaltung den Verfassungsgeber zur Einführung des Art. 91e GG veranlassten.[167]

Ausnahmsweise können die Gemeinden mittelbar Dotationen vom Bund erhalten, die von den Ländern weiterzuleiten sind. So kann der Bund nach Art. 104b I 1 GG, der während der Föderalismusreform I entstanden und am

164 Aufgeführt bei *Frischmuth* in: Anton/Diemert, Gemeindefinanzbericht 2011, S. 40 ff. Nach *Herrmann* Kommunale Kassenkredite, S. 79 ff., sind die Entschuldungsprogramme bisher „nur eine Symptombekämpfung".

165 Siehe http://www.mik.nrw.de, „Eckpunkte für die Umsetzung des Stärkungspaktes Stadtfinanzen".

166 *Henneke* Die Kommunen in der Finanzverfassung des Bundes und der Länder, S. 133, 136.

167 Siehe BVerfGE 119, 331 ff. sowie 58. Gesetz zur Änderung des GG vom 21.7.2010 (BGBl. I S. 944).

1. September 2006 in Kraft getretenen ist,[168] den Ländern Finanzhilfen für besonders bedeutsame Investitionen der Länder und der Gemeinden sowie der Gemeindeverbände gewähren, die zur Abwehr einer Störung des gesamtwirtschaftlichen Gleichgewichts (Nr. 1) oder zum Ausgleich unterschiedlicher Wirtschaftskraft im Bundesgebiet (Nr. 2) oder zur Förderung des wirtschaftlichen Wachstums (Nr. 3) erforderlich sind, soweit das Grundgesetz dem Bund Gesetzgebungsbefugnisse verleiht. Letzteres ist als Einschränkung des Art. 104a IV GG a.F. zu verstehen und sollte für eine Entflechtung der Mischfinanzierung sorgen, um Verantwortungsklarheit unter den Gebietskörperschaften zu schaffen und dem Bund nur in Ausnahmefällen Eingriffe in die Souveränität von Ländern und Gemeinden zu ermöglichen.[169] Allerdings ist von dieser Restriktion bereits 2009 im Zuge der Föderalismusreform II mit der Einfügung des Satzes 2 in Art. 104b I GG wieder abgerückt worden.[170] Danach darf der Bund im Falle von Naturkatastrophen oder außergewöhnlichen Notsituationen, die sich der Kontrolle des Staates entziehen und die staatliche Finanzlage erheblich beeinträchtigen, auch ohne Gesetzgebungsbefugnisse derartige Finanzhilfen gewähren. Angesicht der Finanzmarktkrise, die offensichtlich den Anstoß zu dieser situationsbedingten Verfassungsänderung gegeben hat, mag diese Ergänzung verständlich sein. Sie steht jedoch dem Ziel, eine klare Verteilung von Aufgaben und Finanzströmen zu bewirken, entgegen.

Das wohl bekannteste Beispiel für Bundesfinanzhilfen der letzten Jahre ist das von der Bundesregierung des 16. Deutschen Bundestages zur Bekämpfung der Finanz- und Wirtschaftskrise geschnürte Konjunkturpaket II. Dort hat der Bund gem. § 1 I des Gesetzes zur Umsetzung von Zukunftsinvestitionen der Kommunen und Länder (Zukunftsinvestitionsgesetz – ZuInvG)[171] diesen ein Fördervolumen von zehn Milliarden Euro zur Abwehr einer Störung des gesamtwirtschaftlichen Gleichgewichts gewährt. Dabei sollten die Mittel überwiegend für Investitionen der Kommunen eingesetzt und von den Ländern gewährleistet werden, dass auch finanzschwache Kommunen Zugang zu den Finanzhilfen erhalten.[172] Gegen das Vorgehen des Bundesgesetzgebers ergeben sich verfassungsrechtlich erhebliche Bedenken, da er mit dem Zukunftsinvestitionsgesetz Investitionen in Bereichen wie der Schulinfrastruktur und der Hochschule lenkend ermöglichte, die in der Gesetzgebungsbefugnis der Ländern stehen. Somit kann Art. 104b I 1 GG für

168 52. Gesetz zur Änderung des GG vom 28.8.2006 (BGBl. I S. 2034).

169 BT-Drs. 16/813 sowie *Heun* in: Dreier, GG, Art. 104b Rn. 1; *Siekmann* in: Sachs, GG, Art. 104b Rn. 1, 4; *Henneke* DVBl. 2009, 561 [565 ff.]; *Battis/Klein/Rusteberg* DVBl. 2009, 682 [682 f.].

170 57. Gesetz zur Änderung des GG vom 29.7.2009 (BGBl. I S. 2248); in Kraft seit dem 1.8.2009.

171 Art. 7 des Gesetzes zur Sicherung von Beschäftigung und Stabilität in Deutschland vom 2.3.2009 (BGBl. I S. 428).

172 § 1 III ZuInvG.

das Konjunkturpaket II nicht zur Anwendung gelangen, wenn nicht der Bund sich darauf stützt, die gewährten Dotationen nach § 3 I 1 Nr. 1 lit. b) und c) ZuInvG als Hilfe zur „energetischen Sanierung" bereitzustellen. Ob dies noch unter seine konkurrierende Gesetzgebungskompetenz für die Energiewirtschaft aus Art. 74 I Nr. 11 GG fällt, ist zweifelhaft und kann nur bei einer extensiven Interpretation der Kompetenznorm angenommen werden.[173] Jedenfalls ist eine nachträgliche Heilung einer etwaigen Verfassungswidrigkeit durch die Schaffung der Ausnahmeregelung in Art. 104b I 2 GG, fünf Monate nach dem Erlass des Zukunftsinvestitionsgesetzes, rechtsdogmatisch ausgeschlossen.

Weitere Finanzhilfen des Bundes i.S.v. Art. 104b GG betreffen etwa die Stadtsanierung und Entwicklung im Rahmen der klassischen Städtebauförderung,[174] den Auf- und Ausbau von Ganztagsschulen im Zuge des Investitionsprogramms „Zukunft Bildung und Betreuung" sowie Finanzmittel, die nach dem Gemeindeverkehrsfinanzierungsgesetz zur Verbesserung der kommunalen Verkehrsverhältnisse vorgesehen sind.[175]

Abschließend ist zu den mittelbaren Finanzhilfen des Bundes neben den positiven Auswirkungen für die Kommunen, über zusätzliche, dringend benötigte Finanzmittel zu verfügen, anzumerken, dass sie außerhalb des von der Finanzverfassung des Grundgesetzes vorgesehenen Finanzausgleichssystems stehen und darüber hinaus zweckgebunden den Ländern und Gemeinden transferiert werden. Diesbezüglich ist die Rechtsprechung des *BVerfG* anzuführen, wonach eine Gebietskörperschaft nicht einer anderen unmittelbar regelnde Vorgaben für die Art und Weise der Aufgabenerfüllung setzen oder zielgerichtet auf die Erfüllung der Aufgabe Einfluss nehmen darf.[176] Demgemäß besteht hinsichtlich kommunaler Zuwendungen des Bundes – abgesehen von außergewöhnlichen Notsituationen nach Art. 104b I 2 GG – eine bessere Lösung darin, den kommunalen Umsatzsteueranteil einfachgesetzlich zu erhöhen, und den Gemeinden damit zweckungebundene Finanzmittel zu geben. Dass der Bund hier jedoch die Zügel nur ungern aus der Hand gibt, zeigt § 6a ZuInvG sehr deutlich, der ihn sowohl dazu ermächtigt, in Einzelfällen weitergehende Nachweise zu verlangen und bei Ländern und Kommunen Bücher, Belege und sonstige Unterlagen einzusehen sowie örtliche Erhebungen durchzuführen, als auch dem Bundesrechnungshof die Prüfung erlaubt, ob die Finanzhilfen zweckentsprechend Verwendung finden.[177]

---

173 Bejahend wohl *Oeter* in: v. Mangoldt/Klein/Starck, GG, Art. 74 Rn. 89; *Degenhart* in: Sachs, GG, Art. 74 Rn. 46.

174 Zu den Auswirkungen des neuen Art. 104b GG auf die Städtebauförderung, *Battis/Klein/Rusteberg* DVBl. 2009, 682 ff. sowie *Wulfhorst* DVBl. 2010, 28 ff.

175 *BMF* Finanzbericht 2009, S. 144 f.

176 BVerfGE 83, 363 [387]; BVerfG, NVwZ 1995, 370 [371]; 1999, 520 [521].

177 Das BVerfG hat mit Beschluss vom 7.9.2010, 2 BvF 1/09, Satz 1 und 4 dieser Norm für mit der Verfassung teilweise unvereinbar erklärt, DVBl. 2010, 1364 ff.

D) Stellungnahme

Die vorstehenden Ausführungen zu den derivativen Einnahmequellen zeigen zweierlei:

Einerseits sind die abgeleiteten Finanzquellen für das kommunale Finanzaufkommen und mithin für die Gewährleistung der dauerhaften Versorgung der Gemeindebürger mit lokalen öffentlichen Gütern unabdingbar und damit von elementarer Bedeutung für die Kommunen.

Andererseits hängen die Gemeinden hier am Nabel von Bund und Ländern. Zwar ist zunächst anzunehmen, dass sowohl auf Bundes- als auch auf Landesebene mit der kommunalen Finanzausstattung verantwortungsvoll umgegangen wird.[178] Dennoch wäre es für die Gemeinden wünschenswert bei den derivativen Einnahmequellen zumindest über ein Kontrollrecht zu verfügen. Letzteres besteht hinsichtlich des Einkommensteueranteils nicht und beim Umsatzsteueranteil nur unzureichend. Die Gemeinden haben durch die Anteile an den Verbundsteuern aufgrund eines schlichten „Tauschgeschäft- und Kompensationsgeschäfts“[179] zwar an Stabilität auf der Einnahmenseite gewonnen, dies jedoch mit einem Verlust an Autonomie und Unabhängigkeit bezahlt.[180] Dementsprechend wird auch in den Finanzwissenschaften eine deutliche Zentralisierung attestieren, die es den Gemeinden schwieriger macht, sich zu wehren.[181]

Die Abhängigkeit vom jeweiligen Land zeigt sich vor allem beim kommunalen Finanzausgleich, bei dem der Landesgesetzgeber nicht nur den absoluten Betrag der Finanzausgleichsmasse, sondern auch die Verteilungsschlüssel allein bestimmt und dabei einen weiten Gestaltungsspielraum von der Judikative zugesprochen bekommt.[182] Zudem ist der Anspruch auf einen übergemeindlichen Finanzausgleich nach Art. 79 S. 2 LVerf NRW begrenzt durch die Leistungsfähigkeit des Landes.[183] So laufen die Kommunen Gefahr, dass die Länder durch die 2009 im Zuge der Föderalismusreform II in Art. 109 III GG[184] eingefügte sog. Schuldenbremse auf Dauer dazu gezwungen werden, diese über Kürzungen des kommunalen Finanzausgleichs einzuhalten.[185] Schon aus dem Gutachten von

---

178 Vom ifo-Institut für das Land NRW bestätigt, vgl. ifo-Gutachten 2008, S. 2, 9, 197.

179 *Hidien* in: Dolzer/Vogel/Graßhof, BK GG, Art. 106 Rn. 1020, 1057.

180 So auch *Hidien* ZKF 1999, 270 [273]; *Weiß* ZKF 2001, 26 [30]. Für *Hidien* sind die damaligen Reformbestrebungen zu kurzsichtig gedacht und nur auf finanzielle Ergebnisse fokussiert gewesen, so dass eine grundlegende Gemeindefinanzreform noch aussteht, ZKF 1998, 101 [105].

181 *Zimmermann* Kommunalfinanzen, S. 58 ff., 110, 294. Vgl. auch *Heun* in: Dreier, GG, Vorb. zu Art. 104a-115 Rn. 7.

182 Siehe FN 111.

183 Weitere Nachweise in FN 100.

184 57. Gesetz zur Änderung des GG vom 29.7.2009 (BGBl. I S. 2248). Vgl. auch BT-Drs. 16/12410.

185 *Henneke* FAZ vom 4.3.2009, S. 10.

Popitz im Jahre 1932 sowie dem sog. Troeger Gutachten zur Vorbereitung der Großen Finanzreform 1969 geht hervor, dass derartige kommunale Finanzzuweisungen nur einen ergänzenden Charakter haben können, um die Idee der kommunalen Selbstverwaltung nicht zu gefährden und dem Gemeindesteuersystem nicht jede selbstständige Bedeutung zu nehmen.[186] Ähnlich spricht *Henneke* davon, es handele sich bei dem Finanzausgleich um ein notwendiges Komplementärsystem.[187] Es ist daher Aufgabe der Gemeinden, sich in erster Linie darauf zu besinnen, die eigenen Finanzmittel hinreichend abzuschöpfen und den eigenen Haushalt auf dieser Grundlage fiskalisch diszipliniert zu führen.

Demzufolge müssen sonstige Landesbeihilfen und mittelbare Dotationen des Bundes ebenfalls die Ausnahme sein. Hinsichtlich Letzterer ist zu kritisieren, dass der Bundesgesetzgeber diese – vergleichbar mit den Zweckzuweisungen des Landes – nur zweckgebunden gewährt und damit die kommunale Selbstverwaltung beeinträchtigt. Anders wäre es, wenn der Bund die Möglichkeit ergreift, einfachgesetzlich den kommunalen Anteil an der Umsatzsteuer zu erhöhen, um dadurch den Gemeinden zweckungebundene Finanzhilfen zur Verfügung zu stellen. Grundsätzlich gilt jedoch, dass die Kommunen insbesondere im Bereich der Investitionstätigkeit aufgefordert sind, ihrer kommunalen Eigenverantwortung gerecht zu werden. Dazu dürfen sie die Investitionsentscheidungen nicht von empfangenen oder zu erwartenden Zuschüssen aus Bundes- sowie Ländertöpfen, sondern vornehmlich von dem örtlichen Bedarf abhängig machen.[188] Ansonsten besteht die Gefahr, dass die Folgekosten bei den durch Finanzzuweisungen finanzierten kommunalen Projekten außer Acht gelassen werden, die die Gemeinde ansonsten niemals getätigt hätte, und dies die Schuldenspirale zusätzlich weiter fortsetzt.[189]

Im folgenden Teil dieser Arbeit ist daher zu untersuchen, wie die gemeindliche Eigenverantwortung gestärkt und der Kommunalverschuldung effektiv entgegen gewirkt werden kann. Hierbei wird auf die eigenen öffentlich-rechtlichen und gegebenenfalls privatrechtlichen Einnahmequellen abgestellt.

---

186 *Popitz* Gutachten 1932, S. 91; *Kommission Finanzreform* Troeger Gutachten 1966, 2. Aufl., S. 164, Tz. 568. Zustimmend *Zimmermann* Kommunalfinanzen, S. 115, 133.

187 *Henneke* in: Henneke/Pünder/Waldhoff, Recht der Kommunalfinanzen, § 25 Rn. 6. Vgl. auch *ders.* DÖV 1994, 1 [6] sowie *Fuest/Thöne* Gemeindefinanzreform, S. 9 f.

188 Letzteres scheint bisher weniger der Fall zu sein, vgl. *Bertelsmann Stiftung* Kommunaler Finanz- und Schuldenreport Deutschland 2008, S. 20.

189 Dazu *Soldt* „Zaubertrank für das Bauamt und Gift für den Kämmerer", FAZ vom 25.8.2009, S. 4.

§ 2 Originäre Einnahmequellen kraft öffentlichen Rechts

Zu den öffentlichen Abgaben, die den Gemeinden als eigene Einnahmequellen kraft öffentlichen Rechts zustehen, zählen kommunale Steuern, Gebühren und Beiträge sowie sonstige Abgaben sui generis. Darunter sind hoheitlich geltend gemachte Geldforderungen zu verstehen, die bei Erfüllung eines gesetzlich festgelegten Tatbestandes von allen erhoben werden und der Deckung des Finanzbedarfs eines Hoheitsträgers zur Erfüllung seiner Aufgaben dienen.[190]

A) Steuern

Sowohl aus dem Gesetzgebungsrecht des Art. 105 II und III GG als auch aus der Verteilung des Steueraufkommens nach Art. 106 GG folgt, dass die Finanzverfassung des Grundgesetzes eine Grundentscheidung für eine Steuerfinanzierung getroffen hat.[191] Ebenso erfordert die grundsätzlich privatwirtschaftliche Ordnung der Verfassung, das Staatsbudget zur Gewährleistung der individuellen wirtschaftlichen Freiheit des Bürgers durch dessen Steuerleistungen zu füllen.[192] Damit bilden Steuern das Hauptfinanzierungsinstrument der öffentlichen Hand und mithin auch der Gemeinden.[193] Sie sind für die Sanierung des Gemeindehaushalts von wesentlicher Bedeutung.[194] Deshalb werden Kommunalsteuern zuerst und schwerpunktmäßig behandelt.

Einleitend wird auf den Sinn von Steuern auf kommunaler Ebene eingegangen (I.), bevor neben den ökonomischen insbesondere die rechtlichen Anforderungen an ein kommunales Steuersystem herauszuarbeiten sind (II.), um eine Untersuchung der bisherigen Arten von Kommunalsteuern (III.) zu ermöglichen.

---

190 BVerfGE 13, 181 [198]; BayVGH, BayVBl 1985, 754 [754 f.].

191 BVerfGE 78, 249 [266]; 82, 159 [178]; 92, 91 [113]; 93, 319 [342]; 101, 141 [147]. Grundlegend *Isensee* Steuerstaat als Staatsform, S. 409 ff., 436. Aus neuerer Zeit *Waldhoff* in: Isensee/Kirchhof, Handbuch des Staatsrechts, § 116 Rn. 82, 84; *Isensee* ebd. § 122 Rn. 71. Vgl. auch *Heintzen* in: v. Münch/Kunig, GG, Art. 106 Rn. 2; *Pieroth* in: Jarass/Pieroth, GG, Art. 105 Rn. 2; *Müller-Franken* in: Friauf/Höfling, GG, Art. 105 Rn. 53; *Siekmann* in: Sachs, GG, Vor Art. 104a Rn. 69, 71 m.w.N in FN 194 f. und 204; *Heun* Die Entwicklung des Steuerstaatskonzepts, S. 20 f. sowie *Ehlers* Jura 1999, 212 [214]. A.A. *Sacksofsky* Staatsfinanzierung durch Gebühren?, S. 196 ff.

192 *Friauf* DStJG 12 (1989), 3 [3 f.].

193 *P. Kirchhof* in: Isensee/Kirchhof, Handbuch des Staatsrechts, § 118 Rn. 6; *Tipke* Die Steuerrechtsordnung, Bd. I, S. 1 f.; *Rodi* Die Rechtfertigung von Steuern, S. 172.

194 *v. Lewinski* Öffentlichrechtliche Insolvenz und Staatsbankrott, S. 543.

I. Der Sinn von Steuern auf kommunaler Ebene

„Das Wirtschaftssystem ist so zu organisieren, dass die Präferenzen der Bürger möglichst genau berücksichtigt werden.“[195] Hierzu zählen auch und gerade öffentliche Güter, die vom privaten Markt nicht angeboten werden und deren Erbringung dennoch von der Bevölkerung im Rahmen der staatlichen Daseinsvorsorge erwartet wird. Der Grund für das Marktversagen besteht zum einen darin, dass diese Gebrauchsgüter (auch Kollektivgüter genannt) im Gegensatz zu Individualgütern nicht von Einzelnen, sondern von einer Gruppe von Bürgern gemeinschaftlich verwendbar sind und keine Möglichkeit des Ausschlusses vom Konsum besteht.[196] So können Pflichtaufgaben des Staates wie beispielsweise Militär, Polizei und Sicherung der Sozialsysteme nicht individuell zugerechnet werden, sondern kommen der Gemeinschaft insgesamt zugute. Zum anderen herrscht folglich keine Rivalität im Konsum, wenn das Gut ab der Bereitstellung allen Wirtschaftssubjekten gleichzeitig zur Verfügung steht.[197] Beides – sowohl die fehlende Exkludierbarkeit als auch die mangelnde Rivalität – führt im Ergebnis dazu, dass die Bürger nicht bereit sind, für öffentliche Güter einen Preis zu bezahlen. Anders als private Güter sind Kollektivgüter deshalb durch nutzungsunabhängige Zwangsabgaben des Staates zu finanzieren.[198] Dies geschieht in der Bundesrepublik Deutschland – im sog. „Steuerstaat“[199] des Grundgesetzes – nicht etwa durch Gebühren und Beiträge, sondern primär durch Steuern.

Auch die kommunale Daseinsvorsorge umfasst öffentliche Güter – etwa in Form von örtlichen Infrastrukturleistungen wie Bau und Erhaltung von Straßen und Kanälen, Maßnahmen der Ordnungsbehörden zur Gefahrenabwehr für die öffentliche Sicherheit oder Ordnung sowie Errichtung und Instandhaltung kommunaler Einrichtungen. Nach dem bereits Gesagten ist es folgerichtig, wenn auch auf kommunaler Ebene die Erbringung von Kollektivgütern vornehmlich durch Kommunalsteuern beglichen und somit auf die Schultern aller Gemeindeeinwoh-

---

195 *Zimmermann* Kommunalfinanzen, S. 13.

196 Zum sog. Ausschlussprinzip *Brümmerhoff* Finanzwissenschaft S. 79 f.; *Grossekettler/Hadamitzky/Lorenz* Volkswirtschaftslehre, S. 48, 270 f. sowie *Zimmermann* Kommunalfinanzen, S. 11 f.

197 *Graf* Grundlagen der Finanzwissenschaft, S. 35; *Zimmermann/Henke/Broer* Finanzwissenschaft, S. 51 ff. Zum Ganzen *Blankart* Öffentliche Finanzen in der Demokratie, S. 58 ff.

198 *Graf* Grundlagen der Finanzwissenschaft, S. 36, 39; *Hansjürgens* Äquivalenzprinzip und Staatsfinanzierung, S. 193.

199 *Tipke* Die Steuerrechtsordnung, Bd. I, S. 1. Vgl. auch *Vogel* Der Staat 25 (1986), 481 [516]; *Hansjürgens* a.a.O., S. 207; *Henneke* Die Kommunen in der Finanzverfassung des Bundes und der Länder, S. 108; *Wienbracke* Bemessungsgrenzen der Verwaltungsgebühr, S. 82 ff. sowie die Nachweise in FN 191.

ner nach Maßgabe ihrer individuellen Leistungsfähigkeit verteilt wird. Zuweisungen von Bund und Länder sind hier kontraproduktiv, da für die Bürger keine Fühlbarkeit in Bezug auf die Gemeindefinanzierung entsteht, wenn ein großer Topf aus derivativen Finanzmitteln für kommunale Leistungen aufkommt.

II. Die Anforderungen an ein kommunales Steuersystem

Wenn also Steuern auch auf lokaler Ebene die wesentlichen Finanzquellen bilden, sind die ökonomischen sowie juristischen Anforderungen an ein kommunales Steuersystem zu erforschen.

1. Ökonomische Sichtweise

Für eine effiziente Kommunalbesteuerung haben sich in den Finanzwissenschaften die nachstehenden Kriterien herausgebildet:

a) Der Äquivalenzgedanke

Das wohl wichtigste Merkmal einer „guten“ Gemeindesteuer unter ökonomischen Gesichtspunkten ist die Orientierung am Äquivalenzgedanken.[200] Damit wird zugleich das Allokationsziel verfolgt, den Bürgern die knappen lokalen Ressourcen präferenzgerecht zu den niedrigsten Kosten anzubieten.[201] Allerdings wird der Begriff „Äquivalenz“ aufgrund einer ungenauen Übersetzung aus dem Englischen doppeldeutig verwendet, ohne ihre Ausprägungen bewusst zu trennen. So ist das Äquivalenzprinzip verstanden als reines Entgeltprinzip („benefit principle“) von dem Grundsatz der fiskalischen Äquivalenz („fiscal equivalence“) zu unterscheiden.[202]

aa) Das Äquivalenzprinzip als reines Entgeltprinzip

In seinem engen Sinngehalt gleicht das Äquivalenzprinzip dem Grundsatz des „*do ut des*“ bei synallagmatischen Vertragsbeziehungen im Schuldrecht. Anstelle zweier privater Vertragsparteien betrifft es das Staat-Bürger-Verhältnis und besagt, dass der Bürger für eine empfangene staatliche Leistung eine dem Nutzenanteil entsprechende Gegenleistung zu entrichten hat, die sich an der Kosten-

200 *Stiftung Marktwirtschaft* Gute Gemeindesteuern, S. 6.

201 *Milbradt* DVBl. 1981, 522 [522]; *Zimmermann* Kommunalfinanzen, S. 10 f.

202 Siehe die Übersicht bei *Zimmermann* Kommunalfinanzen, S. 20. Näher dazu *Hansjürgens* Äquivalenzprinzip und Staatsfinanzierung, S. 32 ff., 40.

höhe für die Bereitstellung orientiert.[203] In diesem Zusammenhang wird auch von einem Entgeltprinzip gesprochen, das die Einnahmen- mit der Ausgabenseite des staatlichen Budgets verbindet.[204] Dieses enge Verständnis ist bei kommunalen Gebühren und Beiträgen relevant, kann jedoch in dieser Form nicht auf Kommunalsteuern angewendet werden, zumal Steuern gem. § 3 I 1 AO dem Staat als allgemeines, finanzielles Deckungsmittel dienen, ohne dem Steuerzahler ein Äquivalent zu gewähren.[205] Allerdings ist die finanzwissenschaftliche Definition der Steuer als öffentliche Zwangsabgabe „ohne Anspruch" auf Gegenleistung weiter gefasst.[206] Demnach kann das Äquivalenzprinzip durchaus in Betracht gezogen werden, wenn einer Gruppe von Gemeindeeinwohnern eine Sondernutzung von Kommunalleistungen zuzuschreiben ist. Insofern ist von einer gruppenmäßigen Äquivalenz die Rede.[207]

bb) Das Prinzip der fiskalischen Äquivalenz

Demgegenüber drückt das von *Olsen* begründete Prinzip der fiskalischen Äquivalenz aus, dass eine Gebietskörperschaft in einem föderalen Staatsaufbau effiziente Finanzentscheidungen nur im Falle der Verpflichtung trifft, sowohl über die in der Bevölkerung erwünschten Ausgaben für öffentliche Leistungen als auch über die Höhe der dafür von den Bürgern unerwünschten Abgaben entscheiden zu müssen.[208] Erst dann sind die Präferenzen der Gemeineeinwohner von den kommunalen Verantwortungsträgern stärker zu berücksichtigen.[209] Dem wird entsprochen, wenn sich die Kreise der Steuerzahler, der Entscheidungsträger sowie der Nutzer – wie in der nachfolgenden Skizze veranschaulicht – decken.[210]

---

203 In diesem Sinne bereits *Haller* Finanzarchiv, N.F. Bd.21, 1961, 248 [248].

204 *Hansjürgens* Äquivalenzprinzip und Staatsfinanzierung, S. 18.

205 *Graf* Grundlagen der Finanzwissenschaft, S. 260. Dazu auch sogleich bei der rechtlichen Bewertung, 2. Teil § 2 A) II. 2. a).

206 *Hansjürgens* Äquivalenzprinzip und Staatsfinanzierung, S. 204; *Zimmermann* Kommunalfinanzen, S. 126, 139.

207 *Zimmermann/Postlep* WD 1980, 248 [249]; *Hansjürgens* Äquivalenzprinzip und Staatsfinanzierung, S. 204, 216; *Brümmerhoff* Finanzwissenschaft S. 412 f.

208 *Zimmermann* Kommunalfinanzen, S. 18 ff.; *Junkernheinrich* in: Junkernheinrich/Zierold, Gemeindefinanzreform, S. 34 ff.; *Peffekoven* Gemeindesteuersystem und kommunale Selbstverwaltung, S. 31, 37 ff.; *Scherf* Perspektiven der kommunalen Besteuerung, S. 16 ff.; *Blankart* Öffentliche Finanzen in der Demokratie, S. 25 ff.

209 *Hansjürgens* Äquivalenzprinzip und Staatsfinanzierung, S. 39.

210 Dazu auch *Hansmeyer/Zimmermann* AfK 32 (1993), 221 [225]; *Hansjürgens* Äquivalenzprinzip und Staatsfinanzierung, S. 247, 258 ff.; *Sander* Gemeindeeinkommensteuer, S. 13; *Werner* Das deutsche Gemeindefinanzsystem, S. 20 ff.; *Tröger* Reform der Gewerbesteuer, S. 16 ff.; *Schwager* Gemeindefinanzen und kommunaler Standortwettbewerb, S. 167 sowie *Rehm/Matern-Rehm* Kommunalfinanzen, S. 47 ff., 54.

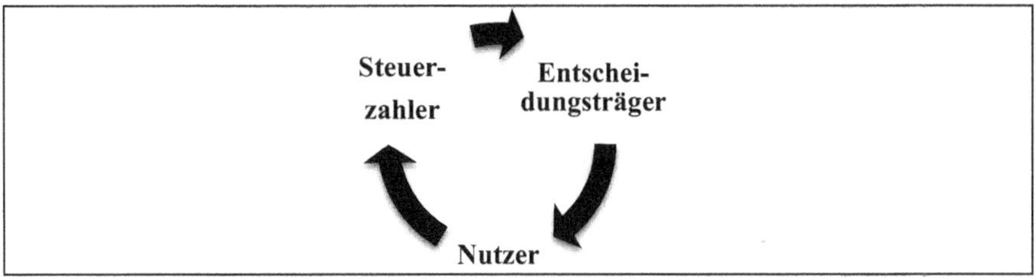

Dieser Grundsatz folgt dem Leitsatz „Wer bestellt, bezahlt", der auch dem Konnexitätsprinzip zugrunde liegt, und bedingt auf diese Weise ein Abwägen von Ausgaben und Einnahmen.[211] Ergänzt wird das Prinzip der fiskalischen Äquivalenz durch das ebenso in den Rechtswissenschaften bekannte Subsidiaritätsprinzip, wonach öffentliche Aufgaben möglichst auf der unteren Ebene – also vor Ort – wahrzunehmen sind. Nur so können die Vorteile des dezentralen Staatsaufbaus vollständig zur Geltung gelangen.[212]

cc) Zwischenergebnis

Zwar führt das Äquivalenzprinzip in der Finanzwissenschaft hinter dem Leistungsfähigkeitsprinzip der Besteuerung seit Ende des 19. Jahrhunderts nur noch ein „Schattendasein"[213]. Dennoch hat es gewisse Vorzüge aufzuweisen, weshalb dieses Postulat in den letzten Jahren auf dem Gebiet der Abgabenerzielung eine „Renaissance"[214] erfährt. So ist das Leistungsfähigkeitsprinzip nicht in der Lage, eine Verbindung zwischen Einnahmen und Ausgaben des staatlichen Budgets herzustellen.[215] Hier hat das Äquivalenzprinzip seine Funktion als Wegweiser für eine geordnete Finanzstruktur jedenfalls nicht verloren.

Bedeutsamer für die Ausgestaltung eines kommunalen Steuersystems ist das Prinzip der fiskalischen Äquivalenz, welches anders als die ursprüngliche Ausrichtung des Äquivalenzprinzips nicht eine zwei-, sondern eine dreidimensionale Ausprägung aufweist. Es bildet „aus allokativer Sicht das zentrale Strukturprinzip für die Staatsorganisation"[216] und ist mithin für das Gemeindefinanzsystem von essentieller Bedeutung.[217]

211 *Zimmermann* Kommunalfinanzen, S. 21; *Grossekettler* Steuerstaat versus Gebührenstaat, S. 37. Zum Konnexitätsprinzip 5. Teil § 1.

212 Dazu *Zimmermann* Kommunalfinanzen, S. 1, 18, 22 f.; *Werner* Das deutsche Gemeindefinanzsystem, S. 47; *Rehm/Matern-Rehm* Kommunalfinanzen, S. 46 f.

213 *Hansjürgens* Äquivalenzprinzip und Staatsfinanzierung, S. 23, 26, 49; *Homburg* Allgemeine Steuerlehre, S. 42.

214 *Zimmermann* Kommunalfinanzen, S. 121.

215 Statt aller *Blankart* Öffentliche Finanzen in der Demokratie, S. 184 ff.

216 *Postlep* Gesamtwirtschaftliche Analyse kommunaler Finanzpolitik, S. 41.

217 *Zimmermann* Kommunalfinanzen, S. 22.

b) Kommunale Finanzautonomie

Neben der Orientierung am Äquivalenzgedanken führen die Finanzwissenschaften mit der kommunalen Finanzautonomie einen weiteren wesentlichen Gesichtspunkt für ein gelungenes Gemeindefinanzsystem an. Ausdruck der kommunalen Finanzautonomie ist einerseits, den Gemeinden ein dauerhaftes und stetiges Aufkommen zur Erfüllung ihrer Aufgaben zu sichern.[218] Darüber hinaus muss ihnen aus Allokationsgründen gewährleistet werden, nicht nur über die Ausgaben frei zu bestimmen, sondern auch bei der Erzielung von Einnahmen über eigene Spielräume zu verfügen.[219] Dem genügen die Einnahmen aus Gebühren und Beiträgen ebenso wenig wie die komplementären Finanzzuweisungen der anderen Gebietskörperschaften. Vielmehr müssen die Gemeinden Steuerquellen erhalten respektive an Steuerquellen in der Weise partizipieren, dass sie den Präferenzen ihrer Gemeindeeinwohner autonom gerecht werden können. Ferner ist zu erwarten, dass die Gelder der Gemeindebürger im Gegensatz zu Zuweisungen und Transferleistungen anderer Gebietskörperschaften sparsamer eingesetzt werden.[220]

c) Fühlbarkeit

Weiterhin ist der Aspekt der Fühlbarkeit für ein effektives kommunales Finanzsystem von Bedeutung. Dieses Postulat „verlangt eine solche Ausgestaltung kommunaler Steuern, daß die Belastung wahrgenommen wird, und zwar möglichst von einer Vielzahl gemeindlicher Zensiten“[221]. Dies indiziert die Fragestellung, wie es gelingen kann, die Bürger einer Gemeinde für die finanzielle Situation ihrer lokalen Körperschaft zu sensibilisieren. Dazu bedarf es vor allem der Transparenz und Information über die örtliche Haushaltspolitik, ohne die der Bürger keine Kontrolle über die Würdigung seiner Präferenzen durch die lokalen Entscheidungsträger erhält.[222] Er muss ferner spüren, dass die Nutzung von öffentlichen Einrichtungen und die von ihm dafür zu erbringenden Abgaben zusammenhängen.[223] Ist dies für den Bürger nachvollziehbar, so wird sein Gerechtigkeitsempfinden gestärkt, was wiederum positive Auswirkungen auf die Steuermoral und mithin auf die kommunale Solidargemeinschaft insgesamt auslösen dürfte.

---

218 *Fuest/Thöne* Gemeindefinanzreform, S. 24, 26.

219 *Milbradt* DVBl. 1981, 522 [523]; *Fuest/Thöne* Gemeindefinanzreform, S. 26; *Kelders* Besteuerungsanreize in den deutschen Kommunalfinanzen, S. 177.

220 *Werner* Das deutsche Gemeindefinanzsystem, S. 44.

221 *Zimmermann/Postlep* WD 1980, 248 [252].

222 Vgl. *Hansjürgens* Äquivalenzprinzip und Staatsfinanzierung, S. 101 f.

223 *Werner* Das deutsche Gemeindefinanzsystem, S. 48.

d) Örtliche Radizierbarkeit

Dem folgend sollen Gemeindesteuern eine örtliche Radizierbarkeit aufweisen, wonach sich mit den Worten von *Popitz* „die Besteuerungsmerkmale der den Gemeinden überlassenen Steuern [...] rechtlich und technisch auf die Einheit der Gemeinde abstellen lassen“[224] müssen. Anders gewendet sollen Kommunalsteuern aus dem Gemeindegebiet resultieren und mithin „aus eigenen Quellen“ entspringen, damit die Bürger den Bezug von Einnahmen- und Ausgabenseite besser herstellen können.[225] Zudem erfahren sie dadurch den Anreiz, sich um die eigenen Steuerquellen zu kümmern.[226]

e) Geringe Konjunkturabhängigkeit

Als Konsequenz aus der Finanz- und Wirtschaftskrise darf ein Gemeindefinanzsystem möglichst wenig unsichere Komponenten enthalten, um den Kommunen für die Aufstellung des Haushalts die erforderliche Planungssicherheit zu geben. Der größte Risikofaktor im System der Gemeindefinanzierung besteht in der unvorhersehbaren konjunkturellen Entwicklung. Zwar ist ein Bezug zur lokalen Wirtschaftskraft nicht nur gem. Art. 28 II 3 GG, sondern auch aus finanzwissenschaftlicher Sicht geboten, um die Kommunen zur Pflege des eigenen Wirtschaftsstandortes für Unternehmen zu bewegen.[227] Sie dürfen nicht dazu verleitet werden, die Konzentration nur auf die Ansiedlung von Einwohnern und die damit steigenden allgemeinen Schlüsselzuweisungen zu legen, um die negativen Seiten der Industrie wie Lärm- und Geruchsbelästigungen sowie der stärkeren Belastung der Infrastruktur zu vermeiden.

Doch ist in die Überlegungen auch einzubeziehen, dass die Kommunen insbesondere aufgrund von laufenden Verwaltungskosten sowie den kontinuierlich steigenden Ausgaben im sozialen Bereich, die sie permanent aufbringen müssen und nicht in konjunkturell bessere Zeiten verschieben können, auf stetige Finanzmittel angewiesen sind. Zudem sind sie es, die zwei Drittel aller öffentlichen Investitionen tätigen und mithin die Wirtschaft ankurbeln.[228] Dies bedingt, dass die kommunalen Körperschaften schon im Zeitpunkt der Investitionsentscheidung über eine ausreichende Finanzausstattung verfügen müssen, um nicht wie derzeit zu einem prozyklischen Ausgabeverhalten zu neigen.[229]

---

224 *Popitz* Gutachten 1932, S. 114.

225 *Zimmermann* Kommunalfinanzen, S. 145.

226 *Werner* Das deutsche Gemeindefinanzsystem, S. 49.

227 *Fuest/Thöne* Gemeindefinanzreform, S. 26 f. Vgl. auch *Zimmermann* Kommunalfinanzen, S. 45 f.; *Kelders* Besteuerungsanreize in den deutschen Kommunalfinanzen, S. 177 f.; *Tröger* Reform der Gewerbesteuer, S. 18.

228 *Zimmermann* Kommunalfinanzen, S. 84, 200; *Deubel* Reform des Gemeindesteuersystems, S. 93; *Henneke* DVBl. 2009, 561 [566].

229 *Zimmermann* ebd., S. 146; *Broer* WD 2001, 132 [133, 136]; *Werner* Das deutsche Gemeindefinanzsystem, S. 51.

f) Neutralität der Besteuerung

Ferner sollte ein kommunales Besteuerungssystem möglichst neutrale Auswirkungen haben und nicht zu Verzerrungen bei den Entscheidungen der Steuerpflichtigen führen.[230] Gleichwohl gestehen selbst die Finanzwissenschaftler ein, dass sich dieses Kriterium in der Realität kaum umsetzen lässt.[231]

g) Administrierbarkeit

Abschließend ist darauf zu achten, dass die praktische Umsetzung eines Gemeindefinanzsystems zu jeder Zeit gewährleistet werden muss.[232] Dazu darf der Aufwand für die Kommunen bei der Erzielung von Steuereinnahmen nicht zu groß sein.[233] Förderlich ist es, wenn sich die für notwendig erachteten Reformbestrebungen in das bestehende kommunale Besteuerungssystem ohne wesentliche Zwischenschritte integrieren lassen.[234] Dagegen erweisen sich solche Alternativmodelle als bedenklich, die einen Umsetzungszeitraum von mehr als zwei Jahren benötigen. Reformvorschläge, die eine vollständige Administration erst nach einer Legislaturperiode von vier Jahren gewährleisten, sind schon aus diesem Grunde abzulehnen.

h) Zwischenergebnis

Zunächst ist festzuhalten, dass eine Kommunalsteuer die aufgezeigten Kriterien nicht alle erfüllen kann. Vielmehr ist es erforderlich, ein Konstrukt aus Kommunalsteuern sowie ergänzenden Finanzmitteln zu schaffen, das der vollständigen Verwirklichung der aufgezeigten ökonomischen Vorgaben an ein Gemeindesteuersystem möglichst nahekommt.

Aus Gründen der Allokation kommunaler Ressourcen ist den Gemeinden im kommunalen Steuersystem ausreichend Spielraum zu gewähren. Dies rechtfertigt sich ökonomisch dadurch, dass die kommunalen Körperschaften über Informationsvorteile verfügen und mithin die lokalen, regional unterschiedlich ausfallenden Präferenzen der Bürger genauer determinieren können. Zudem ist es Ausdruck der kommunalen Finanzautonomie. Die Berücksichtigung der Bürgerwünsche gelingt auf der Gemeindeebene in Anwendung des Subsidiaritätsprinzips am besten und ist aus finanzwissenschaftlicher Sicht ein wesentlicher

230 *Fuest/Thöne* Gemeindefinanzreform, S. 27.

231 *Fuest/Thöne* a.a.O.; *Werner* Das deutsche Gemeindefinanzsystem, S. 49; *Tröger* Reform der Gewerbesteuer, S. 17; *Stiftung Marktwirtschaft* Gute Gemeindesteuern, S. 7.

232 *Fuest/Thöne* Gemeindefinanzreform, S. 28.

233 *Werner* Das deutsche Gemeindefinanzsystem, S. 52 ff.

234 *Kelders* Besteuerungsanreize in den deutschen Kommunalfinanzen, S. 179.

Vorteil des dezentralen Staatsaufbaus.[235] Denn auf dieser lokalen Ebene kann der Gemeindeeinwohner die Zusammenhänge zwischen den eigens erbrachten Abgaben und den damit bewirkten Aufgaben der Kommune nachvollziehen. Um die Bürger ihren Präferenzen entsprechend und möglichst kostengünstig mit öffentlichen Leistungen versorgen zu können, sollte ein Gemeindefinanzsystem daher das Prinzip der fiskalischen Äquivalenz annähernd verwirklichen.[236] Erforderlich ist in diesem Kontext auch, dass der Bürger über die finanzielle Situation seiner Gemeinde transparent informiert und damit sensibilisiert wird. Ansonsten darf ein kommunales Steuersystem nicht a priori mit Anforderungen überfrachtet werden. So ist das System zu favorisieren, welches die größte Schnittmenge erfüllter Kriterien aufweist.

2. *Juristischer Blickwinkel*

Aus juristischem Blickwinkel soll zuerst auf die Bedeutung des Äquivalenzgedankens im Steuerrecht eingegangen werden, bevor sowohl die Rechte der Gemeinden als auch die Rechtspositionen der vom Steuereingriff betroffenen Gemeindeeinwohner erläutert werden, die ein kommunales Steuersystem in einem ausgewogenen Verhältnis zu berücksichtigen hat.

a) Der Äquivalenzgedanke im Steuerrecht

Auch im Steuerrecht scheint der, wenngleich ältere, Äquivalenzgedanke nach dem Vormarsch des Leistungsfähigkeitsprinzips gegen Ende des 18. Jahrhunderts keine Rolle mehr zu spielen.[237] Doch ist nicht nur von der Finanz-, sondern ebenso der Rechtswissenschaft zwischen dem Äquivalenzprinzip und dem Prinzip der fiskalischen Äquivalenz zu differenzieren.

aa) Das Äquivalenzprinzip

In seiner Grundsatzentscheidung zur Verfassungsmäßigkeit der Gewerbesteuer vom 15. Januar 2008, die schon jetzt „zu den großen Judikaten des Gerichts“[238] zählt, hat das *BVerfG* seine rechtlichen Erwägungen auch auf die „traditionelle, pauschale Rechtfertigung der Gewerbesteuer aus dem Äquivalenzprinzip“[239] ge-

---

235 Zur sog. Konsumentensouveränität vgl. *Zimmermann* Kommunalfinanzen, S. 11, 13 ff.

236 Siehe *Fuest/Thöne* Gemeindefinanzreform, S. 77.

237 *Lang* in: Tipke/Lang, Steuerrecht, 19. Aufl. 2008, § 4 Rn. 86. Allgemein zum Leistungsfähigkeitsprinzip schon *Popitz* Einkommensteuer, S. 419 ff. sowie *Bühler* Steuerrecht, 2. Aufl. 1953, S. 117 ff.

238 *Rittner* JZ 2008, 998 [998].

239 BVerfGE 120, 1 [39]. Anders noch BVerfGE 46, 224 [236].

stützt. „Dieser Gedanke vermag auch heute noch zur Rechtfertigung der Gewerbesteuer beizutragen.“[240] Damit könnte dieses in der juristischen Literatur wegen des Leistungsfähigkeitsprinzips sowie der Legaldefinition der Steuer in § 3 I AO längst tot geglaubte Prinzip nicht nur dem Gebühren- und Beitragsrecht zuzuordnen, sondern auch für die verfassungsrechtliche Rechtfertigung von Steuern weiterhin von Bedeutung sein.[241] Hierzu gibt es divergierende Auffassungen.

(1) Das Leistungsfähigkeitsprinzip als ausschließlicher Maßstab

Nach einer Ansicht könne das Äquivalenzprinzip weder als Rechtfertigung einzelner Steuern noch als Gestaltungsmaßstab dienen.[242] Vielmehr sei für Steuern einzig das Leistungsfähigkeitsprinzip ausschlaggebend, zumal die Nutznießer einer staatlichen, durch Steuern finanzierten Leistung kaum feststellbar sind.[243]

(2) Das Äquivalenzprinzip im Sinne einer Gruppenäquivalenz

Dem schließt sich die Gegenauffassung bezüglich der dem Gebühren- sowie dem Beitragsrecht immanenten Individualäquivalenz an, wo dem einzelnen Steuerpflichtigen der Nutzen aus einer öffentliche Leistung konkret zugewiesen wird. Allerdings könne die Einteilung einer zu besteuernden Gruppe durchaus unter äquivalenztheoretischen Erwägungen vorgenommen werden (sog. Gruppenäquivalenz) und mithin eine Steuer rechtfertigen, sofern dieser Teil der Bevölkerung staatlich angebotene Leistungen weit mehr in Anspruch nimmt als die übrigen Bürger.[244] Der hinter dem Äquivalenzprinzip steckende Ausgleichsgedanke hat demnach also nicht jede steuerrechtliche Bedeutung verloren.[245]

---

240 BVerfGE 120, 1 [37].

241 Zu den ablehnenden Stimmen in der Literatur statt aller *Hey* StuW 2002, 314 [319]; *Keß* FR 2008, 829 [829].

242 *Hey* StuW 2002, 314 [319]; *Jochum* StB 2005, 254 [257 ff.]. So wohl auch *Keß* FR 2008, 829 ff. In diese Richtung noch BVerfGE 46, 224 [236].

243 Statt aller *Hey* StuW 2002, 314 [319]; *Lang* in: Tipke/Lang, Steuerrecht, § 4 Rn. 86, 88; *Dann* Alternativen zur Gewerbesteuer, S. 64, 67. So wohl auch *Hartmann* BB 2008, 2490 [2495]. Bezogen auf die Gewerbesteuer *Montag* in: Tipke/Lang, Steuerrecht, § 12 Rn. 1.

244 *Jachmann* BB 2000, 1432 [1437]; *dies.* StuW 2006, 115 [117]; *Güroff* in: Glanegger/Güroff GewStG, § 1 Rn. 12. In diesem Sinne ebenfalls *Maubach* Verwirklichung des Äquivalenzprinzips, S. 34 ff.; *Flämig* DStJG 12 (1989), 33 [37 ff.]; *Zitzelsberger* Grundlagen der Gewerbesteuer, S. 146 ff.; *Petzold* Gewerbesteuer, S. 10; *Sarrazin* in: Lenski/Steinberg, GewStG, Bd. I, § 1 Rn. 7; *Kuban* ZKF 2003, 97 [100]; *Scherf* Perspektiven der kommunalen Besteuerung, S. 20; *Zimmermann* Kommunalfinanzen, S. 141 f. sowie *Hansjürgens* Äquivalenzprinzip und Staatsfinanzierung, S. 209. Nicht ausgeschlossen zudem von *Schnädter* KStZ 1986, 141 [145 ff.] und *Fromme* Gemeindehaushalt 2002, 178 [178 f.]. Zustimmend für die Unternehmens-, nicht hingegen für die Personenbesteuerung, *Tipke* Die Steuerrechtsordnung, Bd. I, S. 476 f. Siehe schließlich auch *BMF* Gutachten zur Reform der Gemeindesteuern 1982, S. 25 f., 33 ff.

245 So jetzt auch BVerfGE 120, 1 [39].

(3) Stellungnahme

Der Wortlaut des § 3 I AO, wonach Steuern „Geldleistungen [sind], die nicht eine Gegenleistung für eine besondere Leistung darstellen", spricht für die Vertreter der ersten Auffassung. Zudem kann das Sozialstaatsprinzip aus Art. 20 I GG nicht verwirklicht werden, wenn gerade sozial Schwache für die empfangenen Sozialtransfers des Staates entsprechend aufzukommen hätten.[246]

Eine einfachgesetzliche Legaldefinition ersetzt jedoch keine fundierte, sich an den Wertungen der Verfassung orientierende juristische Auslegung.[247] Alles andere ist mit dem Vorrang der Verfassung unvereinbar.[248] Infolgedessen ist der verfassungsrechtliche Steuerbegriff allein aus dem Grundgesetz abzuleiten.[249] Zunächst fällt auf, dass dieses an verschiedenen Stellen den Terminus der Steuer voraussetzt, ohne ihn selbst ausdrücklich legal zu definieren. Dennoch ist die Annahme, der Verfassungsgeber habe seinerzeit bei der Schaffung des Grundgesetzes § 1 I RAO vom 22. Mai 1931 ins Auge gefasst,[250] zutreffend, so dass dessen Nachfolgeregelung in § 3 I AO als wichtige Auslegungshilfe bei der Bestimmung des verfassungsrechtlichen Steuerbegriffs heranzuziehen ist.[251] Danach sind Steuern im Unterschied zu nichtsteuerlichen Abgaben durch das Merkmal gekennzeichnet, „keine Gegenleistung für eine besondere Leistung" zu sein. Sinn und Zweck dieser Formulierung ist dabei nicht, dass der Staat Einnahmen ohne Gegenleistung von seinen Bürger erlangt, sondern dass der Steuerpflichtige mit den steuerlichen Abgaben zur Deckung des öffentlichen Finanzbedarfs herangezogen wird, „ohne dafür eine andere Gegenleistung als eben die Erfüllung öffentlicher Aufgaben zu erhalten"[252]. Ähnlich hat das *BVerfG* konstatiert, dass die Steuer den Betroffenen eine Geldleistungspflicht „voraussetzungslos"[253], d.h. ohne Rücksicht auf eine korrespondierende Gegenleistung des Staates, auferlege.[254] Diese Wendung kommt der finanzwissenschaftlichen Definition der Steuer

246 *Birk* Steuerrecht, Rn. 32; *Tipke* Die Steuerrechtsordnung, Bd. I, S. 476 f.

247 So auch *Vogel/Waldhoff* in: Dolzer/Vogel/Graßhof, BK GG, Vorb. Art. 104a-115 Rn. 364 ff.; *Müller-Franken* in: Friauf/Höfling, GG, Art. 105 Rn. 59; *Heun* in: Dreier, GG, Art. 105 Rn. 12; *Pieroth* in: Jarass/Pieroth, GG, Art. 105 Rn. 3.

248 *Waldhoff* in: Isensee/Kirchhof, Handbuch des Staatsrechts, § 116 Rn. 85.

249 *Vogel/Waldhoff* in: Dolzer/Vogel/Graßhof, BK GG, Vorb Art. 104a-115 Rn. 370.

250 Statt aller *Müller-Franken* in: Friauf/Höfling, GG, Art. 105 Rn. 58; *Waldhoff* in: Isensee/Kirchhof, Handbuch des Staatsrechts, § 116 Rn. 85.

251 *Vogel/Waldhoff* in: Dolzer/Vogel/Graßhof, BK GG, Vorb Art. 104a-115 Rn. 371; *Waldhoff* in: Isensee/Kirchhof, Handbuch des Staatsrechts, § 116 Rn. 85; *Siekmann* in: Sachs, GG, Vor Art. 104a Rn. 75.

252 *Vogel/Waldhoff* in: Dolzer/Vogel/Graßhof, BK GG, Vorb Art. 104a-115 Rn. 386 a.E.

253 Dieser Begriff geht zurück auf *Otto Mayer* Verwaltungsrecht Bd. 1, 1924, S. 316.

254 BVerfGE 67, 256 [274 f.]; 78, 249 [267]; 92, 91 [113].

als Zwangsabgabe ohne Anspruch auf Gegenleistung sehr nahe.[255] Demzufolge ist der verfassungsrechtliche Steuerbegriff durchaus mit äquivalenztheoretischen Erwägungen wie sie nach der Gruppenäquivalenz angestellt werden, zu vereinbaren. Dem lassen sich zwei Überlegungen anfügen:

Erstens schließen sich Leistungsfähigkeits- und Äquivalenzprinzip denklogisch nicht aus. Sie stehen in keinem Exklusivitätsverhältnis, auch wenn aufgrund der angesprochenen Kontroversen in der Literatur ein anderer Eindruck entstanden sein mag.[256] Richtig ist, dass das Leistungsfähigkeitsprinzip als Fundamentalprinzip gerechter Besteuerung gilt und Verfassungsrang besitzt.[257] Zudem sieht das *BVerfG* das Leistungsfähigkeitsprinzip „insbesondere" im Bereich des Einkommensteuerrechts als verbindlichen Maßstab im Interesse verfassungsrechtlich gebotener steuerlicher Lastengleichheit an.[258] Allerdings zeigt schon diese Formulierung, dass die wirtschaftliche Leistungsfähigkeit des Steuerpflichtigen einerseits sehr bedeutend für die Steuergesetzgebung ist, andererseits das Leistungsfähigkeitsprinzip sich nicht als alleiniger verfassungsrechtlicher Grundsatz im Steuerrecht insgesamt etablieren konnte.[259] Auch wenn dieses Prinzip vom *BVerfG* mittlerweile auch in den Bereichen der Vermögens-, Erbschaft- und Gewerbesteuer Anwendung findet,[260] ist es sowohl bei Steuern auf den Konsum als auch bei Lenkungssteuern nicht anwendbar.[261]

Mithin kann dem Äquivalenzprinzip, verstanden als Generaläquivalenz, nach der hier vertretenen Auffassung seine Bedeutung für die verfassungsrechtliche

---

255 Nachweise in FN 206.

256 So auch *Zimmermann/Postlep* WD 1980, 248 [249]; *Zitzelsberger* Grundlagen der Gewerbesteuer, S. 159 f.; *Rodi* Die Rechtfertigung von Steuern, S. 207; *Otten* Alternativen zur Gewerbesteuer, S. 53; *Dann* Alternativen zur Gewerbesteuer, S. 59. Zur sachgerechten Kombination dieser Prinzipien im internationalen Steuerrecht, *Lang* Steuergerechtigkeit und Globalisierung, S. 47 f.

257 Dazu *Birk* Das Leistungsfähigkeitsprinzip als Maßstab der Steuernormen, S. 123 ff., 259; *ders.* Leistungsfähigkeitsprinzip im Ertragsteuerrecht, S. 60, 69; *Tipke* Die Steuerrechtsordnung, Bd. I, S. 69, 491; *Waldhoff* in: Isensee/Kirchhof, Handbuch des Staatsrechts, § 116 Rn. 100; *P. Kirchhof* ebd., § 118 Rn. 183; *Lang* Steuergerechtigkeit und Globalisierung, S. 45; *ders.* in: Tipke/Lang, Steuerrecht, § 4 Rn. 81 ff. m.w.N.

258 BVerfGE 61, 319 [343 f.]; 66, 214 [222 ff.]; 82, 60 [86]; 105, 73 [125]; 116, 164 [180]. Zuletzt BVerfG, NJW 2009, 48 [49 f.] sowie BB 2009, 1408 [1408]. Damit ist die „Insbesondere"-Formel vom BVerfG nicht aufgegeben worden, wie von *Hartmann* BB 2008, 2490 [2492] angenommen. Es ist allenfalls eine Ausdehnung des Anwendungsbereichs auf die Bereiche der Vermögens-, Erbschaft- und Gewerbesteuer zu erkennen, siehe FN 388.

259 Wie hier *Osterloh* NVwZ 1991, 823 [826]; *Lang* Steuergerechtigkeit und Globalisierung, S. 52. Vgl. zudem BVerfGE 120, 1 [39]. Auch die Grundsteuer wird in ständiger Rspr. des BVerfG allein mit dem Objektsteuerprinzip für verfassungsrechtlich nicht zu beanstanden deklariert, Nachweise in FN 573.

260 BVerfGE 93, 121 [135]; 117, 1 [30 f.]; BVerfGE 120, 1 [44 f.].

261 Zur Begründung 2. Teil § 2 A) 2. c) (2) a.E.

Rechtfertigung einzelner Steuern nicht vollends abgesprochen werden, solange die Besteuerung des Einkommens innerhalb der gebildeten Gruppe jeweils nach der wirtschaftlichen Leistungsfähigkeit erfolgt. Vielmehr ist eine unter äquivalenztheoretischen Aspekten vorgenommene Gruppierung von Steuerpflichtigen – wie sie auch in dem bereits angesprochenen Beschluss vom *BVerfG* vorgenommen wurde[262] – gerade dann wünschenswert, wenn die zusammengefassten Personen vom Staat einen Sondernutzen erhalten respektive einen Sonderschaden verursachen.

Zweitens stellt die Steuererhebung einen Akt der Eingriffsverwaltung dar und hat mithin die Grundrechte der betroffenen Steuerpflichtigen zu achten. So wird durch den Steuereingriff zumindest unmittelbar und final in den Schutzbereich der allgemeinen Handlungsfreiheit aus Art. 2 I GG eingegriffen.[263] Im Rahmen der verfassungsrechtlichen Rechtfertigung ist der aus dem Rechtsstaatsprinzip (Art. 20 III sowie Art. 28 I 1 GG) hergeleitete Grundsatz der Verhältnismäßigkeit zu wahren.[264] Spätestens an dieser Stelle dürfen neben Gesichtspunkten der wirtschaftlichen Leistungsfähigkeit auch äquivalenztheoretische Erwägungen angeführt werden.

Im Ergebnis erweist sich also die zweite Auffassung als vorzugswürdig. Diese ist jedoch dahingehend zu modifizieren, dass sich die Besteuerung innerhalb der gebildeten Gruppe nach der wirtschaftlichen Leistungsfähigkeit zu richten hat. Letzteres führt beispielsweise im Bereich staatlicher Transferleistungen wie dem sog. Hartz IV dazu, dass zunächst die „profitierenden" Hartz IV-Empfänger zu einer Gruppe zusammengefasst, aufgrund der fehlenden wirtschaftlichen Leistungsfähigkeit dennoch nicht zur Staatsfinanzierung herangezogen werden können. Zumindest in dieser Kombination mit dem Leistungsfähigkeitsprinzip ist das Äquivalenzprinzip in seiner Ausprägung als Gruppenäquivalenz und der damit einhergehende Austauschgedanke aus verfassungsrechtlicher Sicht als „anerkennungsfähige Gerechtigkeitsidee"[265] anzusehen. Insofern ist dem *BVerfG* in seiner Argumentation hinsichtlich der Verfassungsmäßigkeit der Gewerbesteuer zuzustimmen, wenngleich die Ausführungen in tatsächlicher Hinsicht nicht überzeugen.[266]

---

262 Vgl. BVerfGE 120, 1 [37 ff.].

263 Zu der Verletzung von spezifischen Freiheitsrechten siehe 2. Teil § 2 A) II. 2. c) (1).

264 Statt aller *Dreier* in: Dreier, GG, Art. 28 Rn. 128.

265 *Schmehl* Das Äquivalenzprinzip im Recht der Staatsfinanzierung, S. 37.

266 Dazu im 2. Teil § 2 A) III. 1. a) bb) (1).

bb) Das Prinzip der fiskalischen Äquivalenz

Bezogen auf das Prinzip der fiskalischen Äquivalenz ergeben sich dagegen keine verfassungsrechtlichen Bedenken, weil es sich dabei nicht um ein konkretes Abgabeprinzip handelt, sondern die Ausgestaltung eines föderativen Systems betrifft.[267] Mit Blick auf die Gestaltung eines effektiven Gemeindefinanzsystems ist es aus den bereits angestellten finanzökonomischen Erwägungen zwingend als Leitidee heranzuziehen,[268] auch wenn sich dieser Grundsatz weder ausdrücklich noch mittelbar aus der Verfassung ableiten lässt. Denn nur auf diese Weise wird das Interesse der ortsansässigen Unternehmen sowie der Gemeindeeinwohner hinsichtlich der kommunalen Finanzsituation geweckt, was wiederum erst zu einer lebhaften kommunalpolitischen Beteiligung der Betroffenen am örtlichen Geschehen führt. Dadurch wird letztlich sowohl die demokratische Grundordnung gestärkt als auch der Glaube der Bevölkerungen an einen funktionierenden Steuer- und auch Rechtsstaat im Sinne von Art. 20 III GG gefördert.

cc) Zwischenergebnis

Der moralische Grundsatz der Gerechtigkeit spielt auf dem Gebiet der Abgabenerhebung sowie der steuergerechten Verteilung der Gemeinlasten die zentrale Rolle. Schon aus dem allgemeinen Gleichheitssatz aus Art. 3 I GG folgt, dass die Besteuerung nicht willkürlich erfolgen darf, sondern sich an allgemeinen Maßstäben zu orientieren hat. Wann ein Steuersystem gerecht ausgestaltet ist, wird innerhalb der Bevölkerung wohl von zwei Faktoren abhängig gemacht:

Zahlt erstens derjenige, der über ein höheres Einkommen verfügt, mehr Abgaben als derjenige, der weniger in der Tasche hat (Leistungsfähigkeitsprinzip)? Und werden zweitens die Nutzer von öffentlichen Leistungen entsprechend ihrem daraus geschöpften Vorteil zur Staatsfinanzierung herangezogen (Äquivalenzprinzip)?

Wie aufgezeigt sollten beide Prinzipien nicht als Antagonisten angesehen,[269] sondern vielmehr die Chance einer ergänzenden Betrachtung gesucht werden. Dies ist in umgekehrter Form bereits mit der verfassungsgemäßen Staffelung von Kindergartengebühren nach dem Einkommen der Eltern geschehen.[270] Auch *Adam Smith* schlussfolgerte 1776, dass sich die Bürger an den Staatsaufgaben finanziell soweit als möglich im Verhältnis zu den jeweiligen Fähigkeiten – d.h.

267 Zu Letzterem 2. Teil § 2 A) II. 1. A) bb).

268 *Fuest/Thöne* Gemeindefinanzreform, S. 77; *Zimmermann* Kommunalfinanzen, S. 133; *Hansmeyer/Zimmermann* WD 1991, 639 [642]; *Kelders* Besteuerungsanreize in den deutschen Kommunalfinanzen, S. 177 sowie *Siekmann* in: Sachs, GG, Art. 106 Rn. 46.

269 Wie hier *Hansjürgens* Äquivalenzprinzip und Staatsfinanzierung, S. 209 f.

270 Nachweise in FN 686.

am Einkommen, das unter dem Schutz des Staates erzielt wurde – und gemessen am eigenen Interesse an den öffentlichen Aufgaben beteiligen sollen.[271]

Für sich allein genommen ist das Leistungsfähigkeitsprinzip – unbestritten seiner erhabenen gerechtigkeitsbezogenen Kernaussage – keine Richtschnur einer gerechten sowie nachhaltigen Steuer- und Finanzpolitik. Dessen große Schwäche liegt darin, dass es nicht fähig ist, eine Verbindung zwischen Einnahmen und Ausgaben des staatlichen Budgets herzustellen und damit einen schonenden sowie effektiven Umgang mit staatlichen Ressourcen zu erzielen. Ohne diese Verbindung werden der Staatsverschuldung Tür und Tor geöffnet und ausgeglichene Haushalte unmöglich gemacht. Dem verfassungsrechtlichen Steuerbegriff widerspricht es nicht, das Äquivalenzprinzip im Sinne der Gruppenäquivalenz gegebenenfalls als Rechtfertigung für Kommunalsteuern heranzuziehen, wenngleich sich die Besteuerung des Einkommens zusätzlich nach der wirtschaftlichen Leistungsfähigkeit richten muss.

Entscheidender für die Vermeidung von Kommunalverschuldung ist die Frage, auf welche Art und Weise die Bürger einer Gemeinde sowie die dort ansässigen Unternehmen gerecht, angemessen und ihrer sozialen respektive wirtschaftlichen Situation entsprechend an der Finanzierung kommunaler Aufgaben zu beteiligen sind. Hier führt kein Weg am Prinzip der fiskalischen Äquivalenz vorbei, dem verfassungsrechtlich keinerlei Bedenken entgegenstehen.

b) Die verfassungsrechtlich verbürgten Rechte der Gemeinden

Hinsichtlich der Frage, wie ein kommunales Steuersystem ausgestaltet werden kann bzw. soll, sind neben äquivalenztheoretischen Überlegungen insbesondere die Rechte der Gemeinden zu beachten, die ihnen durch die Verfassungen von Bund und Ländern gewährleistet werden.

aa) Die Stellung der Gemeinden im Finanzwesen des Grundgesetzes

Die herrschende Auffassung geht bezüglich der Stellung der Gemeinden im Finanzwesen des GG (X. Abschnitt) von einer sich am bundesstaatlichen Aufbau orientierenden Zweistufigkeit der Finanzverfassung von Bund und Ländern aus.[272] Nach diesem Verständnis sind die Gemeinden also auch finanzverfassungsrechtlich den Ländern zugeordnet. Dies ist überzeugend, da die Gemeinden (und Gemeindeverbände) weder in der Ausgabenverantwortung des Art. 104a GG noch

271 *Smith* Wealth of Nations, Vol. III, S. 208.

272 Statt aller *P. Kirchhof* DVBl. 1980, 711 [712]; *Schoch* Jura 2001, 121, [122]; *Schwarz* in: v. Mangoldt/Klein/Starck, GG, Art. 106 Rn. 99, 111; *Siekmann* in: Sachs, GG, Vor Art. 104a Rn. 10; *Pünder/Waldhoff* in: Henneke/Pünder/Waldhoff, Recht der Kommunalfinanzen, § 1 Rn. 4, 12. Kritisch demgegenüber *Schwarz* ebd. § 12 Rn. 4 sowie *Hidien* ebd. § 26 Rn. 20.

in der Zuweisung der Gesetzgebungsbefugnisse des Art. 105 GG erwähnt werden, und ergibt sich explizit aus Art. 106 IX GG.[273] Aufgrund der abschließenden Bestimmung des Art. 105 GG folgt aus Art. 28 II GG zudem – anders als dies Landesverfassungen und Kommunalabgabengesetze vorsehen[274] – kein eigenes Steuererfindungsrecht, so dass die Steuerquelle der kommunalen Ebene bundes- respektive landesgesetzlich zugewiesen werden muss.[275]

Allerdings wird den Gemeinden in Art. 106 V und Va GG eine eigenständige (Mit-)Ertragshoheit an der Einkommen- sowie der Umsatzsteuer eingeräumt.[276] Darüber hinaus haben sie gem. Art. 106 VI GG die alleinige Ertragshoheit über die Grund-, die Gewerbe- und (zusammen mit den Gemeindeverbänden) die örtlichen Verbrauch- und Aufwandsteuern. Jedoch führt allein die Nennung in der Steuerverteilungsnorm des Art. 106 GG noch nicht zu einer institutionellen Garantie der erwähnten Steuern, so dass weder deren Fortbestand noch deren konkrete Ausgestaltung a priori gesichert ist.[277]

Die Kommunen kann man insofern als unvollständige dritte Stufe in der Finanzverfassung bezeichnen, als dass sie in Bezug auf die Aufgabenwahrnehmung Bund und Ländern gleichrangig gegenüberstehen, dagegen staatsorganisatorisch sowie finanzverfassungsrechtlich den Ländern untergeben sind.[278] Auch das *BVerfG* hat diesbezüglich konstatiert, dass „das Grundgesetz die finanzielle Eigenverantwortung der Kommunen nunmehr ausdrücklich anerkennt [Art. 28 II 3 GG] und den Gemeinden einen eigenen Anteil an dem Aufkommen der Einkommensteuer [Art. 106 V GG] und an der Umsatzsteuer [Art. 106 Va GG] garantiert" und dass diese „gestärkte finanzwirtschaftliche Unabhängigkeit und Verselbständigung der Kommunen [...] die bisherige Zweistufigkeit der Finanzverfassung [modifiziert]"[279]. Diesem Aspekt wird in der finanzwissenschaftli-

---

273 *Pieroth* in: Jarass/Pieroth, GG, Art. 106 Rn. 12; *Henneke* Die Kommunen in der Finanzverfassung des Bundes und der Länder, S. 27 f., 118.

274 Vgl. Art. 79 LVerf NRW sowie *Gern* Kommunalrecht, Rn. 1041 ff.

275 *Lang* in: Tipke/Lang, Steuerrecht, § 3 Rn. 53; *Henneke* Die Kommunen in der Finanzverfassung des Bundes und der Länder, S. 111; *Pünder/Waldhoff* in: Henneke/Pünder/Waldhoff, Recht der Kommunalfinanzen, § 1 Rn. 13 f.; *Pieroth* in: Jarass/Pieroth, GG, Art. 28 Rn. 14; *Tettinger/Schwarz* in: v. Mangoldt/Klein/Starck, GG, Art. 28 Rn. 257; *Nierhaus* in: Sachs, GG, Art. 28 Rn. 87; *Siekmann* ebd. Art. 105 Rn. 46, 48.

276 *Schwarz* in: Henneke/Pünder/Waldhoff, Recht der Kommunalfinanzen, § 12 Rn. 4, 12 f.; *ders.* in: v. Mangoldt/Klein/Starck, GG, Art. 106 Rn. 118, 122; *Siekmann* in: Sachs, GG, Art. 106 Rn. 32, 40; *Heun* in: Dreier, GG, Art. 106 Rn. 35; *Schneider* in: AK-GG, Art. 106 Rn. 21 f.

277 *Wendt* BB 1987, 1677 [1677 f.]; *Siekmann* in: Sachs, GG, Art. 106 Rn. 41; *Heun* in: Dreier, GG, Art. 106 Rn. 13; *Schwarz* in: v. Mangoldt/Klein/Starck, GG, Art. 106 Rn. 20. A.A. für die Existenz von „Realsteuern" *Rodi* Die Rechtfertigung von Steuern, S. 172, 177. Dazu 2. Teil § 2 A) III. 1. a) bb) (1) (a) (aa) (i).

278 *Weiß* ZKF 2001, 26 [28]; *ders.* ZKF 2001, 54 [60].

279 BVerfGE 101, 158 [230]. *P. Kirchhof* NJW 2002, 1549 [1549] spricht daher von einer „Zweieinhalb-Stufigkeit".

chen Diskussion keine großartige Bedeutung eingeräumt, da sie es als Selbstverständlichkeit erachtet, im Kontext der Staatsfinanzierung von drei Ebenen zu sprechen.[280]

Wichtig ist an dieser Stelle nur, dass den Kommunen mit den genannten Ertragshoheiten die Beteiligung am Aufkommen bedeutungsvoller Steuern verfassungsrechtlich zugesichert ist, wenngleich das Grundgesetz über die konkrete Höhe des Aufkommens schweigt. Daneben spielt es für die kommunalen Körperschaften eine große Rolle, wie viel Autonomiepotential die Finanzverfassung ihnen bietet und ob der einfache Gesetzgeber dies hinreichend umsetzt, da der kommunale Freiheits- und Gestaltungsspielraum sowohl von der Finanzausstattung insgesamt als auch von dem Umfang der Finanzautonomie maßgeblich beeinflusst wird.[281] Letztere kommt im Finanzwesen des Grundgesetzes insbesondere in den Hebesatzrechten zum Ausdruck, die den Gemeinden nur bei der Grund- und Gewerbesteuer obligatorisch zustehen.[282] Dagegen ist von der Möglichkeit des Art. 106 V 3 GG, den Gemeinden durch Bundesgesetz ein Hebesatzrecht anstelle des Anteils an der Einkommensteuer einzuräumen, bislang abgesehen worden.[283]

bb) Die kommunale Selbstverwaltungsgarantie, Art. 28 II GG

Das Kernstück der kommunalen Rechte im Grundgesetz bildet die Garantie der kommunalen Selbstverwaltung aus Art. 28 II GG (bzw. den entsprechenden Regelungen der Landesverfassungen[284]), deren Verständnis sich nunmehr aufgrund ihrer systematischen Stellung im zweiten Abschnitt der Verfassung von einer „grundrechtsanalogen" Position hin zu einer institutionellen Garantie mit mehreren, auch subjektivrechtlichen Elementen gewandelt hat.[285] Wenngleich die

---

280 *Zimmermann* Kommunalfinanzen, S. 59.

281 *Heun* in: Dreier, GG, Vorb. zu Art. 104a-115 Rn. 19.

282 Art. 106 VI 2 GG i.V.m. § 16 I GewStG bzw. §§ 1 I, 25 I GrStG.

283 Näher dazu im 4. Teil § 3.

284 Siehe z.B. Art. 78 und 79 der LVerf NRW, die – wie viele Landesverfassungen in Bezug auf die Garantie der kommunalen Selbstverwaltung – über den Schutzgehalt des Art. 28 II GG hinausgehen. Eine Stärkung des kommunalen Selbstverwaltungsrechtes auf europäischer Ebene besteht gem. Art. 5 III EUV i.d.F. des Vertrags von Lissabon, FN 334.

285 *Schmidt-Aßmann* Die Garantie der kommunalen Selbstverwaltung, S. 806 ff.; *Dreier* in: Dreier, GG, Art. 28 Rn. 85, 87; *Nierhaus* in: Sachs, GG, Art. 28 Rn. 33, 39 ff.; *Schwarz* Finanzverfassung und kommunale Selbstbestimmung, S. 30. Nach *Pieroth* in: Jarass/Pieroth, GG, Art. 28 Rn. 11, sei Art. 28 II GG selbst kein Grundrecht, strukturell aber einem Grundrecht vergleichbar, was auch die Parallelität von Verfassungsbeschwerde nach Art. 93 I Nr. 4a GG und Kommunalverfassungsbeschwerde nach Art 93 I Nr. 4b GG zeige. Ähnlich spricht sich *Ehlers* zu Recht gegen eine zu starre Interpretation aus, da es bereits zweifelhaft ist, ob ein institutionelles Rechtsdenken dem GG überhaupt gerecht zu werden vermag, DVBl.

bundes- respektive landesverfassungsrechtlichen Garantien selbstständig nebeneinanderstehen, so haben doch Bundesorgane nur das Grundgesetz zu beachten, während die Organe der Länder sich sowohl an Art. 28 II GG als auch an die jeweilige Landesverfassung zu halten haben.[286] Die soeben genannten kommunalen Ertragshoheiten aus Art. 106 GG stehen in enger Korrelation mit Art. 28 II GG, welche zusammen dafür Sorge tragen, dass die kommunale Aufgabenwahrnehmung den Gemeinden in eigener Regie, also eigenverantwortlich und eigenständig, gewährleistet wird.[287]

Mit den Worten des *BVerfG* bedeutet die „[k]ommunale Selbstverwaltung [...] ihrem Wesen und ihrer Intention nach Aktivierung der Beteiligten für ihre eigenen Angelegenheiten, die die in der örtlichen Gemeinschaft lebendigen Kräfte des Volkes zur eigenverantwortlichen Erfüllung öffentlicher Aufgaben der engeren Heimat zusammenschließt mit dem Ziel, das Wohl der Einwohner zu fördern und die geschichtliche und heimatliche Eigenart zu wahren"[288]. So wurde sie schon im Zuge der *Stein/Hardenbergschen* Reformen in der preußischen Städteordnung vom 19. November 1808 aufgenommen, um den Staat durch die demokratische Mitwirkung der Bürger lebendig zu halten.[289] Ähnlich muss den Kommunen nach Art. 28 II 1 GG „das Recht gewährleistet sein, alle Angelegenheiten der örtlichen Gemeinschaft im Rahmen der Gesetze in eigener Verantwortung zu regeln." Seit der *Rastede*-Entscheidung aus dem Jahre 1988 versteht das *BVerfG* unter Angelegenheiten der örtlichen Gemeinschaft „diejenigen Bedürfnisse und Interessen, die in der örtlichen Gemeinschaft wurzeln oder auf sie einen spezifischen Bezug haben, die also den Gemeindeeinwohnern gerade als solchen gemeinsam sind, indem sie das Zusammenleben und -wohnen der Menschen in der (politischen) Gemeinde betreffen"[290].

Rechtsdogmatisch setzt sich die kommunale Selbstverwaltungsgarantie aus den drei Elementen der institutionellen Rechtssubjekts-, der subjektiven Rechtsstellungs- sowie der objektiven Rechtsinstitutionsgarantie zusammen.[291] Letzterer unterfallen die sog. Gemeindehoheiten, zu denen die Gebiets-, Planungs-,

---

2000, 1301 [1304, 1310]; zustimmend *Gebhardt* Das kommunale Selbstverwaltungsrecht, S. 54.

286 *Ehlers* in: Ehlers/Krebs, Grundfragen des Verwaltungsrechts und des Kommunalrechts, S. 60.

287 *Pünder/Waldhoff* in: Henneke/Pünder/Waldhoff, Recht der Kommunalfinanzen, § 1 Rn. 11 a.E.

288 BVerfGE 11, 266 [275 f.].

289 *Nierhaus* in: Sachs, GG, Art. 28 Rn. 32; *Tettinger/Schwarz* in: v. Mangoldt/Klein/Starck, GG, Art. 28 Rn. 130.

290 BVerfGE 79, 127 [127; 151 f.].

291 Diese Unterteilung wurde in den 1960er Jahren begründet von *Stern* Staatsrecht, Bd. I, S. 409. Vgl. *Ehlers* DVBl. 2000, 1301 [1302]; *Schmidt-Aßmann* Die Garantie der kommunalen Selbstverwaltung, S. 812.

Personal-, Organisations-, Finanz- sowie Rechtsetzungshoheit zählen. Ein besonderes Augenmerk ist im Rahmen dieser Bearbeitung auf die kommunale Finanzhoheit zu richten, der insofern eine „herausragende Position“[292] unter den Gemeindehoheiten zukommt, als dass sie in Art. 28 II 3 GG normativ verankert ist und zudem die Grundvoraussetzung für jegliches Handeln der Gemeinde bildet, die ohne eine angemessene Finanzausstattung über keinerlei nennenswerte Handlungsspielräume verfügt und den auf sie übertragenen Aufgaben nicht gerecht werden kann.

Unstreitig ermächtigt die kommunale Finanzhoheit die Gemeinden zur eigenverantwortlichen Einnahmen- und Ausgabenwirtschaft im Rahmen eines gesetzlich geordneten Haushaltswesens.[293] Nunmehr stellt der zweite Halbsatz von Art. 28 II 3 GG[294] diesbezüglich klar, dass zu den Grundlagen der finanziellen Eigenverantwortung „eine den Gemeinden mit Hebesatzrecht zustehende wirtschaftskraftbezogene Steuerquelle“ gehört. Auch wenn dadurch die Gewerbesteuer an sich sowohl nach dem Wortlaut als auch nach der Intention des verfassungsändernden Gesetzgebers den Kommunen nicht institutionell garantiert wird,[295] so ist ihnen damit jedoch „eine Hebesatz- und Bestandsgarantie mit Ertragshoheit (allerdings ohne quantitative Ertragsgarantie) für eine wirtschaftskraftbezogene Steuerquelle“[296] zugesichert, die zumindest einer ersatzlosen Abschaffung der Gewerbesteuer entgegensteht.[297] Eine originäre Steuererhebungskompetenz lässt sich Art. 28 II 3 GG demgegenüber nicht entnehmen.[298]

Eine alternative Steuerquelle muss laut Art. 28 II 3, 2. HS GG den Tatbestand des „Wirtschaftskraftbezuges“ erfüllen. Dieser Begriff umschreibt die notwendige Beziehung der erhobenen Steuer zur Produktivität des kommuna-

---

292 *Pünder/Waldhoff* in: Henneke/Pünder/Waldhoff, Recht der Kommunalfinanzen, § 1 Rn. 8.

293 BVerfGE 26, 228 [244]; 71, 25 [36]; 83, 363 [386]; NVwZ-RR 2007, 435 [435 f.]; BVerfGE 125, 141 [159]; st.Rspr. Siehe auch *Schwarz* Finanzverfassung und kommunale Selbstbestimmung, S. 30; *Dreier* in: Dreier, GG, Art. 28 Rn. 142; *Pieroth* in: Jarass/Pieroth, GG, Art. 28 Rn. 14; *Nierhaus* in: Sachs, GG, Art. 28 Rn. 84; *Löwer* in: v. Münch/Kunig, GG, Art. 28 Rn. 94; *Faber* in: AK-GG, Art. 28 Abs.1 II, Abs. 2 Rn. 46.

294 Eingefügt durch das 44. Gesetz zur Änderung des GG vom 20.10.1997 (BGBl. I S. 2470).

295 BVerfGE 120, 1 [26]. So auch *Scholz* in: Maunz/Dürig, GG, Art. 28, Rn. 84d, Punkt 4 a); *Hey* StuW 2002, 314 [318]; *Heun* FS Starck, S. 257 f.; *Dreier* in: Dreier, GG, Art. 28 Rn. 153 m.w.N. A.A. *Pieroth* in: Jarass/Pieroth, GG, Art. 28 Rn. 14.

296 *Nierhaus* in: Sachs, GG, 5. Aufl. 2009, Art. 28 Rn. 87.

297 BT-Drs. 13/8348, S. 15 sowie BVerfGE 120, 1 [26]. Vgl. ferner *Schwarz* in: v. Mangoldt/Klein/Starck, GG, Art. 106 Rn. 127; *Weiß* ZKF 2001, 26 [27]; *Henneke* Die Kommunen in der Finanzverfassung des Bundes und der Länder, S. 119; *Dann* Alternativen zur Gewerbesteuer, S. 44; *Kathstede* Verfassungsmäßigkeit der Gewerbesteuer, S. 83. Demgegenüber skeptisch *Dreier* in: Dreier, GG, Art. 28 Rn. 26.

298 Statt aller *Siekmann* in: Sachs, GG, Art. 105 Rn. 51 m.w.N. in FN 214.

len Wirtschaftsraumes.[299] Es kommt daher auf die wirtschaftliche Situation und Leistungskraft in den jeweiligen Gebietskörperschaften, nicht auf die Leistungsfähigkeit der Steuerschuldner an.[300] Die lokale Wirtschaftskraft spiegelt sich in dem örtlich erzielten Bruttoinlandsprodukt pro Einwohner wider.[301] Der Bezug zur Wirtschaftskraft ist insofern von grundlegender Bedeutung, als dass er den Kommunen ein verfassungsrechtlich zugesichertes Instrument der Standortpolitik an die Hand gibt, das den Gemeinden erlaubt, autonom Entscheidungen hinsichtlich der Standortsicherung sowie -entwicklung zu treffen.[302] Neben der Gewerbe(ertrag)steuer erfüllt zurzeit nur die Einkommensteuer alle Voraussetzungen des Art. 28 II 3, 2. HS GG, sofern der einfache Bundesgesetzgeber von der Möglichkeit des Hebesatzrechtes gem. Art. 106 V 3 GG Gebrauch macht.[303] Letztere sieht die Verfassung hinsichtlich der Umsatzsteuer nicht vor, so dass sie schon aus diesem Grunde nicht als Alternative zur Gewerbesteuer im Sinne von Art. 28 II 3, 2. HS GG in Betracht kommt.[304]

Bisher hat das *BVerfG* offen gelassen, ob über eine eigenverantwortliche Einnahmen- und Ausgabenwirtschaft hinaus zu der durch Art. 28 II GG gewährleisteten kommunalen Finanzhoheit auch eine angemessene Finanzausstattung oder jedenfalls eine finanzielle Mindestausstattung gehört.[305] Um diese Frage beantworten zu können, ist zunächst auf die Rechtsprechung des *BVerfG* zum sog. Kern- respektive Randbereich der kommunalen Selbstverwaltungsgarantie einzugehen.

Aus der Formulierung „im Rahmen der Gesetze“ geht hervor, dass die Garantie der kommunalen Selbstverwaltung unter einem Gesetzesvorbehalt steht, der trotz seiner sprachlichen Platzierung sowohl die Universalität des Aufgabenkreises als auch die Eigenverantwortlichkeit der Wahrnehmung erfasst.[306] Doch darf der Gesetzgeber das kommunale Selbstverwaltungsrecht nicht beliebig ausgestalten, da ansonsten die verfassungsrechtliche Garantie sinnlos wäre.[307] Um die Grenzen für einen gesetzgeberischen Eingriff bestimmen zu können, hat das

---

299 *Nierhaus* in: Sachs, GG, Art. 28 Rn. 87; *Tettinger/Schwarz* in: v. Mangoldt/Klein/Starck, GG, Art. 28 Rn. 257.

300 *Scholz* in: Maunz/Dürig, GG, Art. 28, Rn. 84d, Punkt 4 b).

301 *Hidien* in: Dolzer/Vogel/Graßhof, GG, Art. 106 Rn. 1061.

302 *Hey* StuW 2002, 314 [318]; *Otten* Alternativen zur Gewerbesteuer, S. 88.

303 Siehe *Scholz* in: Maunz/Dürig, GG, Art. 28, Rn. 84d, Punkt 4 a); *Tettinger/Schwarz* in: v. Mangoldt/Klein/Starck, GG, Art. 28 Rn. 257; *Weiß* ZKF 2001, 26 [27]; *Nierhaus* LKV 2005, 1 [4]; *Pünder/Waldhoff* in: Henneke/Pünder/Waldhoff, Recht der Kommunalfinan-zen, § 1 Rn. 8; *Henneke* DVBl. 2009, 561 [570].

304 Näher dazu im 4. Teil § 2 C).

305 BVerfGE 26, 172 [181]; 71, 25 [36]; 83, 363 [386]; zuletzt BVerfG, NVwZ-RR 2007, 435 [436].

306 *Dreier* in: Dreier, GG, Art. 28 Rn. 118; *Nierhaus* in: Sachs, GG, Art. 28 Rn. 59; *Pieroth* in: Jarass/Pieroth, GG, Art. 28 Rn. 20.

307 *Ehlers* DVBl. 2000, 1301 [1303].

BVerfG im *Rastede*-Beschluss die Einteilung in einen unantastbaren Kern- und einen Randbereich vorgenommenen.[308] Allerdings enthalte Art. 28 II 1 GG auch außerhalb seines Kernbereichs hinsichtlich der Angelegenheiten der örtlichen Gemeinschaft ein verfassungsrechtliches Aufgabenverteilungsprinzip zugunsten der Gemeinden, das der zuständigkeitsverteilende Gesetzgeber zu berücksichtigen habe. Der Vorrang einer dezentralen Aufgabenverteilung gewährleiste den Gemeinden einen Aufgabenbereich, der grundsätzlich alle Angelegenheiten der örtlichen Gemeinschaft umfasst. Eine Aufgabe mit relevantem örtlichem Charakter darf der Gesetzgeber den Gemeinden nur aus Gründen des Gemeininteresses entziehen.[309] Umstritten ist jedoch in Rechtsprechung und Schrifttum, ob es im Randbereich einer klassischen Verhältnismäßigkeitsprüfung bedarf.

Nach einer Auffassung verfolge die kommunale Selbstverwaltungsgarantie eigene Schutzstandards, die von der Rechtswissenschaft ohne Rückgriff auf die Grundrechtsdogmatik auszuarbeiten sind.[310] So ist auch die Rechtsprechung des *BVerfG* diesbezüglich nicht erst seit der *Rastede*-Entscheidung, sondern von Beginn an davon geprägt, auf eine Überprüfung anhand des Grundsatzes der Verhältnismäßigkeit zu verzichten.[311]

Dieser Linie sind mehrere Landesverfassungsgerichte zu Recht nicht gefolgt, da die Kern- und Randbereichsrechtsprechung keine klare Abgrenzung ermögliche und es daher vielmehr der Überprüfung der Gesetze am Maßstab des Grundsatzes der Verhältnismäßigkeit bedürfe.[312] Selbst das *BVerfG* hat in seiner Entscheidung vom 7. Mai 2001 in Bezug auf die kommunale Planungshoheit anerkannt, dass der allgemeine verfassungsrechtliche Grundsatz der Verhältnismäßigkeit auch außerhalb des Kernbereichs zu beachten und eine Güterabwägung vorzunehmen sei.[313] Unverkennbar nimmt es auch in weiteren Entscheidungen

---

308 BVerfGE 79, 127 [143, 146 ff.]; 103, 332 [365 ff.]; 107, 1 [12]; 119, 331 [335] st.Rspr. Dazu *Schmidt-Aßmann* Die Garantie der kommunalen Selbstverwaltung, S. 818 f. sowie *Nierhaus* in: Sachs, GG, Art. 28 Rn. 64 ff. Der Schutz des Kernbereichs ist mit der Wesensgehaltsgarantie bei Grundrechten vergleichbar, *Pieroth* in: Jarass/Pieroth, GG, Art. 28 Rn. 22.

309 BVerfGE 79 127 [153]; 107, 1 [13].

310 *Schmidt-Aßmann* Die Garantie der kommunalen Selbstverwaltung, S. 808.

311 *Ehlers* DVBl. 2000, 1301 [1303].

312 NdsStGH, NVwZ 1997, 58 [59]; VerfGH NRW, NVwZ 2003, 202 [203]; DVBl. 2009, 1305 [1305]; SaarlVerfGH, Urteil vom 29.6.2004, Lv 5/03 Rn. 123; ThürVerfGH, NVwZ-RR 2005, 665 [668]; BayVerfGH, BayVBl. 2007, 364 [366]. Vgl. auch OVG NRW, DVBl. 2009, 1385 [1386]. Ebenfalls für die Geltung des Verhältnismäßigkeitsgrundsatzes treten die überwiegenden Stimmen in der Literatur ein: *Ehlers* DVBl. 2000, 1301 [1307 f., 1310]; *Schoch* Jura 2001, 121, [126 f.]; *Isensee* Subsidiaritätsprinzip und Verfassungsrecht, S. 364; *Tettinger/Schwarz* in: v. Mangoldt/Klein/Starck, GG, Art. 28 Rn. 194; *Nierhaus* in: Sachs, GG, Art. 28 Rn. 73; *Henneke* in: Henneke/Pünder/Waldhoff, Recht der Kommunalfinanzen, § 24 Rn. 284; *Jarass* in: Jarass/Pieroth, GG, Art. 20 Rn. 82 sowie *Pieroth* ebd. Art. 28 Rn. 23.

313 BVerfGE 103, 332 [366 f.]. So jetzt auch BVerfG, DVBl. 2010, 509 [511 ff.].

Erwägungen der Verhältnismäßigkeit vor, lässt jedoch die letzte Konsequenz vermissen.[314]

Im Ergebnis verfolgt das *BVerfG* mit der Unterteilung in Kern- und Randbereich sowie der Abwägung anhand des Aufgabenverteilungsprinzips Erwägungen, die ebenso der klassischen Verhältnismäßigkeitsprüfung zugrunde liegen.[315] Zudem ist das Prinzip der Verhältnismäßigkeit ein allgemeiner, aus dem Rechtsstaatsprinzip (Art. 20 III GG) hergeleiteter Verfassungsgrundsatz, der sowohl (vordergründig) im Grundrechtsbereich als auch im Staatsorganisationsrecht Anwendung findet, sofern die Beeinträchtigung einer subjektiven Rechtsposition in Betracht kommt.[316] Somit ist der zweiten Auffassung zu folgen, nach der die gerichtliche Kontrolle der kommunalen Selbstverwaltungsgarantie umso intensiver erfolgen muss, je größer der Substanzverlust für die gemeindliche Selbstverwaltung ist.[317]

Nach dem zuvor Gesagten muss den Kommunen jedenfalls eine finanzielle Mindestausstattung als unantastbarer Kernbereich der kommunalen Selbstverwaltung gewährt werden, damit sie überhaupt Hoheitsbefugnisse ausüben können.[318] Ansonsten wären die kommunalen Gebietskörperschaften gänzlich handlungsunfähig und im Ergebnis überflüssig. Dementsprechend sieht der *Bayerische Verfassungsgerichtshof* – und mit ihm zahlreiche Landesverfassungsgerichte[319] unter Berücksichtigung des jeweiligen Landesverfassungsrechts – die verfassungsrechtliche Garantie einer finanziellen Mindestausstat-

---

314 BVerfGE 107, 1 [14]; 119, 331 [363].

315 Ebenso *Dreier* in: Dreier, GG, Art. 28 Rn. 128; *Tettinger/Schwarz* in: v. Mangoldt/Klein/Starck, GG, Art. 28 Rn. 194. Vgl. auch *Nierhaus* in: Sachs, GG, Art. 28 Rn. 73 a.E. sowie *Schmidt-Aßmann* Die Garantie der kommunalen Selbstverwaltung, S. 819.

316 *Ehlers* DVBl. 2000, 1301 [1307]. Vgl. zudem *Sachs* in: Sachs, GG, Art. 20 Rn. 147; *Sommermann* in: v. Mangoldt/Klein/Starck, GG, Art. 20 Rn. 318; *Jarass* in: Jarass/Pieroth, GG, Art. 20 Rn. 82; *Schulze-Fielitz* in: Dreier, GG, Art. 20 (Rechtsstaat) Rn. 179; *Schoch* Jura 2001, 121, [126].

317 *Pieroth* in: Jarass/Pieroth, GG, Art. 28 Rn. 23. Vgl. auch *Ehlers* DVBl. 2000, 1301 [1308] sowie BVerfGE 83, 363 [382 f.]; 110, 370 [401].

318 Für diese Untergrenze ebenfalls *Hoppe* DVBl. 1992, 117 [118]; *Birk/Inhester* DVBl. 1993, 1281 [1284]; *Henneke* in: Henneke/Pünder/Waldhoff, Recht der Kommunalfinanzen, § 24 Rn. 285; *Dreier* in: Dreier, GG, Art. 28 Rn. 126; *Nierhaus* in: Sachs, GG, Art. 28 Rn. 65; *Dombert* DVBl. 2006, 1136 [1138]. Generell zum Rechtsanspruch der Kommunen auf finanzielle Mindestausstattung siehe die Nachweise in FN 50.

319 Vgl. VerfGH NRW, DVBl. 1985, 685 [686]; DVBl. 1985, 1306 [1306]; DVBl. 1989, 151 [152]; DVBl. 1993, 1205 [1205]; NVwZ-RR 1999, 81 [82]; VerfGH Rh-Pf, NVwZ 1993, 159 [161]; NVwZ-RR 2005, 186 [188]; StGH BW, DVBl. 1994, 206 [207]; DVBl. 1999, 1351 [1354]; VfG Bbg, NVwZ-RR 2000, 129 [130]; NdsStGH, NVwZ-RR 2001, 553 [554]; ThürVerfGH, NVwZ-RR 2005, 665 [668]; VerfG MV, LKV 2006, 461 [462]. Ausführlich zu der Judikatur der Landesverfassungsgerichte *Henneke* in: Henneke/Pünder/Waldhoff, Recht der Kommunalfinanzen, § 24 Rn. 186 ff.

tung dann als verletzt an, wenn das Selbstverwaltungsrecht ausgehöhlt und einer sinnvollen Betätigung der Selbstverwaltung die finanzielle Grundlage entzogen wird. Den Gemeinden müsse eine ausreichende zweckungebundene finanzielle Mindestausstattung gesetzlich garantiert werden, die so zu bemessen ist, dass sie in die Lage versetzt werden, neben den Pflichtaufgaben des eigenen und des übertragenen Wirkungskreises noch freiwillige Selbstverwaltungsaufgaben zu übernehmen.[320] Im Schrifttum wird als konkrete Richtschnur ausgegeben, dass den Kommunen mindestens fünf Prozent des Gemeindehaushalts als sog. „freie Spitze“ für freiwillige Selbstverwaltungsaufgaben verbleiben müsse.[321] Ob sich eine derartige Quotenregelung als praktikabel erweist, sei dahingestellt.[322] Jedenfalls ist der zuständige Gesetzgeber aufgefordert, die kommunale Aufgaben- und Ausgabenentwicklung genau zu verfolgen und schon im Falle einer drohenden Überschreitung dieser Untergrenze Abhilfe zu leisten, indem entweder die von den Kommunen obligatorisch durchzuführenden öffentlichen Aufgaben abgebaut werden oder auf die Einbeziehung der Gemeinden bei der Erfüllung hoheitlicher Aufgaben a priori verzichtet wird.[323] Darüber hinaus ist die Ansicht des *Verfassungsgerichts des Landes Brandenburg* zu teilen, dass dieser Anspruch auf finanzielle Mindestausstattung nicht nur den Kommunen in ihrer Gesamtheit, sondern jeder einzelnen Gemeinde zusteht, da es „nicht dazu kommen [darf], dass auch nur in einer einzigen Gemeinde aus finanziellen Gründen, sparsamste Wirtschaftsführung und Ausschöpfung aller Einnahmemöglichkeiten vorausgesetzt, nicht einmal ein Mindestmaß an freiwilliger Selbstverwaltung mehr möglich ist und damit in dieser Gemeinde keinerlei freiwillige Selbstverwaltung mehr stattfinden kann“[324]. Diesbezüglich ist ein restriktives institutionelles Rechtsdenken schon deshalb verfehlt, als dass der Anspruch auf finanzielle Mindestausstattung nur mit Blick auf jede einzelne Gemeinde überprüft und mithin gewährleistet werden kann. Folglich haben die Legislativorgane von Bund und Ländern in concreto auf jede Kommune zu schauen, der als Ausprägung des Kerngehalts der kommunalen Selbstverwaltungsgarantie somit „individuell“ ein Anspruch auf eine finanzielle Mindestausstattung zustehen muss.[325]

320 BayVBl. 2007, 364 [366].

321 *Hufen* DÖV 1998, 276 [280]; *Pieroth* in: Jarass/Pieroth, GG, Art. 28 Rn. 14. *Dreier* in: Dreier, GG, Art. 28 Rn. 156 m.w.N. erwägt eine Quote von 5-10 % der insgesamt verfügbaren Mittel.

322 Kritisch dazu *Dombert* DVBl. 2006, 1136 [1140].

323 *Henneke* in: Henneke/Pünder/Waldhoff, Recht der Kommunalfinanzen, § 24 Rn. 286, 291; *ders.* Die Kommunen in der Finanzverfassung des Bundes und der Länder, S. 237.

324 VfG Bbg, NVwZ-RR 2000, 129 [134]. Zustimmend *Henneke* in: Henneke/Pünder/Waldhoff, Recht der Kommunalfinanzen, § 24 Rn. 247, 251; *Nierhaus* LKV 2005, 1 [6]; *Dombert* DVBl. 2006, 1136 [1139].

325 So auch *Ehlers* DVBl. 2000, 1301 [1305].

Darüber hinaus umfasst die Garantie der kommunalen Selbstverwaltung im Randbereich zwingend eine angemessene, d.h. aufgabenadäquate Finanzausstattung der Gemeinden, die den auf die kommunalen Gebietskörperschaften übertragenen Aufgaben gerecht wird und im Lichte des Grundsatzes der Verhältnismäßigkeit auszugestalten ist.[326] Diese Erweiterung der Garantie der kommunalen Selbstverwaltung über den Schutzgehalt des Art. 28 II GG hinaus ist in einigen landesverfassungsrechtlichen Bestimmungen[327] ausdrücklich vorgesehen oder ergibt sich aus der Auslegung durch die jeweiligen Landesverfassungsgerichte.[328]

cc) Das interkommunale Gleichbehandlungsgebot

Grundsätzlich sind Kommunen als juristische Personen des öffentlichen Rechts nicht befugt, sich auf Grundrechte – mit Ausnahme der Justizgrundrechte – zu berufen, da sie insbesondere bei der Wahrnehmung öffentlicher Aufgaben nicht zugleich Berechtigte und Verpflichtete dieser subjektiven Rechtspositionen sein können (sog. Konfusionsargument).[329] Doch gilt zwischen Hoheitsträgern ein objektives Willkürverbot, das dem allgemeinen Gleichheitssatz immanent ist, jedoch nicht aus Art. 3 I GG, sondern unmittelbar aus dem Rechtsstaatsprinzip (Art. 20 III GG) respektive der Garantie der kommunalen Selbstverwaltung (Art. 28 II GG sowie Bestimmungen der jeweiligen Landesverfassung) hergeleitet wird.[330] Nach diesem interkommunalen Gleichbehandlungsgebot ist es dem Bundes- sowie dem Landesgesetzgeber verboten, Gemeinden oder Gemeindeverbände aufgrund sachlich nicht vertretbarer Differenzierungen zu benachteiligen oder zu bevorzugen.[331] Auch wenn es bisher noch nicht Gegenstand bundesver-

326 Herrschende Auffassung in der Literatur, statt aller *P. Kirchhof* Die kommunale Finanzhoheit, S. 4; *Hoppe* DVBl. 1992, 117 [118 f.]; *Scholz* in: Maunz/Dürig, GG, Art. 28 Rn. 84b; *Henneke* in: Henneke/Pünder/Waldhoff, Recht der Kommunalfinanzen, § 24 Rn. 294; *Heun* in: Dreier, GG, Art. 106 Rn. 31; *Löwer* in: v. Münch/Kunig, GG, Art. 28 Rn. 89; *Schoch* Jura 2001, 121, [133]; *Nierhaus* LKV 2005, 1 [6]. Zustimmend BVerwGE 106, 280 [287]. Vgl. auch ifo-Gutachten 2008, S. 16.

327 Z.B. Art. 119 II 1 LVerf Saarl; Art. 88 I LVerf LSA. Siehe dazu SaarlVerfGH, NVwZ-RR 1995, 153 [154]; VerfG LSA, NVwZ-RR 1999, 464 [466].Vgl. ferner Art. 73 I LVerf BW; Art. 137 V LVerf Hess; Art. 58 LVerf Nds; Art. 93 I LVerf Thür.

328 SächsVerfGH, LKV 2001, 223 [224] bzgl. Art. 87 I LVerf Sachs; VerfGH Rh-Pf, NVwZ 2006, 1050 [1051] bzgl. Art. 49 VI 1 LVerf RP.

329 BVerfGE 39, 302 [312 f.]; 61, 82 [100 f.]; 68, 193 [206]; 75, 192 [196]; NVwZ-RR 2009, 361 [361]. *Jarass* in: Jarass/Pieroth, GG, Art. 19 Rn. 24, 26.

330 BVerfGE 21, 362 [372] ; 23, 12 [24]; 23, 353 [372 f.]; 25, 198 [205]; 26, 228 [244]; 35, 263 [271 f.]; 76, 130 [139]; 89, 132 [141]. Vgl. dazu auch BVerwGE 106, 280 [287] sowie *Osterloh* in: Sachs, GG, Art. 3 Rn. 74; *Jarass* in: Jarass/Pieroth, GG, Art. 20 Rn. 31c; *Schmidt-Aßmann* Die Garantie der kommunalen Selbstverwaltung, S. 806.

331 VerfGH NRW, NVwZ-RR 1999, 81 [82]; DVBl. 2008, 241 [245]; DVBl. 2010, 970 [971]; VfG Bbg, LKV 2002, 573 [576]; VerfG MV, LKV 2006, 461 [462]; NordÖR 2011, 391. Vgl. auch *Tettinger/Schwarz* in: v. Mangoldt/Klein/Starck, GG, Art. 28 Rn. 264.

fassungsgerichtlicher Entscheidungen war, erhalten die betroffenen Kommunen Rechtsschutz vor dem *BVerfG* nicht mit der Individual- (Art. 93 I Nr. 4a GG), sondern mit der Kommunalverfassungsbeschwerde (Art. 93 I Nr. 4b GG) oder über einen fachgerichtlichen Normenkontrollantrag gem. Art. 100 I GG. In Nordrhein-Westfalen kann der Verfassungsgerichtshof gem. Art. 75 Nr. 4 LVerf NRW i.V.m. § 52 I VGHG angerufen werden.

dd) Das Subsidiaritätsprinzip

Nach dem Subsidiaritätsprinzip sind staatliche Aufgaben möglichst von der untersten Ebene zu erfüllen, soweit sie die dafür erforderliche Kraft aufbringen kann.[332] Anders gewendet soll sich die höhere Instanz nicht Aufgaben anmaßen, die von der rangniedrigeren Einheit effektiver zu bewerkstelligen sind.[333] Normativ verankert ist dieser Grundsatz insbesondere im Europäischen Unionsrecht. So wird die Europäische Union gem. Art. 5 III UAbs. 1 EUV[334] in den Bereichen, die nicht in ihre ausschließliche Zuständigkeit fallen, nur tätig, sofern und soweit die Ziele der in Betracht gezogenen Maßnahmen von den Mitgliedstaaten weder auf zentraler noch auf regionaler oder lokaler Ebene ausreichend verwirklicht werden können, sondern vielmehr wegen ihres Umfangs oder ihrer Wirkungen auf Unionsebene besser zu verwirklichen sind.[335] Ihre Organe wenden das Subsidiaritätsprinzip nach dem Protokoll über die Anwendung der Grundsätze der Subsidiarität und der Verhältnismäßigkeit[336] an, dessen Einhaltung der Kontrolle durch die nationalen Parlamente nach dem in jenem Protokoll vorgesehenen Verfahren unterliegt, vgl. Art. 5 III UAbs. 2 EUV.[337] In Deutschland haben der Bundestag und der Bundesrat nach Art. 23 Ia GG das Recht, wegen Verstoßes eines Gesetzgebungsakts der Europäischen Union gegen das Subsidiaritätsprinzip vor dem EuGH – dessen Zuständigkeit sich aus Art. 8 des gerade erwähnten Protokolls ergibt – Klage zu erheben. Daneben enthält das Grundgesetz in Bezug auf das Subsidiaritätsprinzip allerdings nur noch den Hinweis in Art. 23 I 1 GG, dass die Europäischen Union zur Achtung dieses Grundsatzes verpflichtet ist. Zwar zählt dieses Prinzip nicht zu den Staatsstrukturprinzipien der Verfassung

---

332 *Isensee* Subsidiaritätsprinzip und Verfassungsrecht, S. 28.

333 *Classen* in: v. Mangoldt/Klein/Starck, GG, Art. 23 Rn. 40.

334 In der Fassung des Vertrags von Lissabon vom 13. 12. 2007 (ABl. Nr. C 306, S. 1). Auch in der Schweiz ist das Subsidiaritätsprinzip seit dem 1.1.2008 gem. Art. 5a der Bundesverfassung der Schweizerischen Eidgenossenschaft (Systematische Rechtssammlung NR. 101.) in Kraft.

335 Vgl. dazu bereits Art. 2 S. 2 EUV a.F. sowie Art. 5 II EGV a.F.

336 Vom 13.12.2007 (ABl. Nr. C 306, S. 148).

337 Kritisch hinsichtlich der Beachtung des Subsidiaritätsprinzips auf europäischer Ebene äußern sich *Herzog/Bolkestein/Gerken* in der FAZ vom 15.1.2010, S. 14.

im Sinne von Art. 79 III GG (i.V.m. Art. 20 GG).[338] Doch findet dieses Postulat seine Bedeutung zumindest im Rahmen der kommunalen Selbstverwaltungsgarantie aus Art. 28 II 1 GG. Dort kann es bei der innerstaatlichen Kompetenzverteilung zwischen Gemeinde und den anderen Gebietskörperschaften angeführt werden und sichert so „den Vorrang der kommunalen Autonomie vor staatlicher Heteronomie."[339]

ee) Zwischenergebnis

Trotz der grundsätzlichen Zweistufigkeit der Finanzverfassung sind die Kommunen in Art. 106 V, Va sowie VI GG mit Ertragshoheiten an gewichtigen Steuern wie der Einkommen-, Umsatz-, Grund- sowie Gewerbesteuer versehen worden, wenngleich der Verfassungsgeber über die Höhe des daraus resultierenden Aufkommens schweigt. Darüber hinaus eröffnet die Verfassung mit den in Art. 106 V 3 fakultativ sowie in Art. 106 VI 2 GG zwingend vorgesehenen Hebesatzrechten an Einkommen- respektive Grund- und Gewerbesteuer eigene Autonomiepotentiale. Doch müssen diese gem. Art. 105 II GG einfachgesetzlich vom Bundesgesetzgeber umgesetzt werden, was in Bezug auf die Einkommensteuer bisher unterblieben ist. Ein eigenes Steuererfindungsrecht der Kommunen ergibt sich dagegen weder aus der Finanzverfassung noch Art. 28 II 3 GG.

Der Kerngehalt der kommunalen Selbstverwaltungsgarantie aus Art. 28 II GG besteht in der Aktivierung der Gemeindeeinwohner für die Angelegenheiten vor Ort. Sie hat unverkennbar einen Wandel zu einer institutionellen Garantie erfahren, obschon aus ihr – wie beispielsweise bei den Gemeindehoheiten ersichtlich – subjektive Rechte der Gemeinden zur Abwehr in den Garantiebereich abgeleitet werden.[340] Aufgrund der expliziten Normierung in Art. 28 II 3 GG ist der kommunalen Finanzhoheit hier eine herausragende Position zuzusprechen. Neben der Ermächtigung zur eigenverantwortlichen Einnahmen- und Ausgabenwirtschaft im Rahmen eines gesetzlich geordneten Haushaltswesens muss den Kommunen – und zwar jeder Einzelnen – eine finanzielle Mindestausstattung als unantastbarer Kernbereich der kommunalen Selbstverwaltung gewährt werden, um überhaupt hoheitlich agieren zu können. Darüber hinaus muss das Gemeindefinanzsystem angemessen, d.h. aufgabenadäquat ausgestaltet sein. Im zweistufigen Staatsaufbau ist Adressat dieser Verpflichtungen in erster Linie das jeweilige Land,[341] wenngleich der Bundesgesetzgeber die Autonomie der Kommunen einfachgesetz-

338 *Hobe* in: Friauf/Höfling, GG, Art. 23 Rn. 32.

339 *Isensee* Subsidiaritätsprinzip und Verfassungsrecht, S. 364. Vgl. auch *Jarass* in: Jarass/Pieroth, GG, Art. 23 Rn. 19; *Pernice* in: Dreier, GG, Art. 23 Rn. 68.

340 *Stern* Staatsrecht, Bd. I, S. 409.

341 *Scholz* in: Maunz/Dürig, GG, Art. 28 Rn. 84b; *Nierhaus* LKV 2005, 1 [2]; *Dombert* DVBl. 2006, 1136 [1136 f.].

lich unter Zustimmung des Bundesrates durch Einführung von Hebesatzrechten stärken kann. Das im Unionsrecht ausdrücklich in Art. 5 III UAbs. 1 EUV geregelte Subsidiaritätsprinzip stellt zwar im deutschen Verfassungsrecht kein Staatsstrukturprinzip im Sinne von Art. 79 III i.V.m. Art. 20 GG dar, ist jedoch bei der innerstaatlichen Aufgabenverteilung im Rahmen der Garantie der kommunalen Selbstverwaltung aus Art. 28 II GG zu berücksichtigen.

Schließlich schützt das rechtsstaatlich determinierte interkommunale Gleichbehandlungsgebot die Kommunen vor einer willkürlichen Ungleichbehandlung hinsichtlich der von Bund respektive den Ländern erhaltenen Finanzausstattung und ermöglicht so einen gerechten Wettbewerb um Einwohner und Unternehmen. Allerdings sind interkommunale Divergenzen im Budget in gewissem Maße hinzunehmen, da dies letztlich Ausdruck der eigenen kommunalen Finanzhoheit als Ausfluss der kommunalen Selbstverwaltungsgarantie ist.[342] Zu einer Nivellierung der kommunalen Finanzverhältnisse durch Bundes- oder Landeszuwendungen darf es jedenfalls nicht kommen, da sonst die gemeindliche Eigenverantwortung im Sinne des Art. 28 II 1 GG ins Gegenteil verkehrt würde.

c) Die verfassungsrechtlich verbürgten Rechte der Gemeindeeinwohner

„In keinem Rechtsgebiet begegnet der Bürger dem Staat häufiger als im Steuerrecht“[343], so beginnt *Lang* seine Einführung in die Grundlagen der Steuerrechtsordnung. Damit macht er gleichzeitig deutlich, dass in diesem Verhältnis die Grundrechte in ihrer klassischen Funktion als Abwehrrechte des Bürgers gegen den Staat zur Geltung gelangen müssen.

(1) Freiheitsrechte

Allerdings wird den Freiheitsrechten im Steuerrecht – im Gegensatz zum allgemeinen Gleichheitssatz und dessen Ausprägung im Leistungsfähigkeitsprinzip – nur wenig Beachtung geschenkt. Sie werden zunächst beleuchtet, auch weil die Anforderungen an die Rechtfertigung eines etwaigen Gleichheitsverstoßes davon abhängen, inwiefern diese sich „auf die Ausübung grundrechtlich geschützter Freiheiten nachteilig auswirken kann“[344].

342 *P. Kirchhof* DVBl. 1980, 711 [711].

343 *Lang* in: Tipke/Lang, Steuerrecht, § 1 Rn. 1. Vgl. auch *Tipke*, Die Steuerrechtsordnung, Bd. I, S. 5.

344 BVerfGE 105, 73 [110 f.]; 112, 164 [174]; 118, 79 [100]; 122, 39 [52].

(a) Art. 14 I GG

Mit Blick auf Art. 14 GG ist umstritten, ob und inwieweit die vom Bürger zu zahlenden Steuern sowie sonstige öffentlich-rechtliche Geldleistungspflichten dem sachlichen Schutzbereich der Eigentumsgarantie unterfallen.

Nach ständiger Rechtsprechung des *BVerfG* kommt dieser Garantie im Gesamtgefüge der Grundrechte die Aufgabe zu, dem Träger des Grundrechts einen Freiheitsraum im vermögensrechtlichen Bereich zu sichern und ihm damit eine eigenverantwortliche Gestaltung des Lebens zu ermöglichen.[345] Von Art. 14 GG sind „grundsätzlich alle vermögenswerten Rechte [erfasst], die dem Berechtigten von der Rechtsordnung in der Weise zugeordnet sind, dass er die damit verbundenen Befugnisse nach eigenverantwortlicher Entscheidung zu seinem privaten Nutzen ausüben darf“[346]. Nach herrschender Auffassung schützt das normgeprägte Grundrecht auf privatnütziges Eigentum allerdings nicht das Vermögen als solches, sondern nur konkrete Rechtspositionen, da es „selber kein Recht, sondern den Inbegriff aller geldwerten Güter einer Person darstellt“[347]. Der Steuereingriff ist jedoch auf das Gesamtvermögen gerichtet, so dass es bei der staatsbürgerlichen Pflicht, Abgaben an den Staat zu leisten, zumindest auf den ersten Blick an einer schützenswerten Rechtsposition im Sinne von Art. 14 GG fehlt.[348] Dazu sind nicht nur die Auffassungen der Senate des *BVerfG*, sondern auch die Meinungen im Schrifttum divergent.

Während nach dem Ersten Senat staatliche Eingriffe durch Auferlegung von Geldleistungspflichten grundsätzlich nicht vom Schutzbereich der Eigentumsgarantie erfasst sind,[349] erkennt der Zweiten Senat an, dass ein Steuergesetz dann in den Schutzbereich des Art. 14 GG eingreift, „wenn der Steuerzugriff tatbestandlich an das Innehaben von vermögenswerten Rechtspositionen anknüpft und so den privaten Nutzen der erworbenen Rechtspositionen zugunsten der Allgemeinheit einschränkt“, wie das etwa bei der Einkommen- sowie der Gewerbesteuer der Fall sei.[350] Stimmen in der Literatur fügen erweiternd an, dass die vom

345 BVerfGE 24, 367 [389]; 97, 350 [370 f.]; 102, 1 [15]; 115, 97 [110]. *Badura* in: Merten/Papier, Handbuch der Grundrechte, Bd. II, § 29 Rn. 26.

346 BVerfGE 83, 201 [209]; 91, 294 [307]; 95, 267 [300]; 112, 93 [107]; 115, 97 [110 f.].

347 BVerfGE 4, 7 [17]; 74, 129 [148]; 78, 232 [243]; 95, 267 [300]. Siehe auch BVerfGE 30, 250 [271 f.]; 81, 108 [122]; 96, 375 [397]. Allerdings vorsichtiger formuliert in BVerfGE 115, 97 [112 f.]. Zustimmend *Wendt* in: Sachs, GG, Art. 14 Rn. 38; *Depenheuer* in: v. Mangoldt/Klein/Starck, GG, Art. 14 Rn. 160; *Wieland* in: Dreier, GG, Art. 14 Rn. 56. A.A. *Leisner* in: Isensee/Kirchhof, Handbuch des Staatsrechts, 2. Auflage, § 149 Rn. 127.

348 *Friauf* DStJG 12 (1989), 3 [10]; *Depenheuer* in: v. Mangoldt/Klein/Starck, GG, Art. 14 Rn. 161; *Becker* in: Stern/Becker, Grundrechte-Kommentar, Art. 14 Rn. 82.

349 BVerfGE 95, 267 [300].

350 BVerfGE 115, 97 [111 f.]. Ebenso *Papier* in: Maunz/Dürig, GG, Art. 14, Rn. 170; *Dietlein* in: Stern, Staatsrecht, Bd. IV/1, S. 2205; *P. Kirchhof* in: Isensee/Kirchhof, Handbuch des Staatsrechts, § 118 Rn. 117.

Zweiten Senat in seinen Ausführungen angesprochene Freiheit der Eigentumsnutzung mittelbar durch jedes Steuergesetz beeinträchtigt werde, da der Steuerpflichtige zur Erfüllung der Steuerschuld konkrete vermögenswerte Rechtspositionen aufgeben müsse.[351] Mit einem anderen Argumentationsansatz gelangt auch *Paul Kirchhof* zu diesem Ergebnis, wonach die Eigentumsgarantie dem Eigentümer einen Freiraum finanzwirtschaftlichen Handelns sichere, um ihm dadurch die eigenverantwortliche Gestaltung des Lebens zu ermöglichen.[352] Demzufolge verkürzt der Steuerzugriff unmittelbar die finanzwirtschaftliche Handlungsfreiheit des Betroffenen und berührt daher den Schutzgehalt des Art. 14 GG.[353]

Auch wenn beiden Ansichten insofern ein Zirkelschluss in der Schlussfolgerung anhaftet, als im Ergebnis nun doch das Vermögen als solches geschützt wird,[354] tragen nur sie dem Umstand hinreichend Rechnung, dass der abgabenpflichtige Bürger, sofern für ihn die Berufsfreiheit aus Art. 12 I GG und weitere spezielle Freiheitsrechte nicht greifen, vor intensiven staatlichen Fiskaleingriffen anderenfalls allein dem schwachen Schutz durch die allgemeine Handlungsfreiheit ausgesetzt ist. Da der Steuereingriff neben den staatlichen Maßnahmen im Polizeirecht sowie im Strafvollzug die Freiheitsrechte des Bürgers am stärksten tangiert,[355] ist dies mit den grundrechtlichen und rechtsstaatlichen Wertungen der Verfassung nicht zu vereinbaren. Vielmehr gilt diesbezüglich die Prämisse „Verfassungsrecht geht vor Steuerrecht“[356], um nicht die klassische Funktion der Grundrechte als subjektive Abwehrrechte des Bürgers gegen staatliche Maßnahmen gerade bei besonders intensiven Grundrechtseingriffen ad absurdum zu führen.

Letzteres übersieht auch der Erste Senat des *BVerfG* nicht, wenn er – angesichts seiner aufgezeigten Dogmatik wenig überzeugend – konstatiert, dass ein Verstoß gegen die Eigentumsgarantie jedenfalls dann bestehe, wenn die Geldleistungspflichten den Betroffenen übermäßig belasten und seine Vermögensverhältnisse grundlegend beeinträchtigen, d.h. eine erdrosselnde Wirkung ausüben.[357] Trotz der Unterschiede in den rechtlichen Auffassungen beider Spruchkörper wird damit auch vom Ersten Senat der Schutz des Vermögens nicht kategorial abgelehnt,

351 *Wendt* in: Sachs, GG, Art. 14 Rn. 38. Zustimmend *Friauf* DStJG 12 (1989), 3 [23]; *Depenheuer* in: v. Mangoldt/Klein/Starck, GG, Art. 14 Rn. 89, 169 sowie *Becker* in: Stern/Becker, Grundrechte-Kommentar, Art. 14 Rn. 86. Ablehnend dagegen *Wieland* in: Dreier, GG, Art. 14 Rn. 56. Kritisch auch *Jarass* in: Jarass/Pieroth, GG, Art. 14 Rn. 32a.

352 *P. Kirchhof* in: Isensee/Kirchhof, Handbuch des Staatsrechts, § 118 Rn. 121.

353 Im Schrifttum mehren sich die Stimmen, die hier ebenfalls den Anwendungsbereich von Art. 14 GG – teilweise mit unterschiedlicher Begründung – bejahen, vgl. *Friauf* DStJG 12 (1989), 3 [24] sowie *Wendt* in: Sachs, GG, Art. 14 Rn. 143 jeweils m.w.N.

354 Vgl. auch die Kritik zu diesen Ansätzen von *Wieland* in: Dreier, GG, Art. 14 Rn. 56.

355 Schon *Otto Mayer* Verwaltungsrecht Bd. 1, 1924, S. 315, bezeichnete die Finanzgewalt als „Seitenstück zur Polizeigewalt“ und stellte auf S. 321 einen Bezug zum Strafrecht her.

356 *Friauf* DStJG 12 (1989), 3 [4].

357 BVerfGE 78, 232 [243]; 82, 159 [190]; 95, 267 [301]; 108, 186 [233].

sondern eine verfassungswidrige Konfiskation untersagt.[358] Dazu führt der Zweite Senat aus, das geschützte Freiheitsrecht dürfe nur so weit beschränkt werden, dass dem Steuerpflichtigen als Grundrechtsträger ein Kernbestand des Erfolges eigener Betätigung im wirtschaftlichen Bereich in Gestalt der grundsätzlichen Privatnützigkeit des Erworbenen und der grundsätzlichen Verfügungsbefugnis über die geschaffenen vermögenswerten Rechtspositionen erhalten bleibe.[359] Mit anderen Worten muss sich der wirtschaftliche Erfolg des Steuerpflichtigen nach Steuern im Eigentum angemessen widerspiegeln und für jeden objektiven Beobachter deutlich erkennbar sein.[360] Das *BVerfG* steht damit in der Zukunft vor der großen Herausforderung, hierfür in Zahlen ausgedrückte Richtwerte festzulegen. Dabei ist zu berücksichtigen, dass aufgrund des Übermaßverbotes nicht nur die Einzel-, sondern die Gesamtsteuerlast erträgliche Ausmaße im Sinne der Eigentumsgarantie annehmen muss.[361] Zwar hat das *BVerfG* die Belastungsobergrenze bei der Erhebung von Einkommen- und Vermögensteuer nach dem sog. Halbteilungsgrundsatz als nicht überschritten angesehen, soweit die steuerliche Gesamtbelastung in der Nähe einer hälftigen Teilung zwischen privater und öffentlicher Hand verbleibt.[362] Dieser Grundsatz ist in einer späteren, zur Belastung mit Einkommen- und Gewerbesteuer ergangenen Entscheidung allerdings aufgegeben worden.[363]

Es bleibt somit festzuhalten, dass für die Steuergesetzgebung aus Art. 14 GG Obergrenzen der Belastung mit staatlichen Abgaben zu entnehmen sind, wenngleich gem. Art. 14 II GG der Gebrauch des Eigentums zugleich dem Wohle der Allgemeinheit dienen soll und mithin die Bürger verpflichtet, ihren Beitrag zur Staatsfinanzierung zu leisten. Der Gesetzgeber ist in Erfüllung seines Regelungsauftrages aus Art. 14 I 2 GG aufgefordert, für ein ausgewogenes Verhältnis zwischen der Eigentumsgarantie und dem Gebot einer sozial gerechten Eigentumsordnung zu sorgen.[364] Entscheidend ist dabei die Intensität der mit dem Steuereingriff verbundenden Gesamtbelastung des Steuerpflichtigen.[365] Dies unterliegt der gerichtlichen Kontrolle.

358 *Wieland* in: Dreier, GG, Art. 14 Rn. 53.

359 BVerfGE 87, 153 [169]; 93, 121 [137]. Siehe zudem BVerfGE 115, 97 [114]. Ebenso beginnt nach *Friauf* DStJG 12 (1989), 3 [9] die verfassungsrechtliche Problemzone bei der 50%-Grenze der Gesamtbelastung des Einkommens.

360 So auch *P. Kirchhof* in: Isensee/Kirchhof, Handbuch des Staatsrechts, § 118 Rn. 118.

361 *P. Kirchhof* in: Isensee/Kirchhof, Handbuch des Staatsrechts, § 118 Rn. 132.

362 BVerfGE 93, 121, 138.

363 BVerfGE 115, 97 [108 ff.].

364 BVerfGE 89, 237 [241]; 91, 294 [310]; 115, 97 [114].

365 *Ehlers* VVDStRL 51 (1992), 211, [227].

(b) Art. 12 I GG

Im Unterschied zur Eigentumsgarantie schützt die Berufsfreiheit aus Art. 12 I GG nicht das bereits Erworbene, sondern die berufliche Tätigkeit – den Erwerb –,[366] sofern sie auf Dauer angelegt ist und der Schaffung und Aufrechterhaltung einer Lebensgrundlage dient.[367] Das *BVerfG* fordert für staatliche Maßnahmen, die nur mittelbar den Erwerb betreffen, eine „objektiv berufsregelnde Tendenz".[368] Ohne dieses Merkmal würden dem speziellen Freiheitsrecht gänzlich die Konturen genommen, da ansonsten nahezu jede Handlung der Staatsorgane faktisch die Berufsfreiheit berühren kann.[369] Demnach müssen gesetzliche Regelungen infolge ihrer Gestaltung in einem engen Zusammenhang mit der Ausübung des Berufs stehen und mithin die Rahmenbedingungen der Berufsausübung verändern.[370]

Einschränkungen von Art. 12 I GG beurteilt das *BVerfG* seit seiner sog. Apotheken-Entscheidung in ständiger Rechtsprechung anhand der sich am Maßstab der Verhältnismäßigkeit orientierenden Unterscheidung, auf welcher Stufe der Berufsfreiheit die Regelung ansetzt. Während reine Berufsausübungsbeschränkungen grundsätzlich durch vernünftige Erwägungen des Gemeinwohls legitimiert werden können,[371] sofern Eingriffszweck und Eingriffsintensität in einem angemessenen Verhältnis stehen,[372] sind subjektive sowie objektive Berufswahlbeschränkungen nur zum Schutz überragender Gemeinwohlgüter respektive zur Abwehr nachweisbarer oder höchst wahrscheinlicher Gefahren für überragend wichtige Gemeinschaftsgüter zulässig.[373]

Der Steuerzugriff führt in der Regel nicht zu einer finalen und unmittelbaren Verkürzung der Berufswahl- respektive Berufsausübungsfreiheit.[374] Dies mag der Grund dafür sein, warum das *BVerfG* Art. 12 I GG in Bezug auf Steuern restriktiv anwendet. In Anlehnung an das zu Art. 14 I GG Gesagte, liegt jedenfalls dann ein Verstoß gegen die Freiheit der Berufswahl vor, wenn öffentlich-recht-

366 BVerfGE 30, 292 [335]; 84, 133 [157]; 88, 366 [377]; 102, 26 [40].

367 BVerfGE 102, 197 [212]; 110, 304 [321]; 111, 10 [28]. Vgl. auch BVerfGE 121, 317 [345].

368 BVerfGE 95, 267 [302]; 97, 228 [254]; 111, 191 [213]; 113, 29 [48]. Ablehnend ggü. diesem restriktiven Ansatz *Manssen* in: v. Mangoldt/Klein/Starck, GG, Art. 12 Rn. 75 ff.; *Nolte* in: Stern/Becker, Grundrechte-Kommentar, Art. 12 Rn. 81.

369 *Jarass* in: Jarass/Pieroth, GG, Art. 12 Rn. 15.

370 BVerfGE 70, 191 [214]; 95, 267 [302]; 110, 274 [288]; 118, 1 [33]; BVerfG, DVBl. 2009, 1440 [1441].

371 BVerfGE 85, 248 [259]; 93, 362 [369]; 103, 1 [10].

372 BVerfGE 101, 331 [347]; 108, 150 [160].

373 Siehe z.B. BVerfGE 13, 97 [107]; 69, 209 [218]; 119, 59 [80] für subjektive sowie BVerfGE 7, 377 [408]; 75, 284 [296]; 102, 197 [214 f.] für objektive Zulassungsvoraus-setzungen. Kritisch zur sog. Stufenlehre *Mann* in: Sachs, GG, Art. 12 Rn. 152 ff., der eine „Rückbesinnung auf den Verfassungswortlaut" fordert.

374 *Hohmann* DÖV 2000, 406 [407].

liche Abgabepflichten eine erdrosselnde Wirkung entfalten und die berufliche Tätigkeit dem Betroffenen mithin nicht mehr als Grundlage zur eigenen Lebensführung dienen kann.[375]

Doch auch die Berufsausübung kann mittelbar durch den Steuerzugriff elementar beeinträchtigt werden. So sind beispielsweise nach § 9 Nr. 1 S. 2 GewStG Unternehmen auf Antrag von der Gewerbesteuerpflicht befreit, wenn sie ausschließlich eigenen Grundbesitz verwalten und nutzen. Anders gewendet dürfen sie zukünftig nur vermögensverwaltend tätig werden und keinem anderen Berufsfeld nachgehen, um nicht eine Steuerpflicht auszulösen, die mitunter Millionen betragen kann. Die Frage nach dem „wie" der Berufstätigkeit erfährt hier faktisch eine Begrenzung, die im Vergleich zu unmittelbaren Eingriffen in die Freiheit der Berufsausübung, wie etwa die aus § 15 II Arbeitsschutzgesetz[376] resultierende Pflicht der Beschäftigten, bei der Arbeit die vom Arbeitgeber zur Verfügung gestellte persönliche Schutzausrüstung bestimmungsgemäß zu verwenden, wesentlich gravierender ist. Daher ist die Erhebung von Steuern und sonstigen öffentlich-rechtlichen Abgaben stets an der Berufsfreiheit zu messen, sofern sie an die Erwerbstätigkeit anknüpft und die Gesamtsteuerlast keine unerhebliche Dimension annimmt.[377]

c) Art. 6 I GG

Weiterhin hat das *BVerfG* die Erhebung einer Zweitwohnungssteuer auf die Innehabung einer aus beruflichen Gründen gehaltenen Wohnung eines nicht dauernd getrennt lebenden Verheirateten, dessen eheliche Wohnung sich in einer anderen Gemeinde befand, als Diskriminierung der Ehe und als Verstoß gegen Art. 6 I GG angesehen.[378] Somit hat der Steuergesetzgeber in seinen Überlegungen gegebenenfalls auch das Verbot einzubeziehen, Ehe und Familie gegenüber anderen Lebens- und Erziehungsgemeinschaften ohne einleuchtende Sachgründe schlechter zu stellen.[379] Allerdings gilt nunmehr auch e contrario, dass eine steuerliche Besserstellung der Ehe gegenüber einer eingetragenen Lebenspart-

---

375 Ebenso *Wieland* in: Dreier, GG, Art. 12 Rn. 86. Vgl. BVerfGE 87, 153 [169].

376 Gesetz vom 7.8.1996 (BGBl I S. 1246).

377 So auch *Friauf* DStJG 12 (1989), 3 [26]; *P. Kirchhof* in: Isensee/Kirchhof, Handbuch des Staatsrechts, § 118 Rn. 147 f.; *Manssen* in: v. Mangoldt/Klein/Starck, GG, Art. 12 Rn. 78; *Nolte* in: Stern/Becker, Grundrechte-Kommentar, Art. 12 Rn. 78. *Hohmann* DÖV 2000, 406 [409, 416] fordert eine gewisse Erheblichkeitsschwelle von 5% des Umsatzes. Hinsichtlich unternehmerischer Gewinne hält *Rodi* Die Rechtfertigung von Steuern, S. 124, eine Zusatzbelastung von 10 bis 20% für eine mehr als nur unerhebliche Beeinträchtigung der Berufsfreiheit.

378 BVerfGE 114, 316 [333 ff.]. Zu den örtlichen Aufwandsteuern vgl. 2. Teil § 2 A) III. 2.

379 BVerfGE 76, 1 [72]; 99, 216 [232]; 114, 316 [333].

nerschaft nicht allein durch die Vermutung verfassungsrechtlich gerechtfertigt werden kann, dass Erstere auf die Zeugung von Kindern ausgerichtet ist.[380]

d) Art. 2 I GG

Sofern kein spezielles Freiheitsrecht sachlich einschlägig sein sollte, greift die Erhebung von Steuern jedenfalls in den Schutzbereich der allgemeinen Handlungsfreiheit der steuerpflichtigen Bürger ein. Denn die Steuerschuld ist entweder durch ein positives Tun zu begleichen oder sie fordert – insbesondere im Falle von Lenkungssteuern – dazu auf, ein besteuertes Verhalten zu unterlassen. Mithin haftet Steuergesetzen immer eine freiheitsbeschränkende Wirkung an, so dass auch das *BVerfG* hier einen Eingriff in die allgemeine Handlungsfreiheit gerade in deren Ausprägung als persönliche Entfaltung im vermögensrechtlichen und im beruflichen Bereich konstatiert,[381] wenngleich die Schutzintensität gegenüber den speziellen Freiheitsrechten sowie den Gleichheitsgeboten weit geringer ausfällt.

(2) Der allgemeine Gleichheitssatz

Verglichen mit den Freiheitsrechten hat der allgemeine Gleichheitssatz aus Art. 3 I GG für das Steuerrecht seit jeher eine wesentlich größere Bedeutung erfahren. Dieser verbietet nach ständiger Rechtsprechung des *BVerfG*, wesentlich Gleiches willkürlich ungleich respektive wesentlich Ungleiches willkürlich gleich zu behandeln.[382] Das Gleichheitsgebot enthält unterschiedliche Grenzen für den Gesetzgeber, die je nach Regelungsgegenstand und Differenzierungsmerkmalen vom bloßen Willkürverbot bis zu einer strengen Bindung an die Erfordernisse der Verhältnismäßigkeit (sog. neue Formel) reichen.[383] Vom *BVerfG* wird der gesetzgebenden Gewalt im Bereich des Steuerrechts ein weit reichender Entscheidungsspielraum sowohl bei der Auswahl des Steuergegenstandes als auch bei der Bestimmung des Steuersatzes zugesprochen.[384] Allerdings seien das Gebot der möglichst gleichmäßigen Besteuerung sowie das Gebot der Folgerichtigkeit zu beachten. Demnach ist die mit der Wahl des Steuergegenstandes einmal getroffene Belastungsentscheidung unter dem Gebot möglichst gleichmäßiger Belastung aller Steuerpflichtigen bei der Ausgestaltung des steuerrechtlichen Ausgangstatbestands folgerichtig umzusetzen. Ausnahmen

380 BVerfG, DVBl. 2009, 1510 ff. Anders bislang BVerfG, NJW 2008, 2325 [2327]; BVerwGE 129, 129 [134] sowie BGH NJW-RR 2007, 1441 ff.

381 Vgl. BVerfGE 48, 102 [115 f.]; 87, 153 [169]; 93, 121 [137]; 105, 17 [32 f.].

382 BVerfGE 1, 14 [52]; 49, 148 [165]; 98, 365 [385]; 116, 164 [180]; 121, 317 [369].

383 BVerfGE 110, 274 [291]; 117, 1 [30]; 120, 1 [29].

384 BVerfGE 65, 325 [354]; 93, 121 [135]; 107, 27 [47]; 117, 1 [30]; 120, 1 [29]; st. Rspr.

von einer folgerichtigen Umsetzung sind sachlich besonders zu begründen.[385] Darüber hinaus ist vom *BVerfG* aus Art. 3 I GG das Gebot der Steuergerechtigkeit deduziert und aus diesem wiederum das Leistungsfähigkeitsprinzip als dessen bedeutendste Ausprägung herausgearbeitet worden.[386] Obschon Letzteres vornehmlich für die verfassungsgerichtliche Rechtsprechung zum Einkommensteuerrecht von Relevanz ist,[387] hat das *BVerfG* diesen Grundsatz mittlerweile auch in den Bereichen der Vermögens-, Erbschaft- und Gewerbesteuer angewendet.[388] Das Prinzip der Besteuerung nach der individuellen Leistungsfähigkeit ist ursprünglich von Finanzwissenschaftlern entwickelt worden[389] und gilt heute als Fundamentalprinzip einer gerechter Besteuerung mit Verfassungsrang,[390] obwohl es im Grundgesetz anderes als in Art. 134 WRV sowie in den Verfassungen anderer Staaten wie Frankreich, Griechenland, Italien, Spanien oder der Schweiz nicht expressis verbis kodifiziert ist.[391] Nach dem Leistungsfähigkeitsprinzip sind die Staatsbürger je nach ihrer individuellen finanziellen Leistungsfähigkeit zur Finanzierung der allgemeinen Staatsaufgaben mit Steuern zu belasten und Steuerpflichtige mit der gleichen Ertragskraft gleich zu besteuern.[392] Mithin stützt sich dieses Gebot nicht auf die vom Staat erhaltenen Leistungen, sondern entscheidend ist allein, welcher finanzielle Beitrag dem einzelnen Bürger zugemutet werden kann, um sich an den Staatsaus- und mithin -aufgaben angemessen zu beteiligen.[393] In der Literatur wird das Leistungsfähigkeitsprinzip neben Art. 3 I GG auch aus speziellen Freiheitsrechten wie Art. 14 I GG, dem Sozialstaatsprinzip aus Art. 20 I GG sowie dem Menschenwürdegehalt aus Art. 1 I GG hergeleitet.[394]

Im Ergebnis gesteht das *BVerfG* dem Gesetzgeber im Rahmen der Steuererhebung also einen weiten Gestaltungs- und Einschätzungsspielraum zu und setzt einen milden Kontrollmaßstab an.[395] Danach ist durch den allgemeinen Gleichheitssatz lediglich die Berücksichtigung willkürlicher, sachwidriger Erwägungen ausgeschlossen, die der Legislative nur selten nachgewiesen werden dürften. Dabei berücksichtigt das Gericht freilich zutreffend, dass Steuergesetze

385 BVerfGE 105, 73 [126]; 116, 164 [180 f.]; 117, 1 [30 f.]; 120, 1 [29]; st. Rspr.
386 BVerfGE 43, 108 [118 ff.]; 120, 1 [44 f.].
387 BVerfGE 43, 108 [118 ff.]; 68, 287 [310]; 105, 73 [125]; 107, 27 [46 f.]; 116, 164 [180]. Siehe auch *Lang* Steuergerechtigkeit und Globalisierung, S. 58, der darauf hinweist, dass das Leistungsfähigkeitsprinzip auf dem Gebiet der Einkommensteuer am besten verwirklicht werden kann.
388 BVerfGE 93, 121 [135]; 117, 1 [30 f.]; BVerfGE 120, 1 [44 f.].
389 Vgl. *Birk* Das Leistungsfähigkeitsprinzip als Maßstab der Steuernormen, S. 6 ff., 23 ff.
390 Siehe dazu die Nachweise in FN 257.
391 *Tipke* Die Steuerrechtsordnung, Bd. I, S. 481 ff.
392 BVerfGE 93, 121 [135]; 117, 1 [31]; 120, 1 [44 f.].
393 *Tipke* Die Steuerrechtsordnung, Bd. I, S. 479 ff.
394 Vgl. *Waldhoff* in: Isensee/Kirchhof, Handbuch des Staatsrechts, § 116 Rn. 104.
395 BVerfGE 120, 1 [29].

in der Regel Massenvorgänge des Wirtschaftslebens betreffen. Dies erlaubt auch – schon aus Gründen der Praktikabilität – Sachverhalte zu typisieren und dabei die Besonderheiten des einzelnen Falles zu vernachlässigen, soweit die steuerlichen Vorteile der Typisierung im rechten Verhältnis zu der mit der Typisierung notwendig verbundenen Ungleichheit der steuerlichen Belastung stehen.[396] Ferner darf eine gesetzliche Typisierung keinen atypischen Fall als Leitbild wählen, sondern muss sich realitätsgerecht am typischen Fall orientieren.[397] Ungeachtet dessen sollte sich das *BVerfG* aufgrund der schleichend stetig weiter steigenden Gesamtsteuerbelastung der Bürger auch im Steuerrecht verstärkt der sog. neuen Formel zuwenden und die Steuergesetzgebung an dem Grundsatz der Verhältnismäßigkeit messen, auch um die Legislative zu einem vernünftigen Ausgabeverhalten zu bewegen.

Bisher ist neben den Grundsätzen der Belastungsgleichheit und der Folgerichtigkeit einzig das Leistungsfähigkeitsprinzip Ausdruck einer gerechten Besteuerung im Sinne des Art. 3 I GG. Allerdings gilt es zu berücksichtigen, dass dessen Anwendbarkeit vom Steuergegenstand abhängt. Während dies beim Steuerzugriff auf das Einkommen sowie Vermögen außer Frage steht, muss sie im Falle der Steuer auf den Konsum verneint werden, da hier – vor allem wenn es um menschliche Grundbedürfnisse wie Nahrungsmittel oder schlichtweg Windeln für ein Neugeborenes geht – keineswegs auf die sozialen Verhältnisse des Steuerpflichtigen Rücksicht genommen wird.[398] Zudem fehlt bei diesen indirekten Steuern die Transparenz, so dass der Bürger die von ihnen ausgehende Belastung nicht vollständig wahrnimmt. Dabei ist die Bedeutung der Konsumbesteuerung nicht zu unterschätzen, zumal das Aufkommen der Einkommen- und der Umsatzsteuer mittlerweile sehr nahe beieinander liegen.[399] Ebenso verfolgen Lenkungssteuern wie beispielsweise die Bier-, Tabak- und Hundesteuer allein lenkende, ordnungspolitische Zwecke, ohne auf die finanzielle Leistungsfähigkeit des Betroffenen abzustellen.[400]

396 BVerfGE 96, 1 [6]; 99, 280 [290]; 105, 73 [127]; 110, 274 [292]; 116, 164 [182 f.]; 117, 1 [31]; 120, 1 [30].

397 BVerfGE 27, 142 [150]; 112, 268 [280 f.]; 117, 1 [31]; 120, 1 [30].

398 Ebenso *P. Kirchhof* in: Isensee/Kirchhof, Handbuch des Staatsrechts, § 118 Rn. 191; *ders.* DStR 2008, 1 [3]; *Birk* Ordnungsmuster im Steuerrecht, S. 6, 14; *Lang* Steuergerechtigkeit und Globalisierung, S. 51 f. A.A. *Tipke* Die Steuerrechtsordnung, Bd. I, S. 494; Bd. II, S. 981.

399 Für 2008 beziffert das *BMF* im Finanzbericht 2009, S. 132 f. das Aufkommen der ESt auf 199,0 Mrd. Euro und das der USt auf 176,2 Mrd. Euro.

400 *Tipke* Die Steuerrechtsordnung, Bd. I, S. 495.

(3) Schranken-Schranken

Des Weiteren hat der Steuergesetzgeber hinsichtlich des Steuereingriffs in die Freiheitsrechte der Bürger als sog. Schranken-Schranken den Bestimmtheitsgrundsatz sowie den Grundsatz der Verhältnismäßigkeit zu wahren, die beide aus dem in Art. 20 III GG sowie Art. 28 I 1 GG verankerten Rechtsstaatsprinzip abgeleitet werden. Die Herleitung des Verhältnismäßigkeitsgrundsatzes erfolgt daneben auch aus dem Wesen der Grundrechte sowie dem Menschenwürdegehalt des Art. 1 I GG.[401] Nach diesem Grundsatz muss jede staatliche Maßnahme – und damit auch die Steuererhebung – einen legitimen Zweck verfolgen und zur Zweckerreichung geeignet, erforderlich und angemessen sein. Dieses auch als Übermaßverbot bezeichnete Prinzip wird hinsichtlich des Steuerzugriffs bedeutungslos, wenn man den Zweck der Steuer mit *Hans-Jürgen Papier* allgemein in der staatlichen Einnahmeerzielung sieht und diesen zur Deckung des Finanzbedarfs sowie zur Sicherung der Handlungs- und Funktionsfähigkeit des Staates von vornherein als geeignet, erforderlich und angemessen einstuft.[402] Doch lässt sich mit *Paul Kirchhof* die Erhebung einer Steuer auch als eine Teilhabe des Staates „am individualnützigen Erfolg privaten Wirtschaftens“ rechtfertigen.[403] Denn Einkommen entstehe erst, wenn die Rechtsgemeinschaft eine Freiheitsstruktur von Marktordnung, Frieden, Rechtssystem, Schul- sowie Ausbildungswesen schafft, eine Leistung durch Entgelt anerkennt und der Steuerpflichtige die Verbesserung der eigenen Lebensumstände auch der Rechtsgemeinschaft verdankt.[404] Ähnlich stellte *Adam Smith* im Jahre 1776 fest, dass das Einkommen unter dem Schutz des Staates erzielt werde.[405] Die freie Entfaltung der Persönlichkeit sowie die individuelle Lebensgestaltung des Staatsbürgers bedingt mithin eine Rechtsordnung, deren Schaffung und Durchsetzung nur ein handlungsfähiger, d.h. liquider Staat bewältigen kann. Der Zweck von Steuern besteht demzufolge darin, ausreichende finanzielle Mittel durch eine Teilhabe am individualnützigen Erfolg privaten Wirtschaftens zu generieren um den Bürgern weiterhin die Möglichkeit erfolgreichen ökonomischen Handelns zu geben. Die Sichtweise von *Paul Kirchhof* erweist sich damit als vorzugswürdig, da nur sie eine Verhältnismäßigkeitsprüfung erlaubt, welche die Klärung der Frage erfordert, ob die Steuereinnahmen sich noch in dem Maße bewegen, das für die Bereitstellung der Grundvoraussetzungen für einen individuellen Erfolg im Wirtschaftsleben erforderlich ist.[406]

---

401 *Schulze-Fielitz* in: Dreier, GG, Art. 20 Rn. 179.

402 *Papier* in: Maunz/Dürig, GG, Art. 14, Rn. 177.

403 *P. Kirchhof* in: Isensee/Kirchhof, Handbuch des Staatsrechts, § 118 Rn. 86 ff., 131.

404 *P. Kirchhof* in: Isensee/Kirchhof, Handbuch des Staatsrechts, § 118 Rn. 88; *ders.* in der FAZ vom 07.11.2009, S. 33.

405 *Smith* Wealth of Nations, Vol. III, S. 208.

406 Vgl. auch *Vogel* Der Staat 25 (1986), 481 [516 ff.]; *Friauf* DStJG 12 (1989), 3 [6 f.] sowie *Tipke*, Die Steuerrechtsordnung, Bd. I, S. 228 ff.

(4) Sozialstaatsprinzip

Das in Art. 20 I GG normierte Sozialstaatsprinzip weist mit dem bereits erörterten Leistungsfähigkeitsprinzip eine enge Verbindung auf und ermöglichte diesem den Durchbruch zum Fundamentalprinzip. Danach ist eine Besteuerung der für die menschliche Existenz notwendigen Geldmittel mit der Verfassung nicht in Einklang zu bringen und der Steuerzugriff auf den disponiblen Teil des Einkommens begrenzt.[407] Nunmehr hat auch das *BVerfG* aus Art. 1 I i.V.m. Art. 20 I, 3 I und 6 I GG das Prinzip der Steuerfreiheit des Existenzminimums abgeleitet, wonach der Staat das Einkommen des Bürgers insoweit steuerfrei zu stellen habe, als dieser es zur Schaffung der Mindestvoraussetzungen eines menschenwürdigen Daseins für sich und seine Familie benötige.[408] Die Bemessung des einkommensteuerrechtlich maßgeblichen Existenzminimums richte sich nach dem im Sozialhilferecht niedergelegten Leistungsniveau. Der Staat dürfe dem Einzelnen das, was er ihm voraussetzungslos aus allgemeinen Haushaltsmitteln zur Verfügung zu stellen hat, nicht durch Besteuerung seines Einkommens entziehen.[409] Nach der rechtstheoretischen Terminologie stellt die Steuerfreiheit des Existenzminimums nicht bloß ein Prinzip, sondern eine Regel dar, die absolute Verbindlichkeit beansprucht und mithin keiner Abwägung zugänglich ist.[410]

(5) Zwischenergebnis

Zum Schutze der Bürger geht aus dem Vorbehalt des Gesetzes hervor, dass jeder Steuerzugriff des Staates auf ihre vermögenswerte Rechtspositionen einer durch das Parlament geschaffenen gesetzlichen Grundlage bedarf.[411] Des Weiteren ziehen die Grundrechte in ihrer klassischen Funktion als subjektive Abwehrrechte des Bürgers der staatlichen Steuererhebung Grenzen.

Um dem Staat nicht nahezu schutzlos ausgeliefert zu sein, ist über die allgemeine Handlungsfreiheit hinaus der Schutz durch spezielle Freiheitsrechte sowie dem allgemeinen Gleichheitssatz erforderlich. Trotz der aufgeworfenen, in höchstrichterlicher Rechtsprechung sowie Literatur weiterhin bestehenden rechtsdogmatischen Fragen hinsichtlich der Eigentumsgarantie dürfen steuerli-

407 *Papier* in: Maunz/Dürig, GG, Art. 14, Rn. 181; *P. Kirchhof* in: Isensee/Kirchhof, Handbuch des Staatsrechts, § 118 Rn. 135; *Tipke*, Die Steuerrechtsordnung, Bd. I, S. 481.

408 BVerfGE 120, 125 [154 f.]. Darüber hinaus leitet sich das Grundrecht auf Gewährleistung eines menschenwürdigen Existenzminimums aus Art. 1 I i.V.m. 20 I GG her, BVerfG, DVBl. 2010, 314 ff.

409 Siehe auch BVerfGE 82, 60 [85 f., 94]; 87, 153 [169 f.]; 99, 246 [259]; 107, 27 [48]; 112, 268 [281]; st. Rspr.

410 *Alexy* Recht, Vernunft, Diskurs, S. 216 ff. Vgl. auch *Ehlers* in: Erichsen/Ehlers, Allgemeines Verwaltungsrecht, § 2 Rn. 8 m.w.N.

411 Vgl. bereits *Otto Mayer* Verwaltungsrecht Bd. 1, 1924, S. 316.

che Zahlungsverpflichtungen für die Gemeindeeinwohner jedenfalls keine verfassungswidrige Konfiskation darstellen. Dies ist nicht erst bei einer erdrosselnden Wirkung, sondern bereits dann der Fall, wenn sich der wirtschaftliche Erfolg des Steuerpflichtigen nach Steuern im Eigentum nicht mehr angemessen widerspiegelt. Aufgrund des Übermaßverbotes ist zu berücksichtigen, dass sowohl die Einzel- als auch die Gesamtsteuerlast erträgliche Ausmaße annehmen muss.

Neben dem Grundsatz der Belastungsgleichheit sowie der Folgerichtigkeit leitet das *BVerfG* aus Art. 3 I GG das Gebot der Steuergerechtigkeit her, dessen bedeutendste Ausprägung das Leistungsfähigkeitsprinzip ist. Nach diesem Fundamentalprinzip für eine gerechte Besteuerung von Verfassungsrang sind die Staatsbürger je nach ihrer individuellen finanziellen Leistungsfähigkeit zur Finanzierung der allgemeinen Staatsaufgaben mit Steuern zu belasten und Steuerpflichtige mit der gleichen Ertragskraft gleich zu besteuern. Als Ausfluss des Sozialstaatsprinzips begrenzt dieser Grundsatz den Steuergegenstand auf den für den Bürger disponiblen Teil. Das Prinzip der Besteuerung nach der Leistungsfähigkeit beansprucht insbesondere im Einkommensteuerrecht Geltung, wenngleich es mittlerweile auch in den Bereichen der Vermögen-, Erbschaft- und Gewerbesteuer Berücksichtigung findet. Allerdings ist es a priori nicht bei Steuern auf den Konsum sowie Lenkungssteuern anwendbar. Unbestritten seiner erhabenen gerechtigkeitsbezogenen Kernaussage kann es mithin nicht als alleiniges, ultimatives Besteuerungsprinzip angesehen werden. Vielmehr bedarf es – gerade wegen der stetig steigenden Gesamtsteuerbelastung der steuerpflichtigen Bürger – im Steuerrecht einer verstärkten Zuwendung des *BVerfG* zur sog. neuen Formel. Denn nur durch eine Kontrolle der Steuergesetzgebung am Grundsatz der Verhältnismäßigkeit kann die Legislative zu einer vernünftigen Ausgabenpolitik veranlasst werden.

In jedem Fall gebietet das vom *BVerfG* aus Art. 1 I GG i.V.m. Art. 20 I, 3 I und 6 I GG deduzierte Prinzip der Steuerfreiheit des Existenzminimums, das Einkommen des Bürgers insoweit steuerfrei zu stellen, als dieser es zur Schaffung der Mindestvoraussetzungen eines menschenwürdigen Daseins für sich und seine Familie benötigt.

3. Zusammenfassung der Berührungspunkte und Divergenzen

Im Wesentlichen hat schon *Popitz* in seinem Gutachten von 1932 die Berührungspunkte von Finanz- und Rechtswissenschaft zutreffend erfasst, indem er schrieb: „Ein Gemeindefinanzsystem muß auf die Eigenschaft der Gemeinden als Selbstverwaltungskörper Rücksicht nehmen, d.h. ausreichen, um, erforderlichenfalls zusammen mit Staatszuschüssen und Finanzzuweisungen, den lokal und regional verbundenen Wirtschaftseinheiten zu gestatten, bei erträglichem Steuerdruck die Kosten der dem Verbande wesensgemäßen und ihm übertragenen Aufgaben aufzubringen, den Gemeinden durch eine gewisse Wahlfreiheit in den Steuern und durch die Beweglichkeit möglichst vieler funktionell miteinander zusammenhängender Steuern Selbstbestimmung über das Maß der Aufgabenerfüllung gestatten und endlich nicht mit dem Grundsatz verbandsmäßiger Verantwortung für die Gemeindewirtschaftsführung im Widerspruch stehen."[412]

Einig sind sich die Stimmen aus Finanz- und Rechtswissenschaft in dem Punkt, dass die Finanzautonomie der Kommunen als wesentliches Element der kommunalen Selbstverwaltung erhalten und gestärkt werden muss, um die Autonomie der kommunalen Körperschaften insgesamt zu gewährleisten. Hierfür tragen sowohl der Bund als auch die Länder im föderativen System der Bundesrepublik Deutschland die Verantwortung.

Divergenzen bestehen demgegenüber in der Bedeutung des Äquivalenzgedankens im Gemeindefinanzsystem, die teilweise auf einer ungenauen Übersetzung aus dem Englischen beruhen. Zudem hat die Untersuchung gezeigt, dass die Finanzwissenschaften das Sozialstaatsprinzip aus ihren Überlegungen weitgehend ausklammern, während Rechtswissenschaften dazu tendieren, das aus dem Sozialstaatsprinzip entsprungene Leistungsfähigkeitsprinzip als „Allheilmittel" einer gerechten Besteuerung anzusehen. An dieser Stelle gilt der Satz „[d]ie Juristen müssen lernen zu kommunizieren"[413] für beide Seiten, zumal ein Gedankenaustausch in der Vergangenheit mehrfach stattgefunden hat und eine Vielzahl von Besteuerungsprinzipien aus der Finanz- in die Rechtswissenschaft transferiert wurde.[414] Ferner findet seit dem Aufsatz *„The Problem of Social Cost"*[415] von *Coase* – dem Nobelpreisträger von 1991 für Wirtschaftswissenschaften – vermehrt eine ökonomische Analyse des Rechts statt, bei der die Folgen von Rechtsnormen respektive Gesetzesvorhaben auf die Verhaltensweise von Bürgern untersucht werden. Doch zu welchem Ergebnis könnte eine interdisziplinäre Kommunikation im Fall des Äquivalenzgedankens und seiner Bedeutung für das Gemeindefinanzsystem führen?

Im Zitat von *Popitz* ist angeklungen, dass nicht eine Kommunalsteuer allein, sondern nur ein korrelierendes lokales Steuer- und Zuweisungssystem die kommunale Finanzautonomie und mithin die örtliche Aufgabenerfüllung finanziell gewährleistet. Ziel sowohl der ökonomischen als auch der juristischen Ansätze ist es, den Gemeinden und ihren Bürgern eine zufriedenstellende kommunale Daseinsvorsorge durch eine effektive Finanzausstattung zu garantieren. Hier gilt es die spezifischen Chancen der kommunalen Ebene zu nutzen: Dort verfügen

---

412 *Popitz* Gutachten 1932, S. 332 f.

413 *Kirchner*, FAZ vom 2.1.2009, S. 13.

414 Zu Letzterem siehe *Waldhoff* in: Isensee/Kirchhof, Handbuch des Staatsrechts, § 116 Rn. 101.

415 Abrufbar unter *www.sfu.ca/~allen/CoaseJLE1960.pdf.*

die Verantwortungsträger über Informationsvorteile und können die lokalen, regional unterschiedlich ausfallenden Präferenzen der Bürger am besten determinieren. Insofern ist nicht das Äquivalenzprinzip im engeren Sinne – welches sich durchaus mit dem Leistungsfähigkeitsprinzip kombinieren lässt – entscheidend, sondern vielmehr auf das Prinzip der fiskalischen Äquivalenz abzustellen, nach dem sich die Kreise der Steuerzahler, der Entscheidungsträger sowie der Nutzer der staatlichen Leistung als weitestgehend deckungsgleich erweisen sollen. Einzig durch die Einhaltung dieses Prinzips kann es gelingen, die Kommunalverschuldung für die Zukunft in Grenzen zu halten und allen Kommunen unabhängig von der geographischen Lage zu Wohlstand zu verhelfen. Es ist an der Zeit, die Gemeindeeinwohner fühlbar an der Finanzierung der kommunalen Daseinsvorsorge zu beteiligen.

III. Bisherige Arten von Kommunalsteuern

Nachdem soeben die Anforderungen an ein effektives und zugleich gerechtes Kommunalsteuersystem dargestellt wurden, erfolgt nun eine Abbildung der vorgefundenen Ist-Situation. Dazu widmet sich die Bearbeitung zu Beginn denjenigen Steuern mit lokalem Bezug, die dem Einfluss der Gemeinden unterliegen und daher von besonderer Relevanz sind (1.), bevor auf kleinere örtliche Aufwands- und Verbrauchsteuern eingegangen wird (2.).

1. Die zwei großen Gemeindesteuern

Seit der Realsteuerreform aus dem Jahre 1936 verfügen die Kommunen mit der Gewerbe- sowie der Grundsteuer über zwei große Gemeindesteuern.[416] In der Zusammenfassung des Gutachtens von *Popitz* ist zu diesen objektbezogenen Ertragsteuern der Satz zu lesen: „Die Realsteuern sind an sich geeignete Gemeindesteuern.“[417] Die Formulierung „an sich“ verdeutlicht, dass es schon seinerzeit Reformbedarf gab, der in der heutigen Zeit noch besteht.

416 *Güroff* in: Glanegger/Güroff, GewStG, § 1 Rn. 2; *Fuest/Thöne* Gemeindefinanzreform, S. 11. Die zwischenzeitlich nach dem Zweiten Weltkrieg in verschiedenen Ländern existenten Grundsteuervorschriften wurden letztlich mit dem Grundsteuergesetz 1951 aufgehoben, *Troll/Eisele* Grundsteuergesetz, Einführung S. 20.

417 *Popitz* Gutachten 1932, S. 334.

a) Die Gewerbesteuer

Die Gewerbesteuer blickt auf eine lange Tradition zurück und ist geprägt von preußischem Gedankengut.[418] Im Zuge des Finanzediktes *Hardenbergs* wurde sie 1810 in Preußen erstmals erhoben und nahm 1820 eine Form an, die der Heutigen annähernd gleicht.[419] Mit Inkrafttreten des Gewerbesteuergesetzes des Deutschen Reiches vom 1. Dezember 1936[420] sind die bis dato existenten Gewerbesteuergesetze der Länder – in Baden, Bayern und Württemberg beispielsweise als Landessteuern ausgestaltet – abgelöst worden, so dass die Gewerbesteuer seither endgültig die Entwicklung zu einer reinen Gemeindesteuer genommen hat.[421] Heute stellt ihr Aufkommen die wichtigste originäre Einnahmequelle der Gemeinden dar und ist folglich von großer Bedeutung für die Finanzierung kommunaler Aufgaben.[422] In den größeren Städten ist sie zur dominanten Steuerquelle geworden.[423]

Dennoch steht die Gewerbesteuer seit jeher im Mittelpunkt politischer Diskussionen, in denen die Meinungen grundlegend voneinander abweichen.[424] So gibt es einerseits Stimmen vornehmlich aus den kommunalen Spitzenverbänden, die sich für ihre Beibehaltung unter revitalisierenden Gesichtspunkten einsetzen.[425] Andere Auffassungen halten die Gewerbesteuer dagegen für derart reformbedürftig, dass für sie nur eine vollständige Ersetzung in Betracht kommt.[426] Schließlich treten Positionen für eine ersatzlose Abschaffung ein.[427]

---

418 *Güroff* in: Glanegger/Güroff, GewStG, § 1 Rn. 1.

419 *Birk* Steuerrecht, Rn 1351.

420 RGBl. I S. 979, RStBl. 1936 S. 1149.

421 BVerfGE 125, 141 [164]. Vgl. auch *Güroff* in: Glanegger/Güroff, GewStG, § 1 Rn. 2; *Sarrazin* in: Lenski/Steinberg, GewStG, Bd. I, § 1 Rn. 2.

422 Zur Bedeutung der Gewerbesteuer für die Kommunen auch *Güroff* in: Glanegger/Güroff GewStG, § 1 Rn. 45; *Hofmeister* in: Blümich, EStG/KStG/GewStG, § 1 GewStG Rn. 2; *Sarrazin* in: Lenski/Steinberg, GewStG, Bd. I, § 1 Rn. 5; *Heine* in: Henneke/Pünder/Waldhoff, Recht der Kommunalfinanzen, § 8 Rn. 48, 54.

423 *Schwarting* Kommunale Steuern, Rn. 221.

424 Siehe statt aller *Institut FSt.* Brief 211, S. 3 ff.; *Wendt* BB 1987, 1257 [1257]; *Güroff* in: Glanegger/Güroff, GewStG, § 1 Rn. 50; *Hartmann* BB 2008, 2490 [2490] sowie *Schäfers* „Immer Ärger mit der Gewerbesteuer" FAZ vom 17.9.2009, S. 11. Für *Zimmermann* ist die derzeitige Gewerbesteuer ein „Torso", der auf Dauer wohl kaum bestehen bleiben könne, Kommunalfinanzen, S. 174.

425 Kommunal-Modell, ZKF 2003, 102 [102 ff.]; aus neuerer Zeit *Anton/Diemert* Gemeindefinanzbericht 2011, S. 7. Auch die Bundesregierung des 16. Deutschen Bundestages hielt an der Gewerbesteuer fest, Koalitionsvertrag von CDU, CSU und SPD vom 11.11.2005, S. 82.

426 So insbesondere das BDI/VCI-Konzept, S. 12 f. Ferner entschieden für eine grundlegende Reform *Montag* in: Tipke/Lang, Steuerrecht, § 12 Rn. 2.

427 *Hofmeister* in: Blümich, EStG/KStG/GewStG, § 1 GewStG Rn. 25.

aa) Das geltende Recht

De lege lata sind die Gemeinden gem. § 1 Gewerbesteuergesetz (GewStG)[428] Steuerberechtigte der Gewerbesteuer, deren Aufkommen ihnen Art. 106 VI 1 GG verfassungsrechtlich zusichert, wenngleich Bund und Länder nach Art. 106 VI 4 GG eine Umlage erhalten können und derzeit auch erhalten.[429] Letzteres ändert nichts daran, dass es sich bei der Gewerbesteuer um eine Gemeindesteuer handelt.[430] Hebesatzberechtigt ist grundsätzlich die Kommune, in der die Betriebsstätte des Gewerbebetriebs liegt.[431]

(1) Steuerobjekt und Steuersubjekt

Ansatzpunkt der Gewerbesteuer ist gem. § 2 I 1 GewStG der im Inland stehende Gewerbebetrieb respektive nach § 35a I GewStG der inländisch betriebene Reisegewerbebetrieb. Nach § 2 I 2 GewStG sind Einzelunternehmer und Personengesellschaften dann gewerbesteuerpflichtig, wenn sie einer gewerblichen Tätigkeit im Sinne des EStG nachgehen. Dagegen sind Kapitalgesellschaften stets gewerblich tätig, § 2 II 1 GewStG. Im Gegensatz zur Personensteuer knüpft die Gewerbesteuer also nicht an das Steuersubjekt der natürlichen Person, sondern an das Objekt Gewerbebetrieb an.

Steuerschuldner der Gewerbesteuer ist der Unternehmer, für dessen Rechnung das Gewerbe betrieben wird, § 5 I 1 und 2 GewStG. Nach § 5 I 3 GewStG sind Personengesellschaften selbst steuerrechtsfähig.

(2) Bemessungsgrundlage

Noch im Reichsgewerbesteuergesetz von 1936 setzte sich die gewerbesteuerliche Bemessungsgrundlage aus den drei Elementen der Lohnsumme, des Gewerbekapitals und des Gewerbeertrags zusammen.[432] Nach der Abschaffung sowohl der Lohnsummensteuer zum Erhebungszeitraum 1980 als auch der Gewerbekapitalsteuer mit Wirkung ab 1998 bildet nunmehr der Gewerbeertrag nach § 6 GewStG

428 Gesetz vom 15.10.2002 (BGBl. I S. 4167), zuletzt geändert durch Art. 3 des Gesetzes vom 8.12.2010 (BGBl. I S. 1768).

429 Für die Gewerbesteuerumlage erhalten die Kommunen im Gegenzug den Gemeindeanteil an der Einkommensteuer, vgl. 2. Teil § 1 A) I.

430 Vgl. § 1 GewStG; BVerfGE 112, 216 [221 f.] sowie *Heine* in: Henneke/Pünder/Waldhoff, Recht der Kommunalfinanzen, § 8 Rn. 5.

431 § 4 I 1 GewStG. Sind im Erhebungszeitraum Betriebsstätten zur Ausübung des Gewerbes in mehreren Gemeinden unterhalten worden, so ist der Steuermessbetrag in die auf die einzelnen Gemeinden entfallenden Anteile zu zerlegen, § 28 GewStG.

432 *Zitzelsberger*, Grundlagen der Gewerbesteuer, S. 47.

die alleinige Bemessungsgrundlage,[433] dessen Höhe sich nach den Bestimmungen der §§ 7 bis 10 GewStG richtet. Dazu wird gem. § 7 S. 1 GewStG aus dem nach den Bestimmungen des Einkommen- respektive Körperschaftsteuergesetzes zu ermittelnden, unternehmerisch erzielten Gewinn durch Hinzurechnungen (§ 8 GewStG) und Kürzungen (§ 9 GewStG) eine modifizierte Größe gebildet, die nicht den real verwirklichten Gewinn, sondern die „objektivierte“ Ertragskraft eines Betriebes abbilden soll.[434]

(3) Wandel von der Objekt- zur Ertragsteuer

Das Ausscheiden der Lohnsumme und des Gewerbekapitals aus der Bemessungsgrundlage wirft die Frage auf, inwiefern bei der Gewerbesteuer noch von einer Objektsteuer gesprochen werden kann. Dies ist der Fall, wenn die Besteuerung das Steuerobjekt selbst ohne Rücksicht auf die persönlichen Verhältnisse der Beteiligten und ihre persönliche Beziehung zum Steuerobjekt betrifft.[435]

Zwar ist in den Hinzurechnungs- und Kürzungstatbeständen der §§ 8 und 9 GewStG ein Objektsteuercharakter zu erkennen. Derartige objektivierende Korrekturvorschriften sind in der Vergangenheit jedoch beschränkt worden.[436] So fließen gem. § 8 Nr. 1 a) GewStG sog. Dauerschuldzinsen für die Überlassung von Fremdkapital nach der Unternehmenssteuerreform 2008 nur noch zu einem Viertel in die Bemessungsgrundlage ein.[437] Ob die Schuldzinsen allerdings als Merkmal für die objektivierte Ertragskraft eines Betriebes dienen sollen, lässt der Gesetzgeber damit offen.[438] Ferner haben die Einführung von Freibeträgen im Sinne des § 11 I GewStG sowie der Staffeltarife gem. § 11 II GewStG zu einer Denaturierung der Gewerbesteuer geführt, da diese Vorschriften für den Steuerpflichtigen existenzsichernd wirken und demnach mittelbar dessen persönliche Verhältnisse berücksichtigen.[439] Schließlich spricht die vom Gesetzgeber bzgl. Art. 106 VI GG als notwendig erachtete Änderung des Wortlauts von „Realsteuern“ in „Grund- und Gewerbesteuer“ jedenfalls nicht für die Einordnung als klassische Objektsteuer.[440] Vielmehr hat die Legislative durch die Einführung des § 35 EStG im Jahre 2001 konkludent zu verstehen gegeben,

433 *Sarrazin* in: Lenski/Steinberg, GewStG, Bd II, § 6 Rn. 3.

434 *Montag* in: Tipke/Lang, Steuerrecht, § 12 Rn. 18.

435 BVerfGE 13, 331 [345]; 25, 28 [38]; 46, 224 [237].

436 *Montag* in: Tipke/Lang, Steuerrecht, § 12 Rn. 1.

437 Diese Regelung hielt der *BFH* aus unionsrechtlicher Sicht (Art. 1 I RL 2003/49/EG) für zweifelhaft, so dass eine Vorlage an den EuGH erfolgte, BFHE 226, 357 ff. Nach dem EuGH steht die RL allerdings § 8 Nr. 1 a) GewStG nicht entgegen, DStR 2011, 1419.

438 *Birk* Steuerrecht, Rn 1159; *Hartmann* BB 2008, 2490 [2490; 2493].

439 Vgl. *Güroff* in: Glanegger/Güroff, GewStG, § 1 Rn. 11.

440 *Otten* Alternativen zur Gewerbesteuer, S. 48, 98.

dass die Gewerbesteuer das gleiche Ertragspotential belastet wie die anderen Ertragsteuern.[441]

Demzufolge ist für die Besteuerung eines Betriebes augenblicklich in erster Linie der wirtschaftlich erzielte Ist-Ertrag maßgebend, so dass der Steuergegenstand nur noch einen objektbezogenen Charakter aufweist und sich die Gewerbesteuer zu einer reinen Ertragsteuer entwickelt hat.[442]

bb) Notwendigkeit einer Reform

Die Notwendigkeit einer Gewerbesteuerreform – und zugleich einer grundlegenden Reform des Gemeindefinanzsystems insgesamt – ist sowohl auf verfassungsrechtliche als auch finanzwissenschaftliche Gesichtspunkte zurückzuführen.

(1) Verfassungsrechtliche Problemstellungen

In seinem Grundsatzbeschluss vom 15. Januar 2008 hat das *BVerfG* es für mit dem Gleichheitsgebot aus Art. 3 I GG vereinbar angesehen, dass die Einkünfte der freien Berufe, der anderen Selbstständigen sowie der Land- und Forstwirte nicht der Gewerbesteuer unterliegen.[443] Doch ist diese Entscheidung keineswegs über jeden Zweifel erhaben.

Es bestehen weiterhin erhebliche Bedenken, ob die Gewerbesteuer in der vorstehend skizzierten, geltenden Form in Einklang mit der Verfassung steht. Einerseits ist der Beschluss des Ersten Senates vor dem Hintergrund der in den vergangenen Jahrzehnten in Bezug auf die Berufsbilder der gewerblichen sowie selbstständigen Tätigkeit zu beobachtenden Annäherung zu hinterfragen. Andererseits beeinträchtigt möglicherweise die Aufforderung zur Erhebung eines Mindesthebesatzes von 200 Prozent gem. § 16 IV 2 GewStG das kommunale Selbstverwaltungsrecht aus Art. 28 II GG in nicht verfassungskonformer Weise.

---

441 Siehe dazu den 3. Vorlagebeschluss des Nds FG in EFG 2004, 1065 [1073]. Vgl. auch BVerfGE 116, 164 [186].

442 Ebenso *Gosch* DStZ 1998, 327 [328]; *Montag* in: Tipke/Lang, Steuerrecht, § 12 Rn. 1; *Jachmann* BB 2000, 1432 [1433]; *Hartmann* BB 2008, 2490 [2491, 2493 f., 2496]; *Dann* Alternativen zur Gewerbesteuer, S. 93. *Birk* spricht von einer „reinen Objekt-Ertragsteuer“, Steuerrecht, Rn. 1124-1126. In diesem Sinne wohl auch *Güroff* in: Glanegger/Güroff, GewStG, § 1 Rn. 14; *Heine* in: Henneke/Pünder/Waldhoff, Recht der Kommunalfinanzen, § 8 Rn. 6, 12 sowie BVerfGE 120, 1 [40]. A.A. wohl *Köster* in: Lenski/Steinberg, GewStG, Bd. II, § 8 Nr. 1 lit a) Rn. 1.

443 BVerfGE 120, 1 ff.

(a) Der allgemeine Gleichheitssatz

Für den Bereich des Steuerrechts hat der allgemeine Gleichheitssatz durch die höchstrichterliche Rechtsprechung des *BVerfG* eine eigene Ausprägung erfahren. Danach belässt Art. 3 I GG dem Steuergesetzgeber einen weiten Gestaltungs- und Einschätzungsspielraum, sofern neben den Geboten der möglichst gleichmäßigen Besteuerung sowie der Folgerichtigkeit auch das Leistungsfähigkeitsprinzip gewahrt wird.[444] Unter Zugrundelegung dieses Ansatzes gelangt man bei der Gewerbesteuer zu folgendem Ergebnis.

(aa) Erfassung nur Gewerbetreibender

Die Gewerbesteuer erfasst nur Gewerbetreibende (§ 15 EStG), nicht jedoch Selbstständige (§ 18 EStG) sowie Land- und Forstwirte (§ 13 EStG), obwohl diese Einkunftsarten unter den Oberbegriff der Gewinneinkünfte im Sinne des § 2 II Nr. 1 EStG fallen. Durch die Gewerbesteuer werden innerhalb dieser Gruppe die erzielten Gewinne unterschiedlich besteuert, so dass der Gesetzgeber zumindest einen sachlichen Grund für diese Ungleichbehandlung anführen muss.

In Bezug auf die Gewerbesteuer sind jedoch keine Anhaltspunkte dafür ersichtlich, dass Gewerbeerträge eine größere wirtschaftliche Leistungsfähigkeit vermitteln als Erträge aus selbstständiger respektive land- und forstwirtschaftlicher Tätigkeit.[445] Die sog. Fundustheorie[446], nach der Einkünfte aus gewerblichem Vermögen grundsätzlich eine höhere Steuerkraft besäßen, ist heutzutage nicht mehr sachgerecht.[447] Demzufolge ist die Gewerbesteuer mit dem Leistungsfähigkeitsprinzip zunächst unvereinbar. Durchbrechungen dieses Grundprinzips sind zwar erlaubt, wegen des Verfassungsrangs allerdings durch zwingende Gründe besonders zu rechtfertigen.[448] Aufgrund des bereits dargestellten Wandels der Gewerbesteuer zu einer reinen Ertragsteuer kann auf das Objektsteuerprinzip im Rahmen der verfassungsrechtlichen Rechtfertigung nicht zurückgegriffen werden.

---

444 Dazu 2. Teil § 2 A) II. 2. c) (2).

445 *Jachmann* BB 2000, 1432 [1434]; Nds FG, EFG 1997, 1456 [1463].

446 So noch BVerfGE 13, 331 [348 f.]. Vgl. dazu auch *Kathstede* Verfassungsmäßigkeit der Gewerbesteuer, S. 97 ff. sowie *Dann* Alternativen zur Gewerbesteuer, S. 81 f.

447 *Tipke* Die Steuerrechtsordnung, Bd. II, S. 1140; *Hofmeister* in: Blümich, EStG/KStG/GewStG, § 1 GewStG Rn. 9.

448 *Wendt* BB 1987, 1257 [1260]; *Birk* Leistungsfähigkeitsprinzip, S. 62 f.

(i) Erwähnung in Art. 106 VI GG

Denkbar ist, dass schon die Erwähnung der Gewerbesteuer in Art. 106 VI GG eine Prüfung ihrer gesetzlichen Ausgestaltung am Maßstab des Art. 3 I GG entbehrlich macht. So hat der *BFH* vertreten, dass der Verfassungsgeber die Gewerbesteuer in Art. 106 VI GG genannt habe und mithin von ihrer Verfassungsmäßigkeit ausgegangen sei.[449]

Diese Auffassung kann nicht überzeugen. Vielmehr sprechen gewichtige Gründe dafür, dass die Verfassungsväter im Jahre 1949 lediglich über die Verteilung der existierenden Steuern, nicht jedoch über ihre Vereinbarkeit mit dem Grundgesetz entschieden haben.[450] Zum einen hätte dies von ihnen nicht erwartet werden können, zumal die Kompetenz zur Beurteilung der Verfassungsmäßigkeit von Normen seit jeher den Verfassungsgerichten obliegt.[451] Zum anderen ist es unwahrscheinlich, dass sie eine vom nationalsozialistischen Gedankengut[452] geprägte und ohne sachliche Begründung vorgenommene Differenzierung gewerblicher und freier Berufe unkommentiert übernommen hätten.[453] Ferner ist die Ausgestaltung der Vermögensteuer im Sinne des § 10 Nr. 1 Vermögensteuergesetz[454] trotz ihrer Aufzählung in Art. 106 II Nr. 1 GG vom *BVerfG* für mit dem Gleichheitssatz unvereinbar erklärt worden.[455] Einen grundrechtsfreien Raum für das Steuerrecht zu deklarieren, wird insbesondere der Funktion der Grundrechte als Abwehrrechte des Bürgers gegen den Staat in keinster Weise gerecht.

Im Ergebnis dient Art. 106 GG folglich als Organisationsnorm lediglich der Verteilung des Steueraufkommens im föderalen System, die keine Aussagen über die Verfassungsmäßigkeit einer Steuer enthält, sondern allenfalls als eine Billigung ihrer groben Struktur verstanden werden kann.[456] Demzufolge sind Art. 106 VI GG auch keine Vorgaben für die inhaltliche Ausgestaltung der Gewerbesteuer zu entnehmen. Überdies ist in Art. 106 GG keine Bestandsgarantie der dort genannten Steuern enthalten, so dass eine Abschaffung der Gewerbesteuer möglich ist, sofern die Kommunen gleichzeitig eine alternative wirtschaftskraftbezogene Steuerquelle im Sinne von Art. 28 II 3, 2. HS GG bekommen.[457]

449 BFH, BStBl. II 2004, 17 [19] unter Bezug auf BVerfGE 26, 1 [8]; 46, 224 [236].

450 *Tipke* Die Steuerrechtsordnung, Bd. I, S. 301.

451 *Tipke* Die Steuerrechtsordnung, Bd. II, S. 1134.

452 Vgl. RStBl. 1937 S. 694.

453 Nds FG, EFG 2004, 1065 [1070 f.]. Vgl. auch *Hartmann* BB 2008, 2490 [2495].

454 Gesetz vom 17.4.1974 (BGBl. I S. 949) i.d.F. der Bekanntmachung vom 14.11.1990 (BGBl. I S. 2467).

455 BVerfGE 93, 121 ff. Vgl. auch *Hey* StuW 2002, 314 [318]; *Siekmann* in: Sachs, GG, Art. 105 Rn. 55.

456 BVerfGE 21, 13 [25 f.]; 120, 1 [25 ff.].

457 Wie hier *Scholz* in: Maunz/Dürig, GG, Art. 28, Rn. 84d, Punkt 4 a); *Schwarz* in: v. Mangoldt/Klein/Starck, GG, Art. 106 Rn. 127; *Siekmann* in: Sachs, GG, Art. 105 Rn. 56; *Dann* Alternativen zur Gewerbesteuer, S. 38 f. m.w.N. Vgl. auch *Dreier* in: Dreier, GG, Art. 28 Rn. 26.

Infolgedessen ist die derzeitige Ausgestaltung der Gewerbesteuer am allgemeinen Gleichheitssatz des Art. 3 I GG zu messen, so dass der Gesetzgeber für die in Rede stehende Ungleichbehandlung sachliche Erwägungen anzuführen hat.[458]

(ii) Unterschiedliche Berufsbilder

Die unterschiedliche steuerliche Behandlung der Gewerbetreibenden gegenüber Freiberuflern, sonstigen Selbstständigen sowie Land- und Forstwirten ist unstreitig verfassungsrechtlich gerechtfertigt, wenn sich die Berufsbilder derart voneinander abgrenzen lassen, dass keine erhebliche Konvergenz besteht. Dem geht auch das *BVerfG* in seinem Beschluss ausführlich nach.[459] Schon in früher ergangenen Entscheidungen hat das Gericht in diesem Kontext die Divergenzen in der Kombination der Produktionsfaktoren Boden, Arbeit und Kapital betont, die in den Vergleichsgruppen unterschiedlich ausgeprägt seien.[460]

Dies leuchtet weiterhin für den Bereich der Land- und Forstwirtschaft ein, da dort der Produktionsfaktor Boden aufgrund der Flächengebundenheit der Betriebe ein besonderes Gewicht aufweist und der Wirtschaftserfolg maßgeblich von äußeren Faktoren wie etwa den Wetterbedingungen abhängt.[461]

Dagegen lässt sich das Bild eines Gewerbetreibenden von demjenigen eines Selbstständigen in der heutigen Zeit nur noch durch eine äußerst abstrakte Sichtweise – wie sie das *BVerfG* an den Tag legt – klar differenzieren. Danach ist der Gewerbebetrieb durch die Produktionsfaktoren Kapital und Arbeitnehmer gekennzeichnet, während die „freien Berufe und die ihnen gleichgestellten sonstigen Selbständigen […] daneben jedoch durch eine Reihe von Besonderheiten in Ausbildung, der staatlichen und berufsautonomen Regelung ihrer Berufsausübung, ihrer Stellung im Sozialgefüge, der Art und Weise der Erbringung ihrer Dienstleistungen und auch des Einsatzes der Produktionsmittel Arbeit und Kapital geprägt [werden], die sie in ihrem Typus als Berufsgruppe von den sonstigen Gewerbetreibenden unterscheiden“[462].

Diesbezüglich ist es paradox, dass die Gewerbesteuer selbst mit dem Wegfall des Gewerbekapitals sowie der Lohnsumme die Produktionsfaktoren Kapital

458 So jetzt auch explizit BVerfGE 120, 1 [27 ff.]. Vgl. dazu *Tipke* Die Steuerrechtsordnung, Bd. I, S. 298 ff.

459 BVerfGE 120, 1 [32 ff.].

460 BVerfGE 26, 1 [8 f.]; 46, 224 [240].

461 BVerfGE 120, 1 [31, 40]. Siehe statt aller auch *Stuhrmann* in: Blümich, EStG/KStG/GewStG, § 15 EStG Rn. 62 f.

462 BVerfGE 120, 1 [31, 35 f.]. Zustimmend *Rittner* JZ 2008, 998 [998], der auch ansonsten das Urteil für überzeugend hält.

und Arbeit gerade nicht mehr erfasst.[463] Zudem muss auch das *BVerfG* eingestehen, dass die Konvergenz beider Berufsbilder schon zum für die Urteilsfindung maßgeblichen Veranlagungszeitraum 1988 ein beachtliches Ausmaß gefunden habe und auch in Zukunft weiterhin haben werde.[464] Dennoch ließen sich bei der gebotenen typisierenden Betrachtung signifikante Unterschiede anhand der im Regelfall akademischen oder vergleichbaren besonderen beruflichen Qualifikation, der schöpferischen Begabung, der besonderen Bedeutung der persönlichen, eigenverantwortlichen und fachlich unabhängigen Erbringung der Arbeit, verbunden mit einem häufig höchstpersönlichen Vertrauensverhältnis zum Arbeitgeber, aber auch der spezifischen staatlichen, vielfach auch berufsautonomen Reglementierung zahlreicher freier Berufe erkennen.[465] Damit geht das *BVerfG* in seiner Bewertung offensichtlich von den Klassikern beider Berufsbilder aus: Das produzierende Gewerbe auf der einen und Freiberufler wie Ärzte, Architekten und Rechtsanwälte auf der anderen Seite. Diese Betrachtungsweise wird dem Umstand nicht gerecht, dass es zwischen gewerblicher und selbstständiger Tätigkeit besondere Abgrenzungsprobleme gibt, wie ein Blick in aktuelle Kommentierungen zum EStG zeigt.[466] Die Schwierigkeiten in der Unterscheidung resultieren daraus, dass beide Berufsgruppen mit den Merkmalen der Selbstständigkeit, der Nachhaltigkeit, der Gewinnerzielungsabsicht und der Beteiligung am wirtschaftlichen Verkehr die gleichen Grundvoraussetzungen haben.[467] Im Gegensatz zur Land- und Forstwirtschaft fehlt hier ein Pendant zum eindeutigen Unterscheidungsmerkmal der Ausnutzung von Naturkräften, so dass die stetige Angleichung der gewerblichen und selbstständigen Tätigkeit unverkennbar voranschreitet, die Berufsbilder im Einzelfall nicht mehr klar voneinander abzugrenzen sind und mithin für die ungleiche Belastung mit Gewerbesteuer mangels hinreichender Divergenz keine Rechtfertigung im Sinne des Gleichbehandlungsgebots besteht. So muss Berücksichtigung finden, dass die Struktur der Wirtschaft weltweit in den vergangenen Jahrzehnten maßgeblich von der Expansion des tertiären Sektors beeinflusst worden ist und ein Wandel von der Produktions- hin zur Dienstleistungsgesellschaft stattgefunden hat.[468] Infolgedessen ist einerseits die Zahl von kleinen, gewerblichen Dienstleistungsbetrieben gestiegen, die sich bezüglich

463 *Keß* FR 2008, 829 [830].

464 BVerfGE 120, 1 [35].

465 BVerfGE 120, 1 [35]. Zustimmend *Rittner* JZ 2008, 998 [998].

466 Statt aller *Stuhrmann* in: Blümich, EStG/KStG/GewStG, § 15 Rn. 79 ff.; *ders.* in: Kirchhof/Söhn/Mellinghoff, EStG, § 18 Rn. A 13 a.E.; *Wacker* in: Schmidt, EStG, § 18 Rn. 6. Siehe auch *Heine* in: Henneke/Pünder/Waldhoff, Recht der Kommunalfinanzen, § 8 Rn. 72; *Jochum* StB 2005, 254 [258]; *Keß* FR 2008, 829 [830]; *Müller-Gatermann* Gewerbesteuer – quo vadis?, S. 91.

467 *Stuhrmann* in: Blümich, EStG/KStG/GewStG, § 15 EStG Rn. 79.

468 Vgl. *Seer* FR 1998, 1022 [1023] sowie *Rittner* JZ 2008, 998 [998].

ihrer Größe und der geistigen Anforderungen an die zu verrichtende Tätigkeit teilweise nicht mehr von freiberuflichen Praxen unterscheiden lassen.[469] Andererseits benötigen beispielsweise freiberuflich betriebene Chemie-Laboratorien aufgrund der Forschung sowie der Anschaffung teurer Chemikalien einen ähnlich hohen Kapitalstock wie typische Gewerbebetriebe.[470] Auch zeigt eine empirische ökonomische Analyse, dass keine wesentlichen Divergenzen zwischen den unternehmerischen Tätigkeiten bestehen.[471]

Demzufolge ist das Bild des *BVerfG* zu Recht als „altmodisch"[472] zu bezeichnen. Mit Ausnahme der Land- und Forstwirtschaft haben sich die Berufsbilder der Vergleichsgruppen aufgrund der wirtschaftlichen und gesellschaftlichen Veränderungen derart angenähert, dass die Kombination der Produktionsfaktoren keine sachlich einleuchtende Begründung für eine Ungleichbehandlung mehr bietet, wie sie die Gewerbesteuer hervorruft. Die Beeinträchtigung des allgemeinen Gleichheitssatzes aus Art. 3 I GG kann mit dieser Argumentation nicht verfassungsrechtlich gerechtfertigt werden.

(iii) Äquivalenztheoretische Erwägungen

Zur Rechtfertigung der Gewerbesteuer sind schon während der *Miquel*schen Steuerreform 1891/1893 äquivalenztheoretische Erwägungen angeklungen.[473] Auch die Einführung der einheitlichen Gewerbesteuer des Deutschen Reiches 1936 unterlag dem Grundgedanken, sie biete den Gemeinden einen Ausgleich für die besonderen Lasten, welche die Betriebe der Industrie, des Handels und des Handwerks ihnen verursachten.[474] Dies aufgreifend konstatiert das *BVerfG*, dass „[g]roße Gewerbebetriebe mit einer hohen Zahl von Beschäftigten und einem erheblichen Einsatz von Produktionsmitteln [...] einen höheren Bedarf an Infrastrukturleistungen [verursachen], etwa in Form der Ausweisung und Erschließung von Gewerbegebieten oder der Bereitstellung von Wasser, Abwasser, Energie, Straßen und öffentlichen Nahverkehr, als dies bei freien Berufen typischerweise der Fall ist"[475]. Aufgrund der Freibeträge belaste die Gewerbesteuer nicht die kleineren Gewerbebetriebe, die hinsichtlich der Beanspruchung von Infrastruk-

469 Vgl. *Güroff* in: Glanegger/Güroff, GewStG, § 1 Rn. 18; *Gosch* DStZ 1998, 327 [331]; *Jochum* StB 2005, 254 [258]; *Müller-Gatermann* Gewerbesteuer – quo vadis?, S. 91.

470 Zum gestiegenen Kapitaleinsatz in den freien Berufen schon BVerfGE 46, 224 [441]. Vgl. zudem BT-Drs. 15/1517, S. 11.

471 *Broer* Steuersystematische Überlegungen und empirische Wirkungsanalysen zur aktuellen Gewerbesteuerreformdiskussion, S. 160 ff.

472 *Keß* FR 2008, 829 [830]. Vgl. auch *Haller* Finanzarchiv, N.F. Bd.21, 1961, 248 [251].

473 *Wendt* BB 1987, 1257 [1261].

474 RStBl. 1937 S. 696. Vgl. auch BVerfGE 13, 331 [348]; 26, 1 [11].

475 BVerfGE 120, 1 [39].

turleistungen am ehesten mit den freien Berufen vergleichbar seien, sondern die ertragsstarken und damit regelmäßig die mittleren und größeren Gewerbebetriebe mit einer typischerweise höheren Verursachung von Infrastrukturleistungen.[476]

Dem Gericht ist zuzustimmen, dass das Äquivalenzprinzip im weiteren Sinne, verstanden als Generaläquivalenz, gegebenenfalls in Kombination mit dem Leistungsfähigkeitsprinzip als Rechtfertigungsgrund für die Ausgestaltung von Steuern relevant sein kann.[477] Allerdings überzeugen hier die konkreten Ausführungen in tatsächlicher Hinsicht nicht.

So ist nach dem Prinzip der Generaläquivalenz die steuerliche Lastenverteilung nach dem Nutzen vorzunehmen, den die steuerpflichtige Gruppe aus öffentlichen Leistungen zieht. Daraus resultiert, dass ein ausgeglichenes Verhältnis zwischen erbrachter Steuerzahlung und empfangener Staatsleistung erkennbar sein muss.[478] Im Deutschen Reich mögen die Folgekosten durch die von den Kutschen der Betriebe verursachten, schmalspurigen Rillen auf den Wegen evident gewesen sein. Heute ist es trotz des Fortschritts in Wissenschaft und Technik[479] dagegen nicht möglich, die tatsächliche Belastung durch Mittel- und Großbetriebe für die Kommunen annähernd zu identifizieren.[480] Mithin steht auch die Annahme, der objektivierte Gewerbeertrag eines Unternehmens indiziere dessen Inanspruchnahme öffentlicher Leistungen,[481] auf tönenden Füßen. Spätestens seit dem Wandel der Gewerbe- zu einer reinen Ertragsteuer kann eine Kausalbeziehung zwischen Steuer- und Gemeindelast nicht mehr hergestellt werden.[482] Vielmehr werden diese Lasten nicht nur von gewerblichen, sondern von allen Unternehmen und nicht zuletzt von den Gemeindeeinwohnern selbst verursacht.[483] Denn die Infrastruktur steht ebenso allen Gemeindemitgliedern zur Verfügung und folglich im Interesse des Gemeinwohls.[484] Außerdem fließt ein erheblicher Teil der Gewerbesteuereinnahmen in allgemeine Geldquellen und wird von den Gemeinden häufig für Sozialtransfers verwendet,[485] so dass letztlich alle Ge-

476 BVerfGE 120, 1 [40].

477 Dazu ausführlich bereits im 2. Teil § 2 A) II. 2. a) aa).

478 *Tipke* Die Steuerrechtsordnung, Bd. I, S. 476; *Zimmermann* Kommunalfinanzen, S. 141.

479 Vgl. nur den Einsatz der DNA-Analyse in der Strafverfolgung.

480 *Güroff* in: Glanegger/Güroff, GewStG, § 1 Rn. 11; *Blankart*, Öffentliche Finanzen, S. 327. Vgl. auch *Jochum* StB 2005, 254 [258]; *Keß* FR 2008, 829 [830] sowie *Dann* Alternativen zur Gewerbesteuer, S. 89.

481 *Zitzelsberger* Grundlagen der Gewerbesteuer, S. 160.

482 *Hartmann* BB 2008, 2490 [2494].

483 Zu Letzterem Nds FG, EFG 1997, 1456 [1464]. Siehe auch *Tipke* Die Steuerrechtsordnung, Bd. II, S. 1142.

484 *Kathstede* Verfassungsmäßigkeit der Gewerbesteuer, S. 41; *Dann* Alternativen zur Gewerbesteuer, S. 86.

485 *Tipke* Die Steuerrechtsordnung, Bd. II, S. 1158. Auf die stetig steigenden Ausgaben im sozialen Bereich wurde schon im 1.Teil § 2 hingewiesen.

meindebürger vom Gewerbesteueraufkommen profitieren und diese Finanzmittel nicht spezifisch für gewerbebezogene Projekte verwendet werden.[486] Seit 1993 ist von den Gemeinden zudem gem. Art. 106 VI S. 4 und 5 GG i.V.m. § 6 GFRG im Gegenzug zu der Beteiligung an der Einkommensteuer eine Gewerbesteuerumlage an Bund und Länder zu entrichten. Mit Blick auf die Kommunalfinanzen insgesamt ist eine wesentliche Erkenntnis, dass die Gewerbesteuer aufgrund ihres Aufkommens die wichtigste originäre Einnahmequelle der Kommunen ist. Die kommunalen Verantwortungsträger lassen sich daher bei der Festlegung des Hebesatzes wohl nicht durch die von mittleren und großen Gewerbebetrieben ausgelösten Gemeindelasten, sondern vielmehr durch die eigene Haushaltslage leiten.[487]

Vom *BVerfG* ist schließlich unberücksichtigt geblieben, welche immensen Vorteile gerade mittlere und große Gewerbebetriebe den Kommunen bieten und sie deshalb von den kommunalen Körperschaften umworben werden.[488] Sie fungieren als Motor der Wirtschaft sowie als Garant des Sozialstaates und sind „wesentliche Wohlstandsfaktoren einer Volkswirtschaft“[489]. Mit der Schaffung von Arbeitsplätzen – einem Ziel, dem sich alle demokratischen Parteien stets verschrieben haben und das der Ausgangspunkt für den gemeinsamen Wohlstand aller Bürger ist – locken sie nicht nur Einwohner an und verringern die Bedürftigkeit nach sozialen Transferleistungen, sondern stärken auch die örtliche Kaufkraft.[490] Positive Auswirkungen hat die Verstetigung respektive Steigerung der Einwohnerzahl ebenfalls auf die Höhe der Zuweisungen im Rahmen des kommunalen Finanzausgleichs.[491] Ferner erweisen sich die derzeit von der Gewerbesteuer erfassten Betriebe vermehrt als Sponsoren etwa für örtliche Musik- und Sportvereine, die ihrerseits den Einwohner einen gesellschaftlichen Anschluss vermitteln und zum Verbleib in ihrer Kommune motivieren. Diese unmittelbaren sowie mittelbaren Vorteile für die kommunalen Körperschaften hätte das *BVerfG* in den angestellten äquivalenztheoretischen Erwägungen einbeziehen müssen.

Hinsichtlich der Verursachung von Sonderbelastungen durch gewerbliche Mittel- sowie Großbetriebe ist des Weiteren zu bedenken, dass sie aufgrund europarechtlicher Vorgaben gezwungen sind, Umweltemissionen zu minimieren. Die mit dem Kyoto-Protokoll der Vereinten Nationen 1998 begonnene Entwicklung, Unternehmen stärker in den Klimaschutz einzubinden, hat auf europäischer Ebene mit der Emissionshandelsrichtlinie 2003/87/EG eine selbstständige Fort-

486 Dazu *Wendt*, BB 1987, 1257 [1262]; *Schemmel* Gewerbesteuerabbau, S. 104.
487 *Kathstede* Verfassungsmäßigkeit der Gewerbesteuer, S. 43.
488 Diese Überlegungen fehlen ebenfalls bei *Rittner* JZ 2008, 998 f.
489 *Lang* Steuergerechtigkeit und Globalisierung, S. 62.
490 *Hartmann* BB 2008, 2490 [2495]. Vgl. auch *Dann* Alternativen zur Gewerbesteuer, S. 84 f.
491 Vgl. 2. Teil § 1 B) I. 2. b) cc) (1).

setzung gefunden. Danach ist der Handel mit Emissionsberechtigungen der zentrale Eckpfeiler der Europäischen Klimaschutzstrategie, die dazu führt, dass nur eine festgelegte Gesamtmenge der CO_2-Emissionen (sog. Cap) von Unternehmen emittiert werden darf. In Deutschland ist die Richtlinie durch das Treibhausgas-Emissionshandelsgesetz (TEHG)[492] ins nationale Recht umgesetzt worden. Für die Freisetzung von Treibhausgasen[493] sind gem. § 6 TEHG Berechtigungen erforderlich, deren Verteilung für die zweite Handelsperiode (von 2008 bis 2012) das Zuteilungsgesetz 2012[494] regelt. Infolgedessen ist die Industrie in Europa mittel- sowie langfristig gezwungen, energieeffizientere Technologien zu entwickeln, so dass eine Belästigung der Umwelt sowie der Gemeindeeinwohner durch Treibhausgase weiterhin in einem erträglichen Maße stattfindet.

Nach alledem rechtfertigen es äquivalenztheoretische Erwägungen nicht, im Ergebnis nur die Mittel- und Großbetriebe mit der Gewerbesteuer zu belasten.

(bb) Interkommunal unterschiedliche Hebesätze

Eine Verletzung des allgemeinen Gleichheitssatzes könnte auch aufgrund der interkommunal unterschiedlichen Hebesätze und die dadurch indizierte ungleiche Steuerbelastung der Bürger innerhalb des Bundesgebietes angenommen werden. Allerdings sind die verschiedenen Hebesätze Ausfluss der Selbstverwaltungsgarantie aus Art. 28 II GG und somit durch die Verfassung geboten.[495] Ferner gilt der Gleichheitssatz für jeden Träger öffentlicher Gewalt nur im eigenen Zuständigkeitsbereich, so dass Gemeinden einen vergleichbaren Sachverhalt untereinander anders behandeln dürfen, ohne dass ein Verstoß gegen Art. 3 I GG vorliegt.[496]

(b) Der Mindesthebesatz und die kommunale Selbstverwaltungsgarantie

Um sog. Gewerbesteueroasen den Riegel vorzuschieben und einer Verringerung der Gewerbesteuerumlage entgegenzuwirken, hat der Gesetzgeber zum 1. Januar 2004 durch § 16 IV 2 GewStG in Verbindung mit der in § 1 GewStG statuierten Erhebungspflicht reagiert und einen Mindesthebesatz von 200 % eingeführt.[497] Ob dies den verfassungsrechtlichen Vorgaben entspricht, ist streitig. Der Antrag

492 Gesetz vom 8.7. 2004 (BGBl. I S. 1578).

493 Gemeint sind Kohlendioxid (CO_2), Methan (CH_4), Distickstoffoxid (N_2O), Fluorkohlenwasserstoffe (FKW), perfluorierte Kohlenwasserstoffe und Schwefelhexafluorid (SF_6), vgl. § 3 II TEHG.

494 Gesetz vom 7.8.2007 (BGBl. I S. 1788).

495 *Hey* StuW 2002, 314 [320].

496 *Jarass* in: Jarass/Pieroth, GG, Art. 3 Rn. 9 m.w.N.

497 BGBl. I 2003, S. 2922.

einer Gemeinde aus Brandenburg auf Erlass einer einstwilligen Anordnung nach § 32 I BVerfGG mit dem Ziel, die Verpflichtung zur Erhebung von Gewerbesteuer vorläufig auszusetzen, wurde vom *BVerfG* nach einer Folgenabwägung abgelehnt.[498] Die Kommunalverfassungsbeschwerde blieb auch in der Hauptsache erfolglos.[499]

Zunächst ist die Gesetzgebungskompetenz des Bundes zu untersuchen, bevor sich den Bedenken in Bezug auf die Vereinbarkeit der Mindesthebesatzpflicht mit der kommunalen Finanzhoheit aus Art. 28 II 3 GG gewidmet wird.

(aa) Konkurrierende Gesetzgebungskompetenz des Bundes

Für den Bund könnte sich das Recht zur konkurrierenden Gesetzgebung aus Art. 105 II GG ergeben, wenngleich die Gewerbesteuer nicht der ersten Variante unterfällt, da sie gem. Art. 106 VI 1 GG in der alleinigen Ertragshoheit der Gemeinden steht.[500] Also müssen nach der zweiten Variante die Voraussetzungen des Art. 72 II GG vorliegen, die seit dem Gesetz zur Änderung des Grundgesetzes vom 27. Oktober 1994[501] nicht mehr nur eine Bedürfnis-, sondern eine enger gefasste Erfordernisklausel enthält, welche als unbestimmter Rechtsbegriff der verfassungsrechtlichen Kontrolle unterliegt.[502] Im Zuge der Föderalismusreform 2006 ist ihr Anwendungsbereich auf die Rechtsgebiete des Art. 74 I Nr. 4, 7, 11, 13, 15, 19a, 20, 22, 25 und 26 beschränkt worden, ohne jedoch auf Art. 105 II GG einzugehen.[503] Das Recht des Bundes zur gesetzgeberischen Einführung eines Mindest- (respektive Höchsthebesatzes) bei der Gewerbesteuer besteht daher weiterhin nach Art. 105 II i.V.m. Art. 72 II GG, wenn und soweit die Herstellung gleichwertiger Lebensverhältnisse im Bundesgebiet oder die Wahrung der Rechts- oder Wirtschaftseinheit im gesamtstaatlichen Interesse eine bundesgesetzliche Regelung diesbezüglich erforderlich macht.

Das Kriterium der Erforderlichkeit ist nur insoweit erfüllt, „als ohne sie die vom Gesetzgeber für sein Tätigwerden im konkret zu regelnden Bereich in Anspruch genommene Zielvorgabe des Art. 72 II GG, [...], nicht oder nicht hinlänglich erreicht werden kann"[504]. Sinn der föderalen Verfassungssystematik sei es, den Ländern eigenständige Kompetenzräume für partikular-differenzierte Re-

---

498 BVerfGE 112, 216 ff.

499 BVerfGE 125, 141 ff.

500 BVerfGE 125, 141 [153]. Ebenso *Siekmann* in: Sachs, GG, Art. 105 Rn. 20; *Heun* FS Starck, S. 246.

501 BGBl. I S. 3146.

502 *Degenhart* in: Sachs, GG, Art. 72 Rn. 2.

503 Gesetz zur Änderung des GG vom 28.8.2006 (BGBl. I S. 2034).

504 BVerfGE 106, 62 [149].

gelungen zu eröffnen.[505] In Anlehnung an die klassische Verhältnismäßigkeitsprüfung muss sich das Bundesgesetz zur Erreichung eines der genannten Zwecke eignen und es darf auf Ebene der Landesgesetzgebung kein gleich effektives Mittel geben.[506] Diesbezüglich genießt der Bundesgesetzgeber in Bezug auf die tatsächlichen Umstände eine Einschätzungsprärogative.[507]

Das Erfordernis einer bundesgesetzlich vorgeschriebenen Verpflichtung für die Kommunen zu einem gewerbesteuerlichen Mindesthebesatz von 200 % ist vorliegend allein unter dem Aspekt der Wahrung der Wirtschaftseinheit im gesamtstaatlichen Interesse denkbar.[508] Dieses Interesse besteht, „wenn Landesregelungen oder das Untätig bleiben der Länder erhebliche Nachteile für die Gesamtwirtschaft mit sich bringen“[509]. Von einem gesamtstaatlichen Interesse ist dabei auszugehen, wenn es um die Erhaltung der Funktionsfähigkeit des Wirtschaftsraumes der Bundesrepublik durch bundeseinheitliche Rechtssetzung geht.[510]

Es ist erfreulich, dass vor der Änderung des Gewerbesteuergesetzes im Jahre 2003 nur vier Gemeinden auf die Erhebung von Gewerbesteuer verzichtet, vierzehn einen Hebesatz unterhalb von 200 % angesetzt[511] und mithin nur wenige Kommunen sich einem fairen interkommunalen Wettbewerb um Unternehmen verweigert haben. Dies steht der Erforderlichkeit des in Rede stehenden Bundesgesetzes allerdings nicht entgegen. Denn der Bundesgesetzgeber verfolgt mit § 1 in Verbindung mit § 16 IV 2 GewStG das Ziel, sowohl Ausfälle bei der Gewerbesteuerumlage zu verhindern als auch unter Beachtung der Hebesatzautonomie der Gemeinden gravierende regionale Verwerfungen bei der Besteuerung mit der Gemeindewirtschaftssteuer zu vermeiden und mithin einen gerechten Wettstreit um Gewerbesteuerzahler dauerhaft und länderübergreifend zu gewährleisten.[512] Dies kann auf Landesebene nur durch eine aufwändige Zusammenarbeit aller sechzehn Bundesländer – etwa in Form eines Staatsvertrages – bewirkt werden. Doch reicht die Möglichkeit einer derartigen Länderkooperation für die Ableh-

---

505 BVerfGE 106, 62 [150]; 111, 226 [254]; 125, 141 [154].

506 *Degenhart* in: Sachs, GG, Art. 72 Rn. 18; *Pieroth* in: Jarass/Pieroth, GG, Art. 72 Rn. 17 f.

507 BVerfGE 106, 62 [151]; *Degenhart* in: Sachs, GG, Art. 72 Rn. 20; *Selmer/Hummel* NVwZ 2006, 14 [16].

508 Dazu ausführlich *Selmer/Hummel* NVwZ 2006, 14 [16 f.]. Die Annahme des BVerfG (BVerfGE 125, 141 [155]), die in Rede stehende Mindesthebesatzverpflichtung sei auch zur Wahrung der Rechtseinheit erforderlich, überzeugt nicht, zumal das Recht der autonomen Handlungsfähigkeit der Gemeinden i.S.d. Art. 28 II 3 sowie Art. 106 VI 2 GG gerade Gegenteiliges voraussetzt, vgl. BVerfGE 21, 54 [68] sowie *Selmer/Hummel* a.a.O. [16].

509 BVerfGE 106, 62 [147]. Vgl. auch BVerwGE 133, 165 [172].

510 BVerfGE 106, 62 [146].

511 Vgl. *Heun* FS Starck, S. 245.

512 BT-Drs. 15/481, S. 16 sowie BT-Drs. 15/1517, S. 17, 19. Noch im Jahre 2002 wurde der Referenzwert von 200% in 202 Gemeinden im Bundesgebiet unterschritten, *Walz/Süß* DStR 2003, 1637 [1637].

nung der Erforderlichkeit einer bundesgesetzlichen Regelung allein noch nicht aus.[513] Vielmehr ist es schwer vorstellbar, dass die Vertreter der Länder über die Erhebungsplicht eines einheitlichen Mindesthebesatzes – auch wegen der hierzu divergierenden Auffassungen ihrer Gemeinden – eine Einigung erzielen, so dass dies effektiv nur durch eine bundesgesetzliche Regelung umzusetzen ist. Infolgedessen besteht für den Bund die konkurrierende Gesetzgebungsbefugnis zur Einführung der vorstehend untersuchten Verpflichtung zur Gewerbesteuererhebung, von der er durch die §§ 1 sowie 16 IV 2 GewStG Gebrauch gemacht hat.[514] Allerdings bedarf es gem. Art. 105 III GG der Zustimmung durch den Bundesrat,[515] die den Ländern eine Kontrollfunktion verschafft.

(bb) Verfassungsmäßigkeit von Mindest- bzw. Höchsthebesätzen

Interessant für die Ausgestaltung von Steuern mit kommunaler Hebesatzberechtigung ist die Fragestellung, ob die Verfassung dem Bundesgesetzgeber erlaubt, über Mindest- respektive Höchsthebesätze dem Recht zur Hebesatzfestsetzung der Gemeinden einen Rahmen zu geben. Während Stimmen in der Literatur darin eine verfassungsrechtlich nicht zu rechtfertigende Verletzung der gemeindlichen Hebesatzautonomie sehen,[516] halten Vertreter der Gegenauffassung gemäßigte Mindest- sowie Höchsthebesätze für mit den Vorgaben des Grundgesetzes vereinbar.[517]

Zunächst könnte hier eine Verletzung der Selbstverwaltungsgarantie schon deshalb abzulehnen sein, weil den Kommunen trotz des vorgeschriebenen Ge-

513 *Degenhart* in: Sachs, GG, Art. 72 Rn. 19; *Hey* FS Solms, S. 39.

514 Zustimmend *Selmer/Hummel* NVwZ 2006, 14 [17]; *Heun* FS Starck, S. 253 ff.; *Güroff* in: Glanegger/Güroff, GewStG, § 16 Rn. 11a; *Dann* Alternativen zur Gewerbesteuer, S. 51 f. m.w.N. Zweifelnd *Siekmann* in: Sachs, GG, Art. 105 Rn. 24 a.E. *Hey* FS Solms, S. 41, hält mangels ruinösem Steuerwettbewerb nicht Art. 105 II i.V.m. 72 II GG, sondern Art. 125a II 1 GG für einschlägig, da der Mindesthebesatz noch keine grundlegende Neukonzeption der GewSt bewirke.

515 Für die Einführung des Mindesthebesatzes erteilt, siehe Gesetz zur Änderung des Gewerbesteuergesetzes und anderer Gesetze vom 23.12.2003 (BGBl. I S. 2922).

516 *Dann* Alternativen zur Gewerbesteuer, S. 53, 55. Ebenso in Bezug auf § 16 IV 2 GewStG *Walz/Süß* DStR 2003, 1637 ff.; *Otting* DB 2004, 1222 [1224 f.]; *Lang* in: Tipke/Lang, Steuerrecht, § 3 Rn. 53. *Hey* FS Solms, S. 41 hält einen Mindesthebesatz nur im Falle eines ruinösen interkommunalen Steuerwettbewerbs für gerechtfertigt.

517 *Hidien* in: Dolzer/Vogel/Graßhof, BK GG, Art. 106 Rn. 1085; *Birk* in: AK-GG, 2. Aufl. 1989, Art. 106, Rn. 42; *Zitzelsberger* Grundlagen der Gewerbesteuer, S. 231; *Pieroth* in: Jarass/Pieroth, GG, Art. 106 Rn. 16; *Selmer/Hummel* NVwZ 2006, 14 [20 ff.]; *Heun* FS Starck, S. 258; *Sarrazin* in: Lenski/Steinberg, GewStG, Bd. II, § 16 Rn. 28. Dem hat sich nunmehr das BVerfG angeschlossen, DVBl. 2010, 509 [510 ff.]. Vgl. auch *Dreier* in: Dreier, GG, Art. 28 Rn. 142; *Siekmann* in: Sachs, GG, Art. 106 Rn. 45 a.E; *Güroff* in: Glanegger/Güroff, GewStG, § 1 Rn. 16, § 16 Rn. 11a.

staltungsspielraums letztlich das Recht zur Hebesatzfestsetzung nicht genommen wird, sondern der Bund nur sog. „goldene Zügel" anlegt. Hiergegen spricht allerdings, dass den Gemeinden eine Verpflichtung auferlegt wird, die es ihnen verwehrt, autonom im Sinne des Art. 28 II 3 GG zu handeln. In der Folge ist die Einführung von Mindest- bzw. Höchsthebesätzen rechtfertigungsbedürftig.

Der systematischen Betrachtung des Art. 28 II GG ist zu entnehmen, dass das Recht auf kommunale Selbstverwaltung – und mithin auch ihr Unterfall der kommunalen Finanzhoheit, deren Ausfluss wiederum das Hebesatzrecht ist – „im Rahmen der Gesetze" gewährleistet wird und somit einem Gesetzesvorbehalt unterliegt.[518] Für das gemeindliche Recht der Hebesatzfestsetzung bei Grund- und Gewerbesteuer ergibt sich dies explizit aus Art. 106 VI 2 GG, der im Zusammenhang mit Art. 28 II GG zu lesen ist. In Anlehnung an seine Differenzierung in einen unantastbaren Kern- respektive Randbereich hat das *BVerfG* im erwähnten Eilverfahren festgestellt, dass das Hebesatzrecht nur dann von Vorgaben des Gesetzgebers freizuhalten sein könnte, wenn die „Hebesatzhoheit" zu Ersterem gehören sollte. Ansonsten seien Gründe des Gemeinwohls für die verfassungsrechtliche Rechtfertigung ausreichend.[519]

Die Kernbereichsgarantie ist vom *BVerfG* bisher nicht trennscharf bestimmt worden.[520] Den Kommunen dürften die identitätsbestimmenden Merkmale gemeindlicher Selbstverwaltung weder faktisch noch rechtlich genommen oder derart ausgehöhlt werden, dass die Gemeinden keinen ausreichenden Spielraum zu ihrer Ausübung mehr hätten.[521] Das gemeindliche Hebesatzrecht als ein solches identitätsbestimmtes Merkmal aufzufassen, überzeugt nicht, zumal es sich hierbei lediglich um eine Ausprägung der kommunalen Finanzhoheit handelt.[522] Ferner liegt durch den gem. §§ 1 und 16 IV 2 GewStG vorgegebenen Mindesthebesatz von 200 % keineswegs eine Aushöhlung vor. Dazu verhilft ein Blick in die Ausgestaltung des kommunalen Finanzausgleichs in NRW.[523] Dort setzt der Landesgesetzgeber gem. § 9 II Nr. 1 GFG 2011 NRW zur Ermittlung der Steuerkraftmesszahl fiktiv einen Hebesatz von 411 % an, was im Übrigen nahezu dem durchschnittlichen Hebesatz im Bundesgebiet von etwa 390 % entspricht.[524] Die de lege lata vorgeschriebene Mindestgrenze beträgt also nur die Hälfte der tatsächlich vorzufindenden Gewerbesteuerhebesätze. Dass einer Gemeinde dadurch

518 *Selmer/Hummel* NVwZ 2006, 14 [18]; *Heun* FS Starck, S. 255 f.

519 BVerfGE 112, 216 [222]. Zustimmend *Scholz* in: Maunz/Dürig, GG, Art. 28, Rn. 84b; *Heun* FS Starck, S. 248; *Selmer/Hummel* NVwZ 2006, 14 [18].

520 2. Teil § 2 A) II. 2. b) bb).

521 BVerfGE 17, 172 [182]; 83, 363 [381]; 107, 1 [12] bzw. 1, 167 [174 f.]; 79, 127 [155]; 103, 332 [366]. Ebenso BVerfG, DVBl. 2010, 509 [512].

522 Wie hier *Schnorr* Das Hebesatzrecht der Gemeinden, S. 86, 273.

523 Dargestellt im 2. Teil § 1 B) I.

524 BVerfG, DVBl. 2010, 509 [513].

die Chance verwehrt wird, überhaupt erst am Wettbewerb um Unternehmen teilnehmen zu können, ist folglich nicht zutreffend. Mit den Worten von *Hey* „lässt ein moderater Mindesthebesatz den Kernbereich der gemeindlichen Finanzautonomie“ unberührt.[525] Eine Verletzung des unantastbaren Kernbereichs scheidet vorliegend aus.[526]

Entgegen der Rechtsprechung des *BVerfG* ist nach der hier vertretenen Auffassung im Randbereich der kommunalen Selbstverwaltung stets eine Prüfung anhand des Verhältnismäßigkeitsgrundsatzes angezeigt.[527] Hier bedarf es nunmehr der Klärung, ob die den Kommunen auferlegte Verpflichtung zu einem Mindesthebesatz von 200 % ein angemessenes Mittel zur Erreichung eines fairen interkommunalen Wettbewerbs darstellt.

Irrtümlich wird angenommen, die Gemeinden seien bei der Ausübung des Hebesatzrechtes vollkommen frei. Dabei haben sie die von ihnen wahrzunehmenden Verpflichtungen in ihrer Finanzplanung und mithin auch in der Festsetzung der Hebesätze zu berücksichtigen.[528] So gebietet das kommunale Haushaltsrecht den Kommunen, ihre Einnahmepotentiale vollständig auszuschöpfen, wenn sie sich in einer defizitären Haushaltslage befinden.[529] Auch Art. 106 VI GG ist die Intention des Verfassungsgebers zu entnehmen, dass die Kommunen die Gewerbesteuer in Anwendung des Hebesatzrechts zu einer festen Größe ihrer Einnahmen zu etablieren haben.[530]

Aus Gesichtspunkten der Verhältnismäßigkeit ist der in § 16 IV 2 GewStG normierte Mindesthebesatz geeignet, erforderlich und angemessen, „um den Wettbewerb in gemeinwohlverträglichen Bahnen zu halten“[531] und rein steuerlich motivierte interkommunale Abwanderungen von Unternehmen a priori einzudämmen. Denn es ist ungerecht, durch einen Verzicht auf den gewerbesteuerlichen Hebesatz sog. Briefkastenfirmen sowie großen Konzernen über die Gründung von Tochterunternehmen die Möglichkeit zur Steuerersparnis zu geben und gleichzeitig von der Gewerbesteuer zu profitieren, während andere Gemeinden dafür den Belastungen der produzierenden Standorte ausgesetzt sind und die Finanzierung der dafür erforderlichen Infrastruktur übernehmen. Daher muss die Finanzaus-

---

525 *Hey* FS Solms, S. 41. So auch *Hidien* in: Dolzer/Vogel/Graßhof, BK GG, Art. 106 Rn. 1084; *Heun* FS Starck, S. 259.

526 Wie hier BVerfG, DVBl. 2010, 509 [513]. Vgl. auch BVerwG, NVwZ 2011, 424 [428].

527 Vgl. 2. Teil § 2 A) II. 2. b) bb) sowie BVerfG, DVBl. 2010, 509 [511].

528 Vgl. BVerfGE 23, 353 [369, 371 f]; 26, 228 [244] sowie OVG NRW DVBl. 2009, 1181 [1184].

529 OVG NRW DVBl. 2009, 1181 [1182].

530 *Selmer/Hummel* NVwZ 2006, 14 [20]. Eine generelle Pflicht zur Abgabenerhebung normiert § 77 I GO NRW, vgl. *Hamacher* in: Articus/Schneider, GO NRW, S. 382. Nach *Klieve* in: Held/Winkel, GO NRW, S. 425 sind die Kommunen demnach verpflichtet, alle ihnen gesetzlich erschlossenen Einnahmequellen auszuschöpfen.

531 BVerfG, DVBl. 2010, 509 [511, 512 f.].

stattung dieser Gemeinden vor Verlagerungen der Betriebsstätten in Steueroasen geschützt werden, die sich dem Wettbewerb nach Unternehmen nicht nur durch bloße Steueranreize, sondern durch eine Verbesserung der Infrastruktur, Standortmarketing und weitere Bemühungen zur Struktur- und Wirtschaftsförderung stellen.[532] Darüber hinaus gilt es, den Aspekt der Verhinderung von Ausfällen der Gewerbesteuerumlage für Bund und Länder hinreichend zu würdigen. So haben sich alle Gebietskörperschaften im Zuge der Großen Finanzreform im Jahre 1969 auf ein Tauschgeschäft verständigt, wonach den Gemeinden ein Anteil am Aufkommen der Einkommensteuer gegen Abschöpfung eines Teils des Gewerbesteueraufkommens zur Verstetigung ihrer Einnahmen gesichert wurde.[533] Sollten nun Gemeinden ihr Hebesatzrecht faktisch nicht anwenden, führte dies das Tauschgeschäft ad absurdum, da die Gewerbesteuerumlage gem. § 6 II-V GFRG auf dem tatsächlichen Aufkommen basiert und eine Hebesatzfestsetzung von Null folglich überörtliche Wirkung hat. Letztlich ist auch im Rahmen der Angemessenheit der Vergleich mit dem durchschnittlichen Hebesatz der Gewerbesteuer im Bundesgebiet von 390 % heranzuziehen, der verdeutlicht, dass ein verpflichtend vorgegebener Mindesthebesatz von 200 % nicht ansatzweise zu einer erheblichen Einschränkung der Hebesatzautonomie führt und die kommunale Finanzhoheit aus Art. 28 II 3 GG somit nicht in verfassungswidriger Weise tangiert.

Aus der vorstehenden Erörterung ist mithin der Schluss zu ziehen, dass sich sowohl Mindest- als auch Höchsthebesätze[534] – selbst wenn sie kumulativ Anwendung finden – im Falle der Gewerbesteuer verfassungsrechtlich als unbedenklich erweisen, solange diese moderat ausgestaltet sind und den Kommunen hinreichend Raum für die Entfaltung der Hebesatzfestsetzung verbleibt. In Sachen Höchsthebesatz hat der Bundesgesetzgeber bislang die konkurrierende Gesetzgebungszuständigkeit nicht selbst eingenommen, sondern sich vielmehr in der Koppelungsvorschrift des § 16 V GewStG damit begnügt, dies landesrechtlichen Regelungen vorzubehalten. Diese Vorschrift ermächtigt die Landesparlamente, ebenfalls zu entscheiden, in welchem Verhältnis die Hebesätze für die Grundsteuer der Betriebe der Land- und Forstwirtschaft, für die Grundsteuer der Grundstücke und für die Gewerbesteuer zueinander stehen müssen und inwieweit mit Genehmigung der Gemeindeaufsichtsbehörde Ausnahmen zugelassen werden können. Von dieser Ermächtigung ist bisher kein Gebrauch gemacht worden,[535] so dass eine – dann gegebenenfalls bestehende – Kompetenzausübungsschranke des Bundes durch den Grundsatz der Bundestreue derzeit nicht existiert.[536]

532 *Heine* in: Henneke/Pünder/Waldhoff, Recht der Kommunalfinanzen, § 8 Rn. 170; *Heun* FS Starck, S. 259.

533 Siehe dazu 2. Teil § 1 A) I.

534 So schon bezogen auf § 17 GewStG a.F. BVerfGE 21, 54 [60].

535 *Gosch* in: Blümich, EStG/KStG/GewStG, § 16 GewStG Rn. 29.

536 Dazu näher 2. Teil A) III. 1. b) cc) a.E.

(cc) Verstoß gegen einfaches Landesrecht

Vom *BVerfG* im Rahmen der Kommunalverfassungsbeschwerde gem. Art. 93 I Nr. 4b GG respektive § 91 S. 2 BVerfGG[537] nicht zu entscheiden war, ob die angegriffene Regelung zur Hebesatzpflicht gegen den in den Gemeindeordnungen der Länder enthaltenen Grundsatz der Subsidiarität der Steuererhebung verstößt.[538] So sieht beispielsweise § 77 II GO NRW vor, dass die Gemeinde die zur Erfüllung ihrer Aufgaben erforderlichen Finanzmittel soweit vertretbar und geboten aus speziellen Entgelten für die von ihr erbrachten Leistungen (Nr. 1), im Übrigen aus Steuern (Nr. 2) zu beschaffen hat, soweit die sonstigen Finanzmittel nicht ausreichen. Hierzu sind drei Gesichtspunkte anzuführen:

Zunächst ist auf den Grundgedanken des Art. 31 GG Bezug zu nehmen, wonach Bundesrecht (jeder Stufe) Landesrecht bricht, sofern es – wie im Falle von §§ 1, 16 IV 2 GewStG – formell im von der Verfassung vorgegebenen Rechtsetzungsverfahren entstanden ist und materiell im Einklang mit dem Grundgesetz sowie höherrangigem Bundesrecht steht.[539] Die landesrechtliche Rangfestlegung der Einnahmequellen bindet den Bundesgesetzgeber mithin nicht.[540]

Zweitens hat die bisherige Untersuchung gezeigt, dass neben Landes- sowie Bundeszuweisungen der größte Teil der kommunalen Einnahmeposten aus der Gewerbe- sowie dem Anteil an der Einkommensteuer resultiert. Dagegen sind Entgeltabgaben in Relation zu den Gesamteinnahmen der Gemeinden im Jahre 2008 nur in einer Größenordnung von etwa 10 bis 15 % vorzufinden.[541] Dies ist keineswegs verwunderlich, zumal die Systematik der Finanzverfassung des Grundgesetzes Steuern als Hauptfinanzierungsinstrument von Bund, Ländern und Kommunen determiniert.[542] Auf diese Weise wird außerdem auch auf der kommunalen Ebene erreicht, dass eine Distanz zwischen den Geldgebern einerseits und der Verwendung der Finanzmittel andererseits besteht, was in der Folge deren Einflussnahme auf das kommunalpolitische Geschehen verringert.[543]

Drittens gestattet der Landesgesetzgeber in Nordrhein-Westfalen Durchbrechungen der Nachrangigkeit kommunaler Steuern. Explizit ist dies in § 3 II 2 KAG NRW für die Hunde- sowie die Vergnügungssteuer anerkannt, da

537 Die kommunale Verfassungsbeschwerde vor dem Landesverfassungsgericht ist inzwischen in jedem „Flächen"- Land möglich, vgl. *Mückl* in: Ehlers/Schoch, Rechtsschutz im ÖR, § 14 Rn. 43. Für NRW ergibt sich dies aus Art. 75 Nr. 4 LVerf i.V.m. §§ 12 Nr. 8, 52 VGHG.

538 Letzteres wird von *Otting* DB 2004, 1222 [1224] sowie *Dann* Alternativen zur Gewerbesteuer, S. 54 f. angenommen.

539 Dazu *Ehlers* in: Erichsen/Ehlers, Allgemeines Verwaltungsrecht, § 2 Rn. 114.

540 So auch BVerwG NVwZ 1994, 176 [177] sowie *Gern* Kommunalrecht, Rn. 681.

541 Vgl. *Anton/Diemert* Gemeindefinanzbericht 2009, S. 79.

542 Siehe die Nachweise in FN 191 ff.

543 *Kirchhof* Verfassungsrechtliche Anforderungen an eine Gemeindefinanzreform, S. 20.

dort auch ordnungspolitische Ziele verfolgt werden. Schließlich räumt der Wortlaut „soweit vertretbar und geboten" des § 77 II GO NRW den Kommunen einen weitreichenden Ermessensspielraum ein. Dabei ist der unbestimmte Rechtsbegriff „geboten" im Lichte des Sozialstaatsprinzips aus Art. 20 I GG auszufüllen, so dass kommunale Einrichtungen ebenfalls den sozial schwächeren Schichten der Gesellschaft zur Verfügung gestellt werden müssen, ohne sie durch die Erhebung von Entgelten von vornherein auszugrenzen.[544] Das somit entstehende Kostendefizit ist durch die örtliche Solidargemeinschaft auszugleichen und durch Steuern mit kommunalem Bezug wie Grund-, Gewerbe- und (sofern den Kommunen ein Hebesatzrecht zugestanden wird) Einkommensteuer zu begleichen. Übernähme das Land diese Fehlbeträge, so ist die Idee der Selbstverwaltung gefährdet, wenn sich die Gemeinde aus der Verantwortung zieht anstatt autonome Entscheidungen vor Ort zu treffen.[545]

Nach der hier vertretenen Auffassung sollen § 77 II GO NRW sowie § 3 II 1 KAG NRW der besonderen Bedeutung des Äquivalenzgedankens auf der kommunalen Ebene gerecht werden. Dazu dürfen die Gemeinden zur Schonung der allgemeinen Finanzquellen für kommunale Leistungen grundsätzlich nicht auf die Erhebung von Entgelten verzichten, sofern deren Höhe anhand eines Kosten-Nutzen-Verhältnisses bestimmt werden kann.[546] Die Einführung eines Mindesthebesatzes für die Gewerbesteuer steht dieser Ratio nicht entgegen.

Interessant ist abschließend folgender Gedankengang: Sollte der Bundesgesetzgeber sich künftig entschließen, den Gemeinden wie in Art. 106 V 3 GG vorgesehen ein Hebesatzrecht auf die Einkommensteuer zu geben, dann würde das gemeindliche Aufkommen aus dieser Steuer ohne sachlich einleuchtenden Grund vom derzeitigen ersten in den dritten Rang versetzt. Dies stimmt hinsichtlich der Konzeption der in § 77 II GO NRW festgelegten Rangnachfolge bedenklich.[547]

---

544 Zu den Nachteilen einer reinen Gebühren- und Beitragsfinanzierung auch sogleich im 2. Teil § 2 B).

545 Siehe FN 186 f.

546 Vgl. *Hamacher* in: Articus/Schneider, GO NRW, S. 382; *ders.* in: Hamacher/Lenz u.a., KAG NRW, § 3 Rn. 5; *Klieve* in: Held/Winkel, GO NRW, S. 425 sowie *H.-J. Birk* in: Driehaus, Kommunalabgabenrecht, § 3 Rn. 23, der auch anführt, dass die meisten anderen Bundesländer die in § 3 II KAG NRW normierte Subsidiarität der Steuer- ggü. der Beitrags- und Gebührenerhebung nicht kennen.

547 *Isensee* Steuerstaat als Staatsform, S. 428 forderte schon 1977 vom Gesetzgeber die Aufhebung dieser anachronistischen Vorschrift. Anders *Heun* Die Entwicklung des Steuerstaatskonzepts, S. 14.

(2) Finanzökonomische Schwachstellen

Aus finanzökonomischer Sichtweise bestehen bei der Gewerbesteuer in erster Linie zwei wesentliche Schwachstellen.

(a) Konjunkturabhängigkeit

Zum einen hat der Bundesgesetzgeber der Gewerbesteuer mit der Lohnsumme sowie dem Gewerbekapital die ertragsunabhängigen Bestandteile genommen und sie faktisch zu einer reinen Ertragsteuer umgestaltet.[548] Seither unterliegt das Gewerbesteueraufkommen konjunktureller Schwankungen und ist folglich für die Gemeinden keine zuverlässige Steuer.[549] Verstärkt werden die konjunkturellen Ausschläge noch durch das Investitionsverhalten der Kommunen, die ihre Ausgaben in der Hochkonjunktur erhöhen und in der Rezession entsprechend reduzieren, was zu einer prozyklischen Ausgabenpolitik führt.[550] Die Konjunkturabhängigkeit – als wohl größtes Manko der Gewerbesteuer – ist von der Finanz- und Wirtschaftskrise deutlich aufgezeigt worden. So sind die Einnahmen aus der Gewerbesteuer nach Angabe des Statistischen Bundesamtes im ersten Halbjahr 2009 im Vergleich zum vorigen Jahr um 2,5 Milliarden Euro auf insgesamt 14,9 Milliarden Euro zurückgegangen,[551] was zu einer immensen Belastung der kommunalen Haushalte führte, zumal ein derart drastischer Rückgang für die Kämmerer nicht vorhersehbar war. Die Stadt Hörstel (20.000 Einwohner) rechnete zum Beispiel für das Haushaltsjahr 2009 vorsorglich mit gewerbesteuerlichen Mindereinnahmen von etwa 245.000 Euro, die Mitte des Jahres zusätzlich um eine Million Euro korrigiert werden mussten. Zu dieser Zeit sah sich außerdem die Stadt Duisburg (490.000 Einwohner) – einst die reichste Stadt Deutschlands – gezwungen, die Einnahmen der Gewerbesteuer von 210 auf 65 Millionen Euro nach unten zu berichtigen.[552] Bundesweit erlebte das Aufkommen der Gewerbesteuer (brutto) im Jahr 2009 einen Rückgang um 6,1 Milliarden Euro respektive 21 %.[553]

Die Unzuverlässigkeit im Aufkommen erschwert den Gemeinden die Vorlage ausgeglichener Haushalte in gravierendem Maße. Desto erschreckender ist es, wenn Kommunen wie Weissach (7.700 Einwohner) und Sindelfingen (60.000

548 Dazu die Ausführungen im 2. Teil § 2 A) III. 1. a) aa) (2).

549 Zur Entwicklung der GewSt in der Stadt Rüsselsheim von 1970-1998 *Zimmermann* Kommunalfinanzen, S. 176 bzw. in NRW von 1990-2005 ifo-Gutachten 2008, S. 61.

550 *BMF* Gutachten zur Reform der Gemeindesteuern 1982, S. 49; *Scherf* Perspektiven der kommunalen Besteuerung, S. 23.

551 FAZ vom 26.9.2009, S. 11.

552 FAZ vom 27.6.2009, S. 19.

553 *Anton/Diemert* Gemeindefinanzbericht 2010, S. 12.

Einwohner), die im Raum Stuttgart nur dreißig Kilometer voneinander entfernt liegen, sich allein dem Erfolg der ortsansässigen Autoindustrie verschrieben haben. Während im Jahre 2009 Porsche 155 Millionen Euro in die Kasse von Ersterer sprudeln ließ, musste Letztere Daimler 14 Millionen Euro an Gewerbesteuervorauszahlungen zurückerstatten und ist inzwischen gefangen in einer Ausgabenstruktur, welche die Gemeinde lange Zeit mit Stolz erfüllte.[554] Auch die kommunalen Verantwortungsträger in Weissach wissen, dass im Falle einer Verschmelzung von Porsche und VW die üppigen Jahre vorbei sind.[555]

(b) Kleiner Kreis der Steuerzahler

Zum anderen ist die Zahl der Gewerbesteuerzahler nicht nur wegen der fehlenden Berücksichtigung von selbstständiger sowie land- und forstwirtschaftlicher Betätigung, sondern insbesondere aufgrund der in § 11 I GewStG gewährten Freibeträge stark rückläufig, so dass nur noch gut ein Drittel aller Gewerbebetriebe von der Steuer erfasst werden.[556] In manchen kommunalen Gebietskörperschaften wird sie bloß noch von jedem vierten Gewerbebetrieb gezahlt.[557] Hinzu kommt, dass der wesentliche Teil des Aufkommens wie im Falle der Einkommensteuer von wenigen Steuerpflichtigen aufgebracht wird. So haben im Jahre 1998 etwa 11,3 % der gewerbesteuerlich veranlagten Betriebe, die einen Gewerbeertrag von mehr als 125.000 Euro erzielten, knapp 91 % der gesamten Gewerbesteuerbelastungen getragen.[558] Ähnlich trugen schon 1999 lediglich 22.533 von insgesamt rund 951.000 Gewerbebetrieben einen Anteil von 73,4 % des Gewerbesteueraufkommens.[559] Somit ist die Gewerbesteuer äußerst selektiv und betrifft lediglich einen kleinen Kreis kapitalstarker Unternehmen. Sie stellt daher eine Sonderbelastung für mittlere und große Gewerbebetriebe dar.[560]

554 Dazu FAZ vom 25.4.2009, S. 40; 5.12.2009, S. 14. Erfreulicherweise garantiert der Daimler-Konzern in Sindelfingen die Arbeitsplätze für die gesamte Mercedes-Belegschaft bis 2020. Zu den unterschiedlichen Vorzeichen der 25 km entfernt voneinander liegenden Städte Neuss und Mönchengladbach, FAZ vom 2.6.2010, S. 13.

555 FAZ vom 24.8.2010, S. 10.

556 BVerfGE 120, 1 [40]. Vgl. auch *Heine* in: Henneke/Pünder/Waldhoff, Recht der Kommunalfinanzen, § 8 Rn. 30 sowie *Güroff* in: Glanegger/Güroff, GewStG, § 1 Rn. 11, der von etwa 35 % ausgeht.

557 *Zimmermann* Kommunalfinanzen, S. 175.

558 *Tröger* Reform der Gewerbesteuer, S. 21.

559 *Bertelsmann Stiftung* Reform der Gemeindefinanzen, S. 13.

560 Ebenso statt vieler *Wendt* BB 1987, 1257 [1264]; *Jochum* StB 2005, 254 [259]; *Zimmermann* Kommunalfinanzen, S. 175.

cc) Zwischenergebnis

Das Sprichwort „Was lange währt, wird endlich gut" trifft auf die Gewerbesteuer trotz ihrer langen Tradition leider nicht zu. Der Gesetzgeber hat es über Jahrzehnte versäumt, die Gewerbesteuer dem Strukturwandel der Wirtschaft hin zu einer Dienstleistungsgesellschaft anzupassen. Stattdessen veranlasste er nur das Nötigste, um sie über Wasser zu halten und einer Neuordnung der föderalen Finanzstruktur aus dem Wege zu gehen. Letzteres belegt das Scheitern der 2002 und 2010 eingesetzten Kommissionen zur Reform der Gemeindefinanzen.[561]

Die ursprüngliche, am Äquivalenzprinzip ausgerichtete Rechtfertigung der alleinigen Besteuerung von gewerblichen Mittel- und Großbetrieben passt nicht mehr in die heutige Zeit. Denn mit Ausnahme der Land- und Forstwirtschaft haben sich die Berufsbilder der gewerblichen sowie selbstständigen Tätigkeit aufgrund der wirtschaftlichen und gesellschaftlichen Veränderungen derart angenähert, dass die Kombination der Produktionsfaktoren vor dem Hintergrund des allgemeinen Gleichheitssatzes aus Art. 3 I GG keine sachlich einleuchtende Begründung für eine Ungleichbehandlung mehr bietet.

De lege ferenda ist der Kreis der Gewerbesteuerzahler verfassungsrechtlich auf die Selbstständigen zu erweitern, auch um die derzeit bestehende Abgrenzungsproblematik zu entschärfen. Im Übrigen wurden die freien Berufe sowohl im preußischen Gewerbesteueredikt von 1810 als auch in den Jahren 1930 und 1931 während der Weimarer Zeit in nahezu sämtlichen Ländern in die Gewerbesteuer einbezogen.[562] Ob darüber hinaus Land- und Forstwirte unter äquivalenztheoretischen Gesichtspunkten zur Gewerbesteuer heranzuziehen sind, da sie Straßen mit schwerem Gefährt benutzen und zum Teil verschmutzen,[563] hängt davon ab, inwiefern die entstehenden Kosten mit der Grundsteuer A abgegolten werden.[564]

Die Einführung von moderat ausgestalteten Mindest- und/oder Höchsthebesätzen verletzt nicht den Kernbereich der kommunalen Selbstverwaltungsgarantie aus Art. 28 II GG, solange den Kommunen hinreichend Raum für die Entfaltung der Hebesatzautonomie verbleibt. Letzteres bemisst sich nach dem Grundsatz der Verhältnismäßigkeit.

Das in Bezug auf Kommunalsteuern bedeutsame Prinzip der fiskalischen Äquivalenz[565] kann die Gewerbesteuer allein nicht verwirklichen, da ihr Aufkommen letztlich den gesamten Gemeindehaushalt bereichert und sich die Kreise der Steuerzahler (ein Drittel der Gewerbebetriebe), der Nutzer kommunaler Leis-

561 Näher dazu im 3. Teil § 1.

562 Vgl. RStBl. 1937 S. 694 ff.; *Kathstede* Verfassungsmäßigkeit der Gewerbesteuer, S. 86 f. sowie *Keß* FR 2000, 695 [695].

563 So bereits *Schnädter* KStZ 1986, 141 [146].

564 Dazu sogleich bei der Abhandlung der Grundsteuer.

565 Dargestellt im 2. Teil § 2 A) II. 1. a) bb).

tungen (sämtliche Gemeindeeinwohner und ortsansässige Unternehmen) sowie der Entscheidungsträger (Gemeinderat) nicht vollständig decken. Infolgedessen ist sie als ein Mosaikstück für die Ausgestaltung eines effektiven, gerechten Gemeindefinanzsystems zu betrachten. Zu prüfen bleibt, ob die Gewerbesteuerbefreiung nach § 11 I GewStG unter Gesichtspunkten der wirtschaftlichen Leistungsfähigkeit weiterhin auch der Höhe nach zu rechtfertigen ist.

b) Die Grundsteuer

Steuern auf den Grundbesitz wurden in China schon 2000 v. Chr. erhoben, waren sowohl im Altertum Ägyptens als auch im Römischen Reich vorzufinden und sind vermutlich die älteste Form der Besteuerung überhaupt. Auch in der heutigen Zeit gibt es die Grundsteuer noch in nahezu allen Ländern der europäischen Union sowie beispielsweise den USA, Kanada und der Schweiz.[566] In Preußen wurde sie im Zuge der *Miquelschen* Steuerreform von 1891/93 generell als Gemeindesteuer konzipiert. Ein reichseinheitliches Grundsteuergesetz schuf erstmals die Realsteuerreform 1936,[567] das ebenfalls den Kommunen die Ertragshoheit zuteilte.[568] Nunmehr ist für die Gemeinden zusätzlich auch das Recht zur Hebesatzfestsetzung der Grundsteuer in Art. 106 VI S. 1 und 2 GG verfassungsrechtlich verankert. Hebesatzberechtigt ist dabei grundsätzlich die Belegenheitsgemeinde, die nach § 1 I GrStG bestimmt, ob von dem in ihrem Gebiet liegenden Grundbesitz Grundsteuer zu erheben ist.[569] Das Aufkommen der Grundsteuer liegt in puncto Ergiebigkeit hinter dem Gemeindeanteil an der Einkommensteuer und dem Gewerbesteueraufkommen auf Rang drei der kommunalen Einnahmequellen. 2008 betrug es mit etwa 10,8 Milliarden Euro 21 % der kommunalen Steuereinnahmen insgesamt.[570]

566 *Schwarting* Kommunale Steuern, Rn. 99.

567 Gesetz vom 1.12.1936, RGBl. I S. 986.

568 Vgl. *Eisele* in: Henneke/Pünder/Waldhoff, Recht der Kommunalfinanzen, § 10 Rn. 2. Näher zur geschichtlichen Entwicklung *Troll/Eisele* Grundsteuergesetz, Einführung S. 18 ff.

569 Falls sich der Steuergegenstand auf mehrere Gemeinden erstreckt, ist der Steuermessbetrag zu zerlegen, § 22 GrStG.

570 *FinSen Bremen* Machbarkeitsstudie zur Grundsteuer, S. 7.

aa) Das geltende Recht

(1) Steuerobjekt und -subjekt

Bezeichnenderweise knüpft die Grundsteuer seit Abschaffung der allgemeinen Vermögensteuer als einzige Steuer an das Vermögen – genauer einem Teil des Vermögensbesitzes – an.[571] Steuergegenstand ist gem. § 2 Grundsteuergesetz (GrStG)[572] der inländische Grundbesitz im Sinne des Bewertungsgesetzes (BewG), wobei zwischen Betrieben der Land- und Forstwirtschaft, einschließlich der Betriebsgrundstücke (Grundsteuer A), und den sonstigen Privat- sowie Betriebsgrundstücken (Grundsteuer B) unterschieden wird. Als Objektsteuer nimmt die Grundsteuer Bezug auf eine bestehende Sache, ohne die persönlichen Verhältnisse und damit die Leistungsfähigkeit des Steuerschuldners zu berücksichtigen, was grundsätzlich mit der ständigen Rechtsprechung des *BVerfG* verfassungsrechtlich nicht zu beanstanden ist.[573] Mit Ausnahme der Steuervergünstigung für Kriegsbeschädigte gem. § 36 GrStG sind die Befreiungen von der Grundsteuerpflicht in §§ 3 bis 8 GrStG daher an objektive Kriterien gebunden. Demnach kann der Grundbesitz steuerbefreit sein, wenn er sich weniger für eine wirtschaftliche, als für eine gemeinnützige Verwendung eignet.[574] Ein Grundsteuererlass aus Billigkeitsgründen ist für Kulturgut und Grünanlagen sowie wegen wesentlicher Ertragsminderung in den §§ 32, 33 GrStG vorgesehen.[575]

Schuldner der Grundsteuer ist nach § 10 I GrStG derjenige, dem der Steuergegenstand bei der Feststellung des Einheitswertes zuzurechnen ist. Dies ist regelmäßig der zivilrechtliche Eigentümer im Sinne der Vorschriften des Bürgerlichen Gesetzbuches. Gegebenenfalls wird gem. § 39 II Nr. 1 S. 1 AO der wirtschaftliche Eigentümer veranlagt, wenn er die tatsächliche Herrschaft über ein Wirtschaftsgut in der Weise ausübt, dass er den Eigentümer im Regelfall für die gewöhnliche Nutzungsdauer von der Einwirkung auf das Wirtschaftsgut wirtschaftlich ausschließen kann. Nach Satz 2 sind bei Treuhandverhältnissen die Wirtschaftsgüter dem Treugeber, beim Sicherungseigentum dem Sicherungsgeber und beim Eigenbesitz dem Eigenbesitzer zuzurechnen. Ist der Steuergegenstand mehreren Personen zurechenbar, so sind sie gem. § 10 III GrStG Gesamtschuldner.

---

571 Vgl. *Lang* Steuergerechtigkeit und Globalisierung, S. 56.

572 Gesetz vom 7.8.1973 (BGBl. I S. 965), zuletzt geändert durch Art. 38 JStG 2009 vom 19.12.2008 (BGBl. I S. 2794).

573 BVerfGE 46, 224 [237]; 49, 343 [356 f.]; 65, 325 [353] und BVerfG, NJW 2009, 1868 f. m.w.N. Zustimmend BFH DStRE 2006, 1287 [1288 f.] sowie *Eisele* Gemeindehaushalt 2009, 206 [208]. Kritisch *Tipke* Die Steuerrechtsordnung, Bd. II, S. 953 ff., 965; *Seer* in: Tipke/Lang, Steuerrecht, § 13 Rn. 202 ff. sowie *Birk* Steuerrecht, Rn. 81.

574 Dazu ausführlich *Eisele* in: Henneke/Pünder/Waldhoff, Recht der Kommunalfinanzen, § 10 Rn. 20 ff. Vgl. auch *Kasper* Kommunale Steuern, S. 160 f.

575 Kritisch *Geiger* Gemeindehaushalt 2006, 145 [146].

(2) Die veraltete Bemessungsgrundlage

Die Veranlagung der Grundsteuer gliedert sich in drei Teile: Die vom örtlich zuständigen Finanzamt vorzunehmenden Einheits- (§§ 19 ff. BewG) und Steuermessbetragsverfahren (§ 13 GrStG) sowie das in der Regel von den Gemeinden durchzuführende Veranlagungsverfahren (§ 27 GrStG).[576] Im Falle der Einheitswert- und Steuermessbescheide[577] ist Rechtsschutz nach erfolglosem Einspruch vor den Finanzgerichten,[578] hinsichtlich des Grundsteuerbescheides jedenfalls in den Flächenländern – gegebenenfalls nach erfolglosem Widerspruch[579] – vor den Verwaltungsgerichten zu suchen.

Aktuell erneut auf dem Prüfstand[580] ist die Grundsteuer wegen der veralteten Festsetzung der Einheitswerte, welche ursprünglich gem. § 21 I BewG in Zeitabständen von je sechs Jahren im Rahmen der Hauptfeststellung für sämtliche Grundstücke allgemein erfolgen sollte. Abweichend davon ist der Zeitpunkt der auf die Hauptfeststellung 1964 folgenden nächsten Hauptfeststellung der Einheitswerte des Grundbesitzes gem. Art. 2 I des Gesetzes zur Änderung des Bewerbungsgesetzes[581] in Verbindung mit Art. 2 des Gesetzes zur Änderung und Ergänzung bewertungsrechtlicher Vorschriften und des Einkommensteuergesetzes[582] durch besonderes Gesetz zu bestimmen. Aus Kostengründen – und um die Wähler nicht zu beunruhigen[583] – ist es dazu bisher nie gekommen, so dass die heutige Grundsteuer auf Einheitswerten beruht, die in den alten Bundesländern im Zuge der Hauptfeststellung vom 1. Januar 1964 ermittelt wurden, in den neuen Bundesländern gar aus dem Jahre 1935 stammen und weiterhin fortgelten.[584]

576 Letzteres wird in den Stadtstaaten Berlin und Hamburg sowie der Stadtgemeinde Bremen, nicht aber in der Stadtgemeinde Bremerhaven ebenfalls vom Finanzamt vorgenommen. Zur Verwaltung der Realsteuern *Kasper* Kommunale Steuern, S. 118 ff.

577 Die als dingliche Verwaltungsakte auch ggü. dem Rechtsnachfolger wirken, §§ 182 II, 184 I 4, 353 AO.

578 § 33 I Nr. 1 FGO.

579 In NRW bedarf es gem. § 68 I 2 VwGO i.V.m. § 110 I 1 JustG NRW einer Nachprüfung in einem Vorverfahren abweichend von § 68 I 1 VwGO nicht, wenn der VA in der Zeit vom 1.1.2007 bis 31.10.2012 bekannt gegeben worden ist. Zum Trend der Abschaffung des Widerspruchsverfahrens siehe *Schoch* in: Ehlers/Schoch, Rechtsschutz im ÖR, § 20 Rn. 93.

580 Siehe das anhängige Verfahren vor dem BVerfG (Az. 2 BvR 287/11).

581 Gesetz vom 13.8.1965 (BGBl. I S. 851, [866]).

582 Gesetz vom 22.7.1970 (BGBl. I S. 1118).

583 *Troll/Eisele* Grundsteuergesetz, § 15 Rn. 7.

584 *Seer* in: Tipke/Lang, Steuerrecht, § 13 Rn. 16; *Kühnold/Stöckel* NWB 2007, 3873 [3873, 3876 f.]; *Halaczinsky* in: Halaczinsky/Sikorski/Weber, Steuerrecht I, S. 256 f.; *FinSen Bremen* Machbarkeitsstudie zur Grundsteuer, S. 4, 7. Zu den Besonderheiten in den neuen Bundesländern *Eisele* in: Henneke/Pünder/Waldhoff, Recht der Kommunalfinanzen, § 10 Rn. 19.

bb) Notwendigkeit einer Reform

Nicht nur hinsichtlich der Gewerbe-, sondern auch in Bezug auf die Grundsteuer halten die Debatten über eine Reformbedürftigkeit bis hin zur Abschaffung[585] nach wie vor an und reißen auch vorerst nicht ab, da jegliche Reformbestrebungen bei beiden Realsteuern bisher scheiterten.

Ob die Grundsteuer überhaupt erhoben werden sollte, hängt maßgeblich von der Frage ihrer Verfassungsmäßigkeit ab. Verneint man mit einem Teil des Schrifttums entgegen der Ansicht des *BVerfG* eine verfassungsrechtliche Rechtfertigung anhand des Objektsteuerprinzips, bedarf es der Prüfung weiterer Rechtfertigungsgründe wie dem Äquivalenzprinzip im Sinne einer Generaläquivalenz.[586] Nach der hier vertretenen Ansicht ist der Rechtsauffassung des *BVerfG* zu folgen, solange die Belastungswirkung der Grundsteuer weiterhin gering und für den faktischen Grundsteuerzahler somit zumutbar im Sinne des Grundsatzes der Verhältnismäßigkeit bleibt.

Die Notwendigkeit einer Grundsteuerreform besteht folglich zurzeit nicht dem Grunde nach, sondern vielmehr mit Blick auf die der Bemessungsgrundlage zugrunde liegenden, veralteten Einheitswerte, welche zu den Verkehrswerten als den gemeinen Werten des § 9 I BewG mittlerweile in keiner stimmigen Relation stehen.[587] Im Gegensatz zur Vermögen- sowie Erbschaftsteuer ist die Grundsteuer zwar als Einzige von den Einheitswertbeschlüssen des *BVerfG*[588] verschont geblieben. Dies ändert jedoch nichts daran, dass sie auf Wertverhältnisse der Jahre 1964 für West- bzw. 1935 für Ostdeutschland beruht.

Die Missstände der unveränderten Anwendung dieser Einheitsbewertung prangerte schon die Steuerreformkommission aus dem Jahre 1971 an.[589] Ebenso sollte nach dem Beschluss der Finanzministerkonferenz der Bundesländer (FMK) vom 21. Dezember 1995 das bisherige Bewertungsverfahren in Anlehnung an die Beschlüsse des *BVerfG* nur noch für eine Übergangszeit Geltung beanspruchen.[590] In neuerer Zeit hat es hierzu zwei Initiativen einzelner Bundesländer gegeben. Zum einen haben sich die Länder Bayern und Rheinland-Pfalz im Auftrag der

585 Zu den Stimmen für eine Abschaffung der Grundsteuer siehe die Nachw. bei *Tipke* Die Steuerrechtsordnung, Bd. II, S. 959, FN 27, sowie *Seer* in: Tipke/Lang, Steuerrecht, § 13 Rn. 204 mit FN 319.

586 Letzteres bejahend BFH DStRE 2006, 1287 [1289] sowie *Kühnold/Stöckel* NWB 2007, 3873 [3875, 3887]. A.A. *Tipke* Die Steuerrechtsordnung, Bd. II, S. 961 f.

587 So bereits *BMF* Gutachten zur Reform der Gemeindesteuern 1982, S. 49 f., 98, 109; *Hansmeyer/Zimmermann* AfK 32 (1993), 221 [222]. Aus heutiger Sicht *Geiger* Gemeindehaushalt 2006, 145 [145]; *BFH* DStR 2010, 1618 ff.

588 Vgl. BVerfGE 93, 121 bzw. 165. Bzgl. der Grundsteuer offen gelassen in BVerfG, NJW 2009, 1868 [1869].

589 *BMF* Gutachten der Steuerreformkommission 1971, S. 617.

590 StGB NRW-Mitteilung 151/2004 vom 13.2.2004.

FMK vom 27. Februar 2003 in ihrem Änderungsvorschlag zu Beginn des Jahres 2004 neben dem Wegfall der Grundsteuer A für eine neue Bemessungsgrundlage der Grundsteuer B anhand der Bodenrichtwerte gem. §§ 196 ff. BauGB sowie Festwerte für Gebäudegruppen eingesetzt.[591] Auf der Basis dieser Vorarbeiten sollte die Grundsteuer mit dem Ziel der Vereinfachung von der Großen Koalition der 16. Legislaturperiode neu geregelt werden,[592] wozu es dann aber nicht kam. Zum anderen schlug die von den Steuerabteilungsleitern der Länder Berlin, Bremen, Niedersachsen, Sachsen und Schleswig-Holstein eingesetzte Arbeitsgruppe in ihrer im Februar 2010 veröffentlichten Machbarkeitsstudie zur Ablösung der überkommenen Einheitswerte vor, die Erhebung der Grundsteuer wie in den Niederlanden nach verkehrsorientierten Grundstückswerten im Sinne von § 194 BauGB vorzunehmen und diese automationsgestützt durch den Einsatz elektronischer Datenverarbeitung jährlich fortzuschreiben.[593]

Die Auswirkungen der unzeitgemäßen Einheitswerte sind vor dem allgemeinen Gleichheitssatz des Art. 3 I GG verfassungsrechtlich nicht mehr tragbar, zumal das *BVerfG* daraus den Grundsatz der gleichmäßigen Besteuerung ableitet, wonach die steuererheblichen Werte für bestimmte Gruppen wirtschaftlicher Einheiten in ihrer Relation realitätsgerecht zu ermitteln oder dementsprechend in der Vergangenheit festgestellte Werte entwicklungsbegleitend fortzuschreiben sind.[594] Haben sich diese deutlich auseinanderentwickelt, so dürfe das der Gesetzgeber nicht auf sich beruhen lassen.[595] Dieses Gebot der „realitätsgerechte[n] Wertrelation"[596] wird in der Hauptstadt Berlin schon durch das Kuriosum verletzt, dass die Bemessungsgrundlage in West- (Einheitswerte von 1964) und Ostberlin (Einheitswerte von 1935) divergieren, was bei gleich beschaffener Grundbesitze zu erheblich unterschiedlichen Grundsteuerveranlagungen führt.[597] Ferner werden äquivalente Geschäftsgrundstücke in den neuen Bundesländern zu etwa 35-40 % weniger mit der Grundsteuer belastet und somit mehr als zwanzig Jahre nach dem Mauerfall weiterhin privilegiert.[598] Zudem können die im Bewertungsgesetz angelegten Instrumente

591 *BayStMFin/FinMin Rh-Pf* Reform der Grundsteuer, S. 5, 25 ff. Dazu auch *Troll/Eisele* Grundsteuergesetz, § 15 Rn. 11 ff.; *Geiger* Gemeindehaushalt 2006, 145 [147].

592 Koalitionsvertrag von CDU, CSU und SPD vom 11.11.2005, S. 82.

593 *FinSen Bremen* Machbarkeitsstudie zur Grundsteuer, S. 60. Auch *Kühnold/Stöckel* NWB 2007, 3873 [3888] nehmen das Modell der Niederlande zum Vorbild.

594 BVerfGE 23, 242 [257]; 25, 216 [226]; 30, 129 [143 f.]; 41, 269 [280, 282 f.]; 93, 121[136]; 165 [173]; 117, 1 [33]. Auch in seiner Grundsatzentscheidung zu Hartz- IV hat das Gericht dem Gesetzgeber aufgetragen, die soziale Wirklichkeit zeit- und realitätsgerecht zu erfassen, BVerfG, NJW 2010, 505 [508].

595 BVerfGE 23, 242 [257 f.]; 41, 269 [283]; 93 121, [136]; 165 [173].

596 Dazu auch *Seer* in: Tipke/Lang, Steuerrecht, § 13 Rn. 3.

597 Vgl. Beispiel 2 und 3 von *Kühnold/Stöckel* NWB 2007, 3873 [3879 ff.].

598 Siehe Beispiel 1 von *Kühnold/Stöckel* NWB 2007, 3873 [3878 f.] mit weiteren Berechnungsexempeln auf S. 3882 ff.

der Fortschreibung (§ 22 BewG) respektive der Nachfeststellung (§ 23 BewG) nicht greifen, wenn die erstmalige Bewertung eines in 2009 erbauten Gebäudes nach den Wertverhältnissen von 1964 bzw. 1935 erfolgt und mithin schon der Ansatzpunkt der Bewertung fehlschlägt.[599] Schließlich ist es unverhältnismäßig, wenn für ein Reihenhaus in bester Bremer Lage mit 140 Quadratmeter Grundfläche 180 Euro Grundsteuer fällig sind, während für eine Eigentumswohnung mit 70 Quadratmeter in einem Stadtteil mit Geschosswohnungsbau 316 Euro gezahlt werden müssen.[600]

Daher konzentrieren sich die aktuellen Reformvorschläge zu Recht auf die Frage nach dem richtigen Verhältnis von Flächen- und ökonomischem Wertbezug der Bemessungsgrundlage. Als Leitlinien für die Reformgespräche fungieren dabei neben einer reinen Bodenwert- sowie einer reinen Flächennutzungsteuer die derzeit ertragsorientierte Grundsteuer, nach der die potentielle Ertragskraft des Grundbesitzes – d.h. der Sollertrag – zu ermitteln ist.[601] Gleich für welche Variante oder Kombination sich der Gesetzgeber auch entscheidet, müssen die Wertverhältnisse des Grundbesitzes nach dem allgemeinen Gleichheitsgebots realitätsgerecht abgebildet werden, was zurzeit augenscheinlich nicht der Fall ist.[602] Wünschenswert ist darüber hinaus, wenn neben der Verbesserung der Bemessungsgrundlage gleichzeitig das personalintensive Bewertungsverfahren vereinfacht werden könnte, um auf diese Weise Kosten zu sparen.[603]

cc) Gesetzgebungszuständigkeit des Bundes

Die Befugnis des Bundes zur normativen Regelung der Grundsteuer ergibt sich wie bei der Gewerbesteuer aus Art. 105 II i.V.m. Art. 72 II GG, wenn und soweit die Herstellung gleichwertiger Lebensverhältnisse im Bundesgebiet oder die Wahrung der Rechts- oder Wirtschaftseinheit im gesamtstaatlichen Interesse eine bundesgesetzliche Regelung erforderlich macht. Dies kann bei der Erhebung von Steuern nicht von vornherein angenommen werden,[604] sondern ist steuerartspezifisch zu untersuchen.[605]

---

599 *FinSen Bremen* Machbarkeitsstudie zur Grundsteuer, S. 10.

600 Angaben der Bremer Finanzsenatorin unter *http://www.finanzen.bremen.de/sixcms/detail.php?gsid=bremen53.c.8654.de&font=0*, abgerufen am 30.12.2011.

601 Näher dazu *Fuest/Thöne* Gemeindefinanzreform, S. 52 ff. Vgl. auch *Seer* in: Tipke/Lang, Steuerrecht, § 13 Rn. 211.

602 Wie hier *Seer* in: Tipke/Lang, Steuerrecht, § 13 Rn. 2, 16, 25, 203 a.E., 204, 210; *Troll/Eisele* Grundsteuergesetz, § 15 Rn. 6; *BayStMFin/FinMin Rh-Pf* Reform der Grundsteuer, S. 23; *Fromme* Grundsteuer: Königsweg zu einer Gemeindesteuerreform?, S. 166; *Thöne* Eine neue Grundsteuer, S. 175 f.; *Kasper* Kommunale Steuern, S. 171; *Geiger* Gemeindehaushalt 2006, 145 [145]; *Kühnold/Stöckel* NWB 2007, 3873 ff.

603 *Geiger* Gemeindehaushalt 2006, 145 [146].

604 So aber *Heun* in: Dreier, GG, Art. 105 Rn. 35.

605 *Hey* FS Solms, S. 38. Zustimmend *Degenhart* in: Sachs, GG, Art. 105 Rn. 24.

Im Hinblick auf „die Herstellung gleichwertiger Lebensverhältnisse“ sieht das *BVerfG* ein Einschreiten des Bundesgesetzgebers nur dann als gerechtfertigt an, „wenn sich die Lebensverhältnisse in den Ländern der Bundesrepublik in erheblicher, das bundesstaatliche Sozialgefüge beeinträchtigender Weise auseinander entwickelt haben oder sich eine derartige Entwicklung konkret abzeichnet“[606]. Die Gefahr einer solchen Divergenz der Lebensverhältnisse besteht bei der Grundsteuer schon deshalb nicht, weil ihr Aufkommen in 2009 nur 2 % vom Gesamtsteueraufkommen der Bundesrepublik ausmachte,[607] und es deswegen einer bundesgesetzlichen Regelung nicht bedarf.

Der Tatbestand „Wahrung der Rechtseinheit“ kann wegen des dezentralen Staatsaufbaus der Bundesrepublik Deutschland und der sich daraus zwangsläufig ergebenden Rechtsvielfalt nur meinen, dass erst im Falle einer „Rechtszersplitterung mit problematischen Folgen [...], die im Interesse sowohl des Bundes als auch der Länder nicht hingenommen werden kann“[608], ein gesetzgeberisches Handeln des Bundes erforderlich ist.[609] Dies hat das *BVerfG* in dem Beschluss vom 8. Juni 2004 für Sportwetten in Form der sog. Oddset-Wetten angenommen, da das Fehlen einer bundeseinheitlichen Steuerregelung zu einer problematischen Gesetzesvielfalt auf Länderebene führe und die übrigen Länder einen mit ihrer Steuer verfolgten Fiskal- oder Lenkungszweck aller Voraussicht nach nicht mehr erreichten, sofern nur ein Land keine oder eine niedrigere Steuer erhebt.[610] So liegt der Fall bei der Grundsteuer jedoch nicht, bei der es bereits nach der jetzigen Gesetzeslage nicht nur unter-, sondern innerhalb der Länder zu unterschiedlichen Grundsteuerbescheiden ihrer Gemeinden kommt, was auf die kommunale Hebesatzautonomie zurückzuführen und von der Verfassung in Art. 106 VI 2 GG vorgesehen ist. Eine bundesgesetzlich geregelte Grundsteuer ist mithin nicht zur Wahrung der Rechtseinheit im gesamtstaatlichen Interesse erforderlich.

Schließlich kommt für die Gesetzgebungszuständigkeit des Bundes nur noch die „Wahrung der Wirtschaftseinheit“ in Betracht. Dieses Erfordernis besteht, „wenn Landesregelungen oder das Untätig bleiben der Länder erhebliche Nachteile für die Gesamtwirtschaft mit sich bringen“[611]. Anders als die Gewerbe- weist die Grundsteuer allerdings primär als Steuer auf den Grundbesitz keinen Bezug zur Wirtschaft im Sinne von Art. 28 II 3, 2. HS GG auf. Nur mittelbar kann

606 BVerfGE 106, 62 [144]; 112, 226 [244].

607 Eigene Berechnung anhand von Zahlen des BMF vom 26.5.2010, abrufbar unter *http://www.bundesfinanzministerium.de/nn_4158/DE/BMF__Startseite/Service/Downloads/Abt__I/0602221a6009__Steuerarten__2006_E2_80_932009,templateId=raw,property=publicationFile.pdf*, abgerufen am 30.12.2011.

608 BVerfGE 106, 62 [145]; 125, 141 [154].

609 *Pieroth* in: Jarass/Pieroth, GG, Art. 72 Rn. 21; *Selmer/Hummel* NVwZ 2006, 14 [16].

610 BVerfG, NVwZ-RR, 2004, 890 [891].

611 BVerfGE 106, 62 [147]. Vgl. auch BVerwGE 133, 165 [172].

ein Zusammenhang hergestellt werden, da die Grundsteuer neben Privat- auch Betriebsgrundstücke sowie Wirtschaftsgüter land- und forstwirtschaftlicher Betriebe erfasst. Letzteres reicht jedoch – auch angesichts der geringen Belastungswirkung – nicht für das Erfordernis einer bundesgesetzlichen Regelung zur Wahrung der Wirtschaftseinheit im gesamtstaatlichen Interesse.

Demzufolge resultiert die Gesetzgebungszuständigkeit des Bundes nicht aus Art. 105 II i.V.m. 72 II GG,[612] sondern aus der Übergangsvorschrift des Art. 125 a II 1 GG. Danach geht Recht, das aufgrund des Art. 72 II GG in der bis zum 15. November 1994 geltenden Fassung erlassen worden ist, aber wegen Änderung des Art. 72 II GG nicht mehr als Bundesrecht erlassen werden könnte, als Bundesrecht fort. Um dennoch auf veränderte Rahmenbedingungen reagieren zu können, muss die Anpassungs- und Änderungskompetenz grundsätzlich weiterhin beim Bund liegen.[613] Allerdings hat das *BVerfG* zur Reichweite dieser Befugnis ausgeführt, dass der Bundesgesetzgeber zwar die im Gesetz schon enthaltenen Regelungen modifizieren, wenngleich keine grundlegende Neukonzeption schaffen darf.[614]

Die soeben geforderte Anpassung der Einheitswerte stellt lediglich eine Modifikation des Grundsteuergesetzes dar. Doch taucht die Frage auf, ob der Bundesgesetzgeber auch im Rahmen der Grundsteuer dazu ermächtigt ist, das Hebesatzrecht der Gemeinden durch Mindest- respektive Höchsthebesätze moderat einzuschränken. Von einer Neukonzeption kann auch dann noch nicht die Rede sein, da die Grundsteuer weiterhin von den Gemeinden durch die Anwendung des Hebesatzrechtes auf den Grundsteuermessbetrag veranlagt wird und der Gesetzgeber weder am Steuergegenstand noch am Steuerschuldner Veränderungen vornimmt.[615] Vielmehr handelt es sich um eine Modifikation, die in der Formulierung „im Rahmen der Gesetze“ in Art. 106 VI 2 GG angelegt ist und ihre Grenzen in der kommunalen Selbstverwaltungsgarantie aus Art. 28 II GG sowie dem Grundsatz der Verhältnismäßigkeit findet.[616] Seine Regelungsbefugnis hinsichtlich der Einführung von Höchsthebesätzen hat der Bundesgesetzgeber wie bei der Gewerbesteuer in der Koppelungsvorschrift des § 26 GrStG, dem Gegenstück zu § 16 V GewStG, aus Erwägungen der Zweckmäßigkeit zugunsten der Länder ausgeübt und den Landesparlamenten überlassen. Sollte der Bund diese Entscheidung in der Zukunft revidieren, führt auch dies nicht zu einer grundlegenden Neuordnung der Grundsteuer. Allerdings fordert das aus dem Bundes-

---

612 So auch im Ergebnis *Hey* FS Solms, S. 38.

613 *Degenhart* in: Sachs, GG, Art. 125a Rn. 9.

614 BVerfGE 111, 10 [31].

615 Ebenso für den Mindesthebesatz der Gewerbesteuer *Hey* FS Solms, S. 41.

616 Auf die Abhandlung zum kommunalen Selbstverwaltungsrecht im 2. Teil § 2 A) II 2. b) bb) sei an dieser Stelle hingewiesen.

staatsprinzip hergeleitete Gebot der Bundestreue (oder auch Grundsatz des bundesfreundlichen Verhaltens) nicht nur die Länder, sondern außerdem den Bund zu gegenseitiger Rücksichtnahme auf, was zu einer Beschränkung der Ausübung seiner Gesetzgebungsbefugnis führen kann, wenngleich geschriebenes Verfassungsrecht dadurch nicht ausgeschaltet werden darf und die Anwendung dieses Gebots mithin große Vorsicht gebietet.[617] Soweit ersichtlich, existieren in den Ländern bisher keine auf § 26 GrStG gestützte Höchstgrenzen für die Grundsteuer. Falls Bundesländer jedoch im Vertrauen auf diese Norm die Einführung von Höchsthebesätzen bereits planen oder in der Zukunft gesetzlich normieren, kann der Bund aufgrund des Gebots der Bundestreue gehalten sein, Übergangsregelungen zu erlassen oder gar auf seine Gesetzgebungskompetenz zugunsten der Länder gänzlich zu verzichten.

Momentan ist der Bund jedenfalls gem. Art. 125a II 1 GG mit Zustimmung der Länder im Bundesrat (Art. 105 III GG) befugt, die Regelungen des Grundsteuergesetzes durch die Einführung von Mindest- und/oder Höchsthebesätzen zu modifizieren.

dd) Vorteile im Vergleich zur Gewerbesteuer

Mit Blick auf das Aufkommen begegneten sich die Realsteuern bis Mitte des zwanzigsten Jahrhunderts auf Augenhöhe, bevor die Entwicklung der Grundsteuer nur mäßig, die der Gewerbesteuer jedoch stufenartig und in den Zeiten des „Wirtschaftswunders" erheblich expandierend erfolgte.[618] Dagegen blieb die Grundsteuer in den folgenden Jahrzehnten unterhalb von 30 % des Gewerbesteueraufkommens und lag in den Jahren 2006-2008 schließlich nur noch knapp über einem Viertel von jener.[619] Anders gewendet resultieren zurzeit fast 75 % des gesamten Realsteueraufkommens aus der Gewerbesteuer.

Für die Grundsteuer fallen im direkten Vergleich also nicht das Aufkommen, sondern die folgenden Aspekte positiv ins Gewicht:

Zunächst ist die Grundsteuer wegen des Wandels der Gewerbesteuer zur reinen Ertragsteuer die einzige echte Realsteuer im Sinne von § 3 II AO, die auf eine Berücksichtigung der persönlichen Verhältnisse des Steuerschuldners weitestgehend verzichtet[620] und folglich steuersystematisch eine klare Linie verfolgt.

---

617 Dazu ausführlich *Schröder* Gesetzgebungskompetenz kraft Sachzusammenhangs, S. 360 ff. Vgl. auch *Stettner* in: Dreier, GG, Art. 70 Rn. 35; *Pieroth* in: Jarass/Pieroth, GG, Art. 20 Rn. 20 f.; *Bauer* Die Bundestreue, S. 328.

618 *Troll/Eisele* Grundsteuergesetz, S. 25 mit Darstellung des Grundsteueraufkommens von 1950-2013 auf S. 26 f.

619 Siehe *BayStMFin/FinMin Rh-Pf* Reform der Grundsteuer, S. 7; *Fuest/Thöne* Gemeindefinanzreform, S. 89 sowie die Zahlen des BMF, Nachweis in FN 607.

620 Mit nur einer Ausnahme in § 36 GrStG.

Die Besteuerung von immobilen Faktoren wie dem Grundbesitz ist verglichen mit mobilen Steuerobjekten nicht so anfällig für Missbrauch und Umgehung. Darüber hinaus hat sich das Grundsteueraufkommen in Zeiten der Finanz- und Wirtschaftskrise als stabil erwiesen, so dass sie eine vorhersehbare und mithin besonders relevante Einnahmequelle für die Kalkulation der kommunalen Haushalte darstellt.[621] Sie ist also nicht konjunkturreagibel.

Außerdem entspricht die Grundsteuer dem Äquivalenzgedanken. Zwar sind – ähnlich wie bei der Gewerbesteuer – die von dem Grundbesitzer empfangenen kommunalen Gegenleistungen nicht exakt bestimmbar, wie dies das Äquivalenzprinzip im engeren Sinne erfordert. Allerdings soll die Wohnbevölkerung nach der sog. Generaläquivalenz[622] neben der Inanspruchnahme begrenzter Gemeindeflächen auch für allgemeine, vordergründig ihr zugutekommende und nicht bereits durch Beiträge für die Grundstückserschließung abgegoltene Gemeindeleistungen finanziell über die Steuer auf den Grundbesitz herangezogen werden.[623] Im Gegensatz zur Gewerbesteuer in der derzeitigen Form lässt sich der Äquivalenzbezug hier zutreffender herstellen, zumal nicht nur sämtliche wirtschaftliche Eigentümer von Grundvermögen innerhalb der Kommune, sondern ebenfalls die in ihr lebenden Mieter mittelbar von der Grundsteuer erfasst werden und daher kein kleiner, exklusiver Kreis der Steuerpflichtigen besteht. Die örtliche Sonderbelastung der Kommunen durch die Agrarwirtschaft wird allerdings bisher durch die Grundsteuer A nicht hinreichend berücksichtigt.[624] Ein Pendant zur Gewerbesteuerumlage sieht die Finanzverfassung nicht vor, so dass das Grundsteueraufkommen ausnahmslos in die kommunalen Haushalte fließt.

Aus diesen Gründen wird die Grundsteuer auch von Finanzökonomen „als eine gut geeignete Gemeindesteuer“[625] bewertet und geschätzt, gerade weil Veränderungen des Grundsteuerhebesatzes unmittelbar von den faktisch betroffenen Grundsteuerzahlern bemerkt werden. Die Grundsteuer weist also einen hohen Grad an Fühlbarkeit auf. Darüber hinaus kann der Steuerpflichtige ihr nicht so einfach entgehen.

---

621 Vgl. *Anton/Diemert* Gemeindefinanzbericht 2009, S. 16. Die Schwankungen im Aufkommen beider Realsteuern verglichen zum Vorjahr von 1950-2002 sind zudem dargestellt in *BayStMFin/FinMin Rh-Pf* Reform der Grundsteuer, S. 8.

622 Siehe dazu 2. Teil § 2 A) II. 2. a) aa) (2).

623 Auch nach *Zimmermann* ist die Grundsteuer eine Art pauschales Äquivalent für die vielen auf das Grundstück bezogenen Gemeindeleistungen, Kommunalfinanzen, S. 156. Zustimmend *Geiger* Gemeindehaushalt 2006, 145 [145].

624 *BayStMFin/FinMin Rh-Pf* Reform der Grundsteuer, S. 13.

625 *Zimmermann* Kommunalfinanzen, S. 157 m. w. Nachw. in FN 105. Vgl. auch *Fuest/Thöne* Gemeindefinanzreform, S. 76 sowie *Rehm/Matern-Rehm* Kommunalfinanzen, S. 113.

c) Zusammenfassung zu den Realsteuern

Sowohl die Gewerbe- als auch die Grundsteuer sind für die Kommunen von elementarer Bedeutung, zumal hier über die Hebesatzrechte autonome Entscheidungen möglich sind, es in beiden Fällen eine lokale Verknüpfung gibt und diese originären Finanzquellen zu einer Stärkung der kommunalen Finanzautonomie führen. Dennoch hat die Ertragshoheit der Gemeinden aus Art. 106 VI GG lediglich klarstellende Bedeutung und steht einer Abschaffung der Realsteuern grundsätzlich nicht entgegen.[626]

Die Gewerbesteuer wurde schon von *Popitz* aufgrund der Wechselwirkung zwischen der Gemeinde und den ortsansässigen Gewerbebetrieben als geeignete Gemeindesteuer geschätzt, die unbedingt beizubehalten sei.[627] Diesbezüglich wird heute von einem Band zwischen Kommune und Wirtschaft gesprochen, welches es zu festigen gilt, weil Erstere eine Unternehmensteuer benötigen, um das fiskalische Interesse an der Ansiedlung von Unternehmen nicht zu verlieren.[628] Letztere sind sowohl Motor der Volkswirtschaft als auch Garant des Sozialstaates und von sämtlichen Gemeinden in ihrem Wirken zu unterstützen. Die Gewerbesteuer ist jedoch in ihrer derzeitigen Ausgestaltung weder verfassungsrechtlich noch finanzökonomisch eine „gute“ Kommunalsteuer:

Die verfassungsrechtliche Ungleichbehandlung von Gewerbetreibenden und Selbstständigen lässt sich aufgrund der Annäherung beider Berufsbilder in der heutigen Zeit nicht mehr rechtfertigen, sondern ist ein Verstoß gegen den allgemeinen Gleichheitssatz aus Art. 3 I GG. Als Konsequenz sind jene in die Gewerbebesteuerung einzubeziehen, wie dies auch schon für die freien Berufe im preußischen Gewerbesteueredikt von 1810 sowie während der Weimarer Zeit in nahezu sämtlichen Ländern der Fall war.

Die Abhängigkeit der Gewerbesteuer von konjunkturellen Schwankungen hat die Finanz- und Wirtschaftskrise abermals unterstrichen, was den Kämmerern die kommunale Haushaltsplanung gravierend erschwert. Hier sind die Bundes- und Landesgesetzgeber gefordert, die Unvorhersehbarkeit der gewerbesteuerlichen Aufkommensentwicklung durch strukturelle Verbesserungen im Gemeindefinanzsystem abzufedern. In Bezug auf die Gewerbesteuer ist die Freibetragsregelung des § 11 I GewStG, die den Kreis der Gewerbesteuerzahler auf ein Drittel aller gewerblichen Unternehmen schrumpfen lässt, dahingehend zu überprüfen, ob dies aus Gründen der wirtschaftlichen Leistungsfähigkeit weiterhin gerechtfertigt ist. Dagegen ist eine Verbreiterung der Bemessungsgrundlage durch weitere Hinzurechnungen in § 8 GewStG angesichts der dann eintretenden Substanzbesteuerung verfassungsrechtlich bedenklich.

---

626 Nachweise in FN 277.

627 *Popitz* Gutachten 1932, S. 123, 129 ff.

628 *Zimmermann* Kommunalfinanzen, S. 178.

In Bezug auf die Grundsteuer ist die damalige Bundesregierung in ihrer Begründung des Entwurfes eines Zweiten Steuerreformgesetzes vom 4. Mai 1972 zu Recht der Ansicht gewesen, dass ihr „gewichtige kommunalpolitische Vorzüge [zukommen], die ihre Beibehaltung rechtfertigen“[629]. Als wohl älteste Form der Besteuerung überhaupt bietet sie den Kommunen im Vergleich zur Gewerbesteuer nicht zu unterschätzende Vorteile. So wird ihr Aufkommen nicht durch konjunkturelle Entwicklungen beeinflusst, sondern erweist sich auch in Krisenzeiten der Wirtschaft als zuverlässige Einnahmequelle, die allein die kommunalen Kassen bereichert, ohne die übrigen Gebietskörperschaften über eine Umlage zu beteiligen. Die Stetigkeit ist auch darauf zurückzuführen, dass der Steuer die Wohnbevölkerung insgesamt unterliegt und sie den Kreis der Steuerzahler nicht a priori minimiert. Zudem zeigt die Grundsteuer einen hohen Grad an Fühlbarkeit auf, weil die Möglichkeit der Anrechnung auf eine andere Steuer nicht besteht,[630] die faktischen Grundsteuerzahler daher Erhöhungen des Hebesatzes unmittelbar spüren und infolgedessen ihr Interesse an der Hebesatzentwicklung geweckt wird, da diese Entscheidung sie tangiert.

Dem Grunde nach ist die Grundsteuer mit den Wertungen der Verfassung kompatibel. Sie verzichtet entgegen der Gewerbesteuer mit nur wenigen Ausnahmen auf die Berücksichtigung der persönlichen Verhältnisse der Steuerpflichtigen, knüpft also einzig an den Grundbesitz an und lässt sich nach Auffassung des *BVerfG* mit dem Objektsteuerprinzip rechtfertigen. Dagegen ist nichts einzuwenden, solange die Belastungswirkungen gering und damit für die faktischen Grundsteuerzahler zumutbar bleiben. Jedoch basiert die Bemessungsgrundlage auf veralteten Einheitswerten, die zu keiner realitätsgerechten Wertrelation und demnach von vornherein zu einer verfassungswidrigen Ungleichbehandlung der Grundsteuerpflichtigen im Sinne von Art. 3 I GG führen. Sie sind im Rahmen eines neuen Bewertungsverfahrens zu ersetzen, um den Grundbesitz möglichst zeitnah und realitätsgerecht abzubilden.

Diese Vorzüge finden in Reformüberlegungen des Gemeindefinanzsystems wenig Beachtung, weil die Grundsteuer in puncto Ergiebigkeit bisher weder dem Gemeindeanteil an der Einkommensteuer noch der Gewerbesteuer das Wasser reichen kann. Dabei sind nach einer Studie des ifo Instituts für Wirtschaftsforschung aus dem Jahre 2008 öffentliche Leistungen in einem effizienten Steuersystem primär durch Steuern auf immobile Faktoren zu finanzieren.[631] Auch ein internationaler Vergleich zum OECD-Durchschnitt zeigt, dass in Deutschland sog. property taxes nicht 30, sondern nur rund 15 % des gesamten kommunalen

629 BT-Drs. VI/3418, S. 49. Zustimmend *Pagenkopf* Finanzausgleich im Bundesstaat, S. 225 ff.

630 Für die Gewerbesteuer vgl. § 35 EStG.

631 ifo-Gutachten 2008, S. 67.

Steueraufkommens ausmachen.[632] Demzufolge wird die Gewerbesteuer momentan zu stark, die Grundsteuer zu schwach an der Finanzierung der kommunalen Daseinsvorsorge herangezogen.[633]

Die Konklusion zur Gewerbe- sowie Grundsteuer lautet demnach, dass zwar beide reformbedürftig, wegen ihrer grundlegenden Bedeutung für die Kommunen dennoch sehr wichtig sind.

2. Kleinere örtliche Verbrauch- und Aufwandsteuern

Nach Art. 106 VI 1 GG steht den Kommunen auch das Aufkommen der örtlichen Verbrauch- und Aufwandsteuern zu, sofern es nicht nach Maßgabe der Landesgesetzgebung den Gemeindeverbänden zugewiesen wird. Die Historie der kleineren Gemeindesteuern reicht bis in die Wende vom 18. ins 19. Jahrhundert. Nach dem Preußischen Allgemeinen Landrecht vom 5. Februar 1794 konnten die Kommunen sog. Lustbarkeitssteuern – vergleichbar mit den heutigen Vergnügungssteuern – erheben und wurden darüber hinaus unter der Herrschaft des preußischen Königs Friedrich Wilhelm III. durch das Edikt über die neuen Consumtions- und Luxus-Steuern vom 28. Oktober 1810 ermächtigt, örtliche Steuern wie die Hunde- oder Pferdesteuer einzuführen.[634] Während ihnen § 1 des Preußischen Kommunalabgabengesetzes vom 14. Juli 1893 allgemein das Recht verlieh, indirekte sowie direkte Steuern zur Ausgabendeckung zu erheben, mussten sie in der Weimarer Republik stärker auf die Kompatibilität der örtlichen Gemeindesteuern mit der Reichsverfassung respektive anderer reichsrechtlicher Bestimmungen achten.[635]

Die örtlichen Verbrauch- und Aufwandsteuern stehen heute gem. Art. 105 IIa 1 GG in der Gesetzgebungszuständigkeit der Länder, solange und soweit sie nicht bundesgesetzlich geregelten Steuern gleichartig sind. Regelungen dazu finden sich in den jeweiligen Kommunalabgabengesetzen, welche gewöhnlich unter Einschränkungen die Gemeinden zur Steuererhebung wie in § 3 I 1 KAG NRW ermächtigen.[636] Allerdings ist nach § 3 I 3 KAG NRW die Erhebung einer Steuer auf die Erlangung der Erlaubnis, Gestattung oder Befugnis zum Betrieb eines Gaststättengewerbes unzulässig. Zudem sollen gem. § 3 II KAG NRW die Ge-

---

632 *Fuest/Thöne* Gemeindefinanzreform, S. 90.

633 Vgl. bezogen auf NRW die Tabelle des ifo-Gutachten 2008, S. 55.

634 *Kasper* Kommunale Steuern, S. 176.

635 *Kasper* Kommunale Steuern, S. 177 f.

636 Die jeweiligen Ermächtigungsgrundlagen der Flächenländer sind aufgeführt bei *Kasper* Kommunale Steuern, FN 541, der auf S. 200 ff. die länderspezifischen Regelungsinhalte näher erläutert. *Waldhoff* in: Henneke/Pünder/Waldhoff, Recht der Kommunalfinanzen, § 13 FN 28 nennt zudem spezielle Vergnügung-, Hunde- sowie Zweitwohnungsteuergesetze einiger Länder.

meinden und Kreise Steuern mit Ausnahme der Vergnügungs- und Hundesteuer nur erheben, soweit die Deckung der Ausgaben durch andere Einnahmen, insbesondere durch Gebühren und Beiträge, nicht in Betracht kommt. Schließlich bedarf die Abgabenerhebung gem. § 2 I KAG NRW einer satzungsrechtlichen Grundlage, die den Kreis der Abgabeschuldner, den die Abgabe begründenden Tatbestand, den Maßstab und den Satz der Abgabe sowie den Zeitpunkt ihrer Fälligkeit angeben muss. Wird in der Satzung eine Gemeindesteuer erstmalig erhoben oder erneut eingeführt, bedarf sie zu ihrer Wirksamkeit der Genehmigung des Innen- und des Finanzministeriums, § 2 II KAG NRW.[637]

Verbrauchsteuern werden als „Warensteuern, die den Verbrauch vertretbarer, regelmäßig zum baldigen Verzehr oder kurzfristigen Verbrauch bestimmter Güter des ständigen Bedarfs belasten“[638], Aufwandsteuern als „Steuern auf die Einkommensverwendung für den persönlichen Lebensbedarf, in der die wirtschaftliche Leistungsfähigkeit zum Ausdruck kommt“[639], definiert. Zu den örtlichen Verbrauchsteuern zählt etwa die Getränkesteuer.[640] Beispiele für kommunale Aufwandsteuern sind die (nur noch in wenigen Ländern erhobene) allgemeine Vergnügung-[641], die Schankerlaubnis-, die Spielautomaten-[642], die Hunde- sowie die Zweitwohnungsteuer[643].

In Bezug zu den durchschnittlichen kommunalen Gesamteinnahmen des Jahres 2005 lag der Anteil der örtlichen Verbrauch- und Aufwandsteuern bei weniger als 1 %,[644] was insbesondere auf das Verbot der Gleichartigkeit zu bundesgesetzlichen Steuern in Art. 105 IIa 1 GG zurückzuführen ist. Aufgrund der weiterhin bestehenden geringen fiskalischen Bedeutung werden sie „kleine Gemeindesteuern“ oder gar „kommunale Bagatellsteuern“ genannt. Richtig daran ist, dass die den Kommunen durch das jeweilige Land eröffneten Gesetzgebungsbefugnisse im Bereich der kleineren lokalen Kommunalsteuern äußerst begrenzt sind. Den Stellenwert von örtlichen Verbrauch- und Aufwandsteuern

---

637 Nach NRW-Innenminister *Jäger* gebe es genug Gründe gegen die Genehmigung einer Katzensteuer, DPA-Meldungen vom 26.10.2011.

638 Begründung der Bundesregierung zum Entwurf eines Gesetzes zur Änderung und Ergänzung der Finanzverfassung, BT-Drs. 2/480, S. 107 Tz. 160 sowie BVerfGE 98, 106 [123].

639 BVerfGE 65, 325 [347 f.]; 114, 316 [334].

640 Vom *EuGH* für vereinbar mit Art. 3 RL 92/12/EWG des Rates vom 25.2.1992 erklärt, Slg. 2005, I-2025 – *Hermann*. Sowohl hinsichtlich der Speiseeis- als auch der Verpackungsteuer hat das BVerfG die Verfassungswidrigkeit festgestellt, BVerfGE 16, 306; 98, 106.

641 Ursprünglich als Zwecksteuer zur Finanzierung des Armenwesens vorgesehen, vgl. *Tipke* Die Steuerrechtsordnung, Bd. II, S. 1110.

642 Außer in Bayern wird diese Steuer in allen Ländern erhoben, wenngleich die Verwendung des Stückzahlmaßstabs in Hamburg mit Art. 3 I GG unvereinbar ist, BVerfGE 123, 1.

643 Als örtliche Aufwandsteuer grundsätzlich zulässig, BVerfG, NVwZ 2010, 1022·

644 ifo-Gutachten 2008, S. 126. Vgl. auch *Zimmermann* Kommunalfinanzen, S. 154 sowie *Hey* FS Solms, S. 37.

im Gemeindefinanzsystem deswegen jedoch zu bagatellisieren, ist aus zwei Gründen verfehlt:

Zum einen sind dies die einzigen Steuern, deren Höhe selbstständig von den Kommunen determiniert werden, die keinerlei Einschränkungen durch den einfachen Bundes- sowie Landesgesetzgeber unterliegen können und deren Aufkommen allein in die kommunalen Haushalte fließt. Durch diese Kumulation wird den kommunalen Gebietskörperschaften ein Stück(chen) Unabhängigkeit gegenüber den anderen Hoheitsverbänden zugestanden,[645] so dass die örtlichen Verbrauch- und Aufwandsteuern eine zu begrüßende „Beweglichkeit" im Sinne der Finanzwissenschaft aufweisen.[646]

Zum anderen wird insbesondere bei der Hundesteuer deutlich, dass die Gemeinde hier neben fiskalischen vordergründig lenkungspolitische Ziele verfolgt,[647] um unerwünschten Auswirkungen einer unbeherrschbaren Vielzahl von Hunden zum Wohle des Gemeindegebiets sowie der Gemeindeeinwohner vorzubeugen.[648]

Sowohl die durch die lokalen Verbrauch- und Aufwandsteuern geschaffene, echte kommunale Finanzautonomie als auch deren Ordnungsfunktion rechtfertigen es, den Kommunen diese Einnahmequellen auch in Zukunft nicht zu nehmen.[649]

B) Kommunale Gebühren und Beiträge

Neben den Kommunalsteuern zählen weiterhin Gebühren und Beiträge zu den eigenen Einnahmequellen der Gemeinden kraft öffentlichen Rechts.

645 Ebenso *Waldhoff* in: Henneke/Pünder/Waldhoff, Recht der Kommunalfinanzen, § 13 Rn. 1; *Henneke* Die Kommunen in der Finanzverfassung des Bundes und der Länder, S. 111 f.

646 *Hansmeyer/Zimmermann* WD 1991, 639 [639].

647 Auch in der Weimarer Republik ist die Hundesteuer aus polizeilichen Gründen eingeführt worden, *Pagenkopf* Finanzausgleich im Bundesstaat, S. 125. Als letzte Kommune in Nordrhein-Westfalen erhebt sie die Stadt Hörstel zum 1.1.2011.

648 Dagegen wird die Spielautomatensteuer – ebenso wie das staatliche Glücksspielmonopol – keinen wesentlichen Beitrag zur Bekämpfung der Spielsucht leisten können, wie hier *Tipke* Die Steuerrechtsordnung, Bd. II, S. 1112 f. Ebenso ungeeignet zur Suchtbekämpfung ist die Getränkesteuer, vgl. *Tipke* ebd., S. 1109.

649 Zustimmend *Waldhoff* in: Henneke/Pünder/Waldhoff, Recht der Kommunalfinanzen, § 13 Rn. 1 ff. A.A. *Tipke* Die Steuerrechtsordnung, Bd. II, S. 1103 ff. [1127].

I. Die Gebühr

Auch wenn im Landesrecht kein einheitlicher Gebührenbegriff vorherrscht,[650] sind nach der Legaldefinition in § 4 II KAG NRW und vergleichbarer Bestimmungen der meisten Bundesländer unter klassischen kommunalen Gebühren Geldleistungen zu verstehen, die als Gegenleistung für eine besondere Leistung – Amtshandlung oder sonstige Tätigkeit – der Verwaltung (Verwaltungsgebühren) oder für die Inanspruchnahme öffentlicher Einrichtungen und Anlagen (Benutzungsgebühren) erhoben werden.[651] Gleichermaßen ist die Gebühr nach dem *BVerfG* eine öffentlich-rechtliche Geldleistung, die aus Anlass einer individuell zurechenbaren öffentlichen Leistung dem Gebührenschuldner gesetzlich auferlegt wird.[652]

Allerdings folgt aus der bereits an anderer Stelle erörterten Grundsatzentscheidung der Finanzverfassung für einen Steuerstaat,[653] dass staatliche Einnahmen durch nichtsteuerliche Abgaben nicht ohne Beschränkungen zulässig sind:[654]

Zunächst gibt das explizit nur in den Kommunalabgabengesetzen der Länder einfachgesetzlich normierte Kostendeckungsprinzip eine – wenngleich vage – Grenze für die gesetzgeberische Ausgestaltung vor.[655] Danach haben sich die Gemeinden bei der Gebührenbemessung regelmäßig sowohl am Verbot zu halten, die nach betriebswirtschaftlichen Grundsätzen festzustellende Kostengrenze zu überschreiten, sowie das Gebot zu achten, die Kosten möglichst zu decken.[656] Bezugspunkt ist dabei nicht die vom Bürger individuell zu zahlende Gebühr, sondern die Relation des gesamten Gebührenaufkommens zu den anfallenden Kosten für die jeweilige Verwaltungsaufgabe respektive Bereitstellung der öffentlichen Einrichtung.[657] Durch das Kostendeckungsprinzip werden die Bürger daher

---

650 *Lichtenfeld* in: Driehaus, Kommunalabgabenrecht, § 4 Rn. 9.

651 Vgl. auch §§ 11 II KAG BW, 4 II KAG Bbg, 9 f. KAG Hess, 4 I KAG MV, 4 f. KAG Nds, 7 f. KAG RP, 4 II KAG Saarl, 14 KAG Sachs, 4 f. KAG LSA, 4 I KAG SH sowie 10 KAG Thür. Auf den von T.d.L. zusätzlich vorgebrachten Typ der Verleihungsgebühr wird nicht näher eingegangen, vgl. dazu *Wienbracke* Bemessungsgrenzen der Verwaltungsgebühr, S. 48 ff.

652 BVerfGE 108, 1 [13].

653 Siehe die Nachweise in FN 191 ff.

654 *P. Kirchhof* in: Isensee/Kirchhof, Handbuch des Staatsrechts, § 119 Rn. 46. Vgl. auch *Wienbracke* DÖV 2005, 201 [203]; *Wild* Verw 39 (2006), 493 [498].

655 Vgl. §§ 5 IV, 6 I 3 KAG NRW sowie z.B. §§ 14 I KAG BW, 5 IV, 6 I 3 KAG Bbg, 10 I KAG Sachs.

656 *Kaufmann* in: Henneke/Pünder/Waldhoff, Recht der Kommunalfinanzen, § 15 Rn. 14. Allerdings kann von einer Kostendeckung nach § 6 I 3 KAG MV sowie § 5 I 3 KAG Nds aus Gründen des öffentlichen Interesses abgesehen werden.

657 *Kaufmann* a.a.O., § 15 Rn. 42. Dagegen will *Wienbracke* Bemessungsgrenzen der Verwaltungsgebühr, S. 208 f.; *ders.* DÖV 2005, 201 ff. aus Art. 3 I GG auch ein spezielles Konkretisierungsgebot entnehmen.

lediglich mittelbar vor unangemessenen Gebührenentgelten geschützt.[658] Zudem spricht das *BVerfG* diesem Postulat keinen verfassungsrechtlichen Rang zu. Es handele sich dabei um ein dem einfachen Recht zuzuordnendes Prinzip, das einer verfassungsgerichtlichen Überprüfung nur beschränkt zugänglich sei.[659]

Unmittelbar werden die Bürger durch das Äquivalenzprinzip im engeren Sinne als Konkretisierung des rechtsstaatlichen Übermaßverbotes (Art. 20 III GG) sowie als Ausdruck des allgemeinen Gleichheitssatzes vor untragbaren Gebührensätzen geschützt.[660] Doch ist auch dieser Schutz unzureichend, sofern das *BVerfG* eine Gebührenbemessung erst dann verfassungsrechtlich als sachlich nicht gerechtfertigt ansieht, wenn sie in einem „groben Missverhältnis" zu den verfolgten legitimen Gebührenzwecken steht, was letztlich bloß eine reine Willkürkontrolle darstellt.[661] Hier ist die Rechtsprechung des *BVerwG* vorzugswürdig, wonach ein „angemessenes Verhältnis zwischen der Gebühr und dem Wert der besonderen Leistung"[662] bestehen muss und eine oberflächliche Kontrolle mithin nicht genügt.

Ferner dürfen nach dem Prinzip der Leistungsproportionalität (oder auch speziellen Entgeltlichkeit), das entweder als landesrechtliche Ausprägung des allgemeinen Gleichheitsgebots verstanden wird[663] oder aus dem Wortlaut von § 4 II KAG NRW respektive dem Wesen der Gebühr herzuleiten ist, keine leistungsfremden Kosten Gegenstand der Gebührenkalkulation sein.[664]

Als formelle Schranke erfordert schließlich der rechtsstaatliche Vorbehalt des Gesetzes auch bei den Entgeltabgaben wie im Falle der örtlichen Verbrauch- und Aufwandsteuern gem. § 2 I KAG NRW eine satzungsrechtliche Grundlage.

---

658 Vgl. auch *Wienbracke* DÖV 2005, 201 [204].

659 BVerfGE 97, 332 [345]; BVerfG, NJW 2004, 3321 [3322]. Vgl. BVerfGE 108, 1 [19]. Zustimmend *Lichtenfeld* in: Driehaus, Kommunalabgabenrecht, § 4 Rn. 19. Auch *Oebbecke* Entwicklungen im Gebührenrecht, S. 128 lehnt ein verfassungsrechtliches Kostenüberschreitungsverbot ab. A.A. *Wienbracke* Bemessungsgrenzen der Verwaltungsgebühr, S. 197 ff.; *ders.* DÖV 2005, 201 [204]; *Wild* Verw 39 (2006), 493 [503, 523].

660 Dazu näher im 2. Teil § 2 A) II. 1. a) aa).

661 BVerfGE 108, 1 [18]. Vgl. auch *Schulte/Wiesemann* in: Driehaus, Kommunalabgabenrecht, § 6 Rn. 49b.

662 BVerwGE 12, 162 [166]. Vgl. auch BVerwGE 115, 32 [44]; BVerwG NVwZ 1385 [1386] sowie BVerfGE 20, 257 [269 f.]; 83 363 [392].

663 BVerwGE 112, 297 [301] m.w.N.

664 *Schulte/Wiesemann* in: Driehaus, Kommunalabgabenrecht, § 6 Rn. 52 f.; *Kaufmann* in: Henneke/Pünder/Waldhoff, Recht der Kommunalfinanzen, § 15 Rn. 56 ff.

II. Der Beitrag

Letzteres gilt also ebenso für Beiträge, die nach § 8 II 1 KAG NRW in Abgrenzung zu Gebühren Geldleistungen sind, die dem Ersatz des Aufwandes für die Herstellung, Anschaffung und Erweiterung öffentlicher Einrichtungen und Anlagen im Sinne des § 4 II KAG NRW, bei Straßen, Wegen und Plätzen auch für deren Verbesserung, jedoch ohne die laufende Unterhaltung und Instandsetzung, dienen.[665] Aus dieser Vorschrift ergibt sich für die Beitragserhebung zweierlei:

Erstens kann ein Beitrag nur einmalig für den Ersatz von Investitionsaufwendungen erhoben werden, was dem Begriff des Beitrags immanent ist und den Beitragsschuldner vor Mehrfachbelastungen bewahrt.[666]

Zweitens ist auch der Beitrag durch das Tatbestandsmerkmal der Gegenleistung gekennzeichnet,[667] wenngleich hier im Unterschied zur Gebühr die Finanzierungsverantwortlichkeit bei einer Gruppe von Leistungsempfängern liegt, denen ein Sondervorteil geschaffen wird und die somit einen besonderen wirtschaftlichen Nutzen bekommen.[668] Daher ist die Beitragshöhe nach Maßgabe dieses vermittelten Vorteils im Sinne des Äquivalenzprinzips – verstanden als Generaläquivalenz – zu bestimmen.[669]

Neben dem Unterscheidungsmerkmal, dass für die Beitragserhebung bereits die Möglichkeit der Nutzung von kommunalen Einrichtungen zur Abgabepflicht ausreicht und diese nicht von einem tatsächlichen Gebrauch abhängt,[670] wird die mit der Gebühr abzugeltende Inanspruchnahme einer kommunalen Leistung in der Regel – mit Ausnahme der Beantragung von Personalausweis oder Reisepass[671] – willentlich selbst veranlasst.[672] Im Gegensatz zur Steuer muss die Gruppe der Beitragspflichtigen, die den wirtschaftlichen Vorteil erhält, von der Bevölkerung insgesamt abgrenzbar sein,[673] so dass nur die Begünstigten des be-

---

665 Vgl. z.B. §§ 20 I 1 KAG BW, 8 II 1 KAG Bbg, 7 I 1 KAG MV, 6 I 1 KAG Nds, 8 II 1 KAG Saarl, 17 I 1 KAG Sachs, 8 I 1 KAG SH.

666 OVG NRW NVwZ-RR 1999, 786 [786]; *Driehaus* in: Driehaus, Kommunalabgabenrecht, § 8 Rn. 1, 8c, 9; *Grünewald* ebd. § 8 Rn. 511; *Arndt* in: Henneke/Pünder/Waldhoff, Recht der Kommunalfinanzen, § 16 Rn. 16.

667 BVerfGE 9, 291 [299]; 14, 312 [317]; 42, 223 [228].

668 *P. Kirchhof* in: Isensee/Kirchhof, Handbuch des Staatsrechts, § 119 Rn. 42, 62; *Arndt* in: Henneke/Pünder/Waldhoff, Recht der Kommunalfinanzen, § 16 Rn. 2; *Driehaus* in: Driehaus, Kommunalabgabenrecht, § 8 Rn. 9 f. Vgl. § 8 VI 1 KAG NRW.

669 *Arndt* in: Henneke/Pünder/Waldhoff, Recht der Kommunalfinanzen, § 16 Rn. 8.

670 *Gern* Kommunalrecht, Rn. 984; *Burgi* Kommunalrecht, § 18 Rn 13; *Lichtenfeld* in: Driehaus, Kommunalabgabenrecht, § 4 Rn. 15. Vgl. § 8 II 2 KAG NRW.

671 Aufgrund § 1 I 1 Personalausweisgesetz besteht eine generelle Ausweispflicht, gem. § 1 I 1 Paßgesetz eine Passpflicht für die Aus- und Einreise.

672 Vgl. *Arndt* in: Henneke/Pünder/Waldhoff, Recht der Kommunalfinanzen, § 16 Rn. 7.

673 *P. Kirchhof* in: Isensee/Kirchhof, Handbuch des Staatsrechts, § 119 Rn. 64.

reitgestellten Nutzens zum Kreis der Abgabepflichtigen gehören, nicht jedoch die Nichtbegünstigten von der Beitragszahlung erfasst werden dürfen.[674]

Herkömmlicherweise lassen sich kommunale Beiträge in leitungsgebundene Anschlussbeiträge (insbesondere für die Abwasserbeseitigung, die Gas-, Wasser- und Fernwärmeversorgung)[675] sowie nichtleitungsgebundene Ausbaubeiträge unterteilen. Jene unterliegen der Besonderheit, sowohl bundes- als auch landesrechtlich normiert zu sein. Dabei gilt das in den §§ 127 ff. BauGB geregelte Erschließungsbeitragsrecht für in § 127 II BauGB aufgeführte Erschließungsanlagen gem. Art. 125a I 1 GG nicht nur fort, sondern genießt in dessen Anwendungsbereich im Kollisionsfall nach Art. 31 GG den Vorrang.[676] Sofern die Anwendung des Landesrechts nicht durch den Grundsatz der Spezialität ausgeschlossen ist, existieren in Nordrhein-Westfalen bezogen auf den Straßenbaubeitrag mit § 16 StrWG sowie § 9 KAG (wenig praxisrelevante) Spezialvorschriften, welche die Generalermächtigung aus § 8 I 1 KAG gegebenenfalls verdrängen.[677]

Grundsätzlich geht das Recht der Gemeinden auf Beitragserhebung in den aufgezeigten Fällen mit der Pflicht einher, die ihnen obliegende Sachaufgabe zu erfüllen.[678] Daneben sieht § 11 KAG NRW die Möglichkeit der Erhebung von Kur- und Fremdenverkehrsbeiträgen vor.

III. Bedeutung der Entgeltabgaben

In Bezug auf die Verhinderung einer kommunalen Bankrotterklärung hat die Entgelterhebung gegenüber der Steuer den Vorteil, dass die für eine kommunale Leistung entstehenden Kosten eins zu eins auf den respektive die Leistungsempfänger übertragen werden. So ist die Gebühr nach der im konkreten Gebührentatbestand konstatierten „Finanzierungsverantwortlichkeit"[679] für einen staatlichen Aufwand zu erheben, sofern dieser dem Gebührenpflichtigen zuzurechnen ist.[680] Beim örtlichen Beitrag kommt der wirtschaftliche Nutzen einer Gruppe von Gemeindeeinwohnern zugute. Damit sind die kommunalen Entgeltabgaben beim betroffenen Abgabeschuldner spürbar und weisen durch die bestehende Trans-

---

674 BVerfGE 7, 244 [254; 256 f.]; 49, 343 [353 f.]; 65, 325 [344].

675 Vgl. § 8 IV 3 und VII 2 KAG NRW.

676 *Arndt* in: Henneke/Pünder/Waldhoff, Recht der Kommunalfinanzen, § 16 Rn. 29. § 8 I 2 KAG NRW ist demnach nur deklaratorisch.

677 *Driehaus* in: Driehaus, Kommunalabgabenrecht, § 8 Rn. 232 f.; *Schneider* in: Hamacher/Lenz u.a., KAG NRW, § 8 Rn. 3 f.

678 Vgl. *Arndt* in: Henneke/Pünder/Waldhoff, Recht der Kommunalfinanzen, § 16 Rn. 9.

679 BVerfGE 108, 1 [18]. In Anlehnung an *P. Kirchhof* in: Isensee/Kirchhof, Handbuch des Staatsrechts, § 119 Rn. 26, 43 ff.

680 Vgl. *Wild* Verw 39 (2006), 493 [500].

parenz einen hohen Grad an Fühlbarkeit auf. Wegen ihrer marktähnlichen Funktion werden außerdem Zusatzkosten bei der Erfüllung von lokalen Präferenzen der Gemeindeeinwohner vermieden.[681] Demnach ist verständlich, weshalb sich Finanzwissenschaftler für eine stärkere Erhebung von Entgeltabgaben einsetzen, zumal der Äquivalenzgedanke hier stringenter verfolgt wird, als dies im Steuerstaat der Fall sein kann.[682]

Doch hält *Grossekettler* eine grundlegende Umstellung vom Steuer- zum Entgeltstaat derzeit für eine Utopie, obschon er realisierbar und wünschbar sei:[683]

So steht der Entgeltstaat vor gewaltigen administrativen Aufgaben, wenn nicht nur die mit der Straßenfinanzierung verbundenen Abrieb-, Stau- und Umweltkosten jeweils durch Grenzkostengebühren sowie einen gestaffelten Restkostenbeitrag, sondern sämtliche Leistungen der Kommune nach diesem Muster in Verbindung mit einem – für unseren Sozialstaat erforderlichen – Solidaritätsbeitrag finanziert und per Rechnung an die Leistungsempfänger zugestellt werden müssten. Ferner ist zu bedenken, dass nicht alle angebotenen Leistungen entgeltfähig sind, wie aus der Theorie der öffentlichen Güter (oder auch Kollektivgütertheorie genannt) hervorgeht.[684] So müssten etwa diejenigen von der Gefahrenabwehr durch Ordnungsbehörden, der Stadtreinigung oder der Errichtung eines Deiches rechtlich ausgeschlossen werden, wenn sie sich der Entgeltfinanzierung widersetzen, was entweder mit Komplikationen – im Falle des Deiches beispielsweise mit einer vor Art. 14 GG zu rechtfertigenden Enteignung – verbunden oder wie bei ordnungsbehördlichen Maßnahmen zur Abwehr einer im einzelnen Falle bestehende Gefahr für die öffentliche Sicherheit oder Ordnung in unserem Rechts- und Sozialstaat unmöglich ist. Schließlich weisen kommunale Aufgaben wie die Erhaltung von Straßen, die Beseitigung des Abfalls und die Unterhaltung von Erholungsgebieten interregionale externe Effekte auf, die zumindest anteilig über Steuern zu finanzieren sind.[685]

Gravierender als die administrativen Probleme stellt sich in einem reinen Entgeltstaat die Realisierung des Sozialstaatsprinzips dar. Denn Gebühren und Beiträge haben neben dem Vorteil der Finanzierungsneutralität den Makel, dass sie zu einer Vernachlässigung bildungsarmer Schichten führen, wenn sie verhindern, dass einkommensschwache Bürger musische, sportliche oder kulturelle Angebote der Gemeinden aus finanziellen Gründen nicht wahrnehmen können, obwohl diese für die eigene, vordergründig für die persönliche Entwicklung ihrer Kinder

681 *Zimmermann* Kommunalfinanzen, S. 122.

682 *Grossekettler* Muss sich ein freier Staat über Steuern finanzieren?, FAZ vom 23.4.2010, S. 14; *ders.* Steuerstaat versus Gebührenstaat, S. 24 ff.; *Zimmermann* Kommunalfinanzen, S. 121 ff.; *Rehm/Matern-Rehm* Kommunalfinanzen, S. 149.

683 *Grossekettler* FAZ vom 23.4.2010, S. 14.

684 Zu den Grenzen der Entgelterhebung *Zimmermann* Kommunalfinanzen, S. 124 ff.

685 *Zimmermann* Kommunalfinanzen, S. 129.

wichtig sind. Will man eine Mehrklassengesellschaft auf kommunaler Ebene vermeiden, so sind derartige Güter des Gemeinwohls allen Bürgern zugänglich zu machen. Zwar hat das *BVerfG* die Staffelung von Kindergartengebühren nach dem Einkommen gebilligt und damit dem Leistungsfähigkeitsprinzip im Gebührenrecht unter der Prämisse die Tür geöffnet, dass selbst die Höchstgebühr die tatsächlichen Kosten der Einrichtung nicht deckt sowie in einem angemessenen Verhältnis zu der damit abgegoltenen Verwaltungsleistung steht und die entstehenden Fehlbeträge mithin der Staatskasse zu Last fallen.[686] Doch müsste sich dies in allen, besonders den gerade angesprochenen Bereichen fortsetzen, was in der Folge eine Mitwirkungspflicht der Bürger dergestalt verlangt, den Einkommensteuerbescheid des Vorjahres zum Besuch des Schwimmbades, des Museums oder des Zoos an der Kasse vorzulegen.

Selbst wenn auf eine Steuerfinanzierung also ohnehin nicht gänzlich verzichtet werden kann,[687] ist die Relevanz der kommunalen Entgeltabgaben als integraler Bestandteil des Gemeindefinanzsystems nicht zu verkennen. Im Jahre 2008 machten sie rund 10 % der kommunalen Gesamteinnahmen in den alten und neuen Bundesländern aus.[688] Doch gestaltet sich die Ausprägung des Aufkommens interkommunal unterschiedlich, da gerade bei den Gebühren in den mehr als 12.000 Gemeinden Deutschlands sowohl die Frage des „ob" der Erhebung als auch der Höhe vollkommen divergiert.[689] In Zukunft sollte von den kommunalen Gebietskörperschaften die Kernaussage des § 77 II GO NRW stärker Beachtung finden und vom Recht der Entgelterhebung Gebrauch gemacht werden, sofern eine Wechselbeziehung von Leistung und Gegenleistung im Sinne des Äquivalenzprinzips besteht und die Einbindung der sozialstaatlichen Vorgaben ohne Weiteres möglich ist. Letzteres ist in den Worten „soweit vertretbar und geboten" der Norm angelegt, wonach von der Erhebung spezieller Entgelte aus begründetem Anlass abgesehen werden kann.[690] Schon jetzt wird daher von den Gemeinden ein vollständiger Kostendeckungsgrad durch kommunale Gebühren, insbesondere im kulturellen Bereich wie Theater, Bäder, Museen, Büchereien sowie Bildungseinrichtungen wie Musik- und Volkshochschulen oder Tageseinrichtungen für Kinder, nicht annähernd angestrebt, um den Bürgern einen Anreiz zur Nutzung zu geben.[691] Neben der Intention der Einnahmeerzielung und der Verfolgung sozialer Ziele darf die Gebührenerhebung auch zu weiteren Zwecken

686 BVerfGE 97, 332 [346]. *Oebbecke* Entwicklungen im Gebührenrecht, S. 129 f.; *P. Kirchhof* in: Isensee/Kirchhof, Handbuch des Staatsrechts, § 119 Rn. 54.

687 Vgl. *Grossekettler* Steuerstaat versus Gebührenstaat, S. 43 f.

688 Eigene Berechnung aufgrund der Zahlen aus dem Gemeindefinanzbericht 2009, S. 79.

689 Dazu „Teure Dörfer neben Gebührenoasen", FAZ vom 3.3.2010, S. 10.

690 2. Teil § 2 A) III. 1. a) bb) (1) (b) (cc).

691 Dazu *Zimmermann* Kommunalfinanzen, S. 132; *Rehm/Matern-Rehm* Kommunalfinanzen, S. 145 sowie *Rehm* Kommunale Preispolitik, S. 566 ff.

etwa der Verhaltenslenkung erfolgen, um beispielsweise einen umsichtigen Verbrauch von Wasser und anderen natürlichen Ressourcen zu fördern.[692] Dies unterstreicht, dass die kommunalen Entgeltabgaben grundsätzlich der autonomen Entscheidung der Kommunen unterliegen. Zudem fließen diese Einnahmequellen nach dem haushaltsrechtlichen Grundsatz der Gesamtdeckung ungebunden in den allgemeinen Haushalt und sind für die Gemeinden daher frei verfügbar.[693]

Aus juristischem Blickwinkel ist dem soeben Gesagten allerdings hinzuzufügen, dass Gebühren in der Verfassung nur beiläufig in Art. 74 I Nr. 22 sowie Art. 80 II GG, Beiträge lediglich in Art. 74 I Nr. 18 GG explizit Erwähnung finden. Der auch in der Finanzverfassung zum Ausdruck kommende Vorzug der Steuer hat ferner eine demokratische Komponente, da nur sie die Ausgaben- von der Einnahmenseite entkoppelt und so den Bundes-, Landes- respektive Kommunalgesetzgeber vom Willen des Financiers unabhängig macht.[694]

C) Abgaben sui generis

Der Vollständigkeit wegen sollen zwei weitere kommunale Abgabeformen Erwähnung finden:

Zum einen sind dies Sonderabgaben, die von der Rechtsprechung des *BVerfG* konstruiert wurden. Sie weisen eine enge Verwandtschaft zu den kommunalen Beiträgen auf, wenngleich sich der Abgabenschuldner aus der zu finanzierenden Aufgabe ergibt und die Finanzmittel nicht in den allgemeinen Haushalt fließen, sondern „gruppennützig" verwendet werden müssen.[695] Ertragsberechtigt ist die Kommune nur, wenn ihr die Verwaltungskompetenz für die mit der Sonderabgabenerhebung zu finanzierende Sachaufgabe zusteht.[696] Da Sonderabgaben die Regelung der Gesetzgebungskompetenz in Art. 105 GG, das Budgetrecht des Parlaments aus Art. 110 GG sowie die Belastungsgleichheit der Abgabepflichtigen im Sinne von Art. 3 I GG auszuhöhlen drohen, sind sie nur unter engen Voraussetzungen zulässig.[697] So hat das *BVerfG* die in den Ländern Baden-Würt-

692 BVerfGE 50, 217 [226]; 108, 1 [18]. *Kaufmann* in: Henneke/Pünder/Waldhoff, Recht der Kommunalfinanzen, § 15 Rn. 12. Zu Abfallgebühren vgl. *Oebbecke* Entwicklungen im Gebührenrecht, S. 121 ff.

693 *P. Kirchhof* in: Isensee/Kirchhof, Handbuch des Staatsrechts, § 119 Rn. 57.

694 *P. Kirchhof* in: Isensee/Kirchhof, Handbuch des Staatsrechts, § 119 Rn. 4; *Birk/Eckhoff* Staatsfinanzierung durch Gebühren und Steuern, S. 57; *Sacksofsky* Staatsfinanzierung durch Gebühren?, S. 195. Nach *Kube* biete nur der Steuerstaat die Entfaltung der Rechtsprinzipien Freiheit und Gleichheit, FAZ vom 30.12.2010, S. 6.

695 *P. Kirchhof* in: Isensee/Kirchhof, Handbuch des Staatsrechts, § 119 Rn. 65.

696 *Henneke* Die Kommunen in der Finanzverfassung des Bundes und der Länder, S. 137.

697 *Schoch* Jura 2010, 197 [198, 200 ff.].

temberg und Bayern aufgrund landesgesetzlicher Ermächtigungsgrundlage und kommunalen Satzungsrechts für die Nichtleistung des Dienstes in Feuerwehren oder bestimmten anderen gemeinnützigen Einrichtungen erhobene Feuerwehr- respektive Feuerschutzabgabe für mit dem Grundgesetz unvereinbar und nichtig erklärt. Neben dem Verstoß gegen das Diskriminierungsgebot aus Art. 3 III GG waren die baden-württembergischen und bayerischen Vorschriften auch deshalb verfassungswidrig, da sie nicht den vom Verfassungsgericht aufgestellten Grundsätzen über die finanzverfassungsrechtliche Zulässigkeit von Sonderabgaben genügen.[698] Denn es fehle an der erforderlichen Homogenität der in Anspruch genommenen Gruppe und deren besondere Sachnähe für das Feuerwehrwesen. Es sei offensichtlich, dass nicht gerade die feuerwehrdienstpflichtigen Männer ein irgendwie geartetes besonderes Interesse am Brandschutz haben.[699] In diesem Zusammenhang sind neuere Erscheinungsformen von Abgaben wie die Kulturförderabgabe auf den Preis von Hotelübernachtungen oder Abgaben für Sonnenbank- und Bordellbesitzer kritisch zu hinterfragen, sofern diese nicht als örtliche Verbrauch- bzw. Aufwandsteuer zu charakterisieren sind.[700]

Zum anderen sei auf sog. Konzessionsabgaben hingewiesen, die den Gemeinden für das Recht auf Benutzung der Leitungen zur Strom-, Gas- und Wasserversorgung von den vertraglich privilegierten Unternehmen zufließen. Sie sind mit den vorstehend behandelten hoheitlichen Abgaben verwandt,[701] wenngleich dogmatisch als privatrechtliche Entgelte einzustufen.[702]

§ 3 Originäre Einnahmequellen privatwirtschaftlicher Natur

Dass die Kommunen neben den öffentlich-rechtlichen Abgaben zusätzlich privatwirtschaftliche Einnahmen erzielen können, soll im Rahmen dieser Arbeit nicht vertieft behandelt werden. Zur kommunalen erwerbs- sowie vermögenswirtschaftlichen Betätigung sei nur so viel erwähnt:

---

698 BVerfGE 92, 91 [115 ff.].

699 BVerfGE 92, 91 [120].

700 Nach dem VG Köln (Urt. v. 6.7.2011, Az. 24 K 6736/10) und dem VG Düsseldorf (Urt. v. 02.12.2011 u. 05.12.2011, Az. 25 K 187/11, 25 K 342/11) ist die Kulturförderabgabe dem Grunde nach rechtmäßig. Wegen der grundsätzlichen Bedeutung haben sie die Berufung zum OVG NRW zugelassen. Auch das OVG RP hält die sog. Bettensteuer für eine rechtmäßige örtliche Aufwandsteuer, DVBl. 2011, 1039. Sie ist nach dem Thür OVG jedenfalls nicht als offensichtlich rechtswidrig zu beurteilen, DVBl. 2011, 1366. A.A. VG München ZKF 2011, 261.

701 *Fehling* in: Henneke/Pünder/Waldhoff, Recht der Kommunalfinanzen, § 17 Rn. 7.

702 *Fehling* a.a.O., § 17 Rn. 5 m.w.N.

A) Die erwerbswirtschaftliche Betätigung

Die Anfänge der erwerbswirtschaftlichen Betätigungen von Gemeinden reichen bis in die Weimarer Zeit, als knappe Kassen durch weitere Finanzierungsinstrumente zu füllen waren. Um 1927/28 wurde 8 % des Finanzbedarfs der Gemeinden und Gemeindeverbänden durch Überschüsse der Erwerbsbetriebe gedeckt.[703]

Deskriptiv wird der Begriff der wirtschaftlichen Betätigung nunmehr in § 107 I 3 GO NRW – angelehnt an die Begriffsbestimmung der wirtschaftlichen Unternehmungen von *Popitz*[704] – normiert. Demnach ist darunter der Betrieb von Unternehmen zu verstehen, die als Hersteller, Anbieter oder Verteiler von Gütern oder Dienstleistungen am Markt tätig werden, sofern die Leistung ihrer Art nach auch von einem Privaten mit der Absicht der Gewinnerzielung erbracht werden könnte.

Das erwerbswirtschaftliche Betätigungsfeld der Kommunen wird heute durch Bestimmungen in den Gemeindeordnungen der Länder – zum Teil erheblich – begrenzt. Mit § 107 I 1 GO NRW in der bis zum 28.12.2010 geltenden Fassung bestand in Nordrhein-Westfalen eine der strengsten Restriktionen zugunsten der privaten Unternehmen,[705] wonach die Gemeinde sich zur Erfüllung ihrer Aufgaben wirtschaftlich nur betätigen durfte, wenn ein „dringender" öffentlicher Zweck die Betätigung erforderte.[706] Durch das Gesetz zur Revitalisierung des Gemeindewirtschaftsrechts ist das Wort „dringender" ersatzlos gestrichen und die alte Rechtslage wiederhergestellt worden.[707] Zudem heißt es in der Subsidiaritätsklausel des § 107 I 1 Nr. 3 GO NRW nunmehr „nicht besser und wirtschaftlicher" statt „nicht ebenso gut und wirtschaftlich". Nach § 107 I 1 GO NRW n.F. darf die Gemeinde sich zur Erfüllung ihrer Aufgaben wirtschaftlich betätigen, wenn ein öffentlicher Zweck die Betätigung erfordert, diese nach Art und Umfang in einem angemessenen Verhältnis zu ihrer Leistungsfähigkeit steht und bei einem Tätigwerden außerhalb der Wasserversorgung, des öffentlichen Verkehrs sowie des Betriebes von Telekommunikationsleitungsnetzen einschließlich der Telekommunikationsdienstleistungen der öffentliche Zweck durch andere Unternehmen nicht besser und wirtschaftlicher erfüllt werden kann. Zudem sichert § 107a GO NRW n.F. die überregionale Wettbewerbsmöglichkeit der kommu-

703 *Popitz* Gutachten 1932, S. 46.

704 *Popitz* Gutachten 1932, S. 49.

705 Zu den zwei Arten von Subsidiaritätsklauseln *Schliesky* in: Henneke/Pünder/Waldhoff, Recht der Kommunalfinanzen, § 22 Rn. 15. Kritisch zur gemeindlichen Wirtschaftstätigkeit, *Zimmermann* Kommunalfinanzen, S. 76 ff., 124, 127.

706 Gesetz vom 14.7.1994 (GV. NRW, S. 666), in der ab dem 17.10.2007 bis zum 28.12.2010 geltenden Fassung.

707 Gesetz vom 21.12.2010 (GV. NRW, S. 688).

nalen Energieversorger. Die „rot-grüne“ Minderheitsregierung verfolgt mit der Gesetzesänderung das Ziel, die Wettbewerbsfähigkeit der Kommunalwirtschaft in Zeiten von deregulierten Märkten zu erhalten und wieder zu verbessern, da die kommunalen Unternehmen zuverlässige Dienstleister seien. Bei ihnen handele es sich um nicht auf Gewinnmaximierung orientierte Unternehmen der Daseinsvorsorge.[708] Damit hat die Landesregierung klargestellt, dass die erwerbswirtschaftliche Betätigung nach §§ 107 f. GO NRW nicht der finanziellen Verbesserung der kommunalen Haushalte, sondern den Bürgern dient. Schon aus dem Erfordernis eines öffentlichen Zwecks geht hervor, „dass die wirtschaftliche Betätigung kein Selbstzweck, sondern Mittel zum Zweck der Erfüllung von Gemeinwohlbelangen ist“[709]. Eine rein erwerbswirtschaftliche Betätigung der Kommunen ist auch mit dem Grundgesetz nicht zu vereinbaren.[710]

Schließlich haben sich öffentliche Unternehmen gem. Art. 106 II 1 AEUV an die Vorschriften der Europäischen Verträge, insbesondere die Wettbewerbsregeln des Unionsrechts, zu halten, soweit die Anwendung dieser Vorschriften nicht die Erfüllung der ihnen übertragenen besonderen Aufgabe rechtlich oder tatsächlich verhindert.

Die Gemeinden stehen in Bezug auf die erwerbswirtschaftlichen Betätigung also – abgesehen von den oftmals nur rudimentär vorhandenem wirtschaftlichen Kenntnissen – sowohl vor nationalen als auch unionsrechtlichen Restriktionen, die eine Abschöpfung dieser Einnahmequelle zur Sanierung der kommunalen Haushalte nicht ermöglichen.

B) Beispiele vermögenswirtschaftlicher Betätigung

Gem. § 90 II 2 GO NRW hat die Kommune bei Geldanlagen auf eine ausreichende Sicherheit zu achten und einen angemessenen Ertrag zu erzielen. Die Norm gibt ihr damit einen weiten Entscheidungsspielraum, der nur spekulative Anlagen ausschließt, die einen Totalverlust nach sich ziehen.[711] Dies folgt schon aus den allgemeinen Haushaltgrundsätzen des § 75 I 1 und 2 GO NRW, wonach die Gemeinde ihre Haushaltswirtschaft so zu planen hat, dass die stetige Erfüllung ihrer Aufgaben gesichert ist, und die Haushaltswirtschaft wirtschaftlich, effizient und sparsam geführt wird. Dass in der Vergangenheit nicht immer sehr sorgfältig nach Einnahmepotentialen im Bereich der Vermögenswirtschaft gesucht wurde, zeigen die zwei folgenden Beispiele:

---

708 LT-Drs. 15/27.

709 *Ehlers* Gutachten E für den 64. DJT, S. 70.

710 *Ehlers* Gutachten E für den 64. DJT, S. 72 f.

711 *Richter* in: Henneke/Pünder/Waldhoff, Recht der Kommunalfinanzen, § 38 Rn. 58.

Das sog. Cross-Border-Leasing stellt eine Form des Public Private Partnership dar,[712] zu der sich seit 1993 mehrfach Kommunen aufgrund ihrer vorgefundenen Schuldensituation veranlasst sahen und den Zug der Zeit nicht verpassen wollten. So wurden privatrechtliche (Miet-)Verträge über die Ländergrenzen hinweg abgeschlossen, um letztlich Lücken im amerikanischen Steuersystem auszunutzen und auf diese Weise Einnahmen für die kommunal überschuldeten Haushalte zu generieren. Derartige Rechtsgeschäfte gab es bereits in der privaten Wirtschaft und wurden von deutschen Unternehmen wie der Lufthansa AG, der Deutsche Telekom AG oder der Deutsche Post AG getätigt. Diesem Beispiel ahmten zahlreiche Gemeinden nach, indem sie kommunale Einrichtungen wie Züge sowie Straßenbahnen und später Verkehrsnetz, Kanalisation, Verwaltungsgebäude, Krankenhäuser, Messehallen, Kläranlagen bis hin zu Kraftwerken an amerikanische Treuhandgesellschaften (sog. US-Trust) vermieteten, wobei sie sich uneingeschränkte Nutzungsrechte durch einen Untermietvertrag sicherten. Nach Ablauf der im Untermietvertrag vereinbarten Mietzeit sollte die Transaktion dadurch ihr Ende finden, dass die Kommune die Kaufoption an den Rechten des US-Trusts aus dem Hauptmietvertrag zieht. Andernfalls beginnt die sog. service contract phase, wonach der US-Trust bzw. ein von ihm bestellter Dritter die kommunale Einrichtung der Gemeinde gegen Entgelt bis zum Ablauf des Hauptmietvertrages bereitstellt. Das Vertragswerk umfasst regelmäßig mehr als tausend Seiten in englischer Sprache. Damit sind diese Geschäfte von immenser Komplexität und zudem mit enormen Risiken verbunden, weshalb sie beispielsweise in Brandenburg von den Aufsichtsbehörden erst gar nicht genehmigt wurden. Vor den Risiken für die Kommunen wie Transaktionskostenrisiko bei einem Scheitern der Transaktion vor Vertragsabschluss, Steuerrechtsänderungsrisiko, Finanzierungsrisiken im Falle der Insolvenz eines Beteiligten sowie dem Risiko, für eine vertraglich festgelegte Leistungsstörung zu haften, wurde vom Städte- und Gemeindebund im Jahre 2003 ausdrücklich gewarnt.[713] Nachdem 2004 der amerikanische Gesetzgeber die Steuerlücke für Neuabschlüsse beseitigte, ein Bezirksgericht in Ohio am 28. Mai 2008 die erlangten Steuervorteile aufgrund des nur vorgetäuschten Eigentümerwechsels der Objekte als rechtswidrig befand, die oberste amerikanische Steuerbehörde von den nahezu hundert US-Investoren die Beendigung der Verträge bis spätestens zum 31. Dezember 2008 forderte und dann auch noch die Finanzmarktkrise 2009 hinzutrat, wurde dem Cross-Border-Leasing in den USA die Grundlage entzogen, so dass für viele Städte – unter den rund hundert Städten sind beispielsweise Berlin, Bottrop, Dresden, Esslingen, Hamburg, Leipzig, Nürnberg, Stuttgart, Ulm sowie Wuppertal[714] zu nennen – durch vertraglich übernom-

---

712 *Sanders* CBL-Transaktionen von Kommunen, S. 8 ff.

713 *DStGB* Dokumentation Nr. 34, S. 4 ff., 15.

714 FAZ vom 14.3.2009, S. 13; 17.3.2009, S. 3.

mene Bonitätsrisiken das Kartenhaus in sich zusammenfiel. Es zeigte sich die „[a] merikanische Krankheit deutscher Städte“[715], da sich die Kommunen gegen die Risiken vertraglich nicht hinreichend abgesichert hatten. Aus den ursprünglich erhofften Gewinnen im hohen zweistelligen Millionenbereich drohen nun Verluste zu werden, wenn nicht den Kommunen ein glückliches Händchen in der Schadensbegrenzung gelingt.[716] Der mögliche finanzielle Gesamtverlust der Kommunen kann nach Einschätzung von Experten 30 Milliarden Euro betragen.[717]

Ähnliche Risiken wie beim Cross-Border-Leasing verbergen sich hinter sog. Swap-Geschäften, die nach einer Umfrage des Bundes der Deutschen Steuerzahler NRW fast die Hälfte der nordrhein-westfälischen Städte und Gemeinden zur Verringerung der erdrückenden Schuldenlast vornahm.[718] Unter sog. Zinsswaps sind Finanzderivate zu verstehen, die mit einem Tausch von Zinszahlungsverpflichtungen zwischen der Kommune und einem Vertragspartner, der nicht mit dem ursprünglichen Kreditinstituts des Grundgeschäfts identisch sein muss, verbunden sind.[719] Vereinfacht gesprochen handelt es sich um Spekulationen auf die künftige Zinsentwicklung am Kapitalmarkt, so dass die Kommune das Risiko der Zinsänderung trägt.[720] Von 191 Gemeinden, die sich zum Abschluss von Swap-Geschäften bekannten, konnten 114 nach eigenen Angaben Gewinne verbuchen, darunter beispielsweise Münster mit 2,9 Millionen Euro, Siegen mit 6 Millionen Euro und Spitzenreiter Gelsenkirchen mit 15,6 Millionen Euro. Während 35 Kommunen keine Angaben zu Gewinnen oder Verlusten machten, sprachen 34 Gemeindevertreter von Zinsersparnissen oder positiven Entwicklungen, wenngleich in der Lokalpresse teilweise etwas anderes zu lesen war. Einen schlechten Ausgang nahmen Swap-Geschäfte dagegen in den acht Städten Bocholt, Hagen, Hückeswagen, Meschede, Moers, Mönchengladbach, Mülheim sowie Remscheid mit Verlusten zwischen 1.396 Euro bis hin zu 27,7 Millionen Euro. Am härtesten traf es neben Mülheim (6 Mio. Euro) und Remscheid (18,9 Mio. Euro) die ohnehin schon überschuldete Gemeinde Hagen.[721] Deren Klage auf Schadensersatz gegen

---

715 FAZ vom 5.3.2009, S. 12.

716 Vgl. die Aussage von *Reetz*, Sprecherin der Berliner Verkehrsbetriebe, in der FAZ vom 17.3.2009, S. 3.

717 *Rügemer* in der FAZ vom 17.3.2009, S. 3.

718 *BdSt NRW* Die *NRW* Nachrichten 2009, S. 6. Die Gesamtauswertung ist abrufbar unter *http://www.steuerzahler-nrw.de/files/29034/22_Gesamttabelle.pdf*, abgerufen am 30.12.2011. Auch der Bund setzt Swap-Geschäfte wie Unternehmen mit der Intention ein, zu einer Einsparung von Zinskosten zu gelangen, vgl. FAZ vom 17.2.2010, S. 17.

719 *Kirchhoff/Henning* Kommunales Finanzmanagement, S. 650 ff.

720 Dazu auch *Scheffels* Riskante Geschäfte im Rathaus, Bericht vom 3.2.2009, unter *http://www.wdr.de/themen/wirtschaft/oeffentliche_finanzen/zinsgeschaefte/090203.jhtml*, abgerufen am 30.12.2011.

721 In 2008 betrugen die Zinsausgaben laut Praxisbericht des Kämmererleiters 111.646 Euro pro Tag, siehe *www.kaemmerer-nrw.de/Material/Vortrag+Quitter+25_6_09.pdf*, S. 12.

die Deutsche Bank wegen Beratungsfehlern blieb vor dem *Landgericht Wuppertal* erstinstanzlich erfolglos.[722] Einem Urteil des *Oberlandesgerichts Düsseldorf* kamen die Parteien durch einen Vergleich zuvor, der für die Stadt Hagen mit einem Minus von etwa 40 Millionen Euro[723] schmerzhaft ausfiel. Für die Zukunft hat der Rat daher ein Verbot für Swap-Geschäfte beschlossen. Als erstes Bundesland hat Sachsen seinen kommunalen Gebietskörperschaften empfohlen, auf Schadensersatz vor den ordentlichen Gerichten zu klagen.[724] Das sächsische Innenministerium stützt sich dabei auf ein Urteil des *BGH* vom 22.3.2011, das einem mittelständischen Unternehmen 500.000 € wegen fehlerhafter Anlageberatung zusprach.[725]

Die aufgezeigten Finanzinstrumente sind nicht in einem Rundumschlag als Teufelswerk zu brandmarken, zumal mit ihnen neue Wege des Finanz- und Schuldenmanagements mit dem legitimen Ziel beschritten wurden, der Verschuldung entgegenzuwirken. Zudem sind sowohl Spekulationen als auch Investitionen Wetten, „weil beide auf die Entwicklung von Werten setzen, die ihrer Natur der Zukünftigkeit nach stets ungewiss ist“[726]. Anders als das Glückspiel beruhen sie allerdings nicht nur auf dem blanken Zufall, sondern immer in gewisser Weise auch auf Geschicklichkeit bzw. Wissen.[727] Letzteres ist bei den Gemeinden in Bezug auf das Cross-Border-Leasing sowie der Swap-Geschäfte nicht vorhanden. Daher dürfen sich die Kommunen nicht dazu genötigt sehen, solche Geschäfte aufgrund ihrer Finanznot zu tätigen. Vielmehr bedarf es zur Vermeidung von Kommunalverschuldung strukturelle Veränderungen im Gemeindefinanzsystem, die die Einnahmequellen der Gemeinden kraft öffentlichen Rechts betreffen.

§ 4 Informationszugang für Bürger

Den Zugang zu Informationen über die Verwaltungstätigkeit von öffentlichen Stellen des Landes Nordrhein-Westfalen eröffnet § 4 I 1 des Gesetzes über die Freiheit des Zugangs zu Informationen für das Land NRW (IFG NRW)[728], wonach jede natürliche Person nach Maßgabe dieses Gesetzes auch gegenüber den Gemeinden Anspruch auf Zugang zu den dort vorhandenen amtlichen Informa-

722 Urteil vom 16.7.2008, 3 O 33/08, WM 2008, 1637 ff.

723 FAZ vom 20.1.2011, S. 13.

724 Siehe FAZ vom 29.8.2011, S. 13.

725 NJW 2011, 1949.

726 *Koslowski* „Spekulation: Wette oder Glückspiel“, FAZ 23.10.2009, S. 12.

727 Dazu bereits *A. Krügelstein* Über den begrifflichen Unterschied von Spiel und Wette, Leipzig 1869. *Sanders* CBL-Transaktionen von Kommunen, S. 195 ff., 330.

728 Gesetz vom 27.11.2001 (GV. NRW, S. 806).

tionen hat. Demnach können sich die Bürger auch über die erwerbs- respektive vermögenswirtschaftliche Betätigung informieren, sofern nicht die Auskunft gem. § 8 I 1 IFG NRW zum Schutz von Betriebs- und Geschäftsgeheimnissen oder aus anderen Gründen verweigert werden darf. Letzteres ist vom *OVG NRW* in Bezug auf das Cross-Border-Leasing mit der Begründung verneint worden, dass bei einer Vertragslaufzeit von circa 25 bis 99 Jahren mögliche Konkurrenten nicht vorhanden sind und folglich ein berechtigtes Interesse an der Nichtverbreitung der Information nicht bestehe.[729]

§ 5 Der Verkauf von „Tafelsilber" und die Aufnahme von Schulden

Wenn der Haushalt einer Kommune defizitär ist, so gibt es zur Tilgung der Schulden zwei Lösungsmöglichkeiten: Entweder sie entschließt sich zum Verkauf von „Tafelsilber" – so sie über solches verfügt – oder sie ist als ultima ratio gezwungen, Kredite von privaten Darlehnsgebern aufzunehmen.

So hat beispielsweise die Stadt Dresden im März 2006 durch den Verkauf des kommunalen Wohnungsunternehmens WOBA Dresden GmbH an einen internationalen Finanzinvestor für knapp eine Milliarde Euro Schulden in Höhe von etwa 750 Millionen Euro begleichen und zudem eine Rücklage bilden können.[730] Schon zwischen den Jahren 1991-2007 hat der Verkauf von „Tafelsilber" Nettoerlöse von 28,9 Milliarden Euro eingebracht und seinerzeit noch größere Löcher in den kommunalen Haushaltbilanzen verhindert.[731] Der Preis dafür ist allerdings, dass die veräußerten Vermögenswerte für immer verloren sind. Zudem führte der Dresdener Wohnungsverkauf zu einer noch nicht abgeschlossenen gerichtlichen Auseinandersetzung mit einem Streitwert von mehr als einer Milliarde Euro.[732]

Als – wenngleich ebenso schlechte – Alternative bleibt gem. § 89 II GO NRW die Aufnahme von Krediten zur Liquiditätssicherung (früher sog. Kassenkredite). Anders als Investitionskredite finanziert die Gemeinde mit diesen Liquiditätsmitteln keine Gemeindeprojekte, sondern benötigt sie allein zur Tilgung von Schulden. Auch wenn es kein Geheimnis ist, dass dieses „leicht erhältliche Geld" künftig mit Zinsen zurückzuzahlen ist, was meist die Aufnahme neuer Kredite zur Folge hat, so scheinen die Verantwortlichen in den Kommunen sich

729 OVG NRW, DVBl. 2010, 911 [913], bestätigt durch das BVerwG, DVBl 2011, 501.

730 FAZ vom 29.7.2010, S. 10.

731 *Bertelsmann Stiftung* Kommunaler Finanz- und Schuldenreport Deutschland 2008, S. 22, 74.

732 Zur aktuellen Entwicklung siehe http://www.woba-klagen.de.

diesen Folgebelastungen nicht immer bewusst zu sein.[733] Erschwerend kommt für die Kommunen hinzu, dass die Schuldentilgung nicht wie beim Bund allein durch die Erhöhung von Steuern zu bewerkstelligen ist, da den Gemeinden hierzu neben der Gewerbesteuer eine bedeutende originäre Steuerquelle fehlt. Deshalb dürfen Kredite zur Liquiditätssicherung nur in Notzeiten aufgenommen werden, um nicht in eine Schuldenspirale zu geraten. Es ist daher bedenklich, dass der Kassenkreditbestand zum 31. Dezember 2010 auf einen Rekord von 40,5 Milliarden Euro stieg und Kassenkredite nunmehr dauerhaft in die Finanzplanung einbezogen, mithin zweckentfremdet werden.[734] Ernst zu nehmen ist in diesem Kontext die Ankündigung der auf die Vergabe von Kassenkrediten spezialisierten WL Bank mit Sitz in Münster, als erste Bank Kommunen mit Nothaushalt keine Kredite mehr zu gewähren. Es ist zu erwarten, dass diesem Beispiel andere Kreditinstitute folgen und künftig Ratingagenturen gegebenenfalls über die Kreditvergabe an notleidende Kommunen entscheiden. Daher müssen sich alle Gemeinden künftig darauf fokussieren, in guten Zeiten Rücklagen zu bilden und frühzeitig eine fundierte Finanzplanung zu erstellen.[735] Nicht umsonst hat die Gemeinde gem. § 89 I GO NRW ihre Zahlungsfähigkeit durch eine angemessene Liquiditätsplanung sicherzustellen.

Ein Pilotprojekt versuchte die mit 12 Millionen Euro verschuldete norddeutsche Kleinstadt Quickborn, indem sie Kredite von ihren Bürgern für die Renovierung des Gymnasiums sowie den Bau einer Sporthalle akquirierte, was ihr jedoch die Bundesanstalt für Finanzdienstleistungsaufsicht (BaFin) sowie die Kommunalaufsicht untersagte, da es sich dabei um erlaubnispflichtige Einlagengeschäfte im Sinne von § 1 I 2 Nr. 1, 2. Var. KWG[736] handelt und eine Erlaubnis nach § 32 KWG fehlt.[737] Dies hat insofern einen gewissen Charme, als eine enge Verbindung zwischen den Einwohnern und ihrer Gemeinde besteht. Für die Zukunft könnten daher sog. Bürgeranleihen als Inhaberschuldverschreibungen an die Stelle des sog. Bürgerdarlehens treten.[738]

---

733 *Zimmermann* Kommunalfinanzen, S. 187 f.

734 Nachweise in FN 13 f.

735 Kritisch zur Schuldaufnahme insgesamt zu Recht *Zimmermann* Kommunalfinanzen, S. 189 ff., der lediglich Investitionskredite für die Finanzierung sich selbst tragender öffentlicher Finanzierungsprojekte befürwortet.

736 Gesetz über das Kreditwesen in der Fassung der Bekanntmachung vom 9.9.1998 (BGBl. I S. 2776), zuletzt geändert durch Art. 2 des Gesetzes vom 22.6.2011 (BGBl. I S. 1126).

737 „Quickborn pumpt seine Einwohner an“, FAZ vom 2.3.2010, S. 9 sowie vom 21.7.2010, S. 13.

738 *Prehn* DÖV 2011, 174 [184], die das sog. Bürgerdarlehen wegen der rechtlichen Vorgaben nicht für ein künftig gangbares Finanzierungsmodell hält.

§ 6 Stellungnahme zu den Einnahmequellen insgesamt

Als Resultat dieses Kapitels ist erstens festzuhalten, dass mit Blick auf die Einnahmepotentiale der Gemeinden der kommunalen Finanzautonomie im Sinne von Art. 28 II 3 GG, genauer der kommunalen Finanzhoheit, vom Bundesgesetzgeber bisher zu wenig Beachtung geschenkt wurde. Bei den derivativen Einnahmequellen hängen die kommunalen Körperschaften zwangsläufig am Nabel von Bund und Ländern. Überdies ist der Anspruch auf einen übergemeindlichen Finanzausgleich nach Art. 79 S. 2 LVerf NRW durch die Leistungsfähigkeit des Landes begrenzt, um die es nicht nur in Nordrhein-Westfalen alles andere als gut bestellt ist. Dennoch erfüllen die Bundes- und Landeszuweisungen derzeit weit mehr als nur eine komplementäre Funktion im System der Gemeindefinanzierung. So kann der Gemeinderat autonome Entscheidungen nur in Bezug auf die Erhebung von Gebühren, Beiträgen, örtlichen Verbrauch- und Aufwandsteuern sowie bezüglich der Höhe der grund- und gewerbesteuerlichen Hebesätze treffen. Zu der Bedeutung von kommunalen Entgeltabgaben wurde herausgearbeitet, dass sie zwar der Finanzierungsverantwortlichkeit gerecht werden und wegen ihrer marktähnlichen Funktion Zusatzkosten bei der Erfüllung von Präferenzen der Gemeindeeinwohner vermeiden. Allerdings sind nicht alle Leistungen im Rahmen der kommunalen Daseinsvorsorge entgeltfähig. Zudem steht ein reiner Entgeltstaat vor gravierenden Schwierigkeiten in der Administration und ist mit dem Sozialstaatsprinzip unvereinbar. Nicht ohne Grund sind daher Gebühren in der Verfassung nur beiläufig in Art. 74 I Nr. 22 sowie Art. 80 II GG, Beiträge lediglich in Art. 74 I Nr. 18 GG explizit erwähnt. Der auch in der Finanzverfassung zum Ausdruck kommende Vorzug der Steuer hat darüber hinaus eine demokratische Komponente, da nur sie die Ausgaben- von der Einnahmenseite entkoppelt und den Bundes-, Landes- respektive Kommunalgesetzgeber nicht dem Willen des Financiers unterwirft. Örtliche Verbrauch- und Aufwandsteuern können wie im Fall der Hundesteuer ordnungspolitisch von Relevanz sein. Ihre fiskalische Bedeutung für den kommunalen Haushalt ist dagegen äußerst gering. In diesem Kontext sind die Hebesatzrechte an Grund- und Gewerbesteuer trotz der aufgezeigten Schwächen die wahre Ausprägung der kommunalen Finanzhoheit. Autonome Entscheidungen sind schließlich ebenfalls bei den Einnahmequellen privatrechtlicher Natur möglich, wenngleich die Gemeinden nicht immer über das hierfür erforderliche marktwirtschaftliche Wissen verfügen und mit der ausufernden Inanspruchnahme von Krediten zur Liquiditätssicherung die Verschuldungsspirale unaufhaltsam in Gang setzen.

Zweitens bestehen nach dieser Untersuchung die strukturellen Defizite des Kommunalfinanzsystems vornehmlich darin, dass es dem Gemeindeeinwohner verwehrt, eine Beziehung zwischen gezahlten Kommunalabgaben und erhaltenen Leistungen herzustellen. Anders gewendet besteht gerade keine Fühlbarkeit, zumal die Belastungswirkung der Grundsteuer verfassungsrechtlich bedingt gering ausfällt. Schon *Popitz* hat im Jahre 1932 angemerkt, dass „eine große Gemeindepersonalsteuer [fehlt], die auch die großen Massen nicht nur an den Leistungen, sondern auch an den Lasten der Gemeinden interessiert“[739]. Auch heute noch mangelt es den Kommunen an einer gewichtigen, eigenverantwortlichen und verlässlichen Besteuerung aller Empfänger örtlicher Leistungen.

739 *Popitz* Gutachten 1932, S. 333.

3. Teil: Die Gemeindefinanzen in der politischen Diskussion

§ 1 Hintergründe

In der politischen Auseinandersetzung steht eine Reform des Gemeindefinanzsystems – vordergründig der Kommunalsteuern – seit langem auf der Tagesordnung, was angesichts der bisher gewonnenen Erkenntnisse alles andere als verwundert.

So setzte die „rot-grüne“ Bundesregierung des 14. Deutschen Bundestages im Jahre 2002 eine Kommission zur Reform der Gemeindefinanzen (sog. Gemeindefinanzreformkommission) ein. Diese erteilte der Arbeitsgruppe „Kommunalsteuern“ den Auftrag, eine Bestandsaufnahme zur Gewerbesteuer vorzunehmen und Lösungsvorschläge zu untersuchen sowie zu bewerten. Aus einer Fülle von Reformentwürfen[740] wurden zwei Vorschläge im Abschlussbericht der Arbeitsgruppe vom 20. Juni 2003 – ohne nähere Erläuterung der Auswahl und ohne Behandlung der Grundsteuer – beleuchtet: Der Vorschlag der Bundesvereinigung der kommunalen Spitzenverbände einer modernisierten Gewerbesteuer und das Konzept einer kommunalen Einkommen- und Gewinnsteuer vom Bundesverband der Deutschen Industrie (BDI) und dem Verband der Chemischen Industrie (VCI). Der Bericht blieb fruchtlos, da sich weder die Arbeitsgruppe noch die Gemeindefinanzreformkommission auf eine der Alternativen verständigen konnte. Auch das daraufhin vom Bundesministerium der Finanzen eingebrachte Modell der „Gemeindewirtschaftssteuer“[741], welches unter anderem die Erweiterung der Steuerpflicht auf Selbstständige im Sinne von § 18 EStG sowie den grundsätzlichen Verzicht gewinnunabhängiger Bestandteile der Bemessungsgrundlage vorsah, setzte sich im gesetzgeberischen Verfahren nicht durch. Letztlich erfolgten nur rudimentäre Veränderungen der Gewerbesteuer, welche im Vermittlungsausschuss ausgehandelt werden konnten.[742] Damit scheiterte die erste große Initiative zur Reform der Gemeindefinanzen aus neuerer Zeit mit Ablauf des Jahres 2003.

---

740 Zu den bisherigen Modellen vgl. die Aufzählung bei *Stöhr/Stange* Reform der Gewerbesteuer, S. 43 ff.; *Güroff* in: Glanegger/Güroff, GewStG, § 1 Rn. 51 sowie *Fuest/Thöne* Gemeindefinanzreform, S. 41 ff., 112.

741 BT-Drs. 15/1517.

742 Siehe Gesetz zur Änderung der Gewerbesteuer und anderer Gesetzen vom 23.12.2003, BGBl. I S. 2922.

Einen neuen Anlauf wagte die „schwarz-gelbe“ Koalition der 17. Legislaturperiode, die sich ebenfalls auf die Einsetzung einer Kommission zur Neuordnung der Gemeindefinanzierung (sog. Gemeindefinanzkommission) einigte,[743] deren konstituierende Sitzung am 4. März 2010 unter Federführung des Bundesministers der Finanzen stattfand. Beteiligt waren ferner der Innenminister des Bundes, der Bundeswirtschaftsminister sowie Vertreter der Länder und der kommunalen Spitzenverbände. Nach dem Einsetzungsbeschluss der Bundesregierung war bei der Erarbeitung von Reformvorschlägen auch der aufkommensneutrale Ersatz der Gewerbesteuer durch einen höheren Anteil an der Umsatzsteuer und einen kommunalen Zuschlag auf die Einkommen- und Körperschaftsteuer mit eigenem Hebesatzrecht zu prüfen. Dieser Auftrag gleicht nicht nur demjenigen der Gemeindefinanzreformkommission, es wurde ebenso eine Arbeitsgruppe mit Schwerpunkt „Kommunalsteuern“ eingerichtet. Doch auch in der Gemeindefinanzkommission kam es diesbezüglich zu keinen inhaltlichen Beschlüssen. Sie scheiterte gleichfalls, eine strukturelle Veränderung der Kommunalsteuern in die Wege zu leiten.

§ 2 Gegenstand der politischen Auseinandersetzung

Vorab erklärten die Präsidenten der kommunalen Spitzenverbände in der Pressemitteilung vom 3. März 2010, dass das Rad nicht mehr neu zu erfinden, sondern Ausgangspunkt der Erwägungen in der Gemeindefinanzkommission die Ergebnisse und Erkenntnisse aus dem Jahre 2003 seien. Letztere sind nachfolgend zunächst darzustellen, bevor die Diskussion um die Vier-Säulen-Lösung der Kommission „Steuergesetzbuch“ ergänzt und bereichert werden soll.

A) Modernisierte Gewerbesteuer

Die Bundesvereinigung der kommunalen Spitzenverbände bevorzugt noch immer den Vorschlag, die Gewerbesteuer unter Beseitigung ihrer Schwachstellen zu erhalten.[744] Dem liegen die Tatsachen zugrunde, dass sich die Gewerbesteuer nach konjunkturellen Einbrüchen in der Regel schnell erholt und das Gewerbesteueraufkommen sich in den letzten Jahrzehnten stets aufwärts bewegt. Die Kommunen wollen weiterhin von den Zuwachsraten der Gewerbesteuer profi-

743 Koalitionsvertrag von CDU, CSU und FPD vom 26.10.2009, S. 14.

744 Siehe dazu Vorschlag der kommunalen Spitzenverbände ZKF 2003, 102 ff.; FAZ vom 2.6.2010, S. 13 sowie vom 16.6.2010, S. 4.

tieren. Daher soll nach ihren Vorstellungen der Kreis der Steuerpflichtigen auf alle Selbstständigen im Sinne von § 18 EStG erweitert, Einkünfte aus Land- und Forstwirtschaft sowie aus Vermietung und Verpachtung wegen der Grundsteuerbelastung weiterhin von der Gewerbesteuer verschont werden. Flankierend ist eine Verbreiterung der Bemessungsgrundlage geplant, indem § 8 GewStG weitere ertragsunabhängige Elemente erhält und diese dann zum Gewerbeertrag hinzuzurechnen sind.

B) Kommunale Einkommen- und Gewinnsteuer

Demgegenüber intendiert das Konzept der kommunalen Einkommen- und Gewinnsteuer von *BDI/VCI* nicht nur die örtliche Besteuerung von gewerblichen Unternehmen respektive Selbstständigen, sondern eine alle leistungsfähige Bürger und Unternehmen erfassende Gemeindesteuer.[745] Nach diesem Modell werden sowohl die Gewerbesteuer als auch der Gemeindeanteil an der Einkommensteuer abgeschafft und durch einen proportionalen Zuschlag der Kommunen auf die festzusetzende Einkommen- und Körperschaftsteuer ersetzt. Steuerberechtigt sollen für unternehmerische Einkünfte die Betriebsstätten-, für alle anderen Einkünfte die Wohnsitzgemeinden sein.

Der Steuerpflicht unterfallen die im Gemeindegebiet ansässigen oder als ansässig behandelten natürlichen Personen sowie die in- und ausländischen Unternehmen und Selbstständigen, die dort eine Betriebsstätte unterhalten oder mit anderen inländischen Einkünften veranlagt werden. Im Falle mehrerer Wohnsitze ist der erste Wohnsitz im Inland maßgeblich, bei Betriebsstätten in mehreren Gemeinden ist nach den Zerlegungsregeln der Gewerbesteuer zu verfahren.[746] Hinsichtlich der Personengesellschaften besteht die Besonderheit, dass der anteilige Gewinn des Gesellschafters (nicht der Gesellschaft) in den Betriebs-, anderweitige Vergütungen in den Wohnsitzgemeinden zu besteuern sind, um Letztere wie bei Kapitalgesellschaften nicht als Teil des Unternehmensgewinns, sondern gemäß ihrer zivilrechtlichen Qualifikation als Gehälter, Zinsen, Lizenzgebühren oder Mieten zu behandeln.[747] Zur sachgerechten Lösung der zu erwartenden Problematik der Einwohnerwanderung von Kernstädte in Umlandgemeinden wird eine Erhöhung des Gemeindeanteils an der Umsatzsteuer erwogen, welcher den Betriebsgemeinden zugutekommt.

745 Vgl. *BDI/VCI* Konzept einer kommunalen Einkommen- und Gewinnsteuer, S. 4, 18 ff.
746 *BDI/VCI* a.a.O., S. 20, 23.
747 *BDI/VCI* a.a.O., S. 20 f.

C) Die Vier-Säulen-Lösung der Kommission „Steuergesetzbuch“

Grundlage der Diskussion in der Gemeindefinanzkommission ist neben diesen Vorschlägen auch die Vier-Säulen-Lösung der von der Stiftung Marktwirtschaft eingesetzten Kommission „Steuergesetzbuch“. Diese überparteiliche und unabhängige Expertengruppe verfolgt nicht nur wie das *BDI/VCI*-Modell einen ganzheitlichen Ansatz hinsichtlich des Gemeindefinanzsystems, sondern erhebt darüber hinaus den Anspruch, ein in sich schlüssiges und umfassendes Konzept einer Ertragssteuerreform zu erarbeiten, das neben der Neuordnung der Kommunalfinanzen (Modul II) eine Reform der Unternehmens- (Modul I) sowie der Einkommensbesteuerung beinhaltet (Modul III).[748]

Nach der Vier-Säulen-Lösung ist die Gewerbesteuer abzuschaffen und die Gemeindefinanzierung auf vier Fundamente[749] zu stellen:

In der ersten Säule bleibt das kommunale Hebesatzrecht an der Grundsteuer (Faktor Grundbesitz) bestehen, wenngleich die bisherige Einheitsbewertung – wie auch im Rahmen dieser Arbeit gefordert[750] – durch eine realitätsgerechte Bemessungsgrundlage zu ersetzen ist.

Die zweite Säule bildet anstelle des gemeindlichen Einkommensteueranteils eine kommunale Bürgersteuer (Faktor Wohnen) mit Hebesatzrecht an der Einkommensteuer im Sinne von Art. 106 V 3 GG, die offen dem Gemeindeeinwohner im Bürgersteuerbescheid auszuweisen ist, wodurch er auch die Effektivität der Mittelverwendung seitens der Gemeindevertretung kontrollieren kann. Entgegen dem *BDI/VCI*-Modell schlägt die Kommission ein proportionales Beteiligungsrecht nicht auf die Einkommensteuerschuld, sondern auf das zu versteuernde Einkommen vor, dessen Aufkommen der Wohnsitzgemeinde zusteht und welches das Finanzamt für sie erhebt. Das Hebesatzrecht sollte allerdings nach Ansicht der Expertengruppe für eine Übergangszeit auf einen Sockelbetrag des Einkommens begrenzt werden, um unerwünschte interkommunale Verteilungswirkungen wie die Stadt-Umland-Problematik zu entschärfen.[751]

An die Stelle der Gewerbesteuer tritt als dritte Säule die Kommunale Unternehmensteuer (Faktor Wirtschaften), die mit einem Hebesatzrecht an die zuvor im Modul I entwickelte Allgemeine Unternehmensteuer anknüpft und wie die

748 *Stiftung Marktwirtschaft/Kommission „Steuergesetzbuch“* Steuerpolitisches Programm, S. 16 ff. Nach *Seer* FAZ vom 19.10.2011 ist dies der wohl tauglichste Reformansatz.

749 Dazu *Stiftung Marktwirtschaft/Kommission „Steuergesetzbuch“* a.a.O., S. 41 ff.

750 2. Teil § 2 A) III. 1. b) bb).

751 Zur kommunalen Bürgersteuer *Stiftung Marktwirtschaft/Kommission „Steuergesetzbuch“* Steuerpolitisches Programm, S. 42 f. Näher dazu im 4. Teil § 3 C) II.

Gewerbesteuer von der Betriebsgemeinde erhoben wird.[752] Im Gegensatz zur Unternehmensteuerreform 2008 verfolgt die Kommission mit der Allgemeinen Unternehmensteuer eine strukturelle Reform der Unternehmensbesteuerung, indem die Körperschaftsteuer durch Ausweitung auf Rechtsträger von Personenunternehmen zu einem Unternehmensteuergesetz ausgestaltet wird. Demnach unterfallen der Unternehmensteuer neben den bislang in § 1 I KStG angeführten Körperschaften ferner Personenhandelsgesellschaften kraft Rechtsform, sonstige Personengesellschaften, wenn sie unternehmerisch tätig sind, sowie natürliche Personen, soweit sie unternehmerisch tätig sind (Einzelunternehmer). Der Unternehmensbegriff wird weit verstanden, so dass darunter auch die bisherigen Einkünfte aus Land- und Forstwirtschaft, Gewerbebetrieb und selbstständiger Tätigkeit, aus Gründen der Praktikabilität nicht jedoch reine Vermietungstätigkeiten fallen. Gesetzestechnisch wird zwar weiterhin im Unternehmensteuergesetzentwurf zwischen Körperschaften und Personenunternehmen differenziert, um Raum für Sonderregelungen in Bezug auf die besondere Eigenschaft von Personenunternehmen zu schaffen. Doch ändert dies nichts daran, dass hier der gegenwärtige Dualismus in der Unternehmensbesteuerung überwunden und durch eine einheitliche Regelung ersetzt wird, was sowohl eine unternehmerische Besteuerung unabhängig von der Rechtsform als auch eine Verbesserung der Wettbewerbsfähigkeit des Standortes Deutschland ermöglicht.

In Anwendung des Trennungsprinzips erfolgt die Besteuerung für alle Unternehmen grundsätzlich in zwei Stufen: So wird zunächst der Unternehmensgewinn mit einem niedrigen Steuersatz zwischen 25 und 30 % besteuert, bevor auf Unternehmerebene im Falle von Gewinntransfers eine ermäßigte Nachbelastung im Rahmen der Einkommensteuer erfolgt.[753] Durchbrochen wird dieser Grundsatz zum einen bei geringfügigen unternehmerischen Einkünften von Personenunternehmen unter 120.000 Euro per anno (sog. Kleinunternehmern),[754] welche weiter der Einkommensbesteuerung und mithin der kommunalen Bürgersteuer unterliegen, sofern nicht von der Option der Allgemeinen Unternehmensteuer Gebrauch gemacht wird.[755] Zum anderen dürfen bei Personenunternehmen transparente Entnahmen bis zu 120.000 Euro pro Gesellschafter und Kalenderjahr getätigt werden, die den Gewinn des Unternehmens mindern und beim empfan-

752 Wertschöpfungsmodelle werden wegen europarechtlicher Probleme sowie der steuerlichen unternehmerischen Belastungen auch zu Krisenzeiten abgelehnt, *Stiftung Marktwirtschaft/ Kommission „Steuergesetzbuch“* Steuerpolitisches Programm, S. 43 ff. Vgl. auch *Hey* StuW 2002, 314 [320].

753 Zum Grundkonzept der Allgemeinen Unternehmensteuer siehe *Hey* Die Vorschläge der Kommission Steuergesetzbuch, S. 125 ff.

754 Abgestellt wird auf einen Drei-Jahres-Zeitraum.

755 *Stiftung Marktwirtschaft/Kommission „Steuergesetzbuch“* Steuerpolitisches Programm, S. 29 f.

genden Unternehmer voll mit Einkommen- und kommunaler Bürgersteuer besteuert werden.[756]

Um Betriebsstättengemeinden insbesondere vor einer drohenden Abwanderung der Einwohner in Umlandgemeinden zu schützen, ist nicht die im Konzept von *BDI/VCI* vorgeschlagene Erhöhung des Umsatzsteueranteils,[757] sondern ein unmittelbar fixer Anteil am Lohnsteueraufkommen des im Gemeindegebiet beschäftigten Arbeitnehmers als komplementäres Element zur kommunalen Bürgersteuer in der vierte Säule vorgesehen.[758] Dieser wird auf die Lohnsteuer angerechnet, um weder das Unternehmen noch den Arbeitnehmer, dessen Wohn- und Beschäftigungsort sich unterscheiden, zusätzlich zu belasten.

§ 3 Gemeinsamkeiten und Unterschiede

Gemeinsam haben alle Lösungswege einzig das Ziel, für eine verbesserte, d.h. stetige Einnahmesituation der Gemeinden zur Stärkung der kommunalen Finanzautonomie im Sinne von Art. 28 II 3 GG zu streiten. Die dazu entwickelten Reformmodelle divergieren zum Teil erheblich.

Der von den kommunalen Spitzenverbänden präferierte Weg einer modernisierten Gewerbesteuer zeichnet sich dabei als derjenige mit dem geringsten Aufwand aus, weil er nur eine einfachgesetzliche Änderung des Gewerbesteuergesetzes, nicht jedoch eine Verfassungsänderung des Art. 106 VI GG erfordert. Denn die freien Berufe waren sowohl im preußischen Gewerbesteueredikt von 1810 als auch in den Jahren 1930 und 1931 der Weimarer Republik in nahezu sämtlichen Ländern von der Gewerbesteuer betroffen.[759] Dies indiziert, dass auch die selbstständige Tätigkeit noch unter den Begriff „Gewerbesteuer" zu fassen ist,[760] zumal bloß die „Grundsätze des Nationalsozialismus" die Nichtberücksichtigung der Freiberufler im Reichsgewerbesteuergesetz von 1936 nahelegten.[761] Die Erweiterung des Kreises der Steuerzahler hat zudem den Vorteil, dass die bereits an anderer Stelle erörterten Probleme mit der Abgrenzung von gewerblicher und selbstständiger Beschäftigung entfallen.[762] Demgegenüber ist die Erweiterung

756 *Stiftung Marktwirtschaft/Kommission „Steuergesetzbuch"* a.a.O., S. 27 f.

757 Vgl. dazu *Stiftung Marktwirtschaft/Kommission „Steuergesetzbuch"* a.a.O., S. 45, 56.

758 Kritisch zum Fehlen eines Hebesatzrechtes bei der Lohnsumme *Deubel* Reform des Gemeindesteuersystems, S. 105 ff.

759 Nachweise in FN 562.

760 Zustimmend *Zitzelsberger* Grundlagen der Gewerbesteuer, S. 186; *Jachmann* Gewerbesteuerreform, S. 60 und wohl auch *Keß* FR 2000, 695 [702, 704]. Vgl. ferner BT-Drs. 15/1517, S. 11 f. A.A. *Dann* Alternativen zur Gewerbesteuer, S. 37.

761 RStBl. 1937, 693 [694].

762 2.Teil § 2 A) III. 1 a) bb) (1) (a) (aa) (ii).

der Hinzurechnungen in § 8 GewStG vor dem Hintergrund der Substanzbesteuerung verfassungsrechtlich problematisch.

Da nicht nur ortsansässige Unternehmen, sondern alle Gemeindeeinwohner von kommunalen Leistungen profitieren, führt allerdings die Modernisierung der Gewerbesteuer unter dem Gesichtspunkt der fiskalischen Äquivalenz nicht weit genug. Dem werden die Vorschläge von *BDI/VCI* sowie der Kommission „Steuergesetzbuch" weit mehr gerecht, indem sie die Gemeindebesteuerung in einem ganzheitlichen Ansatz auf alle leistungsfähigen Gemeindebürger und Unternehmen beziehen. Aus äquivalenztheoretischen Gründen sowie Erwägungen der Steuerrechtfertigung sollte das Hebesatzrecht allerdings nicht wie im *BDI/VCI*-Konzept an die Steuerschuld, sondern wie in der Vier-Säulen-Lösung an das zu versteuernde Einkommen anknüpfen. Die kommunale Bürgersteuer wird dann proportional erhoben, ohne die Progressionswirkungen der Einkommensteuer zu übernehmen, welche die interkommunalen Disparitäten im Aufkommen nur noch verschärften.[763]

Problematisch erweist sich sowohl beim Modell von *BDI/VCI* als auch bei der Vier-Säulen-Lösung das Erfordernis der Grundgesetzänderung:

In Bezug auf die kommunale Einkommen- und Gewinnsteuer von *BDI/VCI* ist in der Finanzverfassung weder die Verteilung des gemeindlichen Anteils an der Einkommensteuer nach dem Betriebsstättenprinzip noch ein Hebesatzrecht auf die Körperschaftsteuer vorgesehen, so dass es somit der Änderung von Art. 106 V sowie VI GG bedarf.[764]

Die Kommunalen Unternehmensteuer als ein Element der Vier-Säulen-Lösung ist zwar möglicherweise noch unter den Typus der Gewerbesteuer im Sinne von Art. 106 VI GG zu fassen.[765] Ein Anteil an der Lohnsumme allein für Betriebsstättengemeinden ist jedenfalls nicht in Art. 106 V GG vorgesehen.[766]

Daher bedarf es in beiden Fällen für die Umsetzung der Reformvorschläge gem. Art. 79 II GG der Zustimmung von zwei Dritteln der Mitglieder des Bundestages sowie zwei Dritteln der Stimmen des Bundesrates. Darüber hinaus muss sich die Kommission „Steuergesetzbuch" den Vorwurf gefallen lassen, der empfohlene Lösungsweg stelle kein Programm der Steuervereinfachung dar, weil die Schaffung von Bürger- sowie der Kommunalen Unternehmensteuer zu mehr Komplexität führe und der Reformentwurf letztlich zum Opfer des politischen Prozesses zu werden droht.[767] Letzteres ist angesichts der zur demokratischen

---

763 Näher dazu im 4. Teil § 3 B).

764 Vgl. *BDI/VCI* Konzept einer kommunalen Einkommen- und Gewinnsteuer, S. 25.

765 So *Jachmann* StuW 2006, 115 [120], wenngleich sie eine verfassungsgesetzliche Klarstellung durchaus als rechtspolitisch adäquat hält.

766 Vgl. *Jachmann* StuW 2006, 115 [120 f.].

767 *Homburg* BB 2005, 2382 [2384 f.; 2386], der zwar die Abschaffung der Gewerbesteuer befürwortet, der Idee der Allgemeinen Unternehmensteuer nichts abgewinnen kann.

Durchsetzung von Vorhaben meist erforderlichen parlamentarischen Kompromissbereitschaft stets in die eigenen Überlegungen einzubeziehen, um nicht der Kritik ausgesetzt zu sein, den Bezug zur Realität zu verlieren.

Trotzdem ist die von *BDI/VCI* sowie der Expertengruppe „Steuergesetzbuch" geforderte direkte Teilhabe aller Empfänger kommunaler Leistungen an deren Finanzierung zur Bekämpfung der Kommunalverschuldung zwingend geboten. Um sich der Finanzierungsverantwortung bewusst zu sein, müssen Kommunalabgaben für die Bürgerinnen und Bürger transparent und merklich sein, auch um einen effizienten sowie rücksichtsvollen Umgang mit öffentlichen Gütern auf kommunaler Ebene zu fördern. Erst dann sind die lokalen Entscheidungsträger gezwungen, sich stärker an den Präferenzen der Bürger zu orientieren. Dadurch gewinnt die kommunale Bevölkerung den Einfluss auf das Erscheinungsbild ihrer Gemeinde. Ein überschaubares Gemeindesteuersystem schafft zudem keine Anreize, auf Kosten anderer zu leben.

Die Wege aus der Kommunalverschuldung führen also nur zum Ziel, wenn das Regime der kommunalen Abgaben für alle Empfänger von Gemeindeleistungen spürbar ausgestaltet ist, woran es momentan fehlt. Im nun folgenden Teil der Untersuchung sind daher die Möglichkeiten zur Erzielung von Fühlbarkeit im Gemeindesteuersystem zu erörtern und zu bewerten.

4. Teil: Die Erzielung von Fühlbarkeit im System der Gemeindesteuern

Die Intention, die kommunale Abgabenerhebung für die betroffenen Bürger spürbar zu gestalten, weist eine enge Verknüpfung zum Äquivalenzgedanken auf. Das den Entgeltabgaben immanente Äquivalenzprinzip im engeren Sinne ist diesbezüglich der Königsweg, da beispielsweise bei Gebühren der Gebührenschuldner eine direkte Verbindung zwischen empfangener Leistung und dafür erbrachter Gegenleistung erkennt, die Kommunalpolitik für die Gebührenerhebung zur Rechenschaft gezwungen ist und mithin die Akzeptanz für die Abgabenzahlung steigt. Einem Wechsel von der Steuer- hin zu einer reinen Gebührenfinanzierung stehen dennoch gravierende Gründe entgegen:

So impliziert die Finanzverfassung des Grundgesetzes, dass auch auf kommunaler Ebene Steuern als Hauptfinanzierungsinstrument fungieren. Ferner ist im Laufe dieser Arbeit erörtert worden, dass ein reiner Gebührenstaat weder mit dem Sozialstaatsprinzip aus Art. 20 I GG zu vereinbaren noch administrativ umzusetzen ist. Ob sich die Akzeptanz der Bürger hinsichtlich der Abgabenerbringung im Gebührenstaat durch eine Vielzahl von an sie adressierten Rechnungen erhöht, ist außerdem zu bezweifeln.

Infolgedessen ist zu beleuchten, wie die Spürbarkeit im System der Gemeindesteuern verbessert werden kann. Dazu ist zu überlegen, ob die Gemeinden mit einer eigenen einkommensbezogenen Steuer auszustatten (§ 1) oder an staatlichen Steuern durch die Festlegung des Steuersatzes zu beteiligen sind (§ 2).

§ 1 Einführung einer selbstständigen einkommensbezogenen Gemeindesteuer

A) Vorgaben der Finanzverfassung

Eine selbstständige Gemeindesteuer kann durch die Kommunen nicht ohne Ermächtigung des Bundes oder der Länder erhoben werden, da sich ein eigenes kommunales Steuererfindungsrecht weder aus der Finanzverfassung des Grundgesetzes noch aus der kommunalen Finanzhoheit herleiten lässt.[768] Vielmehr

768 Siehe Nachweise in FN 275.

sind sie bei örtlichen Verbrauch- und Aufwandsteuern gem. Art. 105 IIa 1 GG auf den Landes-, hinsichtlich anderer Gemeindesteuern nach Art. 105 II, 2. Alt. i.V.m. 72 II GG auf den Bundesgesetzgeber unter Zustimmung des Bundesrats (Art. 105 III GG) angewiesen, wenngleich nach überwiegender Ansicht auch dem einfachen Bundes- sowie Landesgesetzgeber kein allgemeines Steuererfindungsrecht zusteht. Begründet wird dies mit der erschöpfenden und abschließenden Verteilung der Steuererträge in Art. 106 GG, die nicht der Disposition des einfachen Gesetzgebers unterstehen dürfe.[769] Nach einer vermittelnden Ansicht von *Tipke* entstehe bei einer neuen Steuer, die sich Art. 106 GG nicht zuordnen lässt und somit nicht verteilt werden kann, eine nachträgliche Lücke, welche durch den Verfassungsgeber zwingend in einer Weise zu schließen sei, die das Steuerverteilungssystem stabil erhalte.[770] In jedem Falle hat also die Einführung einer selbstständigen, nicht in Art. 106 GG aufgeführten Gemeindesteuer eine Grundgesetzänderung gem. Art. 79 I, II GG zur Folge.

B) Administrative und systematische Bedenken

Neben dem Erfordernis der finanzverfassungsrechtlichen Modifikation treten administrative Bedenken hinzu, wenn den Gemeinden die Erhebung einer autonomen einkommensbezogenen Kommunalsteuer gestattet wäre. So ist zu erwarten, dass das dazu erforderliche gesonderte Veranlagungsverfahren mit unverhältnismäßig hohen Steuerverwaltungsaufwand und -kosten[771] verbunden ist und sich im Ergebnis als schlichtweg nicht praktikabel erweist.[772] Ferner widerspricht eine eigenständige kommunale Besteuerung des Einkommens der Einwohner dem Prinzip

769 Grundlegend *Wacke* Das Finanzwesen der Bundesrepublik, S. 64. Zustimmend *Siekmann* in: Sachs, GG, Art. 105 Rn. 50 f.; *Vogel/Walter* in: Dolzer/Vogel/Graßhof, BK GG, Art. 105 Rn. 66; *Maunz* in: Maunz/Dürig, GG, Art. 105 Rn. 46; *Birk* in: AK-GG, 2. Aufl. 1989, Art. 105 Rn. 21; *Pieroth* in: Jarass/Pieroth, GG, Art. 106 Rn. 2; *Jachmann* in: v. Mangoldt/Klein/Starck, GG, Art. 105 Rn. 32; *Schwarz* ebd. Art. 106 Rn. 17 f.; *Heintzen* in: v. Münch/Kunig, GG, Art. 105 Rn. 45 f.; *Lang* in: Tipke/Lang, Steuerrecht, § 3 Rn. 5. A.A. *Fischer-Menshausen* in: v. Münch/Kunig, GG, 3. Aufl. 1996, Art. 105 Rn. 16 f., Art. 106 Rn. 14a; *Wendt* in: Isensee/Kirchhof, Handbuch des Staatsrechts, Bd. IV, 1. Aufl. 1990, § 104 Rn. 29; *Heun* in: Dreier, GG, Art. 105 Rn. 33; *Henneke* in: Schmidt-Bleibtreu/Hofmann/Hopfauf, GG, Art. 105 Rn. 23.

770 *Tipke* Die Steuerrechtsordnung, Bd. III, S. 1095.

771 In Deutschland entfallen jährlich rund 25 Milliarden Euro an steuerlichen Administrationskosten, *Fromme* Grundsteuer: Königsweg zu einer Gemeindesteuerreform?, S. 165.

772 Wie hier *BMF* Gutachten zur Reform der Gemeindesteuern 1982, S. 116; *Wendt* BB 1987, 1677 [1682]; *Hansmeyer/Zimmermann* WD 1991, 639 [643 f.]; *dies.* AfK 32 (1993), 221 [228 f.]; *Hey* StuW 2002, 314 [322]; *P. Kirchhof* NJW 2002, 1549 [1549]; *Jachmann* Gewerbesteuerreform, S. 64; *dies.* StuW 2006, 115 [117]; *Zimmermann* Kommunalfinanzen, S. 162.

eines abgestimmten bundesstaatlichen Steuersystems,[773] was wie in der Schweiz zumindest ein bundeseinheitliches Steuerharmonisierungsgesetz erfordert.[774]

Sowohl aus Gründen der Effizienz als auch der steuersystematischen Kohärenz ist eine Gemeindeeinkommensteuer folglich eng an die staatliche Einkommensteuer zu koppeln.

C) Überholte Modelle der Vergangenheit im internationalen Vergleich

Dies verdeutlicht auch ein Blick in die Vergangenheit. So brachte die Weltwirtschaftskrise 1929 die Kommunen in erhebliche finanzielle Bedrängnis, wodurch sich die Reichsregierung zum Handeln veranlasst sah und ihnen durch die Verordnung des Reichspräsidenten zur Behebung finanzieller, wirtschaftlicher und sozialer Notstände vom 26. Juli 1930 (Reichsnotverordnung)[775] das Recht zur Erhebung einer Bürgersteuer „von allen im Gemeindebezirk wohnenden natürlichen Personen, die über 20 Jahre alt sind" verlieh. Die Gemeinden waren nach § 4 der Reichsnotverordnung sogar verpflichtet, die Bürgersteuer zu erheben, sofern die Anspannung der Grund- sowie der Gewerbesteuer ein gewisses Maß überschritt. Änderungen in den Folgejahren führten dann zunächst dazu, dass sich die Bürgersteuer von einer grob gestaffelten Kopf- zu einer Gemeindeeinkommensteuer entwickelte,[776] bevor sie aus administrativen Gründen mit der Zweiten Verordnung über die Vereinfachung des Lohnabzuges vom 24. April 1942[777] durch Ausgleichsbeträge aus der Einkommensteuer ersetzt und seither nie wieder eingeführt wurde.[778]

Erwähnenswert ist, dass seinerzeit dem preußischen Finanzminister *Popitz* die Bürgersteuer wegen der zu geringen fiskalischen Bedeutung nicht weit genug ging, weshalb er die Idee einer kommunalen Wohnsteuer verfolgte, die von den Gemeinden verpflichtend zu erheben sei.[779] Nach seinem Entwurf werden die

---

773 Vgl. BT-Drs. V/2861, S. 54 Tz. 332; *BMF* Gutachten zur Reform der Gemeindesteuern 1982, S. 115; *Hey* StuW 2002, 314 [318] sowie *Sander* Gemeindeeinkommensteuer, S. 144.

774 Zum Gemeindefinanzsystem der Schweiz, 4. Teil § 3 F).

775 Sog. Brüningsche Notverordnung, RGBl. I S. 311. Vgl. auch *Pagenkopf* Finanzausgleich im Bundesstaat, S. 123 f.; *Kasper* Kommunale Steuern, S. 178.

776 *Pagenkopf* Finanzausgleich im Bundesstaat, S. 124. *Popitz* Gutachten 1932, S. 169 f. lehnt eine Staffelung ab.

777 RGBl. I S. 252.

778 *BMF* Gutachten der Steuerreformkommission 1971, S. 733; *Kasper* Kommunale Steuern, S. 179.

779 *Popitz* Gutachten 1932, S. 155 ff. *P. Kirchhof* in: Isensee/Kirchhof, Handbuch des Staatsrechts, § 118 Rn. 143 f. hält eine reine Einwohnersteuer mangels rechtfertigenden Belastungsgrundes für verfassungswidrig. Offen gelassen von BVerfGE 16, 64 ff.

im Reichsgebiet vorhandenen Wohnungen mit Ausnahme der land-, forstwirtschaftlichen und gärtnerischen Betriebe sowie der von der Grundsteuer befreiten Grundstücke besteuert, sofern sie im Rechnungsjahr zum Wohnen benutzt werden. Steuerschuldner ist der Wohnberechtigte, der die Wohnung unmittelbar vom Hausbesitzer mietet. Als Steuergrundbetrag setzte er 10 % des Nutzungswertes an, auf den die Gemeinden einen auf einen vollen Hundertsatz lautenden Umlagesatz bestimmt. Ein Satz von mehr als 100 % bedarf der Genehmigung. Um die Flucht aus größeren Wohnungen nicht noch zu verstärken, sieht der Entwurf von einer Staffelung der Wohnsteuer ab. Doch auch dieser Vorschlag ist in der heutigen Zeit administrativ zu aufwendig.

In den USA gab es seit Ende des 19. Jahrhunderts, in Großbritannien in der Zeit von 1990 bis 1993 eine Kopfsteuer, von deren Zahlung das Wahlrecht des Bürgers abhing.[780] Diese wurde vom Supreme Court im Jahre 1966 in Anlehnung an das zwei Jahre zuvor eingefügte 24. Amendment zur amerikanischen Verfassung für verfassungswidrig erklärt respektive erwies sich im Vereinten Königreich als nicht praktikabel, so dass die Regierung *Thatcher* sie auch aufgrund von langanhaltenden Protesten letztlich aufgab.[781] Auch wenn die Kopfsteuer in einigen Schweizer Kantonen und Gemeinden neben der Einkommensteuer noch (mit niedrigen Ansätzen) existiert,[782] ist es in Deutschland mit dem Sozialstaatsprinzip aus Art. 20 I GG nicht zu vereinbaren, wenn der Staat von Geringverdiener und Millionär den gleichen Steuerbetrag fordert und im Rahmen der individuellen Ertragsbesteuerung sowohl ein menschenwürdiges Existenzminimum als auch das Leistungsfähigkeitsprinzip unbeachtet bleiben.[783]

§ 2 Kommunale Mitbestimmungsrechte an Steuern

Kommunale Mitbestimmungsrechte an bestehenden Steuern sind in einigen Bundesstaaten der USA als „Huckepack-Verfahren“[784] bekannt und in Deutschland durch das kommunale Hebesatzrecht bei der Gewerbe- (A) sowie der Grundsteuer (B) existent. Denkbar sind sie zur Erzielung von Fühlbarkeit bei der Einkommen- (C) sowie der Umsatzsteuer (D).

780 Zur sog. poll tax *Tipke* Die Steuerrechtsordnung, Bd. I, S. 473 ff.; *Zimmermann* Kommunalfinanzen, S. 138.

781 *Tipke* a.a.O.

782 *Eidgenössische Steuerverwaltung* Die Steuern von Bund, Kantonen und Gemeinden, S. 21.

783 *Milbradt* DVBl. 1981, 522 [524, 525]; *Tipke* Die Steuerrechtsordnung, Bd. I, S. 475 sowie *Fuest/Thöne* Gemeindefinanzreform, S. 27.

784 Zum sog. piggy-backing *Hansmeyer/Zimmermann* AfK 32 (1993), 221 [229]; *Zimmermann* Kommunalfinanzen, S. 137, 162; *Sander* Gemeindeeinkommensteuer, S. 75.

A) Gewerbesteuer

Am Anfang jeder Reformüberlegung zum Gemeindefinanzsystem wird immer die Frage in den Vordergrund gerückt, ob die Gewerbesteuer zu erhalten oder abzuschaffen ist.[785] Zwar resultiert aus dem Grundgesetz keine Bestandsgarantie,[786] doch sind aus den politischen Geschehnissen des vergangenen Jahrzehnts folgende Lehren zu ziehen:

Zum einen sind Verfassungsänderungen für die Umsetzung von grundlegenden Reformen kontraproduktiv, da sie stets auf politische Kompromisse angewiesen und deswegen im Ergebnis nie vollständig zu verwirklichen sind.

Zum anderen werden die Gemeinden weiterhin erbittert für den Erhalt der Gewerbesteuer kämpfen,[787] weil sie sich nach konjunkturellen Einbrüchen in der Regel schnell erholt und ihr Aufkommen auch in den kommenden Jahren von einer großen Zuwachsrate geprägt sein wird. An dieser Grundhaltung dürften sie angesichts von jüngeren Entscheidungen des *BVerfG* dauerhaft festhalten. In seinem Grundsatzbeschluss hat es das Verfassungsgericht – entgegen der hier vertretenen Auffassung – für mit dem Gleichheitssatz vereinbar angesehen, dass die Einkünfte der freien Berufe, der anderen Selbstständigen und der Land- und Forstwirte nicht der Gewerbesteuer unterliegen.[788] In dem Nichtannahmebeschluss vom 24.3.2010 hat es ferner bestätigt, dass die Rechtsformabhängigkeit der Gewerbesteuer nicht gegen Art. 3 I GG verstößt.[789]

In dieser Pattsituation besteht die Gefahr, andere sinnvolle und notwendige Verbesserungen der Gemeindefinanzierung a priori auszublenden. Daher sollte die Gewerbesteuer unter der gleichheitsrechtlich gebotenen Erweiterung des Kreises der Steuerpflichtigen auf die freien Berufe und andere Selbstständige fortbestehen, denen dann konsequenterweise ebenfalls bei der staatlichen Einkommensteuer die Anrechnung des § 35 EStG zur Vermeidung von Doppelbesteuerung zugutekommt. Die dazu erforderlichen Gesetzesänderungen sind durch den einfachen Gesetzgeber realisierbar.[790] Entscheidender für die Bewältigung der Kommunalverschuldung ist vielmehr die fühlbare Beteiligung der Bürger an der Finanzierung der kommunalen Daseinsvorsorge.

---

785 Zur aktuellen Diskussion vgl. *Kuban* in: Anton/Diemert, Gemeindefinanzbericht 2010, S. 1.

786 Nachweise in FN 457.

787 Siehe nur FAZ vom 2.6.2010, S. 13, vom 16.6.2010, S. 4 sowie vom 9.9.2010, S. 13 und *Anton/Diemert* Gemeindefinanzbericht 2011, S. 7. Die Präsidentin des Deutschen Städtetags *Roth* bezeichnet die Gewerbesteuer gar als „das Lebenswasser der Kommunen", FAZ vom 21.7.2010, S. 13.

788 BVerfGE 120, 1 ff. Kritisch dazu 2. Teil § 2 A) III 1. a) (aa).

789 BVerfG, NJW 2010, 2116.

790 Zur Begründung siehe 2. Teil § 2 A) III. 1. a) cc).

B) Grundsteuer

Hierzu ist die Grundsteuer an sich eine ideale Gemeindesteuer: Sie ist nicht nur für ortsansässige land-, forstwirtschaftliche und andere Betriebe, sondern insbesondere für die grundbesitzenden Gemeindeeinwohner merklich und bietet wegen der Besteuerung eines immobilen Faktors wesentlich geringere Ausweichmöglichkeiten. Es besteht auch insofern ein äquivalenztheoretischer Bezug, als die Grundstückswerte ganz wesentlich von dem Niveau und der Qualität der im Gemeindegebiet angebotenen Leistungen abhängen.[791]

Der geringe Anteil des Grundsteueraufkommens von 25 % am gesamten Realsteueraufkommen und etwa 21 % in Bezug zu den kommunalen Steuereinnahmen insgesamt zeigt jedoch,[792] dass die Gemeinden die Grundsteuer als Einnahmequelle zu wenig berücksichtigen respektive wegen der Spürbarkeit bei den Betroffenen nicht stärker berücksichtigen wollen. Im internationalen Vergleich liegt der Anteil des Grundsteueraufkommens gemessen am Bruttoinlandsprodukt mit 0,4 % hinter dem Durchschnitt der EU-15 (1,2 %) und traditionell deutlich hinter den angelsächsischen Ländern wie den USA (2,6 %) und Großbritannien (3,3 %).[793]

Zur Behebung von zukünftigen Haushaltsfehlbeträgen schlägt *Oebbecke* daher vor, den Gemeinden vorzuschreiben, diese über einen prozentualen Aufschlag zur Grundsteuer B zu decken, um grundsätzlich alle Gruppen der Bevölkerung zu belasten, die Fühlbarkeit zu steigern und Kürzungen auf der Ausgabenseite politisch attraktiver zu machen. Flankierend soll bei Verstößen gegen die Ausgleichspflicht eine Handlungspflicht der Aufsichtsbehörden existieren.[794]

Diese Empfehlung ist nicht nur einfachgesetzlich mit geringem Aufwand umzusetzen, sie trifft zugleich den Kern der kommunalen Verschuldensproblematik und sucht nach einer Lösung im Sinne des Prinzips der fiskalischen Äquivalenz. Allerdings bleibt abzuwägen, ob ein kommunales Mitbestimmungsrecht an der staatlichen Einkommensteuer hierzu nicht geeigneter ist. So bestehen hinsichtlich des verpflichtenden Grundsteueraufschlags folgende Bedenken:

Ökonomisch betrachtet hat die Grundsteuer B als Mietkosten negative Auswirkungen auf die private Investitions- sowie Binnenkaufkraft, welche gerade in konjunkturell schwachen Zeiten zur Stabilisierung der Volkswirtschaft erfor-

---

791 *Schwager* Gemeindefinanzen und kommunaler Standortwettbewerb, S. 168. Darüber hinaus besitze die Grundsteuer nach *Schwarting* Kommunale Steuern, Rn. 158 einen engen Bezug zur kommunalen Aufgabenerfüllung.

792 Siehe die Nachweise in FN 570 und 605.

793 *Fromme* Grundsteuer: Königsweg zu einer Gemeindesteuerreform?, S. 157 f. Siehe ferner die Darstellung bei *Thies* Finanznot der Kommunen im föderalen Dschungel, S. 38.

794 *Oebbecke* Gemeindehaushalt 2009, 241 [244 f.].

derlich sind.[795] Zudem kann eine auf deren Umwälzung zurückzuführende ungezügelte Grundsteuererhöhung Mieter zur Aufgabe der Wohnung zwingen, was insbesondere älteren Menschen mit sinkendem Einkommen droht.[796] Letzterem hätte der Bundesgesetzgeber gestützt auf Art. 125a II 1 GG mit der Bestimmung von Höchsthebesätzen zu begegnen.[797]

Aus juristischer Sicht verstößt der obligatorische prozentuale Aufschlag indes gegen Art. 106 VI 2 GG, wonach den Gemeinden das Recht einzuräumen ist, die Hebesätze der Grund- und Gewerbesteuer im Rahmen der Gesetze festzusetzen. Auch wenn die Verfassung selbst nur ein beschränkbares Hebesatzrecht gewährt, kann dem Wortlaut getreu nicht mehr von einem „Recht" gesprochen werden, welches den Kommunen „einzuräumen" ist, wenn sie den Hebesatz auf die Grundsteuer nicht mehr autonom festlegen, sondern verbindlich bestimmen müssten, diese einfachgesetzliche Pflicht es ihnen also verwehrt von ihrem in der Verfassung verbürgten Recht eigenständig Gebrauch zu machen.[798] Vielmehr ist Art. 106 VI 2 GG in einer Gesamtbetrachtung mit Art. 28 II GG so auszulegen, dass das dort verankerte kommunale Recht der Hebesatzfestsetzung keinesfalls völlig beseitigt oder ausgehöhlt werden darf, um es nicht zu einem „Scheindasein" zu degradieren.[799] Dies entspricht zudem der Intention des verfassungsändernden Gesetzgebers, der im Zuge der Finanzreform 1969 mit Art. 106 VI 2 GG sicherstellen wollte, dass den Kommunen das Hebesatzrecht für die Realsteuern weder vom Bund noch vom Land genommen werde.[800] Demnach ist es dem einfachen Gesetzgeber lediglich erlaubt, moderate Grenzen für die Hebesatzfestsetzung vorzugeben und den Gemeinden genügend Spielraum für autonome Entscheidungen zu belassen.[801]

Der in Rede stehende Grundsteueraufschlag tangiert nicht nur die verfassungsrechtlich verankerten Rechte der Kommunen, sondern greift außerdem in Grundrechte der Bürger ein, da sich die Grundsteuerbelastung um einen dreistelligen

---

795 *Fromme* Grundsteuer: Königsweg zu einer Gemeindesteuerreform?, S. 160, 171.

796 *Zimmermann* Kommunalfinanzen, S. 157. Nach *Hansmeyer/Zimmermann* AfK 32 (1993), 221 [228] führten aufkommensstarke Steuern auf Grund und Boden wegen einseitiger Belastungswirkung und mangelnder Orientierung an der finanzielle Leistungsfähigkeit zu unerträglichen Zuständen.

797 Zur Gesetzgebungskompetenz des Bundes näher im 2. Teil § 2 A) III. 1. b) cc) a.E.

798 Grundlegend *Schnorr* Das Hebesatzrecht der Gemeinden, S. 91. Ebenso besteht nach *Heun* in: Dreier, GG, Art. 106 Rn. 37 sowie *Henneke* Die Kommunen in der Finanzverfassung des Bundes und der Länder, S. 119 aus Art. 106 VI 2 GG das Recht der Gemeinden, die Hebesätze im Rahmen der Gesetze „selbst" zu determinieren. So wohl auch *Rodi* Die Rechtfertigung von Steuern, S. 171; *Siekmann* in: Sachs, GG, Art. 106 Rn. 45; *Maunz* in: Maunz/Dürig, GG, Art. 106 Rn. 91; *Heintzen* in: v. Münch/Kunig, GG, Art. 106 Rn. 51.

799 *Selmer/Hummel* NVwZ 2006, 14 [19]. Zustimmend BVerfG, DVBl. 2010, 509 [513].

800 BT-Drs. V/2861, S. 47, Tz. 250.

801 Ausführlicher dazu 2. Teil § 2 A) III. 1. a) bb) (1) (b) (bb).

Prozentsatz erhöhen kann.[802] Dem steht zwar das vom *BVerfG* aus Art. 1 I i.V.m. Art. 20 I, 3 I und 6 I GG hergeleitete Prinzip der Steuerfreiheit des Existenzminimums, wonach der Staat das Einkommen des Bürgers insoweit steuerfrei zu stellen habe, als dieser es zur Schaffung der Mindestvoraussetzungen eines menschenwürdigen Daseins für sich und seine Familie benötige,[803] nicht entgegen, sofern der Staat die von der Grundsteuererhöhung betroffenen Mieten Hilfsbedürftiger im Rahmen von Transferleistungen übernimmt.[804] Mit steigender Belastungswirkung tauchen allerdings gravierende Schwierigkeiten hinsichtlich der Steuerrechtfertigung auf, zumal hier der Ertrag aus dem Grundstück als Ist-Ertrag bereits der Einkommensteuer sowie als Soll-Ertrag zusätzlich der Grundsteuer unterliegt und folglich mehrfach besteuert wird.[805] Der Rechtfertigung anhand des ohnehin nicht unumstrittenen Objektsteuerprinzips sind darüber hinaus Grenzen gesetzt, weil die Grundsteuer keine Rücksicht auf die persönlichen Verhältnisse des Steuerschuldners nimmt und mithin das Leistungsfähigkeitsprinzip außer Acht lässt.[806] Eine Durchbrechung dieses Fundamentalprinzips für eine gerechte Besteuerung mit Verfassungsrang lässt sich mit dem Objektsteuerprinzip in Anlehnung an die klassische Funktion der Grundrechte als Abwehrrechte des Bürgers gegen den Staat nur bei einer geringen Belastungswirkung rechtfertigen. Ob ansonsten das Äquivalenzprinzip im Sinne einer Generaläquivalenz Abhilfe leisten kann, ist zweifelhaft.[807] Streng genommen lassen sich weder die vom Grundbesitzer empfangenen Leistungen eindeutig verifizieren noch wird das Grundsteueraufkommen von den Kommunen speziell für Leistungen zugunsten des Grundbesitzers verwendet.[808]

Schließlich erweist sich die Einkommensteuer nicht nur aufgrund der Berücksichtigung der individuellen Leistungsfähigkeit des Steuerpflichtigen, sondern auch wegen des Kreises der Steuerzahler vorzugswürdiger, da sie alle leistungsfähige Erwerbstätige unmittelbar erfasst und nicht auf Dritte abgewälzt werden kann. Ersteres ist beispielsweise bei der Grundsteuer in Mehrpersonenhaushalten nicht der Fall.

Nach alledem ist eine erhebliche Anspannung der Grundsteuer und der damit verbundenen Erhöhung der derzeit geringen Belastungswirkung nicht angezeigt.

---

802 *Oebbecke* Gemeindehaushalt 2009, 241 [244 f.].

803 BVerfGE 120, 125 [154 f.].

804 *Oebbecke* Gemeindehaushalt 2009, 241 [244]. Kritisch *Tipke* Die Steuerrechtsordnung, Bd. II, S. 958 f., da der Staat nicht durch Besteuerung etwas nehmen dürfe, was er danach als Sozialleistung zurückgewähren muss.

805 *Tipke* Die Steuerrechtsordnung, Bd. II, S. 956, 965.

806 Zur Bedeutung des Leistungsfähigkeitsprinzips im Steuerrecht siehe die Nachweise in FN 448.

807 Fundstellen der dazu divergierenden Auffassungen in FN 586.

808 *Tipke* Die Steuerrechtsordnung, Bd. II, S. 961.

Vielmehr sind die veralteten Einheitswerte durch ein neues Bewertungsverfahren zu reformieren, um den Grundbesitz möglichst zeitnah sowie realitätsgerecht abzubilden und mithin gerechter zu besteuern.

C) Einkommensteuer

Näher zu beleuchten ist die kommunale Mitbestimmung im Rahmen der Einkommensteuer, die vor der Umsatzsteuer seit Mitte des 19. Jahrhunderts immer noch wichtigste Einnahmequelle des deutschen Staates.[809]

Schon das preußische Einkommensteuergesetz vom 15. Mai 1873 ermächtigte die Gemeinden, die Klassen- und Einkommensteuer durch Zuschläge für sich fruchtbar zu machen.[810] Im Zuge der *Erzberger'schen* Finanzreform von 1920 wurde allerdings eine einheitliche Reichseinkommensteuer geschaffen und den Gemeinden das Zuschlagsrecht bis heute entzogen.[811] Fortan sind sie mit diesem Autonomieverlust verstärkt zu „Kostgängern"[812] der anderen Gebietskörperschaften geworden. Seither besteht das schon von *Popitz* dargelegte Kernproblem für die Neugestaltung des Gemeindesteuersystems darin, „eine Gemeindepersonalsteuer von hinreichendem Ausmaß zu finden"[813].

Die Finanzverfassung des Grundgesetzes war im Jahre 1969 dem Wandel der politischen, ökonomischen und sozialen Umstände nicht mehr gewachsen, was zu einer längst fälligen Verfassungsreform führte, die sowohl grundlegende Veränderungen der Beziehungen von Bund und Ländern als auch der Gemeindefinanzierung beinhaltete.[814] Mit dem Finanzreformgesetz vom 12. Mai 1969[815] wurde unter anderem Art. 106 GG neu gefasst, nach dessen Absatz 5 Satz 1 nunmehr den Kommunen ein Anteil an der Einkommensteuer im Tausch gegen die Gewerbesteuerumlage zur Verstetigung ihrer Einnahmen zusteht. Darüber hinaus besteht gem. Art. 106 V 3 GG wieder die Möglichkeit, ein gemeindliches Hebesatzrecht an der Einkommensteuer durch einfaches Gesetz einzuführen. Dazu ist der Bundesgesetzgeber im Gegensatz zur Grund- und Gewerbesteuer, wo den Gemeinden gem. Art. 106 VI 2 GG das Recht zur Hebesatzfestsetzung einzuräumen ist,

809 *Bühler* Steuerrecht, 2. Aufl. 1953, S. 118; *Grossekettler/Hadamitzky/Lorenz* Volkswirtschaftslehre, S. 278 f. Dies belegen ferner die Angaben des BMF zu den kassenmäßigen Steuereinnahmen in den Kalenderjahren 2006-2009 vom 26.5.2010, siehe FN 607.

810 *Popitz* in: Elster/Weber/Wieser, Handwörterbuch der Staatswissenschaften, S. 440.

811 *BMF* Gutachten der Steuerreformkommission 1971, S. 733.

812 *Blankart* Ein Vorschlag zur kommunalen Abgabenautonomie, S. 50.

813 *Popitz* Gutachten 1932, S. 126.

814 *Pagenkopf* Finanzausgleich im Bundesstaat, S. 230, 232 ff., 262 ff.

815 21. Gesetz zur Änderung des GG (BGBl. I S. 359). Näher zum Gemeindeanteil an der ESt im 2. Teil § 1 A) I.

allerdings nicht gezwungen, was sich aus der Formulierung „kann bestimmen" ergibt.[816] Die Empfehlung des Wissenschaftlichen Beirats des Bundesfinanzministeriums im Gutachten vom 16. März 1968, Gemeinden zu berechtigen, „eine [selbstständige] Gemeindeeinkommensteuer mit (begrenztem) proportionalem Satz auf den zu versteuernden Einkommensbetrag von den Lohnsteuerpflichtigen und den zur Einkommensteuer Veranlagten zu erheben.",[817] hat sich im gesetzgeberischen Prozess nicht durchgesetzt.[818] Auch weiteren Aufforderungen aus Teilen der Literatur ist bisher nicht gefolgt worden.[819]

Bevor näher auf die mögliche Ausgestaltung einer an die staatliche Einkommensteuer anknüpfenden Gemeindeeinkommensteuer einzugehen ist, ist abschließend die Rolle der Umsatzsteuer im Gemeindefinanzsystem zu klären.

D) Umsatzsteuer

Anders als bei Grund-, Gewerbe- und Einkommensteuer sieht das Grundgesetz ein kommunales Mitwirkungsrecht an der Festsetzung der Umsatzsteuer a priori nicht vor, sondern gewährt in Art. 106 Va 1 GG als Ersatz für die Abschaffung der Gewerbekapital- sowie Senkung der Gewerbeertragsteuer eine Partizipation am Aufkommen.[820] Ersteres ist weder europarechtskonform möglich noch national realisierbar.[821]

Artikel 96 der Richtlinie 2006/112/EG des Rates vom 28. November 2006 über das gemeinsame Mehrwertsteuersystem gebietet,[822] dass die Mitgliedstaaten einen Mehrwertsteuer-Normalsatz anwenden, „den jeder Mitgliedstaat als Prozentsatz der Bemessungsgrundlage festsetzt und der für die Lieferungen von Gegenständen und für Dienstleistungen gleich ist." Der Normalsatz muss

816 Die Kannvorschrift ist vom Verfassungsgeber bewusst gewählt worden, BT-Drs. V/2861, S. 55 Tz. 339. Es besteht folglich kein Normerlassanspruch der Gemeinden, *Hidien* in: Dolzer/Vogel/Graßhof, BK GG, Art. 106 Rn. 1047.

817 *BMF* Gutachten zum Gemeindesteuersystem 1968, S. 34.

818 Vgl. *BMF* Gutachten zur Reform der Gemeindesteuern 1982, S. 5.

819 Statt aller *Milbradt* DVBl. 1981, 522 [528]; *Wendt* BB 1987, 1677 [1683 ff.]; *Hansmeyer/Zimmermann* WD 1991, 639 [643 f.]; *dies.* AfK 32 (1993), 221 [228, 243]; *Beland* AfK 37 (1998), 104 [122]; *Scherf* Perspektiven der kommunalen Besteuerung, S. 48 f.; *Fuest/Huber* WD 2003, 560 [565]; *Siekmann* in: Sachs, GG, Art. 106 Rn. 46. A.A. noch *Popitz* Gutachten 1932, S. 128; *BMF* Gutachten der Steuerreformkommission 1971, S. 734 f.; *Schnorr* Das Hebesatzrecht der Gemeinden, 1972, S. 270 f.; Enquete-Kommission Verfassungsreform BT-Drs. 7/5924, S. 206 f. A.A. *Anton/Diemert* Gemeindefinanzbericht 2011, S. 31 ff.

820 Zum Gemeindeanteil an der USt siehe 2. Teil § 1 A) II.

821 Zu Letzterem *Zimmermann* Kommunalfinanzen, S. 151, 179 f.; *Scherf* Perspektiven der kommunalen Besteuerung, S. 31.

822 ABl. L 347 vom 11.12.2006, S. 1 ff.

vom 1. Januar 2006 bis zum 31. Dezember 2015 mindestens 15 % betragen, Art. 97 I RL 2006/112/EG i.V.m. Art. 1 RL 2010/88/EU. Ausnahmen davon sieht nur Art. 98 I RL 2006/112/EG vor. Demnach können die Mitgliedstaaten einen oder zwei ermäßigte Steuersätze anwenden, die nach Art. 99 I RL 2006/112/EG mindestens 5 % der Bemessungsgrundlage zu betragen haben. Die ermäßigten Steuersätze sind nur auf die Lieferungen von Gegenständen und die Dienstleistungen der in Anhang III genannten Kategorien anwendbar, Art. 98 II RL 2006/112/EG. Damit ist einem kommunalen Hebesatzrecht auf die Umsatzsteuer von vornherein der Boden entzogen.

Darüber hinaus ist zu konstatieren, dass ein unmittelbarer Zusammenhang zwischen den lokal produzierten Gütern und dem Ort des Konsums in einer globalen Welt häufig nicht besteht, wenn Produkte in anderen Kommunen hergestellt oder gar aus dem Ausland importiert werden. Somit wird lediglich die Wirtschaftskraft in der Gemeinde des Einzelhändlers, nicht jedoch in der des Vorproduzenten erfasst.[823]

Infolgedessen ist die Umsetzung eines kommunalen Beteiligungsrechts an dieser Gemeinschaftsteuer nicht weiter zu verfolgen.[824] Der Umsatzsteueranteil sollte den Gemeinden dennoch erhalten bleiben, weil er sich gerade in Zeiten der Finanz- und Wirtschaftskrise als eine stetige und konjunkturell unabhängige Einnahmequelle zeigte.[825] Zudem bietet sich hier die Chance, auf Notfälle – etwa bei einem erneut starken, unvorhersehbaren Einbruch der Gewerbesteuer – kurzfristig gem. Art. 106 Va 3 GG einfachgesetzlich seitens des Bundes unter Zustimmung der Länder zu reagieren und den Kommunen schnell unter die Arme zu greifen.

E) Zwischenergebnis

Die im Zuge von Reformüberlegungen zum Gemeindefinanzsystem stets entfachte Diskussion um den Erhalt respektive die Abschaffung der Gewerbesteuer blendet zu sehr aus, dass es seit der *Erzberger'schen* Finanzreform von 1920 keine bedeutenden Gemeindepersonalsteuer gibt. So haben die Kommunen unmittelbar nur die Möglichkeit, die Besitzer von Grund und Boden sowie die Inhaber mittlerer und großer Gewerbebetriebe steuerlich zu belasten.[826] Dem an sie entfallenden Gemeindeanteil an der Einkommensteuer fehlt es sowohl an

823 *P. Kirchhof* NJW 2002, 1549 [1549].
824 Wie hier bereits *Kommission Finanzreform* Troeger Gutachten 1966, 2. Aufl., S. 95 f., Tz. 366 ff.
825 *Anton/Diemert* Gemeindefinanzbericht 2009, S. 15; *dies.* Gemeindefinanzbericht 2010, S. 14.
826 Kritisch dazu schon *Popitz* Gutachten 1932, S. 333.

einem Mitbestimmungsrecht der kommunalen Körperschaften als auch an der Merklichkeit für die Gemeindeeinwohner, die mangels Ausweisung im Einkommensteuerbescheid häufig überhaupt nicht wissen, dass sie mit der Zahlung der staatlichen Einkommensteuer ihre Kommune finanziell unterstützen. Um der „Anspruchsgesellschaft“[827] des 21. Jahrhunderts vernünftige Grenzen zu setzen und der durch dieses Anspruchsdenken verschärften Verschuldungsspirale entgegenzuwirken, muss den Bürgern klar sein, dass sie es sind, die für die Finanzierung der gestellten Forderungen nach Staatsleistungen finanziell (mit)verantwortlich gemacht werden. Aus der bisherigen Untersuchung geht hervor, dass sich eine an die staatliche Einkommensteuer ansetzende Gemeindeeinkommensteuer hierzu besser eignet als die Anspannung des Hebesatzes der Grundsteuer. Gedanken über ein gemeindliches Mitwirkungsrecht bei der Umsatzsteuer helfen dagegen schon deshalb nicht, da es weder im Grundgesetz vorgesehen noch europarechtskonform umzusetzen ist.

§ 3 Ausgestaltung einer an die staatliche Einkommensteuer anknüpfenden Gemeindeeinkommensteuer

A) Verfassungsrechtliche Rahmenbedingungen

I. Gesetzgebungskompetenz des Bundes

Die Ausgestaltung einer an die staatliche Einkommensteuer anknüpfenden Gemeindeeinkommensteuer obliegt nicht dem Landes-, sondern dem Bundesgesetzgeber, der durch die abschließende Regelung im Einkommensteuergesetz seine konkurrierende Gesetzgebungskompetenz aus Art. 105 II, 1. Alt. GG erschöpfend ergriffen hat.[828] Das Aufkommen aus der Einkommensteuer steht dem Bund gem. Art. 106 III 1 GG gemeinsam mit den Ländern und den Gemeinden zu, so dass anders als bei der Grund- sowie der Gewerbesteuer die Voraussetzungen des Art. 72 II GG über Art. 105 II, 2. Alt. GG für die Gesetzgebungszuständigkeit keine Relevanz haben. Allerdings erfordert die Einführung der in Rede stehenden Kommunalsteuer, wie aus dem Kontext des Art. 106 V S. 2 und 3 GG ersichtlich, die Zustimmung der Länder im Bundesrat.

---

827 *Fromme* Grundsteuer: Königsweg zu einer Gemeindesteuerreform?, S. 156. Siehe dazu auch *P. Kirchhof* NJW 2002, 1549 [1550].

828 *Siekmann* in: Sachs, GG, Art. 105 Rn. 32 f.

II. Begriffsklärung: Hebesatz- respektive Zuschlagsrecht

Laut Art. 106 V 3 GG kann ein Bundesgesetz bestimmen, „daß die Gemeinden *Hebesätze* für den Gemeindeanteil festsetzen.“ Mit dieser Ermächtigung hat der Verfassungsgeber den Weg eröffnet, „die Beteiligung an der Einkommensteuer in ihrer finanzwirtschaftlichen Funktion den Realsteuern gleichzustellen.“[829] In der thematischen Auseinandersetzung werden allerdings die Begriffe „Hebesatz“ und „Zuschlag“ vielfach synonym verwendet,[830] so dass es zunächst der terminologischen Klärung bedarf, ob Art. 106 V 3 GG auch ein Zuschlagsrecht erfasst. Dazu soll ein fiktives Rechenbeispiel helfen:

Angenommen, für einen ledigen steuerpflichtigen Gemeindebürger mit einem zu versteuernden Einkommen (zvE) von 25.000 Euro beträgt die daraus resultierende Einkommensteuerschuld 4000 Euro. Dann ergibt eine Gegenüberstellung der Berechnung anhand von Hebesatz- respektive Zuschlagsmethode bei einer Steuermesszahl von 0,008 folgendes Bild:

Formel Hebesatz: zvE * Steuermesszahl * ***Hebesatz***/100 = Gemeindeeinkommensteuer	**Formel Zuschlag:** Steuerschuld * ***Zuschlag*** = Gemeindeeinkommensteuer
25.000 Euro * 0,008 * ***100***/100 = **200 Euro**	4000 Euro * ***5*** % = **200 Euro**
25.000 Euro * 0,008 * ***120***/100 = **240 Euro**	4000 Euro * ***6*** % = **240 Euro**
25.000 Euro * 0,008 * ***140***/100 = **280 Euro**	4000 Euro * *7* % = **280 Euro**

Selbst wenn der Hebesatz dadurch gekennzeichnet ist, dass er als Vomhundertsatz an gesetzlich festgelegte Steuermessbeträge anknüpft und auf die Hilfsgröße der Steuermesszahl angewiesen ist,[831] geht doch aus dem Rechenbeispiel hervor, dass mathematisch zwischen einem Hebesatz- und einem Zuschlagsrecht im Ergebnis kein wesentlicher Unterschied besteht,[832] zumal sich Hebesätze unprob-

829 BT-Drs. V/2861, S. 55 Tz. 338.

830 Siehe beispielsweise *Sorensen* Die Gemeinde-Einkommensteuer, S. 45; *BDI/VCI* Konzept einer kommunalen Einkommen- und Gewinnsteuer, S. 18, 21; *Stiftung Marktwirtschaft/Kommission „Steuergesetzbuch“* Steuerpolitisches Programm, S. 42, 44; *Fuest/Huber* WD 2002, 260 [264]; *P. Kirchhof* NJW 2002, 1549 [1549 f.].

831 Grundlegend dazu *Schnorr* Das Hebesatzrecht der Gemeinden, S. 10 ff. Ferner *Häde* Finanzausgleich, S. 192; *Hidien* in: Dolzer/Vogel/Graßhof, BK GG, Art. 106 Rn. 1044; *Heun* in: Dreier, GG, Art. 106 Rn. 37; *Siekmann* in: Sachs, GG, Art. 106 Rn. 44.

832 Wie hier *Jachmann* Gewerbesteuerreform, FN 251; *Otten* Alternativen zur Gewerbesteuer, S. 141 f.; *Kathstede* Verfassungsmäßigkeit der Gewerbesteuer, S. 142 m.w.N.

lematisch in Zuschläge umrechnen lassen.[833] Divergenzen sind demzufolge nur in der Berechnungsmodalität, nicht jedoch im Resultat zu konstatieren.[834] Ein Zuschlagsrecht widerspricht außerdem nicht der Gesetzesbegründung, wonach das in Art. 106 V GG eingefügte Hebesatzrecht bedeute, „daß die Gemeinden das Recht erhalten, den Tarif für den Gemeindeanteil an der Einkommensteuer ihrer Einwohner in gesetzlichen Grenzen nach oben oder unten zu verändern."[835] Entscheidend ist demnach vielmehr, dass sowohl beim Hebesatz- als auch beim Zuschlagsrechts allein die Kommunen über die Höhe des Satzes und damit den im Einzelfall zu zahlenden Gemeindeeinkommensteuerbetrag entscheiden.[836] Der „Hebesatz" im Sinne von Art. 106 V 3 GG ist in diesem Zusammenhang nichts anders als ein „Vervielfacher des Tarifs"[837]. Mithin erfordert die Einführung weder des Hebesatz- noch des Zuschlagsrechts eine Verfassungsänderung. Sie hätte in Bezug auf das Zuschlagsrecht auf die staatliche Einkommensteuer allein klarstellende Wirkung.

III. Einheitlichkeit der Lebensverhältnisse

Verfassungsrechtlich klärungsbedürftig ist weiterhin, wie der Widerspruch zwischen der Einführung der Gemeindeeinkommensteuer zur Stärkung der kommunalen Finanzautonomie und der Wahrung der Einheitlichkeit der Lebensverhältnisse im Bundesgebiet aufzulösen ist.[838] Dabei ist zu untersuchen, wo ein solches Einheitlichkeitspostulat in der Verfassung möglicherweise zu verorten ist.

1. Art. 3 I GG

Wie an anderer Stelle bereits angesprochen enthält das Gleichheitsgebot des Art. 3 I GG unterschiedliche Grenzen für den Gesetzgeber, die je nach Regelungsgegenstand und Differenzierungsmerkmalen vom bloßen Willkürverbot bis zu einer strengen Bindung an die Erfordernisse der Verhältnismäßigkeit reichen.[839] In ständiger Rechtsprechung gesteht das *BVerfG* der Legislative im Bereich des Steuerrechts einen weit reichenden Entscheidungsspielraum, verlangt jedoch zumindest, dass sowohl das Gebot der Folgerichtigkeit als auch das Postulat der

833 So auch *Otten* Alternativen zur Gewerbesteuer, S. 127, 141 f.

834 Steuermesszahl sowie -betrag sind nichts anderes als rechnerische Hilfsgrößen, *Schnorr* Das Hebesatzrecht der Gemeinden, S. 16.

835 BT-Drs. V/2861, S. 55 Tz. 338.

836 Wie hier *Dann* Alternativen zur Gewerbesteuer, S. 165.

837 *BMF* Gutachten zur Reform der Gemeindesteuern 1982, S. 27.

838 Zu dieser Problematik in Bezug auf die Realsteuern bereits *Schnorr* Das Hebesatzrecht der Gemeinden, S. 51 ff.

839 Fundstellen in FN 383.

möglichst gleichmäßigen Besteuerung Beachtung findet.[840] Letzteres könnte für den Grundsatz der Einheitlichkeit der Lebensverhältnisse im Bundesgebiet streiten, wenn nicht der Gleichheitssatz für jeden Träger öffentlicher Gewalt nur im eigenen Zuständigkeitsbereich gilt.[841] Dies ist der Grund, weshalb Gemeinden einen vergleichbaren Sachverhalt interkommunal anders behandeln dürfen, ohne gegen Art. 3 I GG respektive dem Postulat der Einheitlichkeit der Lebensverhältnisse im Bundesgebiet zu verstoßen.

2. Art. 72 II sowie 106 III 4 Nr. 2 GG

Ausdrücklich findet sich die Formulierung „Einheitlichkeit der Lebensverhältnisse im Bundesgebiet" nur noch in Art. 106 III 4 Nr. 2 GG, also an einer Stelle der Finanzverfassung, die die Verteilung der Umsatzsteueranteile von Bund und Länder betrifft. Ähnlich ist die „Herstellung gleichwertiger Lebensverhältnisse" gem. Art. 72 II GG gegebenenfalls für die Gesetzgebungskompetenz des Bundes erforderlich.[842]

Aus diesen Normen allein kann ein generelles, in der Verfassung verankertes Einheitlichkeitspostulat nicht abgeleitet werden, zumal Art. 72 II GG lediglich eine Regelung zur Abgrenzung der Gesetzgebungskompetenz von Bund und Ländern beinhaltet, der kein verfassungsrechtliches Gebot zur Wahrung unitarischer Lebensbedingungen immanent ist.[843] Etwas anderes ist aus einer Verbindung dieser Artikel mit dem Sozial- sowie dem Bundesstaatsprinzip gem. Art. 20 I GG denkbar.[844] Doch ändert dies nichts daran, dass die Verfassung dem Bundesgesetzgeber in Art. 106 V 3 GG die Ermächtigung erteilt, den Kommunen ein Hebesatzrecht für den Gemeindeanteil an der Einkommensteuer zu geben, und so explizit den Vorrang der kommunalen Steuerautonomie manifestiert.[845] Ein erst aus dem Sozial- sowie Bundesstaatsprinzip deduziertes Postulat der Wahrung einheitlicher respektive gleichwertiger Lebensverhältnisse darf nicht „zu einem Dogma erstarren und zum Vehikel eines überzogenen Egalitarismus und Unitarismus"[846] verkommen. Vielmehr hat das Grundgesetz hier dem interkommunalen Wettbewerb den Vorzug erteilt, der zwangsläufig zu einer von Gemeinde zu Gemeinde unterschiedlichen Steuerbelastung der Bürger führt und zunächst die

840 Fundstellen in FN 384.

841 Nachweis in FN 496.

842 Art. 72 II Nr. 3 GG a.F. sprach noch von „Wahrung der Einheitlichkeit der Lebensverhältnisse".

843 Wie hier *Hebeler* ZG 21 (2006), 301 [306, 319] m.w.N.

844 In diese Richtung *Däubler* Die „Einheitlichkeit der Lebensverhältnisse" als Verfassungsgebot, S. 462 ff.

845 *Hey* StuW 2002, 314 [320].

846 *Wendt* BB 1987, 1677 [1685].

Kräfteverhältnisse hinsichtlich der Finanzkraft zwischen den Kommunen verschiebt. Es handelt sich bei Art. 106 V 3 GG sowie Art. 106 VI 2 GG demnach nicht um verfassungswidriges Verfassungsrecht.

3. Zwischenergebnis

Aus der Einführung einer Gemeindeeinkommensteuer folgen unvermeidbar interkommunale Differenzen in der Steuerbelastung der Bürger, was vom Verfassungsgeber gem. Art. 106 V 3 GG gewollt ist. Das aus Art. 106 VI 2 GG entspringende Recht zur Hebesatzfestsetzung hat im Übrigen bei der Gewerbesteuer schon immer zu erheblichen Divergenzen in der monetäre Finanzausstattung der Kommunen untereinander geführt. Der Grundsatz der Einheitlichkeit der Lebensverhältnisse im Bundesgebiet hat an dieser Stelle dem explizit normierten Vorrang der gemeindlichen Steuerautonomie zu weichen. Sekundär ist er im kommunalen Finanzausgleich zu berücksichtigen, wenngleich dessen redistributiven Funktion nicht darin besteht, eine vollständige Nivellierung aller kommunalen Haushalte vorzunehmen, sondern die strukturbedingten Disparitäten in der Finanzkraft interkommunal zu mildern.

B) Bemessungsgrundlage: zu versteuerndes Einkommen oder Einkommensteuerschuld

Die Einführung einer an die staatliche Einkommensteuer anknüpfenden Gemeindeeinkommensteuer ist zwingend mit der Senkung der Steuerbelastung in Höhe des derzeitigen Gemeindeanteils verbunden, um nicht schon in der Ausgangskonstellation eine Zusatzbelastung der betroffenen Steuerpflichtigen zu bewirken. Die Frage nach der Bemessungsgrundlage wird dagegen unterschiedlich beantwortet, was Konsequenzen für die Wahl eines Hebesatz- respektive Zuschlagsrechts hat.

1. Erläuternde Darstellung

Zur Veranschaulichung ist in der nachstehenden Abbildung die bereits angeführte Beispielrechnung[847] dahingehend modifiziert worden, dass beiden Berechnungsmethoden das zu versteuernde Einkommen (zvE) zugrunde liegt.

847 4. Teil § 3 A) II.

Formel Hebesatz: zvE * Steuermesszahl * ***Hebesatz***/100 = Gemeindeeinkommensteuer	Formel Zuschlag: zvE * ***Zuschlag*** = Gemeindeeinkommensteuer
25.000 Euro * 0,008 * ***100***/100 = **200 Euro**	25.000 Euro * ***0,008*** % = **200 Euro**
25.000 Euro * 0,008 * ***120***/100 = **240 Euro**	25.000 Euro * ***0,0096*** % = **240 Euro**
25.000 Euro * 0,008 * ***140***/100 = **280 Euro**	25.000 Euro * ***0,0112*** % = **280 Euro**

Theoretisch ist also die Anlehnung an das zu versteuernde Einkommen sowohl bei einem Hebesatz- als auch bei einem Zuschlagsrecht möglich, bei jenem in Anbetracht der Zahlen allerdings weniger praktikabel und somit abwegig. Der Zuschlag ist in sinnvoller Weise nur auf die individuelle Einkommensteuerschuld anwendbar, wie es auch der Vorschlag einer kommunalen Einkommen- und Gewinnsteuer des *BDI/VCI* vorsieht.[848]

Sollten die Gemeinden dagegen wie bei der Grund- und Gewerbesteuer dazu ermächtigt werden, Hebesätze auf einen bundeseinheitlich vorgegebene Steuermessbetrag zu bestimmen, ist durch die Verwendung der Steuermesszahl die Anknüpfung nicht auf einen Parameter der gesetzlichen Einkommensteuer fixiert, so dass neben der Einkommensteuerschuld auch der Gesamtbetrag der Einkünfte gem. § 2 III EStG, das Einkommen gem. § 2 IV EStG oder eben das zu versteuernde Einkommen gem. § 2 V EStG in Betracht kommen. Letzteres verfolgt das Vier-Säulen-Modell der Stiftung Marktwirtschaft mit der sog. kommunalen Bürgersteuer (Säule II).[849]

2. Stellungnahme

Ein proportionaler Zuschlag zur Steuerschuld wie im *BDI/VCI*-Modell mag vielleicht einfacher zu realisieren sein.[850] Doch ist die für die Hebesatzanwendung erforderliche Festsetzung des Steuermessbetrages nicht wesentlich schwieriger, zumal es lediglich der Bestimmung einer Steuermesszahl durch den Bundesgesetzgeber bedarf. Der wesentliche Unterschied der Anknüpfungspunkte besteht vielmehr darin, dass ein Zuschlagsrecht auf die Steuerschuld unvermeidbar die Progression der staatlichen Einkommensteuer übernimmt, während ein Hebesatzrecht auf den Steuermessbetrag, dem das zu versteuernden Einkommen zugrunde liegt, proportional verläuft. Ersteres hat vier entschiedene Nachteile:

Zunächst werden die kommunalen Gebietskörperschaften von Veränderungen

848 Zur kommunalen Einkommen- und Gewinnsteuer, 3. Teil § 2 B).

849 Zur Vier-Säulen-Lösung der Kommission „Steuergesetzbuch", 3. Teil § 2 C).

850 *Fuest/Huber* WD 2002, 260 [264].

im Steuersatz der Einkommensteuer durch den Bundesgesetzgeber stärker betroffen, die dann unmittelbar auf die Gemeindeeinkommensteuer durchschlagen,[851] ohne dass der Veranlasser einer Steuererhöhung dem Gemeindeeinwohner angezeigt wird. Dessen Unmut darüber trifft folglich auch die Kommune, was ihren Handlungsspielraum bezogen auf die Ausübung des Mitbestimmungsrechts an der Einkommensteuer minimiert.

Zum zweiten werden durch den Bezug zur Steuerschuld interkommunale Differenzen im Pro-Kopf-Einkommen der Einwohner intensiviert, örtliche Steuerkraftunterschiede verschärft und damit die Diskrepanz im Haushaltsaufkommen der Kommunen untereinander mehr als bei der Anlehnung an das zu versteuernde Einkommen verstärkt.[852] Dies hat zugleich negative Konsequenzen für die Problematik der Abwanderung von Bürgern in für sie finanziell besser situierte Gemeinden.[853]

Drittens lässt sich die Nichteinbeziehung von Einkünften bei der Bemessungsgrundlage des zu versteuernden Einkommens leichter handhaben, ohne den prozentualen Teil der ausgenommenen Einkünfte von der Einkommensteuerschuld subtrahieren zu müssen.[854] Beispielsweise könnte zu überlegen sein, die Einnahmen aus Vermietung und Verpachtung nicht von der Gemeindeeinkommensteuer zu erfassen, da der Grundbesitz bereits der Grundsteuer unterliegt und es keine Anrechnungsmöglichkeit im Einkommensteuergesetz gibt. Dagegen spricht, dass die Grundsteuer in diesen Fällen regelmäßig auf die Mieter überwälzt wird.[855]

Schließlich ist die Fortsetzung der durch die Einkommensteuerschuld vorgegebenen Progression im Falle der Gemeindeeinkommensteuer unter dem Gesichtspunkt der Steuerrechtfertigung abzulehnen. Die in Bezug auf Kommunalsteuern auch vom *BVerfG* angestellten äquivalenztheoretischen Erwägungen[856] streiten nicht für eine progressive Besteuerung, weil die örtlichen Leistungen der Kommune überwiegend allen Gemeindeeinwohnern in gleicher Weise zugutekommen und nicht etwa im Sinne der sog. Generaläquivalenz von dem wohlsituierten Teil der Bevölkerung weit mehr in Anspruch genommen wird. Daher leuchtet es nicht ein, Einwohner mit höherem Einkommen durch einen Zuschlag auf die Steuerschuld überproportional an den anfallenden Kosten zu beteiligen. Auch verlangt das Leistungsfähigkeitsprinzip in seiner sozialstaatlichen Bedeutung nicht zwingend einen progressiven Verlauf der Einkommensbesteuerung.[857]

---

851 *Dann* Alternativen zur Gewerbesteuer, S. 190.

852 *BMF* Gutachten zur Reform der Gemeindesteuern 1982, S. 39, 116 f. Zustimmend *Hey* StuW 2002, 314 [322].

853 Dazu ausführlicher im 4. Teil § 3 D) II.

854 *Hey* StuW 2002, 314 [322]; *Otten* Alternativen zur Gewerbesteuer, S. 127.

855 Die Einkunftsarten werden sogleich näher beleuchtet.

856 BVerfGE 120, 1 [37 ff.].

857 *Tipke* Die Steuerrechtsordnung, Bd. I, S. 403 ff. mit FN 567 sowie S. 415.

Anders gewendet wird diesem Postulat mit einer proportionalen Ausrichtung der Gemeindeeinkommensteuer am zu versteuernden Einkommen ebenfalls entsprochen.[858]

Schlussfolgernd sind außer der finanziellen Ergiebigkeit keine nennenswerten Punkte für ein Zuschlagsrecht auf die Einkommensteuerschuld zu konstatieren, die die vorstehend erörterten Nachteile im Ergebnis aufwiegen könnten. Stattdessen ist den Gemeinden gem. Art. 106 V 3 GG nach der hier vertretenen Auffassung das Recht zu gewähren, einen Hebesatz auf einen bundeseinheitlich festzusetzenden Steuermessbetrag zu bestimmen, der auf dem zu versteuernden Einkommen des Gemeindeeinwohners aus der staatlichen Einkommensteuer basiert.[859]

C) Einkunftsarten

Fraglich ist allerdings, ob die Gemeindeeinkommensteuer sämtliche sieben Einkunftsarten im Sinne von § 2 I 1 EStG erfassen sollte, wonach der staatlichen Einkommensteuer Einkünfte aus Land- und Forstwirtschaft, aus Gewerbebetrieb, aus selbständiger Arbeit, aus nichtselbständiger Arbeit, aus Kapitalvermögen, aus Vermietung und Verpachtung sowie sonstige Einkünfte im Sinne des § 22 EStG unterliegen. Eine einkommensbezogene Gemeindesteuer darf jedenfalls bei den Steuerpflichtigen nicht zur Doppelbesteuerung führen.

Dies könnte bei Einkünften aus Land- und Forstwirtschaft sowie aus Vermietung und Verpachtung der Fall sein, sofern diese von der Grundsteuer betroffen sind. Zur Steuerrechtfertigung ist hier wegen der geringen Belastungswirkung allerdings ein Rückgriff auf das Objektsteuerprinzip erlaubt.[860] Zudem wird die Grundsteuerlast bei Einkünften aus Vermietung und Verpachtung regelmäßig auf die Mieter überwälzt.

Problematischer ist demgegenüber die Behandlung von Einkünften aus Gewerbebetrieb sowie aus selbstständiger Arbeit, sofern die Gewerbesteuerpflicht – wie im Rahmen dieser Arbeit vorgeschlagen – auch Letztere tangiert. Dies ist vom Gesetzgeber entweder dadurch zu berücksichtigen, diese Einkünfte nicht der Gemeindeeinkommensteuer zu unterziehen, oder die nicht unumstrittene Anrechnungsmethode des § 35 EStG[861] zu übertragen.

---

858 Ebenso *Hey* StuW 2002, 314 [322].

859 Wie hier *Hey* StuW 2002, 314 [322]; *Sander* Gemeindeeinkommensteuer, S. 144; *Dann* Alternativen zur Gewerbesteuer, S. 190 m.w.N. in FN 949.

860 Dazu 2. Teil § 2 A) III. 1. b) bb).

861 *Zuschlag* Die pauschalierte Gewerbesteueranrechnung nach § 35 EStG, S. 152 ff., 216 f.

D) Hebesatzbegrenzung

Nach der Festlegung auf eine Gemeindeeinkommensteuer mit kommunalem Hebesatzrecht ist zu untersuchen, ob dieses wie in §§ 1, 16 IV 2 GewStG hinsichtlich der Gewerbesteuer verfassungsgemäß begrenzt werden darf. Die Troeger Kommission schlug 1966 vor, die Hebesätze auf fünf Stufen (80, 90, 100, 110 sowie 120 vom Hundert) zu beschränken, um nicht allzu große Unterschiede in der Hebesatzfestsetzung von Gemeinde zu Gemeinde hervorzurufen und um ein einfaches Erhebungsverfahren zu ermöglichen.[862] Ähnlich sollte nach dem zwei Jahre später vorgelegten Gutachten zum Gemeindesteuersystem des Wissenschaftlichen Beirats beim Bundesministerium der Finanzen „für die anzuwendenden Steuersätze für die Einkommensteuer eine Grenze gesetzt werden, die keinesfalls über 5 % hinausgehen dürfte“[863]. In der Gemeindefinanzkommission 2010 ist nach den Vorstellungen des Bundesfinanzministers *Schäuble* ebenso nur ein begrenztes kommunales Bestimmungsrecht diskutiert worden.[864]

I. Die Frage nach dem „ob“

Zunächst stellt sich die Frage nach dem „ob“ einer Begrenzungsbefugnis, zumal Art. 106 V 3 GG anders als Art. 106 VI 2 GG für den Hebesatz bei der Grund- und Gewerbesteuer einen Gesetzesvorbehalt („im Rahmen der Gesetze“) nicht ausdrücklich vorsieht. Nach der Gesetzesbegründung hat der Verfassungsgeber allerdings auch hier beabsichtigt, das Recht zur Hebesatzfestsetzung als Ersatz für den Gemeindeanteil an der Einkommensteuer nur „in gesetzlichen Grenzen“[865] zuzulassen. Dies ist dem Grundgesetz an zwei Stellen zu entnehmen:

Zum einen stehen die die Gemeinden betreffenden Vorschriften der Finanzverfassung mit Art. 28 II GG in einem normativen Zusammenhang. Nach Satz 1 jener Bestimmung wird das Recht auf kommunale Selbstverwaltung nur „im Rahmen der Gesetze“ gewährleistet. Diesem Gesetzesvorbehalt unterliegen die kommunale Selbstverwaltungsgarantie, die aus ihr entspringende Gemeindehoheit der kommunalen Finanzautonomie sowie schließlich deren Ausprägung im gemeindlichen Hebesatzrecht.[866]

Zum anderen handelt es sich bei Art. 106 V 3 GG wie bereits erwähnt um eine Ermessensvorschrift. Wenn es im Ermessen des Bundesgesetzgebers steht, ob

862 *Kommission Finanzreform* Troeger Gutachten 1966, 2. Aufl., S. 109, Tz. 420.

863 *BMF* Gutachten zum Gemeindesteuersystem 1968, S. 34, 42.

864 FAZ vom 18.10.2010, S. 12.

865 BT-Drs. V/2861, S. 55 Tz. 338.

866 Nachweise in FN 518.

überhaupt eine Gemeindeeinkommensteuer in Form eines Hebesatzrechts auf die staatliche Einkommensteuer eingeführt werden soll, hat er erst recht die Befugnis, den Gemeinden lediglich eine beschränkte Berechtigung zur Hebesatzfestsetzung zu gewähren.

II. Die Frage nach dem „wie"

Doch ist damit die Frage nach der Intensität der Beschränkung für das kommunale Recht zur Hebesatzfestsetzung noch nicht beantwortet.

1. Mindest- respektive Höchsthebesätze

Als Gemeinschaftsteuer fließt die Einkommensteuer gem. Art. 106 III 1 GG nach Abzug des Gemeindeanteils sowohl dem Bund als auch den Ländern zu. Damit ergibt sich die Gesetzgebungszuständigkeit des Bundes bereits aus Art. 105 II, 1. Alt. GG, was eine Bezugnahme auf Art. 105 II, 2. Alt. GG in Verbindung mit Art. 72 II GG entbehrt. Als Schranke für die Vorgabe von Mindest- respektive Höchsthebesätze sind damit einzig die Bestimmungen zum Schutze der kommunalen Selbstverwaltungsgarantie aus Art. 28 II 1 GG zu beachten.[867] Hilfreich ist diesbezüglich die an anderer Stelle zur Verfassungsmäßigkeit des gewerbesteuerlichen Mindesthebesatzes erfolgte Argumentation.[868]

Nach der Rechtsprechung des *BVerfG* zum unantastbaren Kernbereich sind den Kommunen die identitätsbestimmenden Merkmale gemeindlicher Selbstverwaltung weder faktisch noch rechtlich zu nehmen oder derart auszuhöhlen, dass die Gemeinden keinen ausreichenden Spielraum zu ihrer Ausübung mehr haben.[869] Das gemeindliche Hebesatzrecht als ein „identitätsbestimmtes" Merkmal zu begreifen, geht zu weit, zumal es sich dabei lediglich um eine Ausprägung der kommunalen Finanzhoheit handelt. Allerdings unterliegen Maßnahmen im Randbereich des kommunalen Selbstverwaltungsrechts stets dem Grundsatz der Verhältnismäßigkeit,[870] so dass a priori nur eine moderate Ausgestaltung der Hebesatzbegrenzung nach unten sowie nach oben verfassungskonform möglich ist.

---

867 Zur kommunalen Selbstverwaltungsgarantie ausführlich im 2. Teil § 2 A) II. 2. b) bb).

868 2. Teil § 2 A) III. 1. a) bb) (1) (b) (bb).

869 BVerfGE 17, 172 [182]; 83, 363 [381]; 107, 1 [12] bzw. 1, 167 [174 f.]; 79, 127 [155]; 103, 332 [366]. Ebenso BVerfG, DVBl. 2010, 509 [512].

870 2. Teil § 2 A) II. 2. b) bb) sowie BVerfG, DVBl. 2010, 509 [511].

2. Aufforderung zu „bedarfsgerechter" Festsetzung

Im *BDI/VCI*-Modell wird darüber hinausgehend ein „gesetzliches Wohlverhaltensgebot" angeregt, das die Gemeinden in die Verantwortung für ein leistungsgerechtes Steuersystem nimmt.[871] Ziel dieser Überlegung ist es, dass die kommunalen Körperschaften die Gemeindeeinkommensteuer je nach Haushaltslage bedarfsgerecht einsetzen.

Dies mag auf den ersten Blick erstrebenswert sein, ist durch die Verwendung unbestimmter und somit auslegungsbedürftiger Rechtsbegriffe administrativ jedoch nicht zu kontrollieren. Ferner verletzt die Aufforderung zu einer „bedarfsgerechten" Festsetzung des Hebesatzes die kommunale Finanzautonomie, wenn der Kommune letztlich die Entscheidungsbefugnis entzogen und das Recht, im Sinne von Art. 106 V 3 GG „Hebesätze [...] fest[zu]setzen", einer Pflicht gleichkommt. Schließlich ist es unverhältnismäßig, Fehlbestände im Gemeindehaushalt allein durch die Besteuerung der Wohnbevölkerung, nicht jedoch der Unternehmen oder durch andere haushaltspolitische Maßnahmen ausgleichen zu müssen.

III. Zwischenergebnis

Der Bundesgesetzgeber ist gem. Art. 105 II, 1. Alt. GG verfassungsrechtlich befugt, anhand von gemäßigten Mindest- sowie Höchsthebesätzen das kommunale Recht zur Hebesatzfestsetzung bei der Gemeindeeinkommensteuer zu begrenzen. Doch ist von dieser Möglichkeit zunächst abzusehen, da entsprechende Anreize durch die Anwendung sowohl von sog. Sockelbeträgen[872] als auch fiktiver Hebesätze zur Ermittlung der Finanzkraft im kommunalen Finanzausgleich erzielt werden können.[873] Ferner ist die Begrenzung auf Höchsthebesätze erst dann erforderlich, wenn die dem Bund und den Ländern aus Art. 106 III 1 GG gewährte Ertragshoheit an der Einkommensteuer durch die Kommunen ausgehöhlt zu werden droht.[874]

E) Steuerverwaltung

Zur Zeit der Großen Finanzreform im Jahre 1969 wäre die Einführung einer Gemeindeeinkommensteuer in Form eines an die staatliche Einkommensteuer an-

871 *BDI/VCI* Konzept einer kommunalen Einkommen- und Gewinnsteuer, S. 22.

872 Dazu unter Punkt F) II.

873 Dazu unter Punkt F) III. Zur Ermittlung der Finanzkraft und der Anknüpfung an fiktive Hebesätze bei der Grund- sowie der Gewerbesteuer, 2. Teil § 1 B) I. 2. b) cc) (2).

874 *Hansmeyer/Zimmermann* AfK 32 (1993), 221 [238].

knüpfenden Hebesatzrechts mit einem erheblichen Verwaltungsaufwand sowie Kosten verbunden gewesen,[875] was in der Tat gegen eine autonome Mitwirkung der Kommunen an dieser Gemeinschaftsteuer sprach.[876] Durch den Einsatz elektronischer Datenverarbeitung sowie der Datenübertragung via Internet bildet heute nicht mehr die verwaltungstechnische Abwicklung,[877] sondern die Regelung der Zuständigkeit bei der Steuererhebung den Mittelpunkt der Überlegungen. Dabei ist eine Kooperation von Finanz- und Gemeindeverwaltung unerlässlich,[878] das Veranlagungsverfahren aber in zwei Formen denkbar:

Einerseits könnte es allein Aufgabe der Landesfinanzbehörden sein, die Veranlagung der Gemeindeeinkommensteuer durchzuführen und den von der Wohnsitzgemeinde festgesetzten Hebesatz anzuwenden.[879] Dann würde die Einkommensteuer für alle Steuergläubiger (Bund, Länder und Gemeinden) aus einer Hand erhoben.

Andererseits ist wie bei den Realsteuern ein gestuftes Verfahren in Betracht zu ziehen, wonach das Finanzamt der Kommune den Steuermessbetrag in einem Grundlagenbescheid übermittelt, bevor diese die einkommensbezogene Gemeindesteuer beim Steuerpflichtigen veranschlagt. Vorteilhaft daran ist der direkte Kontakt zwischen Gemeinde und Einwohner, so dass neben dem Steuerbescheid auch alle weiteren, das Steuerverhältnis betreffenden Verwaltungsakte – etwa Entscheidungen zu Stundung oder Erlass der Steuerforderung – der Kommune obliegt.[880] Rechtsschutz ist dann nicht vor der Finanz-, sondern der Verwaltungsgerichtsbarkeit gem. § 40 I VwGO zu suchen.

Die Verwaltung der Gemeindeeinkommensteuer in letzter Konsequenz den Gemeinden zu überlassen, ist mit den Vorgaben der Finanzverfassung allerdings nicht vereinbar. Die staatliche Einkommensteuer wird als eine der „übrigen Steuern" im Sinne von Art. 108 II 1 GG durch die Landesfinanzbehörden verwaltet, die diesbezüglich gem. Art. 108 III 1 GG im Auftrag des Bundes tätig werden. Ausnahmsweise kann die Steuerverwaltung durch die Länder gem. Art. 108 IV 2 GG für die den Gemeinden respektive Gemeindeverbänden „allein zufließenden Steuern" ganz oder zum Teil auf die kommunalen Körperschaften übertragen werden. Da das aus der Besteuerung des Einkommens resultierende Steueraufkommen jedoch nicht in der alleinigen Ertragshoheit der

875 *BMF* Gutachten zum Gemeindesteuersystem 1968, S. 42.

876 Zu Recht angemerkt von *Popitz* Gutachten 1932, S. 128; *BMF* Gutachten der Steuerreformkommission 1971, S. 734 f. sowie *Schnorr* Das Hebesatzrecht der Gemeinden, 1972, S. 270 f.

877 Zum sog. Electronic Government, *Burgi* in: Erichsen/Ehlers, Allgemeines Verwaltungsrecht, § 10 Rn. 5 m.w.N.

878 *BMF* Gutachten zur Reform der Gemeindesteuern 1982, S. 117; *Wendt* BB 1987, 1677 [1682].

879 So vorgesehen von *Stiftung Marktwirtschaft/Kommission „Steuergesetzbuch"* Steuerpolitisches Programm, S. 42 f.

880 *Wendt* BB 1987, 1677 [1682].

Gemeinden steht (vgl. Art. 106 III 1 GG) und Art. 108 IV 2 GG als Ausnahmeregel zum zweistufigen Staatsorganisations- und Verwaltungsaufbau der Bundesrepublik Deutschland eng auszulegen ist, scheidet eine Anwendung dieser Norm bezogen auf die Gemeindeeinkommensteuer aus.[881] Etwas anderes ist auch nicht vom Verfassungsgeber im Zuge der Reform von 1969 für den Fall eines Hebesatzrechts an der Einkommensteuer vorgesehen worden.[882]

Daher ist die ohne Verfassungsänderung umsetzbare Finanzamtslösung zu bevorzugen, zumal nicht nur der Verwaltungsaufwand geringer sein dürfte, wenn die Steuererhebung der staatlichen Einkommen- sowie der Gemeindeeinkommensteuer aus einer Hand erfolgt. Diese Lösung ist ebenfalls für den Bürger günstiger, wenn er es bei Fragen der Besteuerung seines Einkommens mit nur einer Behörde als Ansprechpartner zu tun hat.[883] Um die Entrichtung der Steuerschuld an die Kommunen zu sichern, sollte die Gemeindeeinkommensteuer – wenn möglich – im Verfahren des Quellensteuerabzugs erhoben werden.[884] Dies ist bei der Lohnsteuer beispielsweise durch die mit dem Hebesatz der Wohnsitzgemeinde versehene Lohnsteuerkarte[885] respektive das sie zukünftig ersetzende papierlose elektronische Verfahren „ELStAM“ ohne größere Schwierigkeiten zu erreichen. Allerdings fehlt es für den Steuerzahler an Merklichkeit, wenn die Einkünfte unmittelbar an der Quelle beim Arbeitgeber besteuert werden und der Zahlungsvorgang von dritter Seite erfolgt.[886] Deswegen ist es unabdingbar, dem Gemeindeeinwohner den entrichteten Betrag an Gemeindeeinkommensteuer entweder auf dem Einkommensteuerbescheid oder in einem separaten Bürgerbescheid deutlich auszuweisen.

F) Rechtspolitische Fragestellungen

I. Die Problematik der Abwanderung

Als Hauptargument gegen die Einführung eines Hebesatzrechts der Kommunen bei der staatlichen Einkommensteuer wird vorgetragen, dass es dadurch zu einer

881 Wie hier *Heintzen* in: v. Münch/Kunig, GG, Art. 106 Rn. 47. Ebenso *Heun* in: Dreier, GG, Art. 108 Rn. 20; *Pieroth* in: Jarass/Pieroth, GG, Art. 108 Rn. 11; *Siekmann* in: Sachs, GG, Art. 108 Rn. 13; *Schlette* in: v. Mangoldt/Klein/Starck, GG, Art. 108 Rn. 90. A.A. *Hidien* in: Dolzer/Vogel/Graßhof, BK GG, Art. 106 Rn. 1048 f.

882 BT-Drs. V/2861, S. 57 sowie Finanzreformgesetz vom 12.5.1969 (BGBl. I, S. 359 [361])

883 So schon *Kommission Finanzreform* Troeger Gutachten 1966, 2. Aufl., S. 109 f., Tz. 423.

884 Wie hier *BMF* Gutachten zum Gemeindesteuersystem 1968, S. 42; *dass.* Gutachten zur Reform der Gemeindesteuern 1982, S. 118; *Wendt* BB 1987, 1677 [1682].

885 *Hey* StuW 2002, 314 [324].

886 Bereits angemerkt vom *BMF* Gutachten zum Gemeindesteuersystem 1968, S. 31.

vermehrten Abwanderung wohlbetuchter Gemeindeeinwohner in kommunale Steuerparadiese komme.[887] Daneben sei zu befürchten, dass Einwohner von Kernstädten wegen steuerlicher Mehrbelastungen in die Umlandgemeinden ziehen und die Ballungszentren keinen finanziellen Ausgleich erhalten.[888]

Allerdings lassen sich mit *Scherf* drei Gesichtspunkte anführen, die „steuerinduzierte Wanderungsbewegungen"[889] relativieren:

Zunächst sind letztlich immer noch die Gemeindeeinwohner mit der Wahl der örtlichen Entscheidungsträger befähigt, auf ihrer Meinung nach zu hohe Hebesätze bei der nächsten Kommunalwahl entsprechend zu reagieren. Auch § 40 I GO NRW normiert, dass die Verwaltung der Gemeinde ausschließlich durch den Willen der Bürgerschaft bestimmt werde. Diesem Druck sind sich Bürgermeister und Ratsmitglieder sehr wohl gewiss. Im Gegensatz zum bisherigen kommunalen Einkommensteueranteil ist die Festsetzung des Hebesatzrechtes gegenüber den Gemeindeeinwohnern erläuterungsbedürftig.

Zweitens orientieren sich die Bürgerinnen und Bürger bei der Entscheidung nach dem Wohnsitz nicht primär am zu erwartenden Steuervorteil. Maßgeblich für die Standortwahl ist in erster Linie die Nähe zum Arbeitsplatz sowie die Frage, ob man sich in der Gemeinde wohlfühlt, diese also die eigenen, von Individuum zu Individuum unterschiedlichen Präferenzen weitestgehend erfüllt und dem eigenen Lebensstandard genügt. Letzteres hängt nicht nur von materiellen, sondern auch von natürlichen sowie immateriellen Faktoren ab.[890] So spielt insbesondere im ländlichen Raum die familiäre Bindung sowie die Mitgliedschaft in Vereinen für das Wohlbefinden eine wesentliche Rolle. Städte bieten zusätzlich eine kulturelle Vielfalt, Großstädte darüber hinaus weitere Möglichkeit zur Lebensgestaltung und einen „anonymeren" Ort zum Leben.

Drittens sollte der Bundesgesetzgeber zusammen mit der Einführung der Gemeindeeinkommensteuer präventiv Maßnahmen ergreifen. Von *BDI/VCI* ist diesbezüglich erwogen worden, an die Betriebsgemeinden einen höheren Anteil an der Umsatzsteuer zu verteilen, um ihnen im Vergleich zu Wohngemeinden Hebesätze auf tolerierbarem Niveau zu ermöglichen.[891] Dagegen soll die Betriebsgemeinde nach der Kommission „Steuergesetzbuch" einen unmittelbar fixen Anteil am Lohnsteueraufkommen des im Gemeindegebiet beschäftigten Arbeitnehmers

887 So z.B. der Schlussbericht der Enquete-Kommission Verfassungsreform BT-Drs. 7/5924, S. 206 f.; *Anton/Diemert* Gemeindefinanzbericht 2010, S. 8.

888 Vgl. Bericht der Arbeitsgruppe „Kommunalsteuern" an die Kommission zur Reform der Gemeindefinanzen vom 20.6.2003, S. 16 ff. in Bezug auf das BDI/VCI-Modell.

889 *Scherf* Perspektiven der kommunalen Besteuerung, S. 48.

890 So auch *Beland* AfK 37 (1998), 104 [107]. Vgl. ferner *Lang* Steuergerechtigkeit und Globalisierung, S. 50; *Müller-Gatermann* Gewerbesteuer – quo vadis?, S. 83.

891 *BDI/VCI* Konzept einer kommunalen Einkommen- und Gewinnsteuer, S. 27 f.

bekommen.[892] Letzteres ist trotz der Aufnahme des Betriebsstättenprinzips in Art. 106 V GG vorzugswürdig, da es sich bei der Umsatzsteuerbeteiligung nur um eine Zuweisung ohne lokalen Bezug handelt und ein gerechter Verteilungsschlüssel nur schwierig zu finden ist. Repressiv ist seitens der Legislative gegebenenfalls wie im Falle der Gewerbesteuer auch für den Hebesatz der Gemeindeeinkommensteuer ein begrenzter Rahmen vorzuschreiben.

Demzufolge ist die Kritik der Abwanderungsproblematik bezogen auf das kommunale Hebesatzrecht an der Einkommensteuer pauschal so nicht haltbar, zumal die Wohnortentscheidung der Einwohner erst dann eine Thematisierung findet, „wenn erhebliche Zweifel an den Qualitäten des gewählten Wohnorts auftreten und wenn bessere Lebensbedingungen sich förmlich aufdrängen."[893] Nach dem Modell von *Tiebout* aus dem Jahre 1956 sind Wanderungsbewegungen als Mittel der Präferenzoffenbarung und als Abstimmung mit den Füßen gar positiv zu bewerten, wenngleich es eine kostenlose, in realiter nicht gegebene Mobilität der Bürger voraussetzt.[894] Richtig daran ist, dass die Gemeinden dann in Zukunft gefordert sind, ihr eigenes Profil zu entwickeln und die Gemeindebürger davon zu überzeugen. Diesbezüglich ist den kommunalen Gebietskörperschaften die Angst vor Autonomie zu nehmen, indem eine Verbesserung ihrer Finanzausstattung nicht nur vorläufig über Zuweisungen, sondern strukturell und damit nachhaltig geschieht.

II. Der Sockelbetrag als Grenze der Bemessungsgrundlage

Im soeben aufgezeigten Spannungsfeld zwischen Stärkung der gemeindlichen Finanzautonomie einerseits und Verursachung erheblicher interkommunaler Disparitäten in der Finanzausstattung andererseits ist es ratsam, für die Gemeindeeinkommensteuer wie derzeit beim Gemeindeanteil zur Einkommensteuer einen Sockelbetrag festzulegen.[895] Auch der von der Kommission „Steuergesetzbuch" vorgelegte Entwurf sieht dies für eine Übergangszeit vor, um die Stadt-Umland-Problematik zu mildern.[896]

Dazu erfährt die Bemessungsgrundlage der Gemeindeeinkommensteuer eine fiktive Höchstgrenze, bis zu welcher das zu versteuernden Einkommen des Ge-

---

892 *Stiftung Marktwirtschaft/ Kommission „Steuergesetzbuch"* Steuerpolitisches Programm, S. 43 ff.

893 *Beland* AfK 37 (1998), 104 [108 f.].

894 Dazu *Hansjürgens* Äquivalenzprinzip und Staatsfinanzierung, S. 333 ff.; *Zimmermann* Kommunalfinanzen, S. 31 f.

895 Zu Letzterem 2. Teil § 1 A) I.

896 *Stiftung Marktwirtschaft/Kommission „Steuergesetzbuch"* Steuerpolitisches Programm, S. 43. Grafisch dargestellt für ein Zuschlagsrecht auf die Steuerschuld bei *Sander* Gemeindeeinkommensteuer, S. 57.

meindeeinwohners Berücksichtigung finden darf. Die Differenz zur ursprünglich fälligen Gemeindeeinkommensteuerschuld sollte sodann an die Länder zur Aufstockung der Finanzausgleichsmasse im kommunalen Finanzausgleich weitergeleiten werden. Die jeweilige Höhe des Sockelbetrags für Einzel- respektive Zusammenveranlagte ist Gegenstand der politischen Entscheidung. Allerdings ist diese Regelung nicht auf Dauer beizubehalten, weil sie letztlich die Autonomie der Gemeinden schwächt.[897]

III. Die Rolle des kommunalen Finanzausgleichs

Der kommunale Finanzausgleich ist eine bewusste Verletzung des Äquivalenzgedankens, weil letztlich kommunale Ausgaben weitgehend von Bürgern übernommen werden, die nicht in der finanziell unterstützten Gemeinde wohnen und damit nicht von den örtlichen Leistungen profitieren. Zudem ist die politische Verantwortlichkeit aufgrund der komplexen Regelung der Finanzausgleichsstruktur für den Bürger nicht zu erkennen und der Zusammenhang von politischen Entscheidungen zu lokalen Leistungen folglich nicht wahrnehmbar. Schließlich führt dies auf der Ebene der kommunalen Entscheidungsträger zu dem paradoxen Effekt, dass sie sich umso weniger von den Präferenzen der Bürger leiten lassen, je stärker die Defizite im eigenen Haushalt von anderen Gebietskörperschaften ausgeglichen werden.[898]

Demnach darf das Instrument des kommunalen Finanzausgleichs im System der Gemeindefinanzen nur sekundär Beachtung finden und keinesfalls dazu führen, dass die Gemeinden von der für die Schaffung einer stabilen Haushaltslage notwendigen Anpassung der Gemeindeeinkommensteuer Abstand nehmen, weil sie Nachteile befürchten, die sie nicht hätten, wenn sie sich allein auf Schlüsselzuweisungen fokussierten.[899] Denn mit der Anspannung des Hebesatzes wächst nicht nur der Unmut der Bevölkerung, sondern ebenso die eigene Finanzkraft, was im Ergebnis die Höhe der Zuweisungen aus dem Finanzausgleich verringert. Dem ist dadurch entgegenzuwirken, dass wie derzeit bei der Grund- und Gewerbesteuer nicht das tatsächliche Aufkommen der Gemeindeeinkommensteuer angesetzt, sondern ein fiktiver Durchschnittshebesatz bestimmt wird, um nicht strategische Entscheidungen der Gemeinden zu provozieren.[900]

---

897 *Hansmeyer/Zimmermann* AfK 32 (1993), 221 [239 f.]. Zur Ablehnung der Sockelbeträge beim gemeindlichen Einkommensteueranteil, Nachweise in FN 63.

898 Zum Ganzen *Schwager* Gemeindefinanzen und kommunaler Standortwettbewerb, S. 180 f.

899 *Hansmeyer/Zimmermann* AfK 32 (1993), 221 [227, 232]. Nachweise zur reinen Komplementärfunktion des kommunalen Finanzausgleichs in FN 186 f.

900 Wie hier *Hansmeyer/Zimmermann* WD 1991, 639 [643]; *Zimmermann* Kommunalfinanzen, S. 232 f.

Theoretisch gibt es die Möglichkeit, für den Fall unwirtschaftlichen Verhaltens mit einer Senkung des Ausgleichssatzes zu drohen. Für eine derartige Sanktion müsste der Landesgesetzgeber jedoch nicht nur vorgeben, um wie viele Prozentpunkte dies unter Wahrung einer, die fiskalische Funktion des Finanzausgleichs wahrenden Untergrenze geschehen soll, sondern zusätzlich eine Institution schaffen, die objektiv den schwierigen Nachweis erbringt, dass die betroffene Gemeinde Konsolidierungspotentiale wissentlich nicht genutzt hat. Hierzu könnte sich in Nordrhein-Westfalen die zum 1. Januar 2003 gegründete Gemeindeprüfungsanstalt NRW (GPA NRW)[901] mit Sitz in Herne anbieten, der gem. § 105 I GO NRW die überörtliche Rechnungsprüfung als Teil der allgemeinen Aufsicht des Landes über die Kommunen obliegt.[902] Deren Aufgabe ist nach § 2 des Gesetzes über die Gemeindeprüfungsanstalt vom 30. April 2002[903], in den Bereichen Wirtschaftlichkeit, Organisation, Vergabewesen und Neues Kommunales Finanzmanagement beratend und prüfend tätig zu sein. Dazu wird jeder Gemeinde anhand von Kennzahlen ein umfangreicher Prüfungsbericht erstellt, wesentliche Ergebnisse der Untersuchung im Kommunalindex für Wirtschaftlichkeit (KIWI) veranschaulicht und mit Blick auf die finanzwirtschaftliche Situation der kommunalen Körperschaft kurz und prägnant Handlungserfordernisse und zugleich Alternativen aufgezeigt.

Zur Rechtfertigung von Sanktionen ist es allerdings zum einen kaum möglich, objektive und allumfängliche Kennzahlen für die Beurteilung der Wirtschaftlichkeit einer Gemeinde zu finden, die den unterschiedlichen interkommunalen Strukturen gerecht werden. Zum anderen müsste den Kommunen bewiesen werden, dass sie die unwirtschaftliche Haushaltslage nicht unverschuldet herbeigeführt haben. Für eine Bestrafung müsste eine Prüfung außerdem nicht wie bisher rückwirkend,[904] sondern zeitnah erfolgen, um die dafür politisch verantwortlichen Entscheidungsträger zur Rechenschaft zu ziehen. Aufgrund dieser Schwierigkeiten, die sich letztlich (wenn überhaupt) nur durch eine erhebliche Intensivierung von Sach- und Personalmitteln der Gemeindeprüfungsanstalt beheben ließen, ist der kommunale Finanzausgleich für einzelne Sanktionen ungeeignet.[905] Davon abgesehen ist den Gemeinden zuzugestehen, zum Beispiel im sozialen sowie im künftig sicherlich an Bedeutung gewinnenden Bereich der Ganztagsbetreuung

901 Gesetz zur Errichtung einer Gemeindeprüfungsanstalt vom 30.4.2002 (GV. NRW 2002, S. 159).

902 Näheren Informationen sind abrufbar unter *http://www.gpa-in-nrw.de*.

903 GV. NRW 2002, S. 160.

904 So erfolgte z.B. die KIWI-Bewertung im Zuge der überörtlichen Prüfung der Stadt Ennepetal Mitte 2008 auf Basis der Werte aus dem Haushaltsjahr 2006, vgl. *http://www.ennepetal.de/fileadmin/user_upload/Medien/rathaus/Pruefbericht_GPA/Stadt_Ennepetal_-_Endfassung.pdf*, S. 16.

905 So auch im Ergebnis ifo-Gutachten 2008, S. 151 ff., 193 ff., 201.

im Interesse des Gemeinwohls unwirtschaftliche Entscheidungen zu treffen.

Demzufolge ist der bisher eingeschlagene Weg einer partnerschaftlichen Kooperation zwischen Gemeinden und Prüfungsanstalt in Nordrhein-Westfalen weiter zu verfolgen, sofern die aus der vergleichenden Betrachtung kommunaler Leistungen resultierenden Ergebnisse der Behörde auch hinreichend Berücksichtigung finden und umgesetzt werden. Um dies zu gewährleisten und die Institution der GPA NRW nicht zum zahnlosen Tiger zu degradieren, sind neben den Vorzeige-Kommunen ebenso Negativbeispiele der KIWI-Bewertung zu publizieren. Es sei an dieser Stelle noch darauf hingewiesen, dass die Gemeinden die Wirtschaftlichkeit ihres Handelns freiwillig anonym überprüfen können, indem sie das Internetangebot des Interkommunalen Kennzahlen-Vergleichs-Systems (IKVS) nutzen.[906] Dies ist ein standardisiertes Verfahren zur automatisierten Berechnung von gemeindeeigenen Kennzahlen und ermöglicht den Vergleich mit anonymisierten Höchst-, Tiefst- und Mittelwerten anderer Kommunen. Ebenso ist es wünschenswert, wenn auch ein Austausch der Eckdaten mit strukturell vergleichbaren Nachbargemeinden erfolgt.

G) Rechtsvergleich

Obwohl weltweit bisher kein Musterbeispiel für ein vollendetes System der Gemeindefinanzierung besteht, trägt ein Rechtsvergleich mit anderen Staaten zur Erweiterung des Blickwinkels bei. So sind einkommensbezogene Gemeindesteuern in einigen Bundesstaaten der USA, Belgien, Dänemark, Finnland, Kroatien, Norwegen, Schweden und der Schweiz als wichtige Einnahmequelle der kommunalen Körperschaften vorzufinden.

In den USA ist die Besteuerung von Grund und Boden (sog. property tax) insgesamt die bedeutendste Kommunalsteuer. Doch existiert eine kommunale Einkommensteuer in etwa 9 % aller örtlichen Gebietskörperschaften aus elf Bundesstaaten – darunter die Großstädte New York, Cleveland, Cincinnati und Philadelphia – und bereichert dort die kommunalen Steuereinnahmen zum Teil um mehr als die Hälfte.[907] Je nach Bundesstaat wird die Steuer von unterschiedlichen Körperschaften wie Kreise (counties), Stadtgemeinden (municipalities), Landgemeinden (townships), Schul- (school districts) oder Sonderbezirke (special districts) erhoben.[908] Ausgestaltet ist sie meist als eigenständige Bürgersteuer, daneben auch als Recht zur Festlegung des Steuersatzes sowie als kommunaler

906 Näheres dazu unter *http://www.ikvs.de*.

907 *Sander* Gemeindeeinkommensteuer, S. 73 f.

908 *Müssener* in: Mennel/Förster, Steuern in Europa, Amerika und Asien, USA Rn. 25.

Zuschlag auf die progressive Einkommensteuer des Staates.[909] Für die Besteuerung der Einwohner und Pendler werden teilweise unterschiedliche Bemessungsgrundlagen gewählt.[910]

Unter den belgischen Kommunalsteuern ist der kommunale Zuschlag auf die staatliche Einkommensteuer (sog. taxe additionelle) neben der Grundsteuer die wichtigste Steuerquelle,[911] obschon die Gemeindesteuern nur 5 % vom steuerlichen Gesamtaufkommens des Landes betragen.[912] In Kroatien sind seit 2001 alle Gemeinden dazu ermächtigt, einen Zuschlag auf die Staatseinkommensteuer unter Beachtung besonderer Obergrenzen zu erheben, die bei einer Einwohnerzahl von bis zu 10.000 einen Zuschlag von höchstens 10 %, bei bis zu 30.000 Einwohnern 12 %, im Falle von bis zu 50.000 Bürgern 15 % und für die Hauptstadt Zagreb maximal einen Zuschlag von 30 % erlauben.[913] Ein Zuschlagsrecht auf die Einkommensteuersteuerschuld besitzen ferner die schwedischen Kommunen (sog. kommunalskatt). Davon erfasst werden seit der Einführung der dualen Einkommensteuer (sog. dual income tax) im Zuge der Steuerreform 1990/91 nicht mehr Kapital-, sondern nur noch Erwerbseinkünfte.[914] Trotz der den 290 Kommunen ohne Begrenzung gewährten Autonomie in der Festsetzung der Zuschläge betrugen diese im Jahr 2009 zwischen 28,89 % im südschwedischen Vellinge und 34,17 % in der Gemeinde Ragunda.[915] Ursächlich für die geringen Divergenzen der Anspannung ist vordergründig die Neuausrichtung des kommunalen Finanzausgleichs 1993, bei der spezielle zugunsten allgemeiner Zuweisungen aufgegeben wurden und die Unterschiede in der Steuerkraft sowie der Ausgabenbedürfnisse auch horizontal zwischen den Gemeinden nivelliert werden.[916]

In Dänemark beziehen Gemeinden respektive Landkreise die Steuereinnahmen hauptsächlich aus der Gemeindeeinkommensteuer. Dazu wenden sie einen proportionalen Steuersatz auf das zu versteuernde Einkommen an, welches Vorgaben des dänischen Parlaments unterliegt.[917] Auch finnische Kommunen legen proportional einen Tarif auf das nach besonderen Abzügen verbleibende Er-

---

909 *Sander* Gemeindeeinkommensteuer, S. 75.

910 *Sander* a.a.O., S. 78 f.

911 *Paquet* in: Mennel/Förster, Steuern in Europa, Amerika und Asien, Belgien Rn. 30, 198; *Werner* Das deutsche Gemeindefinanzsystem, S. 204 ff.

912 *Sander* a.a.O., S. 85.

913 *Werner* a.a.O., S. 220, 224 f.

914 *Sander* a.a.O., S. 87.

915 *Strömberg/Kristoffersson* in: Mennel/Förster, Steuern in Europa, Amerika und Asien, Schweden Rn. 157.

916 So *Werner* Das deutsche Gemeindefinanzsystem, S. 233 ff.

917 *Schulze* in: Mennel/Förster, Steuern in Europa, Amerika und Asien, Dänemark Rn. 182 ff.; *Sander* Gemeindeeinkommensteuer, S. 92 f. Zur Einnahmestruktur im Jahre 2001 siehe die Abbildungen bei *Werner* Das deutsche Gemeindefinanzsystem, S. 212 f.

werbseinkommen der Gemeindeeinwohner fest.[918] Zu fast 90 % ist das Aufkommen der Kommunalsteuern in Norwegen geprägt von der Gemeindeeinkommensteuer, die sich in das dortige System der dualen Einkommensteuer integriert und anders als in Schweden nicht die Erwerbs-, sondern die allgemeinen Einkünfte proportional mit einem Steuersatz versieht.[919]

Näher zu beleuchten ist das Gemeindefinanzsystem der Schweiz, deren stark ausgeprägte dezentral föderalistische Staatsstruktur sich im Steuersystem widerspiegelt. Verglichen mit den deutschen Bundesländern verfügen die 26 Kantone über ausgeprägte Gesetzgebungsbefugnisse im Sinne von Art. 3 der Bundesverfassung der Schweizerischen Eidgenossenschaft (BV)[920]. In Bezug auf Steuern ist eine kantonale und kommunale Besteuerung lediglich für Zölle und andere Abgaben auf den grenzüberschreitenden Warenverkehr (Art. 133 BV) sowie für die Mehrwertsteuer, die besonderen Verbrauchssteuern, die Stempelsteuer und die Verrechnungssteuer (Art. 134 BV) ausgeschlossen. Demnach sind die Kantone berechtigt, eigene Steuergesetze auch im Bereich der direkten Steuern zu erheben, sofern die Normen des Steuerharmonisierungsgesetzes (StHG)[921] Beachtung finden, welches als Rahmengesetz Vorgaben zu den Punkten Steuerpflicht (Art. 3 ff. StHG), Einkünfte (Art. 7 ff. StHG), Abzüge (Art. 9 f. StHG) und Steuerberechnung (Art. 11 StHG) enthält.

Die gemeindliche Steuerhoheit ist von Bestimmungen in kantonalen Gesetzen respektive Gemeindereglementen abhängig und unterliegt der Delegation einer übergeordneten Körperschaft. Gleichwohl ist sie als wesentliches Element des schweizerischen Steuersystems anerkannt.[922] Folglich ist die kommunale Einkommensteuer die mit Abstand wichtigste Einnahmequelle der rund 2600 Kommunen, die im Jahr 2005 etwa 72 % der gesamten örtlichen Steuereinnahmen ausmachte.[923] Sie ist meist als prozentualer Zuschlag (sog. kommunaler Steuerfuss) auf die regelmäßig progressive[924] einfache Kantonssteuer ausgestaltet.[925]

---

918 *Alberts/Petterson* in: Mennel/Förster, Steuern in Europa, Amerika und Asien, Finnland Rn. 176 f.; *Sander* a.a.O., S. 89 f.

919 *Sedlmayr* in: Mennel/Förster, Steuern in Europa, Amerika und Asien, Norwegen Rn. 78; *Sander* a.a.O., S. 91 f.

920 Vom 18.4.1999, Systematische Rechtssammlung NR. 101.

921 Bundesgesetz über die Harmonisierung der direkten Steuern der Kantone und Gemeinden vom 14.12.1990, Systematische Rechtssammlung Nr. 642.14.

922 *Schweizerische Steuerkonferenz* Die geltenden Steuern von Bund, Kantonen und Gemeinden, S. 2.

923 Zu den Steuereinnahmen der Gemeinden insgesamt von 1960 – 2005, siehe *http://www.bfs.admin.ch/bfs/portal/de/index/infothek/lexikon/bienvenue___login/blank/zugang_lexikon.Document.102493.xls*, abgerufen am 30.12.2011.

924 Einzig die Einkommenssteuertarife der Kantone Uri und Obwalden sind proportional ausgestaltet (sog. Flat Rate Tax).

925 *Kolb* in: Mennel/Förster, Steuern in Europa, Amerika und Asien, Schweiz Rn. 213. Eine Ausnahme bildet die Stadt Basel, die am Steuerertrag des Kantons Basel-Stadt partizipiert,

Die Schweiz betreibt damit bewusst einen interkantonalen sowie -kommunalen Steuerwettbewerb, um im internationalen Vergleich steuerlich attraktiv zu sein.[926] Dies führt zu immensen Unterschieden in der individuellen einkommensbezogenen Steuerbelastung der Bürger durch die Kantons-, Gemeinde- und Kirchensteuer, welche im Jahr 2001 in sechzehn Kantonen über dem kantonalen Durchschnittswert (im Kanton Jura gar mit 31,8 %) lag.[927] Das Einkommen einer unverheirateten Person von 100.000 Schweizer Franken wurde bezogen auf das Jahr 2008 in der Kommune Couvet im Kanton Neuenburg mit 20,87 %, in Wollerau im Kanton Schwyz dagegen nur mit 5,32 % besteuert.[928] Dennoch wird der Steuerwettbewerb zwischen Kantonen respektive Gemeinden in der Schweiz nicht nur akzeptiert, sondern wie bereits angeklungen als identitätsstiftendes Merkmal der Schweizerischen Eidgenossenschaft angesehen. Die Achtung der gem. Art. 50 BV nach Maßgabe des kantonalen Rechts zu gewährleistenden Gemeindeautonomie setzt sich bei der Verwaltung der kommunalen Einkommensteuer fort, welche mit Ausnahme von sechs Kantonen nicht Finanzbehörden, sondern den Gemeinden obliegt.[929]

Gewiss ist rechtsvergleichend nicht zu verkennen, dass die ebenfalls föderal strukturierte Bundesrepublik Deutschland im Gegensatz zu den skandinavischen Ländern sowie zur Schweiz zentralistischer organisiert und „durch einen großen Hang zu einheitlichen Lösungen gekennzeichnet"[930] ist. Die Schweiz hat ferner nur ein Fünftel so viele kommunale Körperschaften, von denen 2009 etwa 87,5 % unter 5000 Einwohner zählten,[931] was insbesondere die Durchführung plebiszitäre Elemente der direkten Demokratie erheblich erleichtert. Nichtsdestotrotz muss es verwundern, wenn einerseits die Gemeindehoheit der kommunalen Finanzautonomie gem. Art. 28 II 3 GG einen hohen Stellenwert genießt, andererseits

---

Schweizerische Steuerkonferenz Die geltenden Steuern von Bund, Kantonen und Gemeinden, S. 29 mit FN 7.

926 *Schweizerische Steuerkonferenz* Die Vorzüge des Schweizerischen Steuersystems, S. 5.

927 *Werner* Das deutsche Gemeindefinanzsystem, S. 248 f. mit grafischer Darstellung.

928 *Kolb* in: Mennel/Förster, Steuern in Europa, Amerika und Asien, Schweiz Rn. 210. Zur unterschiedlichen Steuerbelastung natürlicher Personen im Jahre 2009 siehe *http://www.bfs.admin.ch/bfs/portal/de/index/infothek/lexikon/bienvenue___login/blank/zugang_lexikon.Document.130359.pdf*, abgerufen am 30.12.2011.

929 *Sander* Gemeindeeinkommensteuer, S. 85.

930 *Zimmermann* Kommunalfinanzen, S. 47. Anders als Art. 5a BV normiert das Grundgesetz das Subsidiaritätsprinzip nicht ausdrücklich.

931 Die Bevölkerungsentwicklung der Schweiz von 1900-2009 ist abgebildet unter *http://www.bfs.admin.ch/bfs/portal/de/index/infothek/lexikon/bienvenue___login/blank/zugang_lexikon.Document.20553.xls*, abgerufen am 30.12.2011. Dagegen liegt der Anteil der Gemeinden mit weniger als 5000 Einwohnern in den deutschen Flächenländern bei unter 20 %, *Boettcher/Junkernheinrich* in: Bertelsmann Stiftung, Kommunaler Finanz- und Schuldenreport NRW 2010, S. 23.

den deutschen Kommunen die unmittelbare Besteuerung privater Haushalte nur rudimentär durch die Grundsteuer gewährt wird.[932] Dies ist umso erstaunlicher, als die den Gemeinden erst kürzlich übertragenen Aufgaben wie Schaffung von Krippenplätze für jedes dritte Kind unter drei Jahren, Ganztagsbetreuung im Primärschulwesen sowie der steigenden Anforderungen in der Sozialfürsorge sich dem Leistungsprofil schweizerischer Kommunen annähern.[933] Zudem haben auch in Deutschland die Bürger einen direkten Kontakt zum Staat meist nicht über den Bund oder das Land, sondern über die Gemeinde, in der sie leben. In den vorstehend aufgezeigten Staaten mit einer lokalen Einkommensteuer ist auffällig, dass neben einem hohen Grad an kommunaler Finanzautonomie zusätzlich die Gemeindeeinwohner fühlbar an der Finanzierung der kommunalen Daseinsvorsorge im Sinne des Prinzips der fiskalischen Äquivalenz partizipieren.[934] Fühlbarkeit und Transparenz im Gemeindefinanzsystem sind nicht nur der Schlüssel für den hohen Grad der Steuermoral in Skandinavien,[935] sondern steigern ebenso die Bereitschaft der deutschen Bürger zur Steuerentrichtung, wenn sie wissen: „Wer bezahlt was an wen wofür und wann?“[936].

§ 4 Das Projekt „Kommunaler Bürgerhaushalt“

Diesbezüglich ist die Einführung einer Gemeindeeinkommensteuer der erste Schritt, auch um dem Wähler eine Kontrolle über die Budgetmaßnahmen der lokalen Verantwortungsträger zu ermöglichen.[937] Dem muss allerdings ein leichter Zugang zu haushaltsrelevanten Informationen folgen, weil erst diese den Gemeindeeinwohner zu einem mündigen Bürger machen und er den Nutzen aus Staatsleistungen mit den dafür erforderlichen Kosten ins Verhältnis setzen kann.[938] Zudem ist der Bevölkerung vor Augen zu halten, dass es kommunale Güter nicht zum „Nulltarif“[939] gibt. Die finanziell unüberschaubaren Auswirkungen von Wahlversprechen missfallen nicht nur *Grossekettler*, der sich daher für einen Entgeltstaat einsetzt, diesen vorerst allerdings selbst für eine Utopie hält.[940]

932 *Hansmeyer/Zimmermann* WD 1991, 639 [641]; *dies.* AfK 32 (1993), 221 [223 f.]. Vgl. bereits *Kommission Finanzreform* Troeger Gutachten 1966, 2. Aufl., S. 110 f., Tz. 426.

933 *Schweizerische Steuerkonferenz* Die Vorzüge des Schweizerischen Steuersystems, S. 11 FN 2.

934 *Werner* Das deutsche Gemeindefinanzsystem, S. 263.

935 *Werner* a.a.O., S. 49.

936 *Fromme* Grundsteuer: Königsweg zu einer Gemeindesteuerreform?, S. 155.

937 Vgl. bereits *Sorensen* Die Gemeinde-Einkommensteuer, S. 206.

938 *Hansjürgens* Äquivalenzprinzip und Staatsfinanzierung, S. 101.

939 *Grossekettler* Steuerstaat versus Gebührenstaat, S. 40

940 FAZ vom 23.4.2010, S. 14. Näher zu Letzterem *Grossekettler* Steuerstaat versus Gebührenstaat, S. 24 ff.

Auskunft zum kommunalen Kassenstand gibt die Haushaltssatzung, deren aktuelle Version gem. § 80 VI GO NRW im Anschluss an die öffentliche Bekanntmachung zur Einsichtnahme verfügbar zu halten ist, was in den meisten Fällen mittlerweile auch auf der Homepage der jeweiligen Gemeinde geschieht. Um im Vorfeld nicht nur auf vereinzelte Einwendungen zum Haushaltsentwurf im Sinne von § 80 III 2 GO NRW zu warten, sondern den Bürgern diese komplexe und schwer verständliche Materie vereinfacht darzustellen und sie bei der Aufstellung des Haushalts stärker zu beteiligen, begann im Jahr 2000 in den nordrhein-westfälischen Pilotkommunen Castrop-Rauxel, Emsdetten, Hamm, Hilden, Monheim und Vlotho das vierjährige Projekt „Kommunaler Bürgerhaushalt". Dazu wählte das Innenministerium NRW in Kooperation mit der Stiftung Bertelsmann bewusst Gemeinden mit unterschiedlicher Einwohnerzahl sowie finanzieller Lage, die innerhalb Nordrhein-Westfalens regional verteilt sind und stets großen Wert auf die Beteiligung ihrer Bürger legen.[941] Die Durchführung des Bürgerhaushalts gliedert sich in drei Teile: Information über den Haushaltsplan (etwa in Form einer Broschüre), Konsultation mit den Bürgern als Kernstück sowie schließlich Rechenschaftslegung darüber, welche Anregungen aus der Bürgerschaft berücksichtigt und welche nicht übernommen wurden. Um die Bevölkerungsschichten der Gemeinde authentisch abzubilden, kann neben der Öffentlichkeitsarbeit eine zufällige Auswahl aus dem Melderegister dienlich sein. Bis Mitte des Jahres 2011 haben sich diesem Konzept bundesweit 73 Kommunen angeschlossen, 21 Gemeinden informieren die Bürger über die Haushaltsplanung und in 107 kommunalen Körperschaften wird die Einführung des Bürgerhaushalts diskutiert.[942] Auch Köln, die mit rund einer Million Einwohnern größte nordrhein-westfälische Stadt, ist dem Pilotprojekt gefolgt.

Begleitend zur Einführung der Gemeindeeinkommensteuer sollten Kommunen zumindest Teile des Projekts aufnehmen, da es in den Pilotkommunen gerade wegen der Transparenz auf positive Resonanz gestoßen ist.[943] Damit wird zugleich der Gefahr begegnet, dass Amtsträger die Haushaltslage im Wahlkampf nicht „geschönt" darstellen und wahlkampfrelevante Fehlinformationen abgeben. Das *OVG NRW* hat aus diesem Grund die Ungültigkeit der Ratswahl in der Stadt Dortmund vom 30.8.2009 festgestellt und eine Wahlwiederholung angeordnet.[944] Außerdem besteht mit Hilfe des Bürgerhaushalts die Gelegenheit, eine zur Haushaltskonsolidierung zwingend erforderliche Anspannung des Hebesatzes den Betroffenen verständlich zu machen, ohne dass es dafür einer Finanz- und

941 *Bertelsmann Stiftung/Innenministerium NRW* Kommunaler Bürgerhaushalt, S. 6 f. (auch zu den Eckdaten der Gemeinden).

942 Zu neueren Entwicklungen siehe die Projektwebseite *http://www.buergerhaushalt.de*. Weitere Informationen sind abrufbar unter *http://www.im.nrw.de/bue/43.htm*.

943 *Bertelsmann Stiftung/Innenministerium NRW* Kommunaler Bürgerhaushalt, S. 4, 30 f.

944 Urt. v. 15.12.2011, Az. 15 A 876/11.

Wirtschaftskrise bedarf. Überdies können Rat und Verwaltung anhand dieses Mediums über ihr Wirken aufklären und gleichzeitig das eigene Handeln reflektieren. Ferner können innovativ die Vorzüge des Internets noch stärker als bisher genutzt werden, das eine breite Plattform sowohl für den Informationsaustausch als auch für Volksbefragungen bietet.

Klarstellend sind die Bürger jedoch a priori darüber aufzuklären, dass die Entscheidung über den Erlass der Haushaltssatzung allein in der Kompetenz des Rates steht und eine Übertragung dieser Aufgabe gem. § 41 I lit. h) GO NRW ausgeschlossen ist, der kommunale Bürgerhaushalt also eine rein informative Entscheidungshilfe darstellt.[945]

§ 5 Zusammenfassung

In seinem Gutachten aus dem Jahre 1932 betont der preußische Finanzminister *Popitz* den Grundsatz der Beweglichkeit von Gemeindesteuern.[946] Demgemäß ist den Kommunen ein gewisser Spielraum bei der Erzielung von Einnahmen zumindest durch das Recht der Steuersatzvariation zu geben, um die Höhe des lokalen Steueraufkommens den besonderen Bedürfnissen der Einwohner sowie des Wirtschaftssektors anzupassen.[947] Die dadurch entstehende kommunale Steuerautonomie stärkt nicht nur die Verantwortung der Ratsmitglieder, sondern weckt zugleich das Interesse der von den finanzpolitischen Entscheidungen betroffenen Bürger.[948] Ansonsten sind die Gemeindeeinwohner mangels Transparenz und Merklichkeit wenig motiviert, die Steuerpflicht zu erfüllen, obwohl sie wissen, dass ihre Kommune die ihr obliegenden respektive freiwilligen Aufgaben nicht ohne finanzielle Mittel wahrnehmen und somit nicht existieren kann.[949] Vielmehr wird eine Gemeindesteuer – wie jede Steuer – erst dann als gerecht empfunden, wenn die Steuerschuld unterm Strich geringer ausfällt als im Jahr zuvor. Noch gerechter erscheint es dem eigenen Rechtsbewusstsein, wenn die Steuern von anderen zu bezahlen sind.[950]

---

945 *Pünder* Haushaltsrecht im Umbruch, S. 137 ff. Zur Zulässigkeit kommunaler Bürgerhaushalte *Hellermann* DVBl. 2011, 1195 ff. Kritisch zum Verfahren *Eisel* Internet und Demokratie, S. 195 ff.

946 *Popitz* Gutachten 1932, S. 91, 113 f. Siehe ferner *Kommission Finanzreform* Troeger Gutachten 1966, 2. Aufl., S. 91, Tz. 350 sowie S. 107, Tz. 411; *BMF* Gutachten der Steuerreformkommission 1971, S. 702; *BMF* Gutachten zur Reform der Gemeindesteuern 1982, S. 36. Aus finanzwissenschaftlicher Perspektive *Hansmeyer/Zimmermann* WD 1991, 639 ff.

947 *Hansmeyer/Zimmermann* WD 1991, 639 [639]; *dies.* AfK 32 (1993), 221 [221].

948 *Fuest/Huber* WD 2002, 260 [263].

949 *Tipke* Die Steuerrechtsordnung, Bd. I, S. 6.

950 *Lang* in: Tipke/Lang, Steuerrecht, § 1 Rn. 8 m.w.N.

Um dieses Phänomen auf kommunaler Ebene auszuschalten und die Bürger stattdessen für die akute Problematik der Kommunalverschuldung zu sensibilisieren, ist das System der Gemeindesteuern zwingend nach dem Prinzip der fiskalischen Äquivalenz auszurichten. Dagegen haben sich die Debatten in der Gemeindefinanzreformkommission 2002 sowie der Gemeindefinanzkommission 2010 zu sehr auf die Rolle der Gewerbesteuer fokussiert und den Aspekt zu sehr ausgeklammert, dass es seit der *Erzberger'schen Finanzreform* von 1920 an einer bedeutenden Gemeindepersonalsteuer fehlt.[951] So haben die Gemeinden durch das Hebesatzrecht bei der Grund- sowie Gewerbesteuer lediglich den unmittelbaren steuerlichen Zugriff auf Besitzer von Grund und Boden sowie Gewerbetreibende, sofern jenen Mittel- und Großbetriebe gehören. Zur fühlbaren Beteiligung der Gemeindebürger an der Finanzierung der kommunalen Daseinsvorsorge ist die Grundsteuer an sich eine ideale Gemeindesteuer, zumal sie für die betroffenen Steuerpflichtigen merklich ist und wegen der Besteuerung eines immobilen Faktors wesentlich geringere Ausweichmöglichkeiten bietet. Allerdings ist nach der vorstehenden Analyse eine Gemeindeeinkommensteuer hierzu besser geeignet, weil sie nicht nur das Leistungsfähigkeitsprinzip berücksichtigt, sondern das Objektsteuerprinzip eine Durchbrechung dieses Postulats in Anlehnung an die klassische Funktion der Grundrechte als Abwehrrechte des Bürgers gegen den Staat nur bei einer geringen Belastungswirkung der Grundsteuer verfassungsrechtlich rechtfertigt. Darüber hinaus erweist sich eine einkommensbezogene Gemeindesteuer bezogen auf den Kreis der Steuerzahler als vorzugswürdiger, weil sie alle in der Gemeinde wohnhaften, leistungsfähigen Erwerbstätige erfasst und keine Abwälzung der Steuerlast auf Dritte ermöglicht.

Der bisherige Anteil an der Einkommensteuer enthält dagegen weder ein kommunales Steuersatzrecht, noch ist die Steuerbelastung mangels Ausweisung im Einkommensteuerbescheid für die Gemeindeeinwohner spürbar. Daher ist es an der Zeit, die Gemeindefinanzierung beweglicher zu gestalten, den derivativen Gemeindeanteil in eine originäre Einnahmequelle zu verwandeln und der Wohnsitzgemeinde ein Hebesatzrecht zu gewähren. Aus Gründen der steuersystematischen Kohärenz sowie der Effizienz in der Steuerverwaltung ist den kommunalen Körperschaften die Regelung einer einkommensbezogene Gemeindesteuer nicht vollkommen autonom zu überlassen, sondern die Bemessungsgrundlage im Sinne von Art. 106 V 3 GG eng an die staatliche Einkommensteuer, genauer an das zu versteuernde Einkommen zu koppeln. Der Bund ist hierzu gem. Art. 105 II, 1. Alt. GG unter Zustimmung des Bundesrates[952] zur Gesetzgebung befugt, ohne über Art. 105 II, 2. Alt. GG die Voraussetzungen des Art. 72 II GG beachten zu müssen. Ferner hat der aus dem Sozial- sowie dem

951 Längst angemerkt von *Popitz* Gutachten 1932, S. 126.

952 Vgl. Art. 106 V S. 2 und 3 GG.

Bundesstaatsprinzip hergeleitete Grundsatz der Einheitlichkeit der Lebensverhältnisse im Bundesgebiet dem in Art. 106 V 3 GG ausdrücklich normierten Vorrang der gemeindlichen Steuerautonomie zu weichen. Die Reduzierung strukturbedingter Disparitäten ist lediglich sekundär im Rahmen des kommunalen Finanzausgleichs zu berücksichtigen.

Zur näheren Ausgestaltung der Gemeindeeinkommensteuer sind sowohl ein Hebesatz- als auch ein Zuschlagsrecht mit Art. 106 V 3 GG vereinbar, wenngleich jenes sinnvollerweise nur als „Huckepack" zur Einkommenssteuerschuld durchführbar ist und mithin unvermeidlich die Progression der staatlichen Einkommensteuer übernimmt. In der Folge ist ein kommunales Zuschlagsrecht von Änderungen des staatlichen Einkommensteuersatzes durch den Bundesgesetzgeber abhängig, ohne dass dem Gemeindeeinwohner der für eine Steuererhöhung politisch Verantwortliche angezeigt wird und dessen Unmut darüber die Gemeinde ebenso trifft. Durch den Bezug zur Steuerschuld werden überdies die interkommunalen Differenzen im Pro-Kopf-Einkommen der Einwohner intensiviert, örtliche Steuerkraftunterschiede verschärft und die Diskrepanz im Haushaltsaufkommen der Kommunen untereinander mehr als bei der Anknüpfung an das zu versteuernde Einkommen verstärkt. Dies wirkt sich außerdem negativ auf die Stadt-Umland-Problematik aus. Auch gestaltet sich die Nichtberücksichtigung von Einkunftsarten schwieriger, wenn von der Einkommensteuerschuld der prozentuale Teil der ausgeklammerten Einkünfte zu subtrahieren ist. Schließlich ist die Fortführung der Progression durch die Gemeindeeinkommensteuer unter dem Gesichtspunkt der Steuerrechtfertigung abzulehnen. So kommen viele lokale Leistungen überwiegend allen Gemeindeeinwohnern in gleicher Weise zugute und werden nicht etwa nach der sog. Generaläquivalenz von einem Teil der Gemeindebevölkerung weit mehr in Anspruch genommen. Daher leuchtet es nicht ein, Einwohner mit höherem Einkommen überproportional an den Kosten zu beteiligen, obschon eine proportionale Ausrichtung der Gemeindeeinkommensteuer dem Leistungsfähigkeitsprinzip genügt. Da außer der finanziellen Ergiebigkeit keine nennenswerten Punkte für ein Zuschlagsrecht auf die Einkommensteuerschuld streiten, kommt diese Arbeit zu dem Ergebnis, den Gemeinden gem. Art. 106 V 3 GG das Recht einzuräumen, Hebesätze auf einen bundeseinheitlich festgelegten Steuermessbetrag zu bestimmen, dem das zu versteuernde Einkommen aus der staatlichen Einkommensteuer (§ 2 V EStG) zugrunde liegt. Vom Bundesgesetzgeber ist dabei allerdings zu berücksichtigen, dass die Einkünfte des Gemeindeeinwohners aus Gewerbebetrieb sowie aus selbstständiger Arbeit, sofern die Gewerbesteuerpflicht – wie vorgeschlagen – ebenfalls Letztere tangiert, nicht einer Doppelbesteuerung mit Gewerbe- und Gemeindeeinkommensteuer unterliegen. Daher ist das Einkommen aus diesen Einkunftsarten entweder im Sinne der nicht unumstrittenen Methode des § 35 EStG auf die Gemeindeeinkommensteuer anzurechnen oder besser erst gar nicht im Steuermessbetrag einzubeziehen.

Zum Schutz vor einem Missbrauch der kommunalen Steuerautonomie sowie einer Verletzung der Ertragshoheit aus Art. 106 III 1 GG ist der Bundesgesetzgeber gem. Art. 105 II, 1. Alt. GG durchaus ermächtigt, das kommunale Recht zur Hebesatzfestsetzung anhand von gemäßigten Mindest- sowie Höchsthebesätzen zu beschränken. Er hat allerdings die kommunale Selbstverwaltungsgarantie aus Art. 28 II GG zu wahren und das Hebesatzrecht nicht auszuhöhlen. Einer direkten Hebesatzbegrenzung bedarf es bei der Einführung der Gemeindeeinkommensteuer noch nicht, da entsprechende Anreize präventiv bereits durch die Anwendung von Sockelbeträgen sowie den Ansatz fiktiver Hebesätze im kommunalen Finanzausgleich zu erreichen sind.

Im Sinne von Art. 108 IV 2 GG ist die Steuererhebung der Gemeindeeinkommensteuer den Landesfinanzbehörden vorzubehalten, so dass die Steuerveranlagung zusammen mit der staatlichen Einkommensteuer aus einer Hand erfolgt. Zur Erzielung von Transparenz und Fühlbarkeit ist der vom Bürger zu zahlende entweder im Einkommensteuerbescheid oder in einem separaten Bürgerbescheid deutlich auszuweisen.

Gegen eine mit Hebesatzrecht versehene einkommensbezogene Gemeindesteuer wird hauptsächlich vorgetragen, dass sich Kommunen in Steuerparadiese für wohlsituierte Bürger wandeln und Einwohner von Kernstädten wegen steuerlicher Mehrbelastungen in die Umlandgemeinden ziehen. Nicht hinreichend berücksichtigt wird von den Kritikern allerdings, dass die Standortwahl des Bürgers primär von der Nähe zum Arbeitsplatz sowie der Erfüllung eigener Präferenzen abhängt. Zudem bleibt es ihm überlassen, bei der nächsten Kommunalwahl auf seiner Ansicht nach zu hohe Hebesätze zu reagieren. Schließlich ist vom Bundesgesetzgeber präventiv neben den soeben angesprochenen begrenzten Sockelbeträgen und dem Ansatz fiktiver Hebesätze in die Überlegungen einzubeziehen, die Betriebsgemeinden am Lohnsteueraufkommen zu beteiligen. Dies bedingt aber die Aufnahme des Betriebsstättenprinzips in Art. 106 V GG. Repressiv können gegebenenfalls Mindest- respektive Höchsthebesätze vorzuschreiben sein. Dagegen scheidet eine Sanktion der Gemeinde für unwirtschaftliches Handeln durch Senkung des Ausgleichssatzes im Rahmen des kommunalen Finanzausgleichs aus, da der Vollzug nicht flächendeckend und zeitnah auf der Grundlage gerechter, allumfänglicher Kennzahlen geschehen kann.

Rechtsvergleichend existieren einkommensbezogene Gemeindesteuern in einigen Bundesstaaten der USA, Belgien, Dänemark, Finnland, Kroatien, Norwegen, Schweden und der Schweiz als wichtige Einnahmequelle der kommunalen Körperschaften. Dort ist auffällig, dass neben einem hohen Grad an kommunaler Finanzautonomie zusätzlich die Gemeindeeinwohner fühlbar an der Finanzierung der kommunalen Daseinsvorsorge im Sinne des Prinzips der fiskalischen Äquivalenz partizipieren. Fühlbarkeit und Transparenz im Gemeindesteuersystem sind nicht nur der Schlüssel für den hohen Grad der Steuermoral in Skandinavien, sondern steigern ebenso die Bereitschaft zur Steuerentrichtung in Deutschland. Diesbezüglich ist die Einführung einer Gemeindeeinkommensteuer der erste Schritt, dem ein leichter Zugang zu haushaltsrelevanten Informationen folgen muss. Überwiegend ist die aktuelle Haushaltssatzung auf der Homepage der Gemeinde abrufbar, wenngleich der Inhalt sich für den Laien schwer erschließen lässt. Um dem Bürgern die komplexe Materie vereinfacht darzustellen und ihn beim Haushaltsentwurf zu beteiligen, sollten zumindest Teile des Pilotprojektes „Kommunaler Bürgerhaushalt" übernommen werden, das insbesondere wegen der Transparenz auf positive Resonanz in der Bürgerschaft gestoßen ist. Außerdem besteht hier die Gelegenheit, den Betroffenen eine zur Haushaltskonsolidierung zwingend erforderliche Anspannung des Hebesatzes der Gemeindeeinkommensteuer verständlich zu machen. Klarstellend sind die Bürger jedoch a priori darüber aufzuklären, dass die Entscheidung über den Erlass der Haushaltssatzung allein in der Kompetenz des Rates steht und eine Übertragung dieser Aufgabe gem. § 41 I lit. h) GO NRW ausgeschlossen ist, der kommunale Bürgerhaushalt also eine rein informative Entscheidungshilfe darstellt.

5. Teil: Die Ausgabenseite

Um die Erhaltung des status quo in der kommunalen Daseinsvorsorge in den Vordergrund zu rücken, wurde der Schwerpunkt dieser Arbeit bewusst auf die strukturelle Verbesserung der Einnahmenseite gelegt, zumal es in vielen kommunalen Körperschaften allein nicht reicht, radikal den Rotstift anzusetzen. Dennoch sind zur Ausgabenseite einige Worte zu verlieren, zumal in diesem Bereich positive Entwicklungen festzustellen sind.

§ 1 Einführung des Konnexitätsprinzips auf Landes- und gewissermaßen auf Bundesebene

Zunächst ist den anderen Gebietskörperschaften verfassungsrechtlich verwehrt, den Kommunen Aufgaben zu übertragen, ohne gleichzeitig die finanziellen Folgen zu tragen.

So enthalten die Landesverfassungen der Flächenländer entweder ein striktes Konnexitätsprinzip oder vergleichbare Regelungen.[953] Ersteres ist seit 2004 gem. Art. 78 III LVerf NRW n.F.[954] Bestandteil der Landesverfassung von Nordrhein-Westfalen. Demnach ist vom Land aufgrund einer Kostenfolgeabschätzung ein entsprechender finanzieller Ausgleich für die entstehenden notwendigen, durchschnittlichen Aufwendungen zu schaffen, sofern die Übertragung neuer oder die Veränderung bestehender und übertragbarer Aufgaben zu einer wesentlichen Belastung der davon betroffenen Gemeinden oder Gemeindeverbände führt. Dieser Ausgleichsersatz ist pauschaliert zu leisten und anzupassen, wenn nachträglich eine wesentliche Abweichung von der Kostenfolgeabschätzung festgestellt wird. Das Nähere, insbesondere zu den Grundsätzen der Kostenfolgeabschätzung sowie zur Beteiligung der kommunalen Spitzenverbände, wird – wie in Art. 78 III 5 LVerf NRW vorgesehen – im Konnexitätsausführungsgesetz (KonnexAG)[955] geregelt. Nach § 7 I KonnexAG sind Gesetzentwürfe den kommunalen Verbänden spätestens nach der ersten Beschlussfassung der Landesregierung

953 *Henneke* DVBl. 2011, 125 [131].

954 Gesetz vom 22.6.2004 (GV. NRW, S. 360).

955 Gesetz zur Regelung eines Kostenfolgeabschätzungs- und eines Beteiligungsverfahrens gem. Art. 78 III der Verfassung für das Land NRW vom 22.6.2004 (GV. NRW, S. 360).

mit einer Frist von vier Wochen zur Stellungnahme zuzuleiten. Danach sind sie von der zuständigen Behörde anzuhören und es ist, soweit die Vertreter der Gemeinden der Kostenfolgeabschätzung nicht zustimmen, ein Konsensgespräch durchzuführen.[956] Dass der nordrhein-westfälische Landesgesetzgeber das Konnexitätsprinzip nunmehr stärker zu achten hat, zeigt das Urteil des *VerfGH NRW* vom 12. Oktober 2010, wonach § 1a I des Ersten Gesetzes zur Ausführung des Kinder- und Jugendhilfegesetzes[957] das Recht der Beschwerdeführer auf Selbstverwaltung aus Art. 78 I LVerf NRW in seiner Ausprägung durch das Konnexitätsprinzip in Art. 78 III LVerf NRW verletzt.[958] Das Gericht hat das Gesetz für mit der Landesverfassung unvereinbar erklärt und dem Landesgesetzgeber aufgegeben, alsbald eine Regelung zu treffen, die dem strikten Konnexitätsprinzip gerecht wird.

Den Gemeinden sind in der Vergangenheit allerdings nicht nur Aufgaben durch die Länder übertragen worden. Auch der Bund fing Mitte der 90er Jahre an, Aufgaben nicht nur auf die Landes-, sondern ebenso auf die Kommunalebene abzuschieben, ohne diesen entsprechende Finanzmittel zur Verfügung zu stellen.[959] Daher ist die Einführung des sog. Durchgriffsverbots in den Artikeln 84 I 7 und 85 I 2 GG n.F.[960] zu begrüßen, wonach den Gemeinden und Gemeindeverbänden seit 2006 Aufgaben nicht durch Bundesgesetz zugewiesen werden dürfen. Es trägt dem Umstand Rechnung, dass die kommunalen Körperschaften kein gesetzgeberisches Mitwirkungsrecht im Bundesrat besitzen. In der Folge darf die Aufgabenzuweisung an die Kommunen nur noch von den Ländern erfolgen, die das Konnexitätsprinzip nach den jeweiligen Landesverfassungen[961] zu berücksichtigen haben. Um diesen Schutzmechanismus nicht zu umgehen, ist die Fortgeltungsanordnung des Art. 125a I 1 GG für bereits durch Bundesgesetz begründete Zuständigkeiten der Gemeinden eng auszulegen.[962]

Das Konnexitätspostulat folgt dem sog. Verantwortungsprinzip, wonach jede Gebietskörperschaft diejenigen Ausgaben übernimmt, über die sie zuvor selbst

956 Ein derartiges Konsultationsverfahren gab es erstmals in Bayern und wurde auch von Rheinland-Pfalz eingeführt, *Henneke* Die Kommunen in der Finanzverfassung des Bundes und der Länder, S. 298 ff.

957 Gesetz vom 12.12.1990 (GV. NRW, S. 664) i.d.F. des Gesetzes zur Änderung des AG-KJHG vom 28.10.2008 (GV. NRW, S. 644).

958 VerfGH NRW, DVBl. 2010, 1561.

959 Sog. Wegdrückmechanismus, *Henneke* DVBl. 2009, 561 [564]. Vgl. auch *Kallerhoff* Die übergangsrechtliche Fortgeltung von Bundesrecht nach dem Grundgesetz, S. 77 m.w.N. in FN 355.

960 Gesetz zur Änderung des GG vom 28.8.2006 (BGBl. I S. 2034).

961 Zu den einzelnen Landesregelungen *Henneke* Die Kommunen in der Finanzverfassung des Bundes und der Länder, S. 138 ff.

962 Dazu ausführlich *Kallerhoff* Die übergangsrechtliche Fortgeltung von Bundesrecht nach dem Grundgesetz, S. 83 ff.

entschieden hat.[963] Es ist Grundvoraussetzung für die Anwendung des Prinzips der fiskalischen Äquivalenz.[964]

§ 2 Grundzüge des kommunalen Haushaltsrechts

Auf gemeindlicher Ebene wird die Ausgabenseite entscheidend vom kommunalen Haushaltsrecht beeinflusst. Nach § 78 I GO NRW – und vergleichbaren Vorschriften in den Gemeindeordnungen der anderen Länder – hat die Gemeinde für jedes Haushaltsjahr eine Haushaltssatzung zu erlassen. Sie enthält gem. § 78 II 1 GO NRW die Festsetzung des Haushaltsplans, der Inanspruchnahme der Ausgleichsrücklage und der Verringerung der allgemeinen Rücklage, des Höchstbetrages der Kredite zur Liquiditätssicherung, der Steuersätze, die für jedes Haushaltsjahr neu festzusetzen sind, sowie schließlich die Angabe des Jahres, in dem der Haushaltsausgleich wieder hergestellt ist. Die Basis der Haushaltssatzung ist der Haushaltsplan, dessen Aufstellung nicht nur im Bundestag und in den Landtagen, sondern auch im Gemeinderat den Hauptgegenstand der politischen Auseinandersetzungen bildet. Darin sind gem. § 79 I 1 GO NRW alle im Haushaltsjahr für die Erfüllung der Aufgaben voraussichtlich anfallenden Erträge und eingehenden Einzahlungen, entstehenden Aufwendungen und zu leistenden Auszahlungen und notwendigen Verpflichtungsermächtigungen aufzuführen.

§ 26 V Nr. 3 GO NRW schließt ein Bürgerbegehren über die Haushaltssatzung einschließlich der Wirtschaftspläne der Eigenbetriebe sowie die kommunalen Abgaben und die privatrechtlichen Entgelte als unzulässig aus. Der Erlass der Haushaltssatzung fällt gem. § 41 I 2 lit h) GO NRW in die ausschließliche Zuständigkeit des Rates. Die Gemeindevertretung ist zur Haushaltswirtschaft unmittelbar demokratisch legitimiert.[965]

Um im Rahmen einer geordneten Haushaltswirtschaft die künftige, dauernde Leistungsfähigkeit der Gemeinde zu erreichen, hat sie gem. § 76 I 1 GO NRW ein Haushaltssicherungskonzept aufzustellen, wenn durch Veränderungen der Haushaltswirtschaft innerhalb eines Haushaltsjahres der in der Schlussbilanz des Vorjahres auszuweisende Ansatz der allgemeinen Rücklage um mehr als ein Viertel verringert wird (Nr. 1) oder in zwei aufeinanderfolgenden Haushaltsjahren geplant ist, den in der Schlussbilanz des Vorjahres auszuweisenden Ansatz der allgemeinen Rücklage jeweils um mehr als ein Zwanzigstel zu verringern (Nr. 2) oder innerhalb des Zeitraumes der mittelfristigen Ergebnis- und Finanzplanung

963 *Henneke* Die Kommunen in der Finanzverfassung des Bundes und der Länder, S. 81.
964 Vgl. *Hansjürgens* Äquivalenzprinzip und Staatsfinanzierung, S. 264 ff.
965 *Pünder* Haushaltsrecht im Umbruch, S. 137 ff.

die allgemeine Rücklage aufgebraucht wird (Nr. 3). Das Sicherungskonzept muss den nächstmöglichen Zeitpunkt bestimmen, bis zu dem der Haushaltsausgleich wieder hergestellt ist. Nach § 76 II 2 GO NRW bedarf es zudem der Genehmigung der Aufsichtsbehörde.[966]

§ 3 Das Neue kommunale Finanzmanagement

Der nordrhein-westfälische Landesgesetzgeber hat die Empfehlungen aus der Wissenschaft[967] zur Reform des Haushaltsrechts mit dem Gesetz zur Einführung des Neuen Kommunalen Finanzmanagements für Gemeinden im Land Nordrhein-Westfalen vom 16. November 2004 (NKFG NRW)[968] als erstes aufgegriffen. Damit hat das kommunale Haushaltsrecht in Nordrhein-Westfalen eine grundlegende Änderung erfahren, die zu einer Verbesserung der Übersicht über das Vermögen sowie die Schulden der kommunalen Körperschaften führte. Bis dahin bestand die Buchhaltung lediglich aus einer reinen Einnahmen- und Ausgabenrechnung für das laufende Haushaltsjahr (sog. Kameralistik),[969] ohne beispielsweise Abschreibungen zu berücksichtigen. Gem. § 1 I NKFG NRW haben Gemeinden und Gemeindeverbände ihre Geschäftsvorfälle nach dem System der doppelten Buchführung in ihrer Finanzbuchhaltung zu erfassen und zum Stichtag 1. Januar 2009 eine Eröffnungsbilanz nach § 92 I-III der GO NRW aufzustellen. Seither werden die Haushalte nach den Grundsätzen der doppelten kaufmännischen Buchführung (sog. Doppik) erstellt. Das gemeindliche Rechnungswesen ist daher heute von den Erfolgsgrößen Aufwand und Ertrag geprägt,[970] durch die der Ressourcenverbrauch sowie das Ressourcenaufkommen vollständig und periodengerecht abgebildet werden. Letzteres bedeutet, dass die wirtschaftliche Zuordnung einer Buchung nicht mehr vom Zeitpunkt des tatsächlichen Zu- oder Abflusses bestimmt wird, und spiegelt die Haushaltslage der Kommune authentisch wider. Dies verhindert darüber hinaus, den Haushalt schöner zu rechnen, als er in Wirklichkeit ist. Mit der flächendeckenden Einführung des Neuen kommunalen Finanzmanagements, das zuvor in einem Modellprojekt in Brühl, Dortmund, Düsseldorf, Hiddenhausen, Moers, Münster sowie im Kreis Gütersloh von 1999-2003 erfolgreich erprobt wurde, ist Nordrhein-Westfalen Vorreiter für die übrigen Bundesländer, was zudem internationales Interesse weckt.[971]

---

966 Zum Ganzen *Diemert* Das Haushaltssicherungskonzept, S. 108 ff.

967 *Pünder* a.a.O., S. 544 ff.

968 GV. NRW, S. 644.

969 Zum Aufbau des Kommunalhaushaltsrechts in der Kameralistik, *Schwarting* in: Henneke/ Pünder/Waldhoff, Recht der Kommunalfinanzen, § 28.

970 Vgl. § 6 I NKFG NRW.

971 *Innenministerium NRW* Kommunalpolitik und NKF, S. 7 f. sowie Ifo-Gutachten 2008, S. 190.

Ein wesentlicher Vorteil der doppischen Buchführung gegenüber dem alten System der Kameralistik liegt darin, dass durch sie sowohl das Vermögen als auch die Schulden der Gemeinde ausnahmslos dargestellt werden.[972] Aus der Jahresbilanz geht hervor, ob das Eigenkapital der Kommune bereits verbraucht und diese somit verschuldet, oder ob mit einer Überschuldung des Haushalts in absehbarer Zeit nicht zu rechnen ist.[973] Der Gemeindebürger kann ihr also unmittelbar entnehmen, in welcher wirtschaftlichen Situation sich seine Kommune befindet.

972 *Innenministerium NRW* a.a.O., S. 9 f. Dort werden auch die übrigen Zielfelder aufgeführt.

973 *Brünger/Storms* „Städtisches Handeln nachvollziehbar machen", FAZ vom 30.11.2009, S. 12.

6. Teil: Behandlung der Altlasten

Die bisher angestellten Erwägungen haben sich bewusst darauf beschränkt, die Kommunen zukünftig vor der Verschuldungsspirale zu bewahren. Ungelöst bleibt aber weiterhin das Problem, wie hoch verschuldeten kommunalen Körperschaften zu helfen ist, die schon jetzt oder in naher Zeit über kein Eigenkapital mehr verfügen. In diesem Falle ist die Gemeinde überschuldet, was sie nach § 75 VII 1 GO NRW eigentlich nicht sein darf. Konsequenzen enthält die Gemeindeordnung NRW jedoch nicht. Sie schreibt nach § 128 II GO NRW lediglich vor, dass ein Insolvenzverfahren über das Vermögen der Gemeinde nicht zulässig ist. Dies gilt gem. § 12 I InsO ebenso für das Vermögen des Bundes oder eines Landes. Der Weg einer kommunalen Insolvenz ist überdies nicht weiter zu verfolgen, da er die Bonität der gesamten öffentlichen Hand schädigt und deren Kreditkonditionen verschlechtert.[974] So wird schon die aufgrund des ersten gemeindlichen Insolvenzeintritts bei den Gläubigern eintretende Verunsicherung die Refinanzierungsmöglichkeiten für alle Gemeinden negativ beeinflussen.[975]

Nicht nur auf europäischer Ebene wird derzeit um eine Lösung gerungen, wie der durch die hohen Haushaltsdefizite in Griechenland, Irland, Portugal, Spanien und Italien ausgelösten Staatsschuldenkrise im Euroraum zu begegnen ist. Auch im Verbundsystem des Grundgesetzes sind der Bund respektive vornehmlich die Länder gefordert,[976] den Kommunen finanziell auszuhelfen. Der Bund kann allen Gemeinden neben der mit Beginn des Jahres 2012 gestaffelten Übernahme von Sozialausgaben durch eine Erhöhung des Umsatzsteueranteils kurzfristig mehr Einnahmen verschaffen. Doch sind gem. Art. 106 VII GG in erster Linie die Länder gefordert, im Zuge des kommunalen Finanzausgleichs zur Stabilisierung der kommunalen Haushalte beizutragen.

Dieser Verantwortung versuchen die Landesgesetzgeber aktuell durch Entschuldungs- und Konsolidierungshilfen gerecht zu werden.[977] Diese Hilfen werden denjenigen Kommunen gewährt, die die Rückführung der bestehenden Verbindlichkeiten dauerhaft nicht mehr aus eigener Kraft bewerkstelligen können.

---

974 Wie hier *Oebbecke* Gemeindehaushalt 2009, 241 [244] mit a.A. in FN 35. Für eine Insolvenzfähigkeit von Gemeinden dagegen auch *Herrmann* Kommunale Kassenkredite, S. 92 f.

975 *v. Lewinski* Öffentlichrechtliche Insolvenz und Staatsbankrott, S. 188.

976 *Diemert* Das Haushaltssicherungskonzept, S. 218 f.

977 Siehe die Nachweise in FN 164.

In Nordrhein-Westfalen hat der Landtag auf Initiative der „rot-grünen" Minderheitsregierung dazu das Gesetz zur Unterstützung der kommunalen Haushaltskonsolidierung im Rahmen des Stärkungspakts Stadtfinanzen vom 9. Dezember 2011 (Stärkungspaktgesetz) beschlossen.[978] Ziel ist es, den kommunalen Haushalt zusammen mit der sog. Empfängergemeinde auszugleichen und deren Abhängigkeit von Liquiditätskrediten zu beseitigen. Nach § 2 I Stärkungspaktgesetz stellt das Land NRW dafür in den Jahren 2011 bis 2020 jeweils 350 Millionen Euro für die sich in einer besonderen Haushaltsnotlage befindenden Gemeinden zur Verfügung. Flankierend setzt die Landesregierung auf die Mithilfe des Bundes und der übrigen nordrhein-westfälischen Gemeinden. So soll wegen der Kostenübernahme für die Grundsicherung im Alter und bei Erwerbsunfähigkeit durch den Bund die Finanzausgleichsmasse nach § 2 II Stärkungspaktgesetz in den kommenden Jahren verringert werden, und zwar um 65 Millionen Euro in 2012, um 115 Millionen Euro in 2013 und um 310 Millionen Euro im Jahre 2014. Dagegen hat sich die Landesregierung mit ihrem ursprünglichen Vorhaben, die Finanzausgleichsmasse zusätzlich durch eine Solidaritätsumlage der abundanten Gemeinden in Höhe von 195 Millionen Euro zu verstärken,[979] nicht durchsetzen können.

Zwingend in den Stärkungspakt Stadtfinanzen werden diejenigen Gemeinden einbezogen (sog. pflichtig teilnehmende Gemeinden), die kein Eigenkapital mehr besitzen oder nach der mittelfristigen Finanzplanung bis zum Jahr 2013 nicht mehr besitzen werden.[980] Die sog. freiwilligen Empfängergemeinden können auf Antrag, der bis zum 31.3.2012 bei der zuständigen Bezirksregierung gestellt sein muss, am Stabilitätspakt teilnehmen, sofern die Haushaltsdaten eine Überschuldung bis zum Jahr 2016 erwarten lassen.[981] Für die Empfängergemeinden besteht gem. § 6 Stärkungspaktgesetz die Pflicht, einen Haushaltssanierungsplan aufzustellen und diesen von der Bezirksregierung genehmigen zu lassen. Letzterer obliegt die laufende Kontrolle, ob dem Haushaltssanierungsplan tatsächlich gefolgt wird. Sofern eine Empfängergemeinde ihren Pflichten nach erfolgloser Fristsetzung nicht nachkommt, behält sich das Ministerium für Inneres und Kommunales vor, gem. § 124 GO NRW einen Beauftragten zu bestellen, der an Stelle des Rates sämtliche finanzwirksamen Entscheidungen trifft.[982]

Aufgrund der desolaten Finanzlage in den Empfängergemeinden steht außer Frage, dass die Landesregierung NRW handeln muss. Mit einer Verringerung der Finanzausgleichsmasse schadet sie gleichzeitig allerdings den Gemeinden,

978 GV. NRW 2011, 662. Zur Entstehungsgeschichte siehe den Nachweis in FN 165.

979 Nachweis in FN 165.

980 § 3 Stärkungspaktgesetz.

981 § 4 Stärkungspaktgesetz.

982 § 8 I Stärkungspaktgesetz.

die nicht vom Stabilitätspakt profitieren und deren Eigenkapital wegen der geringeren Schlüsselzuweisungen schneller aufgezehrt wird. Zudem ist ein weiterer Gesichtspunkt wichtig. So soll auf europäischer Ebene, wie aus Art. 1 der Verordnung (EU) Nr. 407/2010 des Rates zur Einführung eines europäischen Finanzstabilisierungsmechanismus[983] hervorgeht, der finanzielle Beistand der Union nur einem Mitgliedsstaat gewährt werden, der aufgrund außergewöhnlicher Ereignisse, die sich seiner Kontrolle entziehen, von gravierenden wirtschaftlichen oder finanziellen Störungen betroffen oder von diesen ernstlich bedroht ist. Ebenso beinhaltet das Recht auf kommunale Selbstverwaltung aus Art. 28 II 1 GG als Kehrseite, dass die Kommunen für die eigens zu verantwortenden, finanzpolitischen Fehlentscheidungen selbst einzustehen haben.[984] Entschuldungs- und Konsolidierungshilfen dürfen also nicht dazu verleiten, sich ohne eigene Anstrengungen auffangen zu lassen, sondern sollten gerade unverschuldet in Not geratene Gemeinden helfen. Darüber hinaus „muss sichergestellt sein, dass unter dem Schutzschirm nicht weiter gemacht wird wie bisher“[985]. Zu denken ist beispielsweise an eine Verschärfung aufsichtsrechtlicher Instrumente insbesondere in Bezug auf die Aufnahme von Liquiditätskrediten und die Einführung einer kommunalen Schuldenbremse.[986]

983 Zu finden im Internetportal *http://eur-lex.europa.eu.*

984 Nachweise in FN 88.

985 *Oebbecke* Gemeindehaushalt 2009, 241 [241].

986 *Herrmann* Kommunale Kassenkredite, S. 50 ff., 83 ff., 89 ff.

Zusammenfassung der Ergebnisse und Ausblick

Der derzeitige Befund zur Kommunalverschuldung fällt besorgniserregend aus. So sind die Kredite zur Liquiditätssicherung als Indikator für die finanzwirtschaftliche Situation auf der kommunalen Ebene in den Jahren 2000-2010 von 6 auf 40,5 Milliarden Euro und damit auf fast das Siebenfache gestiegen. Dies ist auf ein Bündel von Ursachen zurückzuführen, wobei insbesondere konjunkturbedingte Einbrüche der Steuereinnahmen zwischen 2001-2005 sowie im Zuge der Finanz- und Wirtschaftskrise 2008 und die kontinuierliche Belastung der kommunalen Haushalte mit Sozialausgaben wesentlich zu der gegenwärtigen Finanzlage beigetragen haben. Hinzu treten in Zukunft die Herausforderungen der sinkenden demografischen Bevölkerungsentwicklung. Diese Faktoren haben der Bund sowie insbesondere die Länder bisher nicht hinreichend gewürdigt, so dass ihnen ein Fremdverschulden in Bezug auf die unangemessene Finanzausstattung strukturschwacher Kommunen in der vergangenen Dekade vorzuwerfen ist. Auf der anderen Seite trifft jedenfalls diejenigen kommunalen Körperschaften ein Eigenverschulden, die in guten Zeiten wie den Jahren 2006-2008 keine Rücklagen bildeten oder sich mit dubiosen Finanzgeschäften ins finanzielle Abseits manövrierten.

Um die gegenwärtigen und zukünftigen Herausforderungen des 21. Jahrhunderts zu bewältigen, sind grundlegende strukturelle Veränderungen auf der Einnahmenseite des Gemeindefinanzsystems von Nöten. Zwar sind sowohl der Gemeindeanteil an der Einkommensteuer als auch die allgemeinen Schlüsselzuweisungen für die Kommunen von elementarer Bedeutung. Jedoch konnte aufgezeigt werden, dass sie bei den derivativen Einnahmequellen am Nabel von Bund respektive dem jeweiligen Land hängen. Zudem sind die Finanzmittel aus dem kommunalen Finanzausgleich gem. Art. 79 S. 2 LVerf NRW von der Leistungsfähigkeit und damit mittelbar vom Ausgabeverhalten des Landes abhängig. Umzusetzen ist die Idee der kommunalen Selbstverwaltung hingegen nur dann, wenn Finanzzuweisungen der anderen Gebietskörperschaften in Bezug auf die Gemeindefinanzierung allein ergänzenden Charakter haben.

Die kommunalen Entgeltabgaben in Form von Gebühren und Beiträgen werden zwar der Finanzierungsverantwortlichkeit gerecht und reduzieren wegen ihrer marktähnlichen Funktion Zusatzkosten bei der Erfüllung der lokalen Präferenzen. Doch sind nicht alle kommunalen Leistungen zur Daseinsvorsorge entgeltfähig. Ein reiner Entgeltstaat steht vor gravierenden Schwierigkeiten in der Administration und ist mit dem Sozialstaatsprinzip unvereinbar. Nicht ohne Grund erwähnt die Verfassung Gebühren nur beiläufig in Art. 74 I Nr. 22 sowie Art. 80 II GG, Beiträge lediglich in Art. 74 I Nr. 18 GG. Der sich aus der Finanzverfassung ergebende Vorzug der Steuer hat überdies eine demokratische Komponente, da nur sie die Ausgaben- von der Einnahmenseite entkoppelt und den Bundes-, Landes- respektive Kommunalgesetzgeber nicht dem Willen des Financiers unterwirft. Folglich sind Reformen im Bereich der Kommunalsteuern erforderlich, um die Gemeindefinanzierung nachhaltig zu verbessern.

Sowohl die 2002 eingesetzte Gemeindefinanzreformkommission als auch die im Jahre 2010 einberufene Gemeindefinanzkommission haben die Frage diskutiert, ob die Gewerbesteuer zu modernisieren oder durch einen Zuschlag auf die Einkommen- und Körperschaftsteuer zu ersetzten ist, ohne dass es zu wesentlichen strukturellen Veränderungen im System der Kommunalsteuern kam. Die Stimmen aus Finanz- und Rechtswissenschaft sind sich jedenfalls in dem Punkt einig, dass die Finanzautonomie der Gemeinden als wesentliches Element der kommunalen Selbstverwaltung gestärkt werden muss. Es sind endlich die Chancen der kommunalen Ebene zu nutzen, die darin bestehen, dass die lokalen Verantwortungsträgers Informationsvorteile bezüglich der Präferenzen der Bürger besitzen. Entscheidend für die Bekämpfung der Kommunalverschuldung ist die Verwirklichung des Prinzips der fiskalischen Äquivalenz, das verwirklicht ist, wenn sich die Kreise der Steuerzahler, der Entscheidungsträger sowie der Nutzer von staatlichen Leistungen nahezu vollständig decken. Erst dann werden die Gemeindeeinwohner sowie ortsansässige Unternehmer fühlbar an der Finanzierung der kommunalen Daseinsvorsorge beteiligt. Dieses Postulat kann die Gewerbesteuer allein nicht erfüllen, da ihr Aufkommen letztlich den gesamten Gemeindehaushalt bereichert, ohne dass die Steuerzahler (ein Drittel der Gewerbebetriebe) annähernd identisch sind mit den Nutzern kommunaler Leistungen (sämtliche Gemeindeeinwohner und ortsansässigen Unternehmen) sowie den Entscheidungsträgern (Gemeinderat). Außerdem ist die Ungleichbehandlung von Gewerbetreibenden und Selbstständigen aufgrund der Annäherung beider Berufsbilder in der heutigen Zeit nicht mehr verfassungsrechtlich zu rechtfertigen. Die Gewerbesteuer muss daher auch jene erfassen, wie dies für die freien Berufe schon im preußischen Gewerbesteueredikt von 1810 sowie während der Weimarer Zeit in nahezu sämtlichen Ländern der Fall war.

Durch die Konzentration der politischen Auseinandersetzung allein auf die Gewerbesteuer wird verkannt, dass das Prinzip der fiskalischen Äquivalenz eine große „Gemeindepersonalsteuer"[987] erfordert, die seit der *Erzberger'schen* Finanzreform von 1920 nicht mehr Bestandteil des deutschen Gemeindefinanz-

987 *Popitz* Gutachten 1932, S. 126.

systems ist. Die Grundsteuer ist hierzu nicht in der Lage, da sie – abgesehen von der veralteten Bemessungsgrundlage – keine Rücksicht auf die persönlichen Verhältnisse des Steuerschuldners nimmt und mithin das Leistungsfähigkeitsprinzip außer Acht lässt. Eine Durchbrechung dieses Fundamentalprinzips mit Verfassungsrang ist mit dem Objektsteuerprinzip in Anlehnung an die klassische Funktion der Grundrechte als Abwehrrechte des Bürgers gegen den Staat nur bei einer geringen Belastungswirkung zu rechtfertigen. Somit erweist sich die Einkommensteuer nicht nur aufgrund der Berücksichtigung der individuellen Leistungsfähigkeit des Steuerpflichtigen, sondern auch wegen des Kreises der Steuerzahler vorzugswürdiger, da sie alle leistungsfähigen einkommensteuerpflichtige Personen unmittelbar erfasst und nicht auf Dritte abgewälzt werden kann. Als große Gemeindepersonalsteuer kommt deshalb der in Art. 106 V 3 GG vorgesehene Weg in Betracht, den Kommunen eine Gemeindeeinkommensteuer in Form eines Hebesatzrechts auf die staatliche Einkommensteuer zu geben. Der ihnen gem. Art. 106 V 1 GG zugesicherte Anteil an der Einkommensteuer enthält weder ein kommunales Steuersatzrecht noch ist die Steuerbelastung für die Gemeindeeinwohner mangels Ausweisung im Einkommensteuerbescheid spürbar. Jetzt ist es an der Zeit, den derivativen Gemeindeanteil in eine originäre Einnahmequelle zu verwandeln, um die Gemeindefinanzierung beweglicher zu gestalten. Die Gemeindeeinkommensteuer sollte allerdings nicht als Zuschlag auf die Einkommensteuerschuld ausgestaltet werden, um negative Effekte aus der Progression nicht zu übernehmen. Zudem kommen viele lokale Leistungen überwiegend allen Gemeindeeinwohnern in gleicher Weise zugute und werden nicht nach der sog. Generaläquivalenz von dem einkommensstarken Teil der Gemeindebürger mehr in Anspruch genommen. Es leuchtet nicht ein, Einwohner mit höherem Einkommen überproportional an den Kosten zu beteiligen, obschon eine proportionale Ausrichtung der Gemeindeeinkommensteuer dem Leistungsfähigkeitsprinzip genügt. Vielmehr ist die Gemeindeeinkommensteuer als Hebesatzrecht auf einen Steuermessbetrag zu konzipieren, dem das zu versteuernde Einkommen zugrunde liegt.

Der Bundesgesetzgeber ist gem. Art. 105 II, 1. Alt. GG befugt, das Recht zur Hebesatzfestsetzung durch moderate Mindest- sowie Höchsthebesätze zu beschränken und diesem einen Rahmen zu setzten, solange er die kommunale Selbstverwaltungsgarantie aus Art. 28 II GG wahrt und das Hebesatzrecht nicht aushöhlt. Doch sind entsprechende Anreize bereits durch die befristete Anwendung von Sockelbeträgen sowie den Ansatz fiktiver Hebesätze im kommunalen Finanzausgleich zu erzielen, deren Höhe jeweils von der Legislative zu bestimmen ist. Folglich ist eine Hebesatzbegrenzung bei der Einführung der Gemeindeeinkommensteuer noch nicht erforderlich. Sie sollte wie bei der Gewerbesteuer gegebenenfalls repressiv in Erwägung gezogen werden.

Die Erhebung der Gemeindeeinkommensteuer ist nicht auf die Kommunalverwaltung zu übertragen, sondern bei der Finanzverwaltung zu belassen, da nur die reine Finanzamtlösung mit Art. 108 IV 2 GG in Einklang steht und die Steuerveranlagung dann zusammen mit der staatlichen Einkommensteuer aus einer Hand erfolgt. Dies verringert den Verwaltungsaufwand und ist für den Bürger günstiger, wenn er es bei Fragen der Besteuerung seines Einkommens mit nur einer Behörde als Ansprechpartner zu tun hat. Sofern möglich ist zur Sicherung der Steuereinnahmen das Quellensteuerabzugsverfahren anzuwenden. Um jedoch den entrichteten Gemeindeeinkommensteuerbetrag für den Bürger transparent und fühlbar zu machen, ist dieser entweder im Einkommensteuerbescheid oder in einem separaten Bürgerbescheid deutlich auszuweisen.

Den Kritikern einer Gemeindeeinkommensteuer, die sich vornehmlich auf die Stadt-Umland-Problematik stützen, ist entgegenzuhalten, dass der Steuervorteil im Zuge der Wohnortwahl des Bürgers allenfalls sekundär ins Gewicht fällt. Vielmehr ist hier die Nähe zum Arbeitsplatz maßgeblich. Daneben muss die Gemeinde dessen Präferenzen weitestgehend erfüllen und den jeweiligen Lebensstandards genügen, was nicht nur von materiellen, sondern auch von immateriellen Faktoren abhängt. Ferner ist der Bürger mit der nächsten Wahl der örtlichen Entscheidungsträger befähigt, auf zu hohe Hebesätze zu reagieren. Präventiv ist es neben zeitlich begrenzten Sockelbeträgen und dem Ansatz fiktiver Hebesätze unter Änderung von Art. 106 V GG möglich, die Betriebsgemeinden am Lohnsteueraufkommen zu beteiligen. Repressiv sind vom Bundesgesetzgeber gegebenenfalls Mindest- respektive Höchsthebesätze vorzuschreiben.

Einkommensbezogene Gemeindesteuern existieren in einigen Bundesstaaten der USA, Belgien, Dänemark, Finnland, Kroatien, Norwegen, Schweden und der Schweiz als wichtige Einnahmequelle der kommunalen Körperschaften. Dort ist auffällig, dass sowohl ein hoher Grad an kommunaler Finanzautonomie besteht als auch die Gemeindeeinwohner fühlbar an der Finanzierung der kommunalen Daseinsvorsorge partizipieren. Fühlbarkeit und Transparenz im Gemeindefinanzsystem sind nicht nur der Schlüssel zur Steigerung der Steuermoral in Skandinavien, sondern mehren ebenso die Bereitschaft der deutschen Bürger zur Steuerentrichtung, wenn sie wissen: „Wer bezahlt was an wen wofür und wann?“[988].

Angesichts der Vielzahl von Alternativvorschlägen[989] zur Abschaffung respektive Revitalisierung der Gewerbesteuer gilt es in Zukunft „kleine Brötchen zu backen“. Der erbitterte Widerstand der kommunalen Spitzenverbände gegen die Beseitigung der Gewerbesteuer wird sie auch in Zukunft am Leben halten.[990]

---

988 *Fromme* Grundsteuer: Königsweg zu einer Gemeindesteuerreform?, S. 155.

989 Ausführlich dazu *Fuest/Thöne* Gemeindefinanzreform, S. 29 ff. Vgl. auch die exemplarische Auflistung bei *Dann* Alternativen zur Gewerbesteuer, FN 657.

990 Nachweise in FN 787.

Daher sollte der Bundesgesetzgeber den Kreis der Steuerpflichtigen wie schon im Entwurf der Gemeindewirtschaftsteuer auf Selbstständige erweitern, um zumindest die Abgrenzungsproblematik zwischen gewerblicher und selbstständiger Tätigkeit in Bezug auf die Gewerbesteuerpflicht zu entschärfen. Darüber hinaus ist eine strukturelle Verbesserung der Kommunalfinanzen allein dadurch zu erzielen, die Chance des Art. 106 V 3 GG zu nutzen und eine Gemeindeeinkommensteuer einzuführen. Das hier vorgeschlagene korrelierende lokale Steuer- und Zuweisungssystem stellt sich grafisch wie folgt dar:

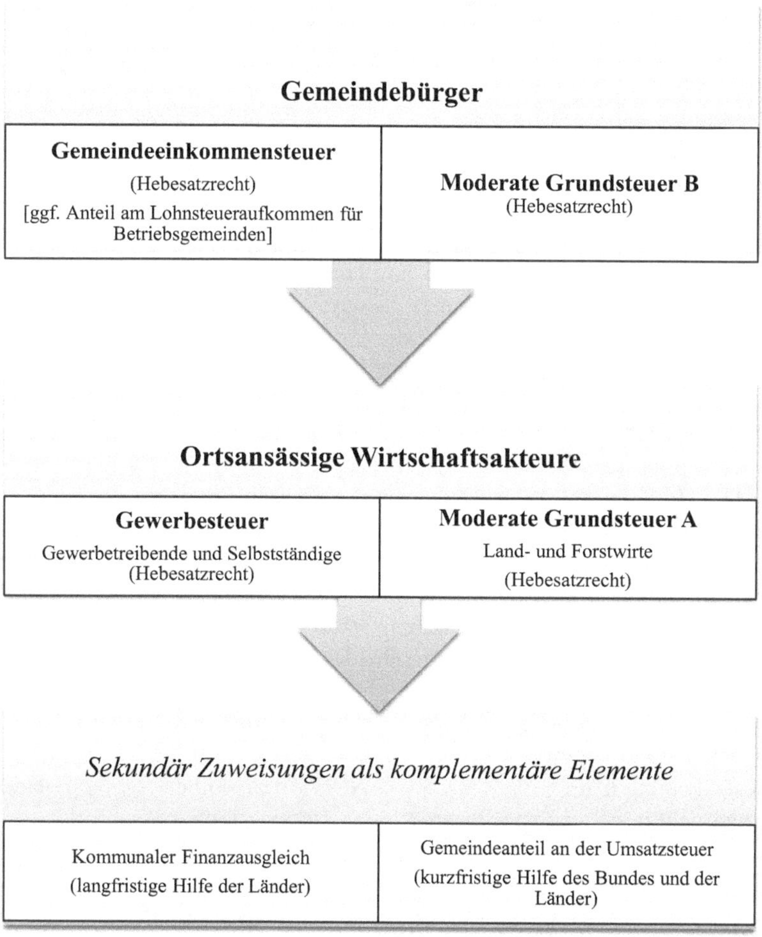

Die Belastung der Gemeindeeinwohner mit kommunalen Steuern darf jedoch nicht zu einer verfassungswidrigen Doppelbesteuerung führen. Daher sind die Grundsteuer A und B nur bei einer geringen Belastungswirkung anhand des Objektsteuerprinzips zu rechtfertigen. Das zu versteuernde Einkommen aus gewerblicher und selbstständiger Tätigkeit ist entweder im Sinne der nicht unumstrittenen Methode des § 35 EStG auf die Gemeindeeinkommensteuer anzurechnen oder besser erst gar nicht dem Steuermessbetrag zugrunde zu legen.

Im Vergleich zum derzeitigen System der Gemeindefinanzierung führen die vorstehenden, bis auf den Anteil am Lohnsteueraufkommen für Betriebsgemeinden einfachgesetzlich zu realisierenden Empfehlungen zu enormen Vorteilen für die kommunale Finanzhoheit. Insbesondere durch die Einführung der Gemeindeeinkommensteuer wird dem Prinzip der fiskalischen Äquivalenz annähernd entsprochen:

Der Nutzerkreis einer öffentlichen Leistung im Rahmen der kommunalen Daseinsvorsorge – beispielsweise Errichtung und Erhalt von Straßen, Kanalisation oder einer Sporthalle – umfasst potenziell alle Gemeindeeinwohner sowie die ortsansässigen Wirtschaftsakteure.

Gem. § 40 I GO NRW wird – wie in allen Gemeindeordnungen der Länder – „[d]ie Verwaltung der Gemeinde [...] ausschließlich durch den Willen der Bürgerschaft bestimmt." Entscheidungsträger sollen demnach alle Bürger einer Kommune sein. Vertreten wird die Bürgerschaft nach § 40 II 1 GO NRW durch den Rat sowie den Bürgermeister. Die Kommunalvertretung ist zwar Organ einer Selbstverwaltungskörperschaft und mithin kein Parlament.[991] Sie geht jedoch aus Wahlen im Sinne des Art. 28 I 2 GG hervor und enthält dadurch eine eigene unmittelbare Legitimation,[992] so dass eine „echte politische Konsensbildung"[993] stattfindet. Der Gemeinderat entschiedet aufgrund seiner Zuständigkeit aus § 41 I 1 GO NRW auch über die Höhe der Hebesätze von Gewerbe-, Grund- und Gemeindeeinkommensteuer. Daneben können in Zukunft plebiszitäre Elemente, wie sie die Gemeindeordnungen vorsehen, stärker als bisher Anwendung finden. Die Abstimmungsfrage eines Bürgerbescheides könnte zum Beispiel lauten: Soll eine Kultur- und Kongresshalle gebaut und zur Finanzierung möglicherweise der Hebesatz der Gemeindeeinkommensteuer angehoben werden? Im Rahmen der Fragestellung ist jedenfalls zu berücksichtigen, dass für die finanzwirksame Volksgesetzgebung nach § 26 V Nr. 3 GO NRW Grenzen bestehen müssen, um das Budgetrecht des Rates zu wahren.[994]

---

991 Vgl. BVerfGE 78, 344 [348].

992 *Schmidt-Aßmann* Die Garantie der kommunalen Selbstverwaltung, S. 811.

993 Wie bereits *Scheuner* in AfK 12 (1973), 1 [10] feststellte. Mit den Worten von *Zimmermann* Kommunalfinanzen, S. 1 „erlebt der Bürger Demokratie vor Ort".

994 *Henneke* Die Kommunen in der Finanzverfassung des Bundes und der Länder, S. 291.

Problematisch ist bisher der Kreis der Steuerzahler, da die Gewerbesteuer nur von Mittel- und Großbetrieben zu zahlen ist, die Grundsteuer die Grundbesitzer nur gering belastet und der Bürger den kommunalen Einkommensteueranteil nicht transparent ausgewiesen bekommt. Mit der Einführung der Gemeindeeinkommensteuer werden demgegenüber alle leistungsfähigen Gemeindeeinwohner im Gemeindegebiet erfasst. Zudem werden die ortsansässigen Wirtschaftsakteure mit der Gewerbesteuer veranlagt. Einer Sonderbelastung der Kommune durch land- und forstwirtschaftliche Betriebe ist weiterhin durch eine moderate Anpassung der Grundsteuer A zu begegnen.

„Es wird heute so oft und mit Recht darüber geklagt, daß manche Kreise und Gruppen ständig bestrebt sind, zusätzliche öffentliche Ausgaben zu verlangen, und ihre Forderungen über den einen oder anderen politischen Kanal vielfach auch durchsetzen."[995], schrieb *Haller* im Jahre 1961. Auch heute stehen die lokalen Präferenzen der Bürger nicht immer im Vordergrund politischer Entscheidungen, wozu die Trennung von der Ausgaben- und Einnahmenseite maßgeblich beiträgt.[996] Dem wirkt die Gemeindeeinkommensteuer entgegen, zumal die politischen Entscheidungsträger aufgrund von Transparenz und Fühlbarkeit endlich die Interessen der betroffenen Gemeindeeinwohner stets zu achten haben. Außerdem verhindert sie in Zeiten des Wahlkampfs einen Überbietungswettbewerb an versprochenen Leistungen. Von den Ratsmitgliedern sind vielmehr Antworten zur Finanzierungslast zu geben. Jedenfalls ist es in höchstem Maße unsozial, zu Lasten späterer Generationen zu wirtschaften. Die Zeche müssen dann unsere Nachkommen zahlen, die schon jetzt wegen des demografischen Wandels gravierende Herausforderungen zu bewältigen haben. Dies verstößt gegen das Prinzip der intergenerativen Gerechtigkeit, wonach eine Generation nur in dem Maße auf Ressourcen zurückgreifen darf, wie sie von ihr nachhaltig kompensiert werden.

Der Ausblick zu strukturellen Veränderungen im System der Gemeindefinanzierung verheißt allerdings wenig Positives, zumal die politische Ebene nicht gewillt ist, den derzeit bestehenden Zuweisungs- und Umverteilungsdschungel zu lichten. Überdies ist ein interkommunaler Steuerwettbewerb von den kommunalen Spitzenverbänden nicht gewollt.[997] Dem entsprechend bekundete Bundesfinanzminister *Schäuble*, an einem Reformansatz zu arbeiten, der keine großen Verwerfungen mit den Kommunen hervorrufe.[998]

Als kurzfristige Lösung wäre es zu begrüßen, wenn man zumindest den von den Gemeindebürgern erbrachten Anteil am Aufkommen der Einkommensteuer

995 *Haller* Finanzarchiv, N.F. Bd. 21, 1961, 248 [254].

996 Wie hier *Hansjürgens* Äquivalenzprinzip und Staatsfinanzierung, S. 24.

997 Vgl. die Aussage von *Ude*, Präsident des Deutschen Städtetages, in der FAZ vom 19.11.2010, S. 14 sowie *Anton/Diemert* Gemeindefinanzbericht 2011, S. 7, 32 f.

998 FAZ vom 27.8.2010, S. 12 sowie vom 22.11.2010, S. 13.

separat auf dem Einkommensteuerbescheid auswiese und damit transparent machte. Zu wünschen bleibt ferner, dass bürgerlichen Initiativen wie die Gründung von Fördervereinen, Bürgerstiftungen oder anderen Zusammenschlüssen, die gemeinnützig regionale Projekte sowohl finanziell als auch unter Einsatz persönlicher Fähigkeiten und Kraft umsetzen, weiterhin in den Kommunen Unterstützung erfahren. Solche Institutionen geben dem Bürger die Möglichkeit, sich freiwillig für die Lebensqualität in seiner Gemeinde einzusetzen, ohne dass sie den Kämmerer gleich mit Goldbarren beglücken müssen. Auch die ehrenamtliche Arbeit gilt es in jeder kommunalen Gebietskörperschaft zu würdigen, um so weitere Bürger für das soziale Engagement beispielsweise in örtlichen Sport- oder Musikvereinen sowie Jugend- und Kulturzentren zu begeistern. Dazu hat fast die Hälfte der nordrhein-westfälischen Gemeinden die sog. Ehrenamtskarte eingeführt, mit der die Inhaberinnen und Inhaber für ihr Engagement landesweit Angebote der teilnehmenden Städte und Kreise vergünstigt nutzen dürfen. Der freiwillige Einsatz der Bürger hat dabei für die Kommunen in der Regel ein Gutes: Es wird weniger ausgegeben als eingenommen.

Literaturverzeichnis

Alexy, Robert: Recht, Vernunft, Diskurs, Studien zur Rechtsphilosophie, Frankfurt am Main 1995 (zit.: *Alexy* Recht, Vernunft, Diskurs, S.).

Anton, Stefan/Diemert, Dörte: Gemeindefinanzbericht 2008, 2009, 2010 und 2011, in: Der Städtetag, Heft 5 des jeweiligen Jahres (zit.: *Anton/Diemert* Gemeindefinanzbericht, S.).

Articus, Stephan/Schneider, Bernd Jürgen: Gemeindeordnung Nordrhein-Westfalen, 3. Aufl., Stuttgart 2009 (zit.: *Bearbeiter* in: Articus/Schneider, GO NRW, S.).

Bajohr, Stefan: Können Städte ihre Haushalte aus eigener Kraft konsolidieren?, in: Hansmann (Hrsg.), Kommunalfinanzen in der Krise, Problemlagen und Handlungsansätze, Berlin 2011, S. 215 ff.

Battis, Ulrich/Klein, Benjamin/Rusteberg, Benjamin: Die Auswirkungen des neuen Art. 104b GG auf die Städtebauförderung, in: DVBl. 2009, S. 682 ff.

Bauer, Hartmut: Die Bundestreue, Tübingen 1992.

Beland, Ulrike: Eine eigene Einkommensteuer für die Gemeinden und das Problem des Wanderungswettbewerbs, in: Archiv für Kommunalwissenschaften 1998, S. 104 ff. (zit.: *Beland* AfK 37 (1998), S.).

Birk, Dieter/Eckhoff, Rolf: Staatsfinanzierung durch Gebühren und Steuern, Vor- und Nachteile aus juristischer Perspektive, in: Sacksofsky/Wieland (Hrsg.), Vom Steuerstaat zum Gebührenstaat, Baden-Baden 2000, S. 24 ff.

Birk, Dieter/Inhester, Michael: Die verfassungsrechtliche Rahmenordnung des kommunalen Finanzausgleichs, dargestellt am Beispiel des Landes Nordrhein-Westfalens, in: DVBl. 1993, S. 1281 ff.

Birk, Dieter: Das Leistungsfähigkeitsprinzip als Maßstab der Steuernormen, Köln 1983.

Das Leistungsfähigkeitsprinzip im Ertragsteuerrecht, in: Verhandlungen des Vierzehnten Österreichischen Juristentages, Band III/2, Wien 2000, S. 53 ff. (zit.: *Birk* Leistungsfähigkeitsprinzip im Ertragsteuerrecht, S.).

Ordnungsmuster im Steuerrecht – Prinzipien, Maßstäbe und Strukturen, in: Spindler/Tipke/Rödder (Hrsg.), Steuerzentrierte Rechtsberatung, Festschrift für Harald Schaumburg, Köln 2009, S. 1 ff. (zit.: *Birk* Ordnungsmuster im Steuerrecht, S.).

Steuerrecht, 14. Aufl., Heidelberg 2011.

Blankart, Charles B.: Ein Vorschlag zur kommunalen Abgabenautonomie, in: Sacksofsky/Wieland (Hrsg.), Vom Steuerstaat zum Gebührenstaat, Baden-Baden 2000, S. 46 ff.

Öffentliche Finanzen in der Demokratie, 8. Aufl., München 2011.

Blümich, Walter/Heuermann, Bernd (Hrsg.): Kommentar zum EStG/KStG/GewStG, München, Stand: 112. Lfg., September 2011 (zit.: *Bearbeiter* in: Blümich, EStG/KStG/GewStG, § Rn.).

Broer, Michael: Möglichkeiten zur Stabilisierung der kommunalen Einnahmen, in: Wirtschaftsdienst 2003, 132 ff. (zit.: *Broer* WD 2001, S.).

Steuersystematische Überlegungen und empirische Wirkungsanalysen zur aktuellen Gewerbesteuerreformdiskussion, in: Hansmann (Hrsg.), Kommunalfinanzen in der Krise, Problemlagen und Handlungsansätze, Berlin 2011, S. 154 ff.

Brümmerhoff, Dieter: Finanzwissenschaft, 10. Aufl., München 2011.

Bühler, Ottmar: Steuerrecht, Grundriß in zwei Bänden, Bd. I, 2. Aufl. 1953.

Bundesministerium der Finanzen: Finanzbericht 2009, Stand und voraussichtliche Entwicklung der Finanzwirtschaft im gesamtwirtschaftlichen Zusammenhang, Bonn 2008 (zit.: *BMF* Finanzbericht 2009, S.).

Gutachten der Steuerreformkommission 1971, Schriftenreihe des Bundesministeriums der Finanzen, Heft 17, Bonn 1971 (zit.: *BMF* Gutachten der Steuerreformkommission 1971, S.).

Gutachten zum Gemeindesteuersystem und zur Gemeindesteuerreform in der BRD, erstattet vom Wissenschaftlichen Beirat beim Bundesministerium der Finanzen, Schriftenreihe des Bundesministeriums der Finanzen, Heft 10, Bonn 1968 (zit.: *BMF* Gutachten zum Gemeindesteuersystem 1968, S.).

Gutachten zur Reform der Gemeindesteuern in der Bundesrepublik Deutschland, erstattet vom Wissenschaftlichen Beirat beim Bundesministerium der Finanzen, Schriftenreihe des Bundesministeriums der Finanzen, Heft 31, Bonn 1982 (zit.: *BMF* Gutachten zur Reform der Gemeindesteuern 1982, S.).

Bundesvereinigung der kommunalen Spitzenverbände: Vorschlag der Bundesvereinigung der kommunalen Spitzenverbände für eine modernisierte Gewerbesteuer, in: ZKF 2003, S. 102 ff.

Burgi, Marin: Kommunalrecht, 3. Aufl., München 2010.

Dann, Holger: Alternativen zur Gewerbesteuer, Diss., Aachen 2008.

Däubler, Wolfgang: Die „Einheitlichkeit der Lebensverhältnisse“ als Verfassungsgebot, in: Däubler-Gmelin/Kinkel/Meyer/Simon (Hrsg.), Gegenrede, Aufklärung – Kritik – Öffentlichkeit, Festschrift für Ernst Gottfried Mahrenholz, Baden-Baden 1994, S. 455 ff.

Denninger, Erhard/Hoffmann-Riem, Wolfgang/Schneider, Hans-Peter/Stein, Ekkehart: Kommentar zum Grundgesetz für die Bundesrepublik Deutschland, Reihe Alternativkommentare, 3. Aufl., Neuwied 2001 (zit.: *Bearbeiter* in: AK-GG, Art. Rn.).

Deubel, Ingolf: Reform des Gemeindesteuersystems, in: Lange (Hrsg.), Reform der Gemeindesteuern, Rehburg-Loccum 2006, S. 93 ff.

Deutscher Städte- und Gemeindebund: Cross-Border-Leasing, Ein Weg mit Risiken, DStGB Dokumentation No 34, Beilage zu „Stadt und Gemeinde INTERAKTIV" Ausgabe 12/2003 (zit.: DStGB Dokumentation Nr. 34, S.).

Diemert, Dörte: Das Haushaltssicherungskonzept, Verfassungs- und haushaltsrechtliche Grundlagen in NRW unter Berücksichtigung des Neuen Kommunalen Finanzmanagements, Diss., Stuttgart 2005.

Dolzer, Rudolf/Vogel, Klaus/Graßhof, Karin: Bonner Kommentar zum Grundgesetz, Bd. 13 (Art. 104a-105 GG), Bd. 14 (Art. 106-106a GG), Heidelberg, Stand: 154. Lieferung, Oktober 2011 (zit.: *Bearbeiter* in: Dolzer/Vogel/Graßhof, BK GG, Art. Rn.).

Dombert, Matthias: Zur finanziellen Mindestausstattung von Kommunen, in: DVBl. 2006, S. 1136 ff.

Dreier, Horst: Grundgesetz, Bd. 1, Art. 1-19 GG, 2. Aufl., Tübingen 2004, Bd. 2, Art. 20-82 GG, 2. Aufl., Tübingen 2006, Bd. 3, Art. 83-146 GG, 2. Aufl., Tübingen 2008 (zit.: *Bearbeiter* in: Dreier, GG, Art. Rn.).

Driehaus, Hans-Joachim (Hrsg.): Kommunalabgabenrecht, Herne, Stand: 45. Lfg., September 2011 (zit.: *Bearbeiter* in: Driehaus, Kommunalabgabenrecht, § Rn.).

Ehlers, Dirk/Schoch, Friedrich: Rechtsschutz im Öffentlichen Recht, Berlin 2009 (zit.: *Bearbeiter* in: Ehlers/Schoch, Rechtsschutz im ÖR, § Rn.).

Ehlers, Dirk: Beitrag zur Diskussionsrunde des Professorengesprächs 2008 des Deutschen Landkreistages, in: Henneke (Hrsg.), Kommunen in den Föderalismusreformen I und II, Stuttgart et al. 2008 (zit.: *Ehlers* in: Henneke, Kommunen in den Föderalismusreformen I und II, S.).

Die verfassungsrechtliche Garantie der kommunalen Selbstverwaltung, in: *Ehlers, Dirk/ Krebs, Walter (Hrsg.)* Grundfragen des Verwaltungsrechts und des Kommunalrechts, Münster 2000, S. 59 ff. (zit.: *Ehlers* in: Ehlers/Krebs, Grundfragen des Verwaltungsrechts und des Kommunalrechts, S.).

Die verfassungsrechtliche Garantie der kommunalen Selbstverwaltung, in: DVBl. 2000, S. 1301 ff.

Die Zulässigkeit einer erwerbswirtschaftlichen Betätigung der öffentlichen Hand, in: Jura 1999, S. 212 ff.

Eigentumsschutz, Sozialbindung und Enteignung bei der Nutzung von Boden und Umwelt, in: Veröffentlichungen der Vereinigung der Deutschen Staatsrechtslehrer, Heft 51, Berlin 1992, S. 211 ff. (zit: *Ehlers* VVDStRL 51 (1992), S.).

Empfiehlt es sich, das Recht der öffentlichen Unternehmen im Spannungsfeld von öffentlichem Auftrag und Wettbewerb national und gemeinschaftsrechtlich neu zu regeln?, Gutachten E für den 64. Deutschen Juristentag, München 2002 (zit.: *Ehlers* Gutachten E für den 64. DJT, S.)

Eisel, Stephan: Internet und Demokratie, Freiburg 2011.

Eisele, Dirk: Die Grundsteuer auf selbst genutzte Wohnimmobilien ist verfassungsgemäß, in: Der Gemeindehaushalt 2009, S. 206 ff.

Erichsen, Hans-Uwe/Ehlers, Dirk: Allgemeines Verwaltungsrecht, 14. Aufl., Berlin 2010 (zit.: *Bearbeiter* in: Erichsen/Ehlers, Allgemeines Verwaltungsrecht, § Rn.).

Flämig, Christian: Die Ausgestaltung der Gewerbesteuer als verfassungsrechtliches Problem, in: Friauf (Hrsg.), Steuerrecht und Verfassungsrecht, Veröffentlichungen der Deutschen Steuerjuristischen Gesellschaft e.V., Band 12, Köln 1989, S. 33 ff. (zit.: *Flämig* DStJG 12 (1989), S.).

Friauf, Karl Heinrich/Höfling, Wolfram: Berliner Kommentar zum Grundgesetz, Bd. II (Art. 16-37), Bd. IV (Art. 83-145), Berlin, Stand: 34. Lfg., August 2011 (zit.: *Bearbeiter* in: Friauf/Höfling, GG, Art. Rn.).

Friauf, Karl Heinrich: Verfassungsrechtliche Anforderungen an die Gesetzgebung über die Steuern vom Einkommen und vom Ertrag, in: Friauf (Hrsg.), Steuerrecht und Verfassungsrecht, Veröffentlichungen der Deutschen Steuerjuristischen Gesellschaft e.V., Band 12, Köln 1989, S. 3 ff. (zit.: *Friauf* DStJG 12 (1989), S.).

Fromme, Jochen-Konrad: Grundsteuer: Königsweg zu einer Gemeindesteuerreform?, in: Lange (Hrsg.), Reform der Gemeindesteuern, Rehburg-Loccum 2006, S. 155 ff.

Von der Gewerbesteuer zur „Gemeindewirtschaftsteuer", in: Der Gemeindehaushalt 2002, S. 178 ff.

Fuest, Clemens/Huber, Bernd: Lösungsmöglichkeiten und Probleme bei der Gewerbesteuerreform, in: Wirtschaftsdienst 2003, S. 560 ff. (zit.: *Fuest/Huber* WD 2003, S.).

Neue Wege bei der Finanzierung der Kommunen: Zuschlagsrechte statt Gewerbesteuer, in: Wirtschaftsdienst 2002, S. 260 ff. (zit.: *Fuest/Huber* WD 2002, S.).

Fuest, Clemens/Thöne, Michael: Gemeindefinanzreform – Hintergründe, Defizite, Alternativen, Gutachten im Auftrag des Deutschen Bundestages, Köln 2004.

Gebhardt, Ihno: Das kommunale Selbstverwaltungsrecht, Baden-Baden 2007.

Geiger, Christian A.: Reform des Grundsteuerrechts, in: Der Gemeindehaushalt 2006, S. 145 ff.

Gern, Alfons: Deutsches Kommunalrecht, 3. Aufl., Baden-Baden 2003.

Glanegger, Peter/Güroff, Georg: Gewerbesteuergesetz, 7. Aufl., München 2009 (zit.: *Bearbeiter* in: Glanegger/Güroff, GewStG, § Rn.).

Gosch, Dietmar: Einige aktuelle und zugleich grundsätzliche Bemerkungen zur Gewerbesteuer, in: DStZ 1998, 327 ff.

Graf, Gerhard: Grundlagen der Finanzwissenschaft, 2. Aufl., Heidelberg 2005.

Grossekettler, Heinz/Hadamitzky, Andreas/Lorenz, Christian: Volkswirtschaftslehre, 2. Aufl., Konstanz 2008.

Grossekettler, Heinz: Steuerstaat versus Gebührenstaat, in: Sacksofsky/Wieland (Hrsg.), Vom Steuerstaat zum Gebührenstaat, Baden-Baden 2000, S. 24 ff.

Häde, Ulrich: Finanzausgleich, die Verteilung der Aufgaben, Ausgaben und Einnahmen im Recht der Bundesrepublik Deutschland und der Europäischen Union, Tübingen 1996.

Halaczinsky, Raymond/Sikorski, Ralf/Weber, Heidi: Steuerrecht I, 7. Auflage, München 2008.

Haller, Heinz: Die Bedeutung des Äquivalenzprinzips für die öffentliche Finanzwirtschaft, in: Finanzarchiv, N.F. Bd.21, 1961, S. 248 ff. (zit.: *Haller* Finanzarchiv, N.F. Bd.21, 1961, S.).

Hamacher, Claus/Lenz, Edgar u.a.: Kommunalabgabengesetz für das Land Nordrhein-Westfalen, Wiesbaden, Stand: 12. Lfg., April 2011 (zit.: *Bearbeiter* in: Hamacher/Lenz u.a., KAG NRW, § Rn.).

Hansjürgens, Bernd: Äquivalenzprinzip und Staatsfinanzierung, Berlin 2001.

Hansmeyer, Karl-Heinrich/Zimmermann, Horst: Bewegliche Einkommensbesteuerung durch die Gemeinden, in: Wirtschaftsdienst 1991, S. 639 ff. (zit.: *Hansmeyer/Zimmermann* WD 1991, S.).

Möglichkeiten der Einführung eines Hebesatzrechts beim gemeindlichen Einkommensteueranteil, in: Archiv für Kommunalwissenschaften 1993, S. 221 ff. (zit.: *Hansmeyer/Zimmermann* AfK 32 (1993), S.).

Hartmann, Rainer: Bestandsschutz für die Gewerbesteuer, in: BB 2008, S. 2490 ff.

Hebeler, Timo: Die Einheitlichkeit der Lebensverhältnisse im Grundgesetz, in: Zeitschrift für Gesetzgebung 2006, S. 301 ff. (zit.: *Hebeler* ZG 21 (2006), S.)

Held, Friedrich Wilhelm/Winkel, Johannes: Gemeindeordnung Nordrhein-Westfalen, 2. Aufl., Wiesbaden 2009 (zit.: *Bearbeiter* in: Held/Winkel, GO NRW, S.).

Hellermann, Niclas: Die Zulässigkeit kommunaler Bürgerhaushalte, in: DVBl. 2011, S. 1195 ff.

Henneke, Hans-Günter/Pünder, Hermann/Waldhoff, Christian: Recht der Kommunalfinanzen – Abgaben, Haushalt, Finanzausgleich, München 2006 (zit.:

Bearbeiter in: Henneke/Pünder/Waldhoff, Recht der Kommunalfinanzen, § Rn.).

Henneke, Hans-Günter: Begrenzt die finanzielle Leistungsfähigkeit des Landes den Anspruch der Kommunen auf eine aufgabenangemessene Finanzausstattung? – Eine Dauerfrage im Lichte neuer Entwicklungen, in: DÖV 2008, S. 857 ff.

Begrenzt die finanzielle Leistungsfähigkeit des Landes den Anspruch der Kommunen auf eine aufgabenangemessene Finanzausstattung?, in: DÖV 1998, S. 330 ff.

Der kommunale Finanzausgleich, in: DÖV 1994, S. 1 ff.

Die Kommunen in der Finanzverfassung des Bundes und der Länder, 4. Aufl., Wiesbaden 2008.

Kontinuität und Wandel der Finanzverfassung des Grundgesetzes, in: DVBl. 2009, S. 561 ff.

Wer der Bestellung zustimmt, muss sie adressieren und bezahlen, in: DVBl. 2011, S. 125 ff.

Herrmann, Karolin: Kommunale Kassenkredite, Missbrauchsgefahr und Reformvorschlag, in: Karl-Bräuer-Institut des Bundes der Steuerzahler, Schriftenreihe Heft 108, Bonn 2011.

Heun, Werner: Der bundesgesetzliche Mindeststeuerhebesatz für die Gewerbesteuer im Kompetenzgeflecht zwischen Bund, Ländern und Gemeinden, in: Grote/Härtel/Hain/Schmidt/Schmitz/Schuppert/Winterhoff (Hrsg.), Die Ordnung der Freiheit, Festschrift für Christian Starck zum siebzigsten Geburtstag, Tübingen 2007, S. 245 ff. (zit.: *Heun* FS Starck, S.).

Die Entwicklung des Steuerstaatskonzepts in theoretischer und tatsächlicher Hinsicht, in: Sacksofsky/Wieland (Hrsg.), Vom Steuerstaat zum Gebührenstaat, Baden-Baden 2000, S. 10 ff.

Hey, Johanna: Die Vorschläge der Kommission Steuergesetzbuch der Stiftung Marktwirtschaft für eine wettbewerbsfähige Unternehmensteuerstruktur, in: Oestreicher (Hrsg.), Reform der Unternehmensbesteuerung: Verschiedene Wege diskutieren, Herne 2007, S. 119 ff.

Kommunale Einkommen- und Körperschaftsteuer, in: StuW 2002, S. 314 ff.

Steuerwettbewerb in Deutschland, in: Kirchhof/Graf Lambsdorff/Pinkwart (Hrsg.), Perspektiven eines modernen Steuerrechts, Festschrift für Hermann Otto Solms, Berlin 2005, S. 35 ff. (zit.: *Hey* FS Solms, S.).

Hidien, Jürgen: Die Beteiligung der Gemeinden am Aufkommen der Umsatzsteuer, in: ZKF 1998, S. 101 ff.

Rechtsprobleme des Gemeindeanteils an der Einkommensteuer, in: ZKF 1999, S. 270 ff.

Hohmann, Harald: Berufsfreiheit (Art. 12 GG) und Besteuerung, in: DÖV 2000, S. 406 ff.

Homburg, Stefan: Allgemeine Steuerlehre, 6. Aufl., München 2010.

BB-Forum: Die Steuerreformvorschläge der Stiftung Marktwirtschaft, in: BB 2005, S. 2382 ff.

Hoppe, Werner: Der Anspruch der Kommunen auf aufgabengerechte Finanzausstattung, in: DVBl. 1992, S. 117 ff.

Hufen, Friedhelm: Aufgabenentzug durch Aufgabenüberlastung, in: DÖV 1998, S. 276 ff.

ifo Institut für Wirtschaftsforschung: Analyse und Weiterentwicklung des kommunalen Finanzausgleichs in Nordrhein-Westfalen, Gutachten im Auftrag des Innenministeriums des Landes NRW vom 12.6.2008 (zit.: ifo-Gutachten 2008, S.)

Institut „Finanzen und Steuern": Modell für die Ablösung der Gewerbesteuer durch einen Gemeindeanteil an der Umsatzsteuer, Heft Nr. 211, Bonn 1982 (zit.: *Institut FSt.* Brief 211, S.).

Isensee, Josef/Kirchhof, Paul: Handbuch des Staatsrechts der Bundesrepublik Deutschland, Band V, 3. Aufl., Heidelberg 2007 (zit.: *Bearbeiter* in: Isensee/Kirchhof, Handbuch des Staatsrechts, § Rn.).

Isensee, Josef: Steuerstaat als Staatsform, in: Stödter/Thieme (Hrsg.), Hamburg, Deutschland, Europa, Beiträge zum deutschen und europäischen Verfassungs-, Verwaltungs- und Wirtschaftsrecht, Festschrift für Hans Peter Ipsen, Tübingen 1977, S. 409 ff.

Subsidiaritätsprinzip und Verfassungsrecht, Eine Studie über das Regulativ des Verhältnisses von Staat und Gesellschaft, 2. Aufl., Berlin 2001.

Jachmann, Monika: Ansätze zu einer gleichheitsgerechten Ersetzung der Gewerbesteuer, in: BB 2000, S. 1432 ff.

Eine neue Qualität der kommunalen Steuerfinanzierung: Das Vier-Säulen-Modell der Kommission Steuergesetzbuch, in: StuW 2006, S. 115 ff.

Gewerbesteuerreform, Hamburger Schriften zum Finanz- und Steuerrecht, Band 2, Düsseldorf 2003.

Jarass, Hans D./Pieroth, Bodo: Grundgesetz für die Bundesrepublik Deutschland, 11. Aufl., München 2011.

Jochum, Heike: Das Bundesverfassungsgericht als Hüter der Gewerbesteuer?, in: StB 2005, S. 254 ff.

Junkernheinrich, Martin/Zierold, Horst: Bevölkerungsentwicklung, Finanzkrise und Gemeindefinanzreform, Forum Öffentliche Finanzen, Band 8, Berlin 2004 (zit.: *Bearbeiter* in: Junkernheinrich/Zierold, Gemeindefinanzreform, S.).

Kallerhoff, Matthias: Die übergangsrechtliche Fortgeltung von Bundesrecht nach dem Grundgesetz, Diss., Münster 2010.

Karl-Bräuer-Institut des Bundes der Steuerzahler: Kommunale Steuerautonomie und Gewerbesteuerabbau, bearbeitet von Lothar Schemmel, Schriftenreihe Heft 94, Wiesbaden 2002 (zit.: *Schemmel* Gewerbesteuerabbau, S.)

Kasper, Andreas: Kommunale Steuern, Stuttgart 2006.

Kathstede, Gerd: Die Verfassungsmäßigkeit der Gewerbesteuer und das Modell der kommunalen Einkommen- und Gewinnsteuer (BDI/VCI-Modell), Diss., Aachen 2008.

Kelders, Christian: Besteuerungsanreize in den deutschen Kommunalfinanzen, Diss., München 2006.

Keß, Thomas: Anmerkung zu BVerfG, Beschluss vom 15.1.2008 - 1 BvL 2/04, in: FR 2008, S. 829 ff.

Unternehmenssteuerreform: Ohne Reform der Gewerbesteuer?, in: FR 2000, S. 695 ff.

Kirchhof, Paul/Söhn, Hartmut/Mellinghoff, Rudolf: Einkommensteuergesetz Kommentar, Heidelberg u.a., Stand: 223. Lfg., Oktober 2011 (zit.: *Bearbeiter* in: Kirchhof/Söhn/Mellinghoff, EStG, § Rn.).

Kirchhof, Paul: 40 Jahre Umsatzsteuergesetz – Eine Steuer im Umbruch, in: DStR 2008, S. 1 ff.

Der Finanzausgleich als Grundlage kommunaler Selbstverwaltung, in: DVBl. 1980, S. 711 ff.

Die kommunale Finanzhoheit, in: Püttner, Handbuch der kommunalen Wissenschaft und Praxis, Bd. 6, 2. Aufl., Berlin Heidelberg 1985.

Die Reform der kommunalen Finanzausstattung, in: NJW 2002, S. 1549 f.

Verfassungsrechtliche Anforderungen an eine Gemeindefinanzreform, in: Junkernheinrich/Klemmer (Hrsg.), Neuordnung des Gemeindefinanzsystems, Berlin 1996, S. 11 ff.

Kirchhoff, Ulrich/Henning, Heiko: Haushaltsspielräume durch modernes kommunales Finanzmanagement, in: Müller/Jöhnk/Bruns (Hrsg.), Beiträge zum Finanz-, Rechnungs- und Bankwesen, Stand und Perspektiven, Wiesbaden 2005, S. 637 ff. (zit.: *Kirchhoff/Henning* Kommunales Finanzmanagement, S.).

Kommission für die Finanzreform: Gutachten über die Finanzreform in der Bundesrepublik Deutschland, 2. Aufl., Stuttgart 1966 (zit.: *Kommission Finanzreform* Troeger Gutachten 1966, 2. Aufl., S., Tz.).

Korioth, Stefan: Der Finanzausgleich zwischen Bund und Ländern, Tübingen 1997.

Kuban, Monika: Städtische Finanzen: Kollaps oder Reformen!, in: ZFK 2003, S. 97 ff.

Kühnold, Jörg/Stöckel, Reinhard: Einheitsbewertung und Grundsteuer verfassungswidrig, in: Neue Wirtschafts- Briefe 2007, Band 5, S. 3873 ff.

Lang, Joachim: Steuergerechtigkeit und Globalisierung, in: Spindler/Tipke/Rödder (Hrsg.), Steuerzentrierte Rechtsberatung, Festschrift für Harald Schaumburg, Köln 2009, S. 45 ff.

Lenski, Edgar/Steinberg, Wilhelm: Kommentar zum Gewerbesteuergesetz, Band I und II, Köln, Stand: 102 Lfg., Oktober 2011 (zit.: *Bearbeiter* in: Lenski/Steinberg, GewStG, Bd., § Rn.).

Lewinski, Kai v.: Öffentlichrechtliche Insolvenz und Staatsbankrott, Tübingen 2011.

Mangoldt, Hermann v./Klein, Friedrich/Starck, Christian: Das Bonner Grundgesetz, Bd. 1-3, München 2010 (zit.: *Bearbeiter* in: v. Mangoldt/Klein/Starck, GG, Art. Rn.).

Maubach, Peter: Die Verwirklichung des Äquivalenzprinzips durch die Gewerbesteuerzerlegung in Fällen der Betriebs- und Wohngemeindendivergenz, Köln 1970.

Maunz, Theodor/Dürig, Günter: Grundgesetz, Bd. II (Art. 6-15 GG),Bd. IV (Art. 23-53a GG), Bd. VI (Art. 100-146 GG), München, Stand: 62. Lfg., Mai 2011 (zit.: *Bearbeiter* in: Maunz/Dürig, GG, Art. Rn.)

Mayer, Otto: Deutsches Verwaltungsrecht, Bd. 1, 3. Aufl., München und Leipzig 1924.

Mennel, Annemarie/Förster, Jutta: Steuern in Europa, Amerika und Asien, Herne u.a., Stand: 85. Lfg., Juni 2011 (zit.: *Bearbeiter* in: Mennel/Förster, Steuern in Europa, Amerika und Asien, Land Rn.).

Merten, Detlef/Papier, Hans-Jürgen: Handbuch der Grundrechte in Deutschland und Europa, Bd. II, Heidelberg u.a. 2006 (zit.: *Bearbeiter* in: Merten/Papier, Handbuch der Grundrechte, Bd., § Rn.).

Milbradt, Georg: Überlegungen zu einer Reform des kommunalen Steuersystems aus ökonomischer Sicht, in: DVBl. 1982, S. 522 ff.

Müller-Gatermann, Gerd: Gewerbesteuer – quo vadis?, in: P. Kirchhof/Schmidt/Schön/Vogel (Hrsg.), Steuer- und Gesellschaftsrecht zwischen Unternehmerfreiheit und Gemeinwohl, Festschrift für Arndt Raupach, Köln 2006, S. 81 ff.

Münch, Ingo v./Kunig, Philip: Grundgesetz-Kommentar, Bd. 2 (Art. 20-69 GG), 5. Aufl., München 2001, Bd. 3 (Art. 70-146 GG), 5. Aufl., München 2003 (zit.: *Bearbeiter* in: v. Münch/Kunig, GG, Art. Rn.).

Nierhaus, Michael: Verfassungsrechtlicher Anspruch der Kommunen auf finanzielle Mindestausstattung, in: Landes- und Kommunalverwaltung 2005, S. 1 ff.

Oebbecke, Janbernd/Ehlers, Dirk/Schink, Alexander/Pünder, Hermann: Kommunalfinanzen, Symposium aus Anlaß des 75. Geburtstages von Adalbert Leidinger am 8. März 2001, Münster 2001 (zit.: *Bearbeiter* in: Oebbecke/Ehlers/Schink/Pünder, Kommunalfinanzen, S.).

Oebbecke, Janbernd: Entwicklungen im Gebührenrecht, in: Oebbecke/Ehlers/Schink/Pünder (Hrsg.), Kommunalfinanzen, Köln 2001, S. 119 ff.

Rechtliche Vorgaben für den Haushaltsausgleich und ihre Durchsetzung – Rechtliche und rechtspolitische Überlegungen zur Sanierung der kommunalen Haushalte, in: Der Gemeindehaushalt 2009, S. 241 ff.

Osterloh, Lerke: „Öko-Steuern" und verfassungsrechtlicher Steuerbegriff - Alte Fragen zum staatlichen Steuererfindungsrecht - neu gestellt, in: NVwZ 1991, S. 823 ff.

Otten, Geelke: Die Grundmodelle der Alternativen zur Gewerbesteuer: Vereinbarkeit mit dem Grundgesetz und Europarecht, Diss., Aachen 2005.

Otting, Olaf: Verfassungsrechtliche Grenzen der Bestimmung des Gewerbesteuerhebesatzes durch Bundesgesetz, in: DB 2004, S. 1222 ff.

Pagenkopf, Hans: Der Finanzausgleich im Bundesstaat, Stuttgart et al 1981.

Peffekoven, Rolf: Gemeindesteuersystem und kommunale Selbstverwaltung, in: Junkernheinrich/Klemmer (Hrsg.), Neuordnung des Gemeindefinanzsystems, Berlin 1996, S. 27 ff.

Petzold, Günter: Gewerbesteuer, 4. Aufl., München et al 1991.

Popitz, Johannes: Der künftige Finanzausgleich zwischen Reich, Ländern und Gemeinden, Gutachten im Auftrag der Studiengesellschaft für den Finanzausgleich, Berlin 1932 (zit.: *Popitz* Gutachten 1932, S.).

Einkommensteuer, in: Elster/Weber/Wieser (Hrsg.), Handwörterbuch der Staatswissenschaften, 3. Band, 4. Aufl., Jena 1926, S. 400 ff.

Postlep, Rolf-Dieter: Gesamtwirtschaftliche Analyse kommunaler Finanzpolitik, Baden-Baden 1993.

Prehn, Annette: Das Finanzierungsmodell „Bürgerdarlehen" als gangbarer Weg aus finanziellen Engpässen der Kommunen?, in: DÖV 2011, S. 174 ff.

Pünder, Hermann: Haushaltsrecht im Umbruch, Stuttgart 2003.

Rehm, Hannes/Matern-Rehm, Sigrid: Kommunalfinanzen, Wiesbaden 2010.

Rehm, Hannes/Tholen, Michael: Kommunalverschuldung – Befund, Probleme, Perspektiven, Berlin 2008.

Rehm, Hannes: Kommunale Preispolitik: Befund – Probleme – Perspektiven, in: Müller/Jöhnk/Bruns (Hrsg.), Beiträge zum Finanz-, Rechnungs- und Bankwesen, Stand und Perspektiven, Wiesbaden 2005, S. 557 ff.

Rittner, Fritz: Anmerkung zum Beschluss des BVerfG vom 15.1.2008 – 1 BvL 2/04, in: JZ 2008, S. 998 ff.

Rodi, Michael: Die Rechtfertigung von Steuern als Verfassungsproblem, Dargestellt am Beispiel der Gewerbesteuer, München 1994.

Sachs, Michael: Grundgesetz, 6. Aufl., München 2011 (zit.: *Bearbeiter* in: Sachs, GG, Art. Rn.).

Sacksofsky, Ute: Staatsfinanzierung durch Gebühren?, in: Sacksofsky/Wieland (Hrsg.), Vom Steuerstaat zum Gebührenstaat, Baden-Baden 2000, S. 24 ff.

Sander, Matthias: Gemeindeeinkommensteuer – Theoretische Beurteilung und Ausgestaltungsmöglichkeiten, Diss., Aachen 2004.

Sanders, Bernhard-Sebastian: Cross-Border-Leasing-Transaktionen von Kommunen, Diss., Recklinghausen 2010.

Scherf, Wolfgang: Perspektiven der kommunalen Besteuerung, in: Andel (Hrsg.), Probleme der Kommunalfinanzen, Schriften des Vereins für Socialpolitik, Neue Folge Band 283, Berlin 2001, S. 9 ff.

Scheuner, Ulrich: Zur Neubestimmung der kommunalen Selbstverwaltung, in: Archiv für Kommunalwissenschaften 1973, S. 1 ff. (zit.: *Scheuner* AfK 12 (1973), S.)

Schmehl, Arndt: Das Äquivalenzprinzip im Recht der Staatsfinanzierung, Tübingen 2004.

Schmidt, Ludwig [Begr.]/ Drenseck, Walter: Einkommensteuergesetz, 30. Aufl., München 2011 (zit.: *Bearbeiter* in: Schmidt, EStG, § Rn.)

Schmidt-Aßmann, Eberhard: Die Garantie der kommunalen Selbstverwaltung, in: Badura/ Dreier, Festschrift 50 Jahre Bundesverfassungsgericht, 2. Band, Tübingen 2001, S. 803 ff.

Schmidt-Bleibtreu, Bruno/Hofmann, Hans/Hopfauf, Axel: GG, Kommentar zum Grundgesetz, 12. Aufl., Köln et al 2011 (zit.: *Bearbeiter* in: Schmidt-Bleibtreu/ Hofmann/Hopfauf, GG, Art. Rn.).

Schnädter, Helmut: Ist die Beschränkung der Gewerbesteuerpflicht auf die Gewerbetreibenden verfassungsgemäß?, in: KStZ 1986, S. 141 ff.

Schnorr, Wolfram: Das Hebesatzrecht der Gemeinden, Diss., Münster 1973.

Schoch, Friedrich: Der verfassungsrechtliche Schutz der kommunalen Selbstverwaltung, in: Jura 2001, S. 121 ff.

Die finanzverfassungsrechtlichen Grundlagen der kommunalen Selbstverwaltung, in: *Ehlers, Dirk/ Krebs, Walter (Hrsg.)* Grundfragen des Verwaltungsrechts und des Kommunalrechts, Münster 2000, S. 93 ff.

Verfassungsrechtliche Anforderungen an die Erhebung von Sonderabgaben, in: Jura 2010, S. 197 ff.

Schröder, Ulrich Jan: Kriterien und Grenzen der Gesetzgebungskompetenz kraft Sachzusammenhangs nach dem Grundgesetz, Berlin 2007 (zit.: *Schröder* Gesetzgebungskompetenz kraft Sachzusammenhangs, S.).

Schwager, Robert: Gemeindefinanzen und kommunaler Standortwettbewerb – Aktuelle Forschungsergebnisse und Ansätze für eine Reform, in: Oestreicher

(Hrsg.), Reform der Unternehmensbesteuerung: Verschiedene Wege diskutieren, Herne 2007, S. 163 ff.

Schwarting, Gunnar: Kommunale Steuern, Grundlagen – Verfahren – Entwicklungstendenzen, 2. Aufl., Berlin 2007.

Schwarz, Kyrill-Alexander: Finanzverfassung und kommunale Selbstverwaltung, Diss., Baden-Baden 1996.

Verfassungsrechtliche Anforderungen an die Verteilung der Finanzmasse zwischen Land und Kommunen, in: ZKF 2001, S. 266 ff.

Seer, Roman: Gewerbesteuer im Visier des Verfassungsrechts – Anmerkung zu dem Vorlagebeschluß des FG Niedersachsen vom 24.6.1998, in: FR 1998, S. 1022 ff.

Selmer, Peter/Hummel, Lars: Verfassungsgerechte Pflicht der Gemeinden zur Erhebung von Gewerbesteuer?, in: NVwZ 2006, S. 14 ff.

Smith, Adam: An inquiry into the nature and causes of the wealth of nations, Volume III, Dublin 1776 (zit.: *Smith* Wealth of Nations, Vol. III, S.).

Sorensen, Bärbel: Die Gemeinde-Einkommensteuer, Diss., Hamburg 1971.

Stern, Klaus/Becker, Florian: Grundrechte-Kommentar, Die Grundrechte des Grundgesetzes mit ihren europäischen Bezügen, Köln 2010 (zit.: *Bearbeiter* in: Stern/Becker, Grundrechte-Kommentar, Art. Rn.).

Stern, Klaus: Das Staatsrecht der Bundesrepublik Deutschland, Bd. I, 2. Aufl., München 1984, Bd. IV/1, München 2006 (zit.: *Bearbeiter* in: Stern, Staatsrecht, Bd., S.).

Stöhr, Andreas/Stange, Arnold Christian: Reform der Gewerbesteuer, Verfassungsrechtliche und steuersystematische Rahmenbedingungen, Stuttgart u.a. 2003.

Thies, Carsten: Finanznot der Kommunen im föderalen Dschungel, in: Lange (Hrsg.), Reform der Gemeindesteuern, Rehburg-Loccum 2006, S. 23 ff.

Thöne, Michael: Eine neue Grundsteuer – Nur Anhängsel der Gemeindesteuerreform? in: Lange (Hrsg.), Reform der Gemeindesteuern, Rehburg-Loccum 2006, S. 173 ff.

Tipke, Klaus/Lang, Joachim: Steuerrecht, 20. Aufl., Köln 2010 (zit.: *Bearbeiter* in: Tipke/Lang, Steuerrecht, § Rn.)

Tipke, Klaus: Die Steuerrechtsordnung, Bd. I, 2. Aufl., Köln 2000, Bd. II, 2. Aufl., Köln 2003, Bd. III, Köln 1993 (zit.: *Tipke* Die Steuerrechtsordnung, Bd., S.).

Tröger, Michael: Reform der Gewerbesteuer und Finanzausgleich, Diss., Frankfurt am Main 2007.

Troll Max [Begr.]/Eisele Dirk: Grundsteuergesetz, 10. Aufl., München 2010.

Vogel, Klaus: Rechtfertigung von Steuern: Eine vergessene Vorfrage, in: Der Staat 1986, S. 481 ff. (zit.: *Vogel* Der Staat 25 (1986), S.).

Wacke, Gerhard: Das Finanzwesen der Bundesrepublik, Tübingen 1950.

Walz, Simone/Süß, Stefan: Verfassungswidrigkeit der gewerbesteuerlichen Änderungen durch das Steuervergünstigungsabbaugesetz?, in: DStR 2003, S. 1637 ff.

Weiß, Wolfgang: Finanzverfassung und kommunale Einnahmen, insbesondere aus der Einkommen- und Umsatzsteuer, in: ZKF 2001, S. 26 ff, 52 ff.

Wendt, Rudolf: Abschaffung und Ersetzung der Gewerbesteuer aus verfassungsrechtlicher und verfassungspolitischer Sicht, in: BB 1987, S. 1677 ff.

Zur Vereinbarkeit der Gewerbesteuer mit dem Gleichheitssatz und dem Prinzip der Besteuerung nach der Leistungsfähigkeit, in: BB 1987, S. 1257 ff.

Werner, Jan: Das deutsche Gemeindefinanzsystem, Diss., Frankfurt am Main, 2008.

Wienbracke, Mike: Bemessungsgrenzen der Verwaltungsgebühr, Diss., Berlin 2004.

Die verfassungskräftige Verankerung des gebührenrechtlichen Kostendeckungsprinzips, in: DÖV 2005, S. 201 ff.

Wild, Michael: Die Höhe der Verwaltungsgebühr, in: Die Verwaltung 2006, S. 493 ff. (zit.: *Wild* Verw 39 (2006), 493, S.).

Wulfhorst, Reinhard: Die Auswirkungen des neuen Art. 104 b GG auf die Städtebauförderung – eine Entgegnung, in: DVBl. 2010, S. 28 ff.

Zimmermann, Horst/Henke, Klaus-Dirk/Broer, Michael: Finanzwissenschaft, 10. Aufl., München 2009.

Zimmermann, Horst/Postlep, Rolf-Dieter: Beurteilungsmaßstäbe für Gemeindesteuern, in: Wirtschaftsdienst 1980, S. 248 ff.

Zimmermann, Horst: Kommunalfinanzen – Eine Einführung in die finanzwissenschaftliche Analyse der kommunalen Finanzwirtschaft, 2. Aufl., Baden-Baden 2009.

Zitzelsberger, Heribert: Grundlagen der Gewerbesteuer, Köln 1990.

Zuschlag, Daniela: Die pauschalierte Gewerbesteueranrechnung nach § 35 EStG, Diss., Bochum 2009.

Hinsichtlich der Abkürzungen siehe:

Kirchner, Hildebert/ Pannier, Dietrich, Abkürzungsverzeichnis der Rechtssprache, 6. Aufl., Berlin 2008.

Fundstellen im Internet

Bayerischer Staatsminister der Finanzen/ Finanzminister Rheinland-Pfalz
Reform der Grundsteuer, Bericht an die Finanzministerkonferenz, Januar 2004.
URL:
http://www.fm.rlp.de/fileadmin/fm/downlo-
ads/finanzen/reform_der_kommunalfinan-
zen/Reform_der_Grundsteuer.pdf
(zit.: *BayStMFin/FinMin Rh-Pf* Reform der Grundsteuer, S.)

Bertelsmann Stiftung
Kommunaler Finanz- und Schuldenreport Nordrhein-Westfalen, Gütersloh im März 2010.
URL:
http://www.bertelsmann-stiftung.de/cps/rde/
xbcr/SID-955C6A8E-C7048EBD/bst/xcms_
bst_dms_31051_31052_2.pdf
(zit.: *Boettcher/Junkernheinrich* in: Bertelsmann Stiftung, Kommunaler Finanz- und Schuldenreport NRW 2010, S.)

Bertelsmann Stiftung
Kommunaler Schuldenreport Nordrhein-Westfalen, Gütersloh 2007.
URL:
http://www.bertelsmann-stiftung.de/cps/rde/
xbcr/SID-031B07E1-852C2DB9/bst/xcms_
bst_dms_20138_24069_2.pdf
(zit.: *Junkernheinrich/Micosatt* in: Bertelsmann Stiftung, Kommunaler Schuldenreport NRW 2007, S.)

Bertelsmann Stiftung	Kommunaler Finanz- und Schuldenreport Deutschland 2008 – Ein Ländervergleich. URL: http://www.bertelsmann-stiftung.de/bst/de/media/xcms_bst_dms_26507_26508_2.pdf (zit.: *Bertelsmann Stiftung* Kommunaler Finanz- und Schuldenreport Deutschland 2008, S.)
Bertelsmann Stiftung	Reform der Gemeindefinanzen – ein Vorschlag der Bertelsmann Stiftung, Gütersloh 2003. URL: http://www.bertelsmann-stiftung.de/cps/rde/xbcr/SID-0A000F0A-FDD3A731/bst/Gemeindefinanzen.pdf (zit.: *Bertelsmann Stiftung* Reform der Gemeindefinanzen, S.)
Bertelsmann Stiftung/ Innenministerium NRW	Kommunaler Bürgerhaushalt: Ein Leitfaden für die Praxis, Düsseldorf und Gütersloh im Mai 2004. URL: http://www.im.nrw.de/bue/doks/buerger haushalt/bhh_leitfaden.pdf (zit.: *Bertelsmann Stiftung/Innenministerium NRW* Kommunaler Bürgerhaushalt, S.)
Bundesverband der deutschen Industrie e.V. und Verband der Chemischen Industrie e.V.	Verfassungskonforme Reform der Gewerbesteuer: Konzept einer kommunalen Einkommen- und Gewinnsteuer. URL: http://www.bdi-online.de/BDIONLINE_INEAASP/ iFILE.dll/X605E6D3038CB44FEBA9536AF29ED4F4A/ 2F252102116711D5A9C0009027D62C80/PDF/Reform.PDF (zit.: *BDI/VCI* Konzept einer kommunalen Einkommen- und Gewinnsteuer, S.)

Eidgenössische Steuerverwaltung — Die Steuern von Bund, Kantonen und Gemeinden, Ein Kurzabriss über das schweizerische Steuersystem, Bern 2009.
URL:
http://www.estv.admin.ch/dokumentation/00079/00080/00660/01044/index.html?lang=de&download=NHzLpZeg7t,lnp6I0NTU042l2Z6ln1acy4Zn4Z2qZpnO2Yuq2Z6gpJCDd356hGym162epYbg2c_JjKbNoKSn6A--
(zit.: *Eidgenössische Steuerverwaltung* Die Steuern von Bund, Kantonen und Gemeinden, S.)

Ernst & Young — Kommunen in der Finanzkrise: Status Quo und Handlungsoptionen, Ergebnisse einer Befragung von 300 deutschen Kommunen, Juli 2010.
URL:
http://www.ey.com/Publication/vwLUAssets/Ernst_and_Young_Kommunenstudie_2010/$FILE/EY%20Kommunenstudie%202010.pdf
(zit.: *Ernst & Young* Studie aus Juli 2010, S.)

Finanzsenatorin der Freien Hansestadt Bremen — Grundsteuer auf der Basis von Verkehrswerten, Machbarkeitsstudie der Länder Berlin, Bremen, Niedersachsen, Sachsen und Schleswig-Holstein.
URL:
http://www.google.de/url?sa=t&source=web&ct=res&cd=1&ved=0CAgQFjAA&url=http%3A%2F%2Fwww.finanzen.bremen.de%2Fsixcms%2Fmedia.php%2F13%2FMachbarkeitsstudie_lang__22.pdf&rct=j&q=Grundsteuer+auf+Basis+von+Verkehrswerten&ei=CAzHS6uCEcaFOL2w2bQN&usg=AFQjCNHQAvpWzM57sKuA450IgbBRGesAfg
(zit.: *FinSen Bremen* Machbarkeitsstudie zur Grundsteuer, S.)

Innenministerium des Landes NRW	Kommunalpolitik und NKF, Düsseldorf 2006. URL: http://www.im.nrw.de/imshop/shopdocs/nkf_leitfaden2009.pdf (zit.: *Innenministerium NRW* Kommunalpolitik und NKF, S.)
Junkernheinrich, Martin/ Lenk, Thomas/ Boettcher, Florian/ Hesse, Mario/ Holler, Benjamin/ Micosatt, Gerhard	Haushaltsausgleich und Schuldenabbau – Konzept zur Rückgewinnung kommunaler Finanzautonomie im Land Nordrhein-Westfalen, Kaiserslautern, Leipzig, Bottrop 2011. URL: http://www.uni-leipzig.de/fiwi/Forschung/pdf/2011-03-07_Konsolidierungshilfe_EF.pdf (zit.: *Junkernheinrich/Lenk u.a.* Haushaltsausgleich und Schuldenabbau, S.)
Knirsch, Deborah/ Niemann, Rainer	Die Abschaffung der österreichischen Gewerbesteuer als Vorbild für eine Reform der kommunalen Steuern in Deutschland?, Arbeitskreis Quantitative Steuerlehre, Diskussionsbeitrag Nr. 11, Paderborn 2005. URL: http://www.uni-graz.at/steuer/Working%20Paper%20Arqus/Niemann_Knirsch_11.pdf (zit.: *Knirsch/Niemann* Abschaffung der österreichischen Gewerbesteuer, S.)
Koalitionsvertrag zwischen CDU, CSU und FDP	Wachstum. Bildung. Zusammenhalt. URL: http://www.cdu.de/doc/pdfc/091026-koalitionsvertrag-cducsu-fdp.pdf (zit.: Koalitionsvertrag von CDU, CSU und FPD vom 26.10.2009, S.)

Koalitionsvertrag zwischen CDU, CSU und SPD	Gemeinsam für Deutschland. Mit Mut und Menschlichkeit. URL: http://www.cducsu.de/upload/koavertrag0509.pdf (zit.: Koalitionsvertrag von CDU, CSU und SPD vom 11.11.2005, S.)
Ministerium für Generationen, Familie, Frauen und Integration des Landes NRW	Nordrhein-Westfalen - FIT FÜR 2025. Gesellschaftspolitik im demokratischen Wandel. URL: http://www.demografie.nrw.de/publikationen/01_Gesamtprogramm_2010-02-04.pdf (zit.: *Ministerium für Generationen* Gesellschaftspolitik im demokratischen Wandel, S.)
Schweizerische Steuerkonferenz	Die geltenden Steuern von Bund, Kantonen und Gemeinden (Stand der Gesetzgebung: 1. Januar 2010), Bern 2010. URL: http://www.estv.admin.ch/dokumentation/00079/00080/00736/index.html?lang=de&download=NHzLpZeg7t,lnp6I0NTU042l2Z6ln1acy4Zn4Z2qZpnO2Yuq2Z6gpJCDdn19gWym162epYbg2c_JjKbNoKSn6A-- (zit.: *Schweizerische Steuerkonferenz* Die geltenden Steuern von Bund, Kantonen und Gemeinden, S.)

Schweizerische Steuerkonferenz	Die Vorzüge des Schweizerischen Steuersystems, Bern 2002. URL: http://www.estv.admin.ch/dokumentation/00079/00080/00745/index.html?lang=de&download=NHzLpZeg7t,lnp6I0NTU042l2Z6ln1acy4Zn4Z2qZpnO2Yuq2Z6gpJCDdYR9fmym162epYbg2c_JjKbNoKSn6A-- (zit.: *Schweizerische Steuerkonferenz* Die Vorzüge des Schweizerischen Steuersystems, S.)
Stadt Mülheim an der Ruhr	Wege aus der Schuldenfalle, Forderungen der Städte des Ruhrgebiets und des Bergischen Landes zur Gemeindefinanzpolitik, 18.12.2008. URL: http://www.muelheim-ruhr.de/cms/shared/datei_download.php?uid=9a1157c4fc02721f7011ae07be089b1b (zit.: *Stadt Mülheim an der Ruhr* Wege aus der Schuldenfalle, S.)
Stiftung Marktwirtschaft	Gute Gemeindesteuern, Berlin 2003. URL: http://archiv.insm.de/Downloads/PDF_-_Dateien/Publikationen_Kostenlose_Downloads/Stiftung_Marktwirtschaft/kk40.pdf (zit.: *Stiftung Marktwirtschaft* Gute Gemeindesteuern, S.)

Stiftung Marktwirtschaft/ Kommission „Steuergesetzbuch“	Steuerpolitisches Programm, Einfacher, gerechter, sozialer: Eine umfassende Ertragsteuerreform für mehr Wachstum und Beschäftigung, Berlin 30.1.2006. URL: http://www.stiftung-marktwirtschaft.de/fileadmin/user_upload/Dokumente/Steuerpolitisches-Programm-Druckfassung.pdf (zit.: *Stiftung Marktwirtschaft/Kommission „Steuergesetzbuch“* Steuerpolitisches Programm, S.)

Stand der angegebenen Internetseiten: 30.12.2011

Kolibri 360 GmbH
Ferdinand-Jühlke-Straße 7
99095 Erfurt, Deutschland
produktsicherheit@kolibri360.de